高速铁路动车组驾驶与运用

（第 2 版）

主 编 李冰毅 朱亚男
主 审 周家春 王小卫

西南交通大学出版社
·成 都·

内容简介

本书共分为动车组运用与管理、安全生产、铁路行车规章、动车组司机一次乘务作业过程四部分，具体包括动车组的运用与管理，行车安全，铁路行车信号，高速铁路信号、通信设备，编组列车，行车闭塞，列车运行，非正常行车，动车组司机一次乘务作业过程等九个项目。每个项目除了项目描述、教学目标、项目任务、任务学习、复习思考题外，还撰写了与教材内容和实际工作紧密结合的课程思政经典案例，使岗位职业精神、劳动精神和工匠精神更好地融入专业课程教学中。教材配有随堂微课及相关视频资料，可通过扫描二维码进行学习，使教学过程高效轻松。

本书是高等职业技术学校动车检修技术专业的教材，也可作为铁道机车运用与维护专业、中等职业学校、铁路机务职工培训教学的参考书，还可作为动车组运用管理等相关人员的参考资料。

图书在版编目（CIP）数据

高速铁路动车组驾驶与运用 / 李冰毅，朱亚男主编. -- 2 版. -- 成都：西南交通大学出版社，2023.11（2025.7 重印）
ISBN 978-7-5643-9537-7

Ⅰ. ①高⋯ Ⅱ. ①李⋯ ②朱⋯ Ⅲ. ①高速动车 – 铁路行车 Ⅳ. ①U266

中国国家版本馆 CIP 数据核字（2023）第 205875 号

Gaosu Tielu Dongchezu Jiashi yu Yunyong

高速铁路动车组驾驶与运用
（第 2 版）

主编 李冰毅 朱亚男

责任编辑	何明飞
封面设计	何东琳设计工作室
出版发行	西南交通大学出版社 （四川省成都市金牛区二环路北一段 111 号 西南交通大学创新大厦 21 楼）
邮政编码	610031
营销部电话	028-87600564　028-87600533
网址	https://www.xnjdcbs.com
印刷	四川煤田地质制图印务有限责任公司
成品尺寸	185 mm × 260 mm
印张	23.5
字数	586 千
版次	2023 年 11 月第 2 版
印次	2025 年 7 月第 6 次
定价	64.00 元
书号	ISBN 978-7-5643-9537-7

课件咨询电话：028-81435775
图书如有印装质量问题　本社负责退换
版权所有　盗版必究　举报电话：028-87600562

第 2 版前言

本书是高职动车组检修技术专业动车组驾驶与运用课程的教材,分为动车组运用与管理、安全生产、铁路行车规章、动车组司机一次乘务作业过程四部分,具体包括动车组的运用与管理,行车安全,铁路行车信号,高速铁路信号、通信设备,编组列车,行车闭塞,列车运行,非正常行车,动车组司机一次乘务作业过程等九个项目。每个项目除了项目描述、教学目标、项目任务、任务学习、复习思考题外,还撰写了与教材内容和实际工作紧密结合的课程思政经典案例,使岗位职业精神、劳动精神和工匠精神更好地融入专业课程教学中。教材配有随堂微课及相关视频资料,可通过扫描二维码进行学习,使教学过程高效轻松。

本书在提升动车组驾驶与维修、铁道机车运用与维护专业学生专业能力,动车组运用管理干部的工作水平和技术人员、动车组(机车乘务员)的素质和业务水平,加强提高机车乘务人员(动车组司机)的安全行车意识,加强对行车规章的学习,强化岗位技能的培训方面,有着积极的作用。

一、本教材内容编排情况

(1)动车组的管理与运用常识部分,主要依据是中国国家铁路集团有限公司修订实施的《铁路动车组运用维修规则》《铁路机车运用管理规则》《动车组司机管理办法》《动力分散型动车组副司机管理暂行办法》等,具体内容包括动车组(机车)运用管理和动车组的运用指标两部分内容。铁路动车组的运用管理知识、运用指标的统计分析等是必须掌握的基本知识,也是职业岗位提升和继续教育的储备知识。

(2)安全生产部分,主要依据是《铁路行车事故处理规则》和《铁路行车事故救援规则》,包括动车组乘务安全生产知识、铁路行车事故、铁路行车事故的通报与救援三个任务。熟悉铁路安全生产、铁路行车事故的分类、通报以及救援工作流程,有助于从思想上树立安全意识,不违反安全规则,防止行车事故的发生。安全生产作为学生必须要掌握的核心知识和重要技能,为适应以后的岗位工作打好基础。

(3)铁路行车规章部分,包含了机务部门行车工作要掌握的基本知识。主要依据中国国家铁路集团有限公司 2017 年 11 月修订的《铁路技术管理规程》(高速铁路部分)和《铁路技术管理规程》(普速铁路部分),共分为铁路行车信号、高速铁路信号通信、编组列车、行车闭塞、列车运行、非正常行车六个项目。内容包括铁路行车信号的显示方式辨认及行车条件的确认、列车编组的技术要求和注意事项以及列车正常和非正常情况下的运行、列车的防护等知识,是培养学生安全行车意识必须要掌握的核心知识,也是学生必须遵守的行车规定。

(4)动车组司机一次乘务作业过程部分,主要依据是中国国家铁路集团有限公司制订的《CRH 系列动车组操作规则》。本部分内容对一次乘务作业各个环节的作业标准和规范进行了阐述。动车组司机乘务作业的标准化，是正确驾驶、平稳操纵列车的依据。动车组司机和各级机务管理人员必须认真学习并严格执行该规则，树立良好的职业道德，做到遵章守纪、按标作业、平稳操纵、安全正点。

二、教材使用的建议

由于学生没有实际工作经验、缺乏现场知识，在使用本教材时，应结合现场实际情况和自身教学经验，根据本专业的多媒体设备和实验实训设备条件，充分利用多媒体设备和实验实训设备发挥自身创造性，生动活泼地开展课堂教学。

（1）熟练掌握规章。本教材涉及的各类规章比较多，在教学活动中，要着重培养学生的安全行车意识，养成"写标准语、说标准话、干标准活"的良好习惯。重点引导学生理解和掌握与行车有关的各类规章的内容，拓宽学生对行车工作的认识。

（2）用好案例和微课。在教学中，应该多方搜集和利用实际工作案例，在分析案例的过程中帮助学生理解掌握有关规章的内容。本书配有部分随堂微课，学生可通过扫描二维码进行微课视频学习，使教学效果轻松提高。另外，书中图文影像并茂，生动有趣，利用好这些多媒体课件，可提高学生学习的兴趣和教学效果。

（3）理实结合，提高技能。本课程虽然理论性强，但是对实践技能的要求也很高，在教和学的过程中，教师要多示范、多演示，充分利用实验实训设备，让学生多练、多做、多动手，以达到提高学生实践技能的教学目的。

（4）加强课程横向联系，综合运用专业知识。动车组司机一次乘务作业及铁路安全生产部分的内容，实践性非常强，知识综合性强，并涉及本专业其他课程的知识和技能。所以，在教学过程中，要加强与其他课程的联系，培养学生横向思维和发散思维能力，提高学生综合应用专业知识和技能的能力。

（5）课程思政引领，培养职业精神。根据学习项目内容不同，提出了不同培养目标，并撰写了对应的课程思政经典案例，实现岗位职业精神、劳动精神和工匠精神培养与专业课程教学有机融合。

本书由西安铁路职业技术学院李冰毅、朱亚男担任主编，任瑞琪担任副主编，由武汉铁路局集团有限公司教授级高工周家春、西安铁路局集团有限公司西安机务段动车组驾驶高级技师王小卫任主审。成都铁路局集团有限公司成都动车段技师刘果编写项目一的任务一、二和五；西安局集团有限公司新丰镇机务段王祥编写项目一的任务三、四和六；西安铁路职业技术学院高娜编写项目二，朱亚男编写项目三和项目五，任瑞琪编写项目四和项目六；西安铁路局集团有限公司西安机务段工程师韩宾凯编写项目七的任务一、二和三；李冰毅编写项目七的任务四和五、项目八、项目九和附录，并完成统稿工作。银铭、柏承宇、汪利山等老师提供了部分微课资源。

我国高速铁路及动车组技术发展速度极快，虽然经过多次与现场技术人员讨论修改，由于编者水平所限，书中难免有疏漏和不足之处，恳请读者批评指正。

编　者

2023 年 5 月

第 1 版前言

本书是高职动车组检修技术专业动车组与运用课程的教材，分为动车组运用与管理、安全生产、铁路行车规章、动车组司机一次作业过程四部分，共九个项目，每个项目除了项目描述、项目任务、教学目标、任务学习外，还附有复习思考题，与教材内容和实际工作紧密结合。本书在提升动车组驾驶与维修、铁道机车专业学生专业能力，动车组运用管理干部的工作水平和技术人员、动车组（机车乘务员）的素质和业务水平，加强提高机车乘务人员（动车组司机）的安全行车意识，加强对行车规章的学习，强化岗位技能的培训方面，有着积极的作用。

一、本教材内容编排情况

（1）动车组的管理与运用常识部分，主要依据是中国国家铁路集团有限公司修订实施的《铁路动车组运用维修规则》《铁路机车运用管理规则》，具体内容包括动车组（机车）运用管理和动车组的运用指标两部分内容。铁路动车组的运用管理知识、运用指标的统计分析等是必须掌握的基本知识，也是职业岗位提升和继续教育的储备知识。

（2）安全生产部分，主要依据是《铁路行车事故处理规则》《铁路行车事故救援规则》，包括铁路行车事故、铁路行车事故的通报与救援两个任务。熟悉铁路行车事故的分类、通报以及救援工作流程，有助于从思想上树立安全意识，不违反安全规则，防止行车事故的发生。安全生产作为学生必须要掌握的核心知识和重要技能，为适应以后的岗位工作打好基础。

（3）铁路行车规章部分，包含了机务部门行车工作要掌握的基本知识。主要依据中国国家铁路集团有限公司 2017 年 11 月修订的《铁路技术管理规程》(高速铁路部分)和《铁路技术管理规程》(普速铁路部分)，共分为普速铁路行车信号、高速铁路信号通信、编组列车、行车闭塞、列车运行、非正常行车六个项目。内容包括铁路行车信号的显示方式辨认及行车条件的确认、列车编组的技术要求和注意事项以及列车正常和非正常情况下的运行、列车的防护等知识，是培养学生安全行车意识必须要掌握的核心知识，也是学生必须遵守的行车规定。

（4）动车组司机一次作业过程部分，主要依据是中国国家铁路集团有限公司制订的《CRH 系列动车组操作规则》。本部分内容对一次作业各个环节的作业标准和规范进行了阐述。动车组司机乘务作业的标准，是正确驾驶、平稳操纵列车的依据。动车组司机和各级机务管理人员必须认真学习并严格执行该规则，树立良好的职业道德，做到遵章守纪、按标作业、平稳操纵、安全正点。

二、教材使用的建议

由于学生没有实际工作经验、缺乏现场知识，在使用本教材时，应结合现场实际情况和自身教学经验，根据本专业的多媒体设备和实验实训设备条件，充分利用多媒体设备和实验实训设备发挥自身创造性，生动活泼地开展课堂教学。

（1）熟练掌握规章。本教材设计的各类规章比较多，在教学活动中，要着重培养学生的安全行车意识，养成"写标准语、说标准话、干标准活"的良好习惯。重点引导学生理解和掌握与行车有关的各类规章的内容，拓宽学生对行车工作的认识。

（2）用好案例分析。本教材的内容包括了大量的规章条文，在学习过程中相对枯燥。建议在教学中，应多方搜集和利用实际工作案例，在分析案例的过程中帮助学生理解掌握有关规章的内容，提高学生学习的兴趣和效果。

（3）理实结合，提高技能。本课程是一门实践性很强的课程。在教和学的过程中，教师要多示范、多演示，充分利用实验实训设备，让学生多练、多做、多动手，达到提高学生实践技能的教学目标。

本书由西安铁路职业技术学院李冰毅、朱亚男担任主编，由武汉铁路局集团有限公司周家春和西安铁路局集团有限公司西安机务段王小卫担任主审。西安铁路局集团有限公司动车段李建磊编写项目一的任务一、二、五，西安铁路局集团有限公司新丰镇机务段王祥编写项目一的任务三、四、六，西安铁路职业技术学院高娜编写项目二，西安铁路职业技术学院朱亚男编写项目三和项目五，西安铁路职业技术学院任瑞琪编写项目四的任务一至五，西安铁路职业技术学院张省伟编写项目六，西安铁路职业技术学院薛振洲编写项目七，西安铁路职业技术学院李冰毅编写项目四的任务六和七、项目八、项目九以及附录。

编 者

2018 年 12 月

二维码目录

序号	项目	二维码名称	资源类型	页码
1	项目一 动车组运用与管理	从百年京张变迁看中国高铁崛起之路	视频	2
2		和谐号动车组的诞生	视频	8
3		复兴之路——从"和谐号"到"复兴号"	视频	9
4		动车人才去哪里	视频	11
5		动车组司机是如何炼成的	视频	15
6		动车组运用指标	文档	33
7	项目三 铁路行车信号	铁路行车信号基本要求	视频	54
8		进站信号机	视频	59
9		出站信号机	视频	64
10		通过信号机	视频	75
11		调车信号机	视频	82
12		机车信号	视频	93
13		移动信号	视频	103
14		手信号作用及要求	视频	107
15		指示列车运行条件的手信号	视频	108
16		信号表示器	视频	123
17		信号标志	视频	134
18		列车标志	视频	147
19	项目四 高速铁路信号、 通信设备	初识列控系统	视频	160
20		CTCS列控系统简介	视频	160
21		信号集中显示系统、通信、网络及其他	文档	165

续表

序号	项目	二维码名称	资源类型	页码
22	项目五 编组列车	列车中关门车的编挂	视频	177
23	项目六 行车闭塞	行车闭塞法概述	视频	183
24		自动闭塞	视频	185
25		自动站间闭塞	视频	190
26		半自动闭塞	视频	192
27		电话闭塞	视频	193
28	项目七 列车运行	调车工作	文档	205
29	项目八 非正常行车	非正常行车组织	视频	234
30		动车组救援动车组	视频	240
31	项目九 动车组司机一次乘务作业过程	启动 ATP 并设定列车初始参数	视频	278
32		情感与行车安全	视频	279
33		动车组重联与解编	视频	282
34	附录	名词术语	文档	287
35		案例概况	文档	319
36		原因分析	文档	319
37		"火车司机"的梦想与初心	文档	320
38		笃学勤思精心操纵的"西部动车第一人"	文档	320
39		高铁司机"变身"职工教师	文档	320
40		"劳模工作室"成立助力榜样示范传播	文档	320

目 录

项目一 动车组运用与管理 ··· 1

 任务一 动车组运用管理组织及内容 ································· 3

 任务二 动车组专业管理 ··· 8

 任务三 动车组司机、副司机的管理 ································ 13

 任务四 动车组运用方式及运转交路 ································ 21

 任务五 列车运行图及动车组乘务计划 ····························· 26

 任务六 动车运用指标 ··· 33

 【复习思考题】·· 33

项目二 行车安全 ·· 34

 任务一 动车组乘务安全生产 ·· 36

 任务二 铁路行车事故 ··· 40

 任务三 铁路行车事故的通报与救援 ································ 43

 【复习思考题】·· 52

项目三 铁路行车信号 ·· 53

 任务一 铁路行车信号的基本要求 ···································· 54

 任务二 固定信号 ·· 59

 任务三 机车信号及车载信号 ·· 92

 任务四 移动信号 ·· 103

 任务五 手信号 ·· 107

 任务六 信号表示器及信号标志 ······································· 123

 任务七 听觉信号 ·· 150

 【复习思考题】·· 153

项目四 高速铁路信号、通信设备 ······································ 154

 任务一 机构及设备的一般要求 ······································· 155

 任务二 信号机 ·· 156

任务三　联锁及闭塞 ………………………………………………… 157
　　任务四　调度集中系统 ……………………………………………… 158
　　任务五　机车信号、列车运行监控装置、轨道车运行控制设备 ……… 159
　　任务六　列车运行控制系统 ………………………………………… 160
　　任务七　信号集中显示系统、通信、网络及其他 ……………………… 165
　【复习思考题】 ………………………………………………………… 165

项目五　编组列车 ………………………………………………………… 166
　　任务一　编组列车的基本要求 ……………………………………… 167
　　任务二　列车中机车的编挂及单机挂车 …………………………… 170
　　任务三　列车中车辆的编挂与连挂 ………………………………… 173
　　任务四　列尾装置的摘挂及运用 …………………………………… 176
　　任务五　列车中"关门车"的编挂 …………………………………… 177
　　任务六　列车中车辆的检查与试验 ………………………………… 179
　【复习思考题】 ………………………………………………………… 181

项目六　行车闭塞 ………………………………………………………… 182
　　任务一　行车闭塞法概述 …………………………………………… 183
　　任务二　自动闭塞 …………………………………………………… 185
　　任务三　自动站间闭塞 ……………………………………………… 190
　　任务四　半自动闭塞 ………………………………………………… 192
　　任务五　电话闭塞 …………………………………………………… 193
　【复习思考题】 ………………………………………………………… 197

项目七　列车运行 ………………………………………………………… 198
　　任务一　接发列车 …………………………………………………… 199
　　任务二　列车运行及限速管理 ……………………………………… 202
　　任务三　跨线运行及车底回送 ……………………………………… 204
　　任务四　调车工作 …………………………………………………… 205
　　任务五　施工维修 …………………………………………………… 206
　【复习思考题】 ………………………………………………………… 215

项目八　非正常行车 ……………………………………………………… 216
　　任务一　灾害天气行车 ……………………………………………… 217

任务二　设备故障行车 ································· 222
　　任务三　非正常行车组织 ······························· 234
　　任务四　救　援 ··· 239
　【复习思考题】··· 241

项目九　动车组司机一次乘务作业过程 ················· 243
　　任务一　待乘与出勤 ··································· 246
　　任务二　所内作业 ····································· 247
　　任务三　出段（所）作业 ······························· 277
　　任务四　发车准备与发车 ······························· 278
　　任务五　途中作业 ····································· 279
　　任务六　在站交接与继乘 ······························· 284
　　任务七　终到、入段（所）及退勤作业 ··················· 285
　【复习思考题】··· 286

附　录 ··· 287
　　附录一　名词术语 ····································· 287
　　附录二　动力分散型动车组司机、副司机配班确认呼唤（应答）标准 ······ 288
　　附录三　书面通知 ····································· 300
　　附录四　CTC控制模式转换登记簿 ······················· 301
　　附录五　运行揭示（范例）······························· 302
　　附录六　司机报单格式及填写样例 ······················· 303
　　附录七　添乘指导簿和添乘信息单 ······················· 305
　　附录八　CR400BF型动车组常见故障处理流程 ············· 306
　　附录九　动车组非正常行车应急处置流程 ················· 313
　　附录十　实训活页 ····································· 316

参考文献 ··· 364

项目一　动车组运用与管理

【项目描述】

铁路是国家重要的基础设施，国民经济的大动脉，交通运输体系的骨干，是大运力、低成本、环保型的交通运输方式，在全面建设社会主义现代化国家新征程中肩负着重要的历史使命。铁路要适应和促进国民经济发展与社会进步，保障国防建设的需要。

动车组是铁路旅客运输的高速运载工具，动车组的运用维修工作是铁路运输的重要组成部分，其维修质量直接关系到旅客生命财产安全和企业经济效益。动车组运用管理采用现代化管理手段，建立、健全准确无误、反应迅速的通信、信息采集、数据处理系统，实行网络管理，实现有序可控，因此要求各级动车组运用人员应具备高度的责任和求实精神，热爱本职工作；对工作做到高标准、严要求，对技术做到精益求精；顾全大局，联劳协作，服从命令，听从指挥；深入实际，调查研究，扎扎实实地做好各项工作。

各级领导应关心动车组运用维修人员生产生活，不断改善劳动条件，为职工做好服务，提高职工安全生产的责任心、责任感。

【目标引领】

知识目标：

（1）了解动车组运用管理组织基本知识。
（2）熟悉动车组运用方式与运转交路。
（3）熟悉动车组乘务组组成及岗位职责。
（4）熟悉动车组司机、副司机的要求和管理规定。
（5）熟悉动车组运用计划和乘务计划。
（6）了解列车运行图和动车组运用指标。

能力目标：

（1）掌握动车组运用方式和运转交路的制订。
（2）掌握动车组乘务组组成及岗位职责。
（3）识别列车运行图，掌握动车组运用计划和乘务计划的编制。

素质目标：

（1）培养学生遵章守纪、爱护动车组、平稳操纵、安全正点的职业道德和职业精神。

（2）培养学生学习新技术、勇于创新和开拓的意识。

（3）培养学生严谨认真的科学态度，提高应变与沟通能力。

【思政案例】

从百年京张变迁看
中国高铁崛起之路

见证百年京张风雨，助力复兴梦想起航

1. 从无到有，筑就中华"争气路"

百年前，战争硝烟弥漫在中国的上空，毒品渗透进中国的大地，中国处在一个内忧外患的尴尬处境，"落后就要挨打"的残酷道理，在中国这块土地上体现得淋漓尽致。西方列强们掀起了瓜分中国的狂潮，露出让世人切齿痛恨的"吃相"，铁路成为它们食用大餐的"餐具"。为了保卫路权、维护主权，清政府开始自主修筑"京张铁路"。可悲的是，铁路被当时的国人批判成破坏风水的"怪物"；可笑的是，帝国主义嘲讽中国能修建这条铁路的工程师还没有出世。然而学成归来的詹天佑，顶住了来自国内外的一切怀疑、非难和诬蔑，在1909年建成了，这条完全由中国自己筹资、勘测、设计、施工建造的铁路，打了帝国主义丑陋肮脏的"脸"，也给咱们中国人长了脸！

2. 百年跨越，在复兴中创造奇迹

2019年12月30日，京张高铁开通运营。作为2022年冬奥会的交通保障线，京张高铁是北京至河北通道的重要组成部分，是世界上第一条设计速度350 km/h的有砟轨道高速铁路。这条高寒、大风沙铁路的建成使北京北到张家口南，全程174 km，只需47 min。

京张铁路开通之初，速度只有35 km/h左右，而京张高铁开通后，速度可达350 km/h。一个多世纪的风雨变幻，两条线路，一字之差，从35 km/h到350 km/h，京张高铁实现与老京张铁路的时空对话。

京张高铁开创了世界智能铁路之先河，通过云计算、大数据、移动互联网等先进技术，在智能化、安全舒适、综合节能等方面进行升级，实现智能建造、智能装备和智能运营。智能动车组更是首次采用我国自主研发的北斗卫星导航系统，成为世界首个能够实现350 km/h自动驾驶的高铁线路。"没有伞的孩子必须努力奔跑"，我们从一无所有地追跑，到一往无前地领跑，用百年京张诠释了"只有努力奋斗才能梦想成真"。

3. 中国智慧，在奋进中续写新篇

百年间，从京张铁路的蒸汽机车，到内燃机车，再到电力机车，再到"和谐号""复兴号"动车组，一个个火车头、一列列车厢的变化，折射的是中国日益提升的科技创新实力。忆往昔，看今朝，新老"京张铁路"的历史交汇，更体现了今日来之不易。"京张铁路"是首条由中国人自主设计、营运的铁路干线，而在百年后的今天，在相同的起点和终点，依然是由中国人自主设计和建造的智能铁路——"京张高铁"呈现在世人面前，"新、老"京张铁路，见证了中国铁路从"无"到"有"、从"零"走向"奇迹"。

在时代加速中，京张铁路这个光阴的"图谱"，一头连接中国人在积贫积弱中奋起的历史，另一头连接中华民族在崛起中奋进的当下。350 km/h 的"智能京张"印证着中华民族过去与未来，见证了腾飞的中国。

任务一　动车组运用管理组织及内容

一、动车组运用管理部门的体制及职责

我国铁路动车组运用工作贯彻"统一指挥，分级管理"的原则，以利于充分发挥各级运用管理组织的职能作用。运用管理组织机构如图 1.1 所示。

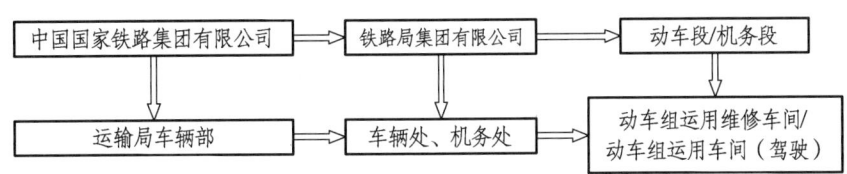

图 1.1　动车组运用管理组织机构

（一）中国国家铁路集团有限公司

（1）对全路动车组运用工作统一规划，综合平衡。

（2）制订有关动车组运用的规章制度及全路动车组运用人员的培训规划和动车组司机任职条件。

（3）确定、调整全路动车组机型，审定各铁路局集团有限公司的年度动车组配属，编制动车组列车运行图，审批跨局动车组周转图、动车组交路，掌握乘务制度、动车组运转制、动车组司机换班方式。

（4）负责全路动车组调度指挥。

（5）组织动车组司机考试、培训，审批动车组司机驾驶证。

（二）铁路局集团有限公司

（1）执行中国国家铁路集团有限公司的命令指示，根据中国国家铁路集团有限公司有关规定，制订本局动车组运用的有关细则、办法和作业标准，明确动车组运用的职能作用。

（2）审定各动车组运用所的动车组运用计划。

（3）审定各动车组管理单位提报的列车运行图和动车组周转图资料。

（4）确定全局救援列车的配置，负责全局动车组管理及调度指挥。

（5）审核上报的动车组运用部门报表资料。

（6）拟定本局动车组司机配备计划，组织动车组司机的选拔、考试。

注：书中引用的部分名词术语释意参见附录一。

（三）动车段（运用所）

动车所承担动车组运用检修、整备等工作，涉及车辆、机务、供电、电务、客运、运输及造修企业的售后服务等部门（单位）。车辆部门应加强统一领导，结合各专业特点，不断优化完善作业流程，形成既分工负责、又协调联动的动车组运用检修整备一体化管理机制。

运用维修班组承担动车组一级、二级检修和车辆整备，负责动车组检查、维护、试验、故障处理；负责检修设备的操作及日常保养；处理外属动车组随车机械师填报的影响运行安全的重点故障和委托检修的项目。对检修范围内的质量安全负责。

动车组乘务组负责管理和操作动车组设备、监控列车运行和设备技术状态。动车组随车机械师须按作业标准值乘，正确判断、妥善处置动车组设备故障，办理相关交接，并承担部分行车职能。

二、动车组运用管理的内容

动车组运用管理工作的基本任务是管理好动车组，优质高效地全面完成运输生产任务；加强安全管理，确保行车和人员安全；加强职工队伍建设，不断提高职工的政治素质、技术素质和文化知识水平；坚持改革开放，推广先进经验，遵循经济规律，促进资产回报，不断提高动车组运用效率。

动车组运用管理工作是高速铁路运输组织工作的重要组成部分，运用管理工作的内容丰富，范围广泛，主要包括以下几个方面：

（1）运用组织：统一指挥、分级管理。
（2）动车组的运用：动车组的交路和周转方式。
（3）乘务员的使用：乘务制度和换班方式。
（4）动车组能力：运行时分和技术作业时分。
（5）动车组生产活动组织：动车组周转图。
（6）动车组生产任务和指标：动车组运用指标计划。
（7）调查研究：动车组运用分析。
（8）行车安全：制度、措施和章程。
（9）行车组织指挥：内外勤和地勤工作管理。
（10）适应特殊情况下运输需要：专运动车组、机车（班）。
（11）救援列车的管理和出动。
（12）非值乘人员登乘动车组、机车的管理。
（13）动车组的配属、调拨、回送、备用及保养。
（14）乘务员的培养、教育、考试、提升和人事管理。

三、动车组的管理

（一）动车组配属与使用

动车组由中国国家铁路集团有限公司统一管理，统一调配，实行配属制度。动车组实行固定配属管理，配属工作由车辆部门负责。车辆部门应根据动车组运行图、车底交路、技术特点、维修生产需求等进行安排。

所谓配属制度，就是中国国家铁路集团有限公司根据运输任务的需要和运输设备条件等因素将动车组配属给各铁路局集团有限公司、动车段使用和保管的制度，以完成运输生产任务。

配属原则：

（1）根据铁路建设的规划发展和客运量的变化趋势，远、近期相结合，各地所配属的动车组要力求稳定，避免频繁调动。动车组配属应遵循同一线路车型相对统一、同一车型定员基本一致、同一动车组运用所担当尽量单一的原则。

（2）动车组新造配属及局间转属由中国国家铁路集团有限公司负责；局管内段配属及段间转属由铁路局集团有限公司负责；段管内动车组运用所配属及动车所间转属由动车段负责，报铁路局集团有限公司备案。

（3）要适应运输设备的基本条件，动车组的基本性能及构造条件要与该区间线路的限制坡道、钢轨重量、桥梁等级、最小曲线半径、允许速度、站线有效长度及气候特点等具体条件相适应。

（4）车型配置应与修理工厂的专业化修车方案吻合，并力求缩短动车组检修时的回送距离。

（5）铁路局集团有限公司可根据运输需要，向其他配属单位租借动车组，报中国国家铁路集团有限公司运输局批准。

（6）中国国家铁路集团有限公司所属非运输企业配属的动车组，须委托铁路局有限公司代管；非中国国家铁路集团有限公司所属的动车组可按就近原则委托铁路局集团有限公司代管。

（7）租借、代管动车组按配属动车组管理，租借、代管前，双方应签订协议，明确双方权责。

（二）动车组的管理分类

此处所指的分类是指从管理角度进行的分类，而非技术角度。由于动车组车型不同，运用情况复杂，为了正确统计、考核与分析有关动车组运用状况等，必须对动车组进行分类。按动车组的配属关系，分为配属动车组与非配属动车组；按动车组的支配使用关系，分为支配动车组与非支配动车组；按动车组的工作状况，分为运用动车组与非运用动车组。

1. 配属动车组和非配属动车组

（1）配属动车组：指根据中国国家铁路集团有限公司配属命令，拨交铁路局集团有限公司、动车段保管和使用的动车组。包括在工作中、等待工作中的动车组，在检修和待修中的动车组，在长期备用和短期备用中的动车组，等待报废和交接过程中的动车组。

（2）非配属动车组：指原配属关系不变，由于工作需要，根据中国国家铁路集团有限公司命令，由他局（段）派至本局（段）助勤的动车组，还包括某些临时加入支配的动车组[如跨段轮乘的动车组和未支配给局（段）的委托进行动力试验或运行考核的新造动车组]。

配属、非配属动车组的转变时分：

（1）凡新购置、新造或在段调拨的动车组，依据中国国家铁路集团有限公司运用部门拍发的电报和机调命令，自实际交接完成共同签字时分起加入配属。

（2）在工厂或动车段修竣后调拨的动车组，自验收员签字时分起加入配属。

（3）报废动车组，自中国国家铁路集团有限公司核备"动车组报废申请核准书"后并电复时分起取消配置。

2. 支配动车组和非支配动车组

支配动车组是指本局（段）有权支配使用的动车组。支配动车组不一定都是本局（段）的配属动车组；本局（段）的配属动车组本局（段）也不一定都有权支配。

非支配动车组是指在配属动车组中本局（段）无权支配使用的动车组，其中包括根据铁路局集团有限公司命令批准的长期备用、出助的动车组，以及按租用合同办理的出租动车组。

3. 运用动车组和非运用动车组

运用动车组指参加各种运用工作的动车组，包括担当工作以前必须进行必要的准备工作、等待工作的动车组，以及中间技术检查动车组和经中国国家铁路集团有限公司命令批准的其他工作的动车组。

非运用动车组为未参加运用工作而处于停留或修理状态中的支配动车组，包括备用、检修及中国国家铁路集团有限公司命令批准的其他动车组。

（三）路用动车组

（1）路用动车组车辆及电务车载等设备的维修由配属（代管）铁路局集团有限公司负责，检测、维修、试验等专业设备设施的维修由产权单位负责。

（2）路用动车组执行路网性检测、维修、试验任务前，使用单位须与配属（代管）铁路局集团有限公司商定二级检修计划，保证检修不超期。其一级检修及运用整备（简称整备，下同）作业，由指定的铁路局集团有限公司负责；二级检修由配属（代管）铁路局集团有限公司负责。路用动车组执行线路联调联试等临时任务时，按借用办理。

（3）运营动车组改为路用动车组时，须报中国国家铁路集团有限公司批准。运营动车组临时执行路用任务须加装试验检测设备时，装车方案应经动车组制造企业及测试单位确认，由负责试验铁路局集团有限公司业务主管部门和车辆部门共同批准。

（四）动车组的调拨

动车组的调拨由中国国家铁路集团有限公司决定，以运输局车辆部的电报和调度命令为准；动车组状态应符合运用条件。原配属单位应做好交接准备工作，填写移交记录，办理移交手续。

（五）动车组的回送

动车组因新配属、调拨、出助、出租、检修等需要进行回送。动车组的回送一般采用专列方式进行。其按动车组动力可使用状态划分，可分为有动力回送和无动力回送两种，也称为有火回送和无火回送。动车组的回送规范和既有线机车、车辆的回送有着较大的区别。

四、动车组检修

动车组运用检修工作涉及车辆、机务、供电、电务、客运、运输、公安及主机厂售后服务等部门，必须加强统一领导、明确职责，使各部门、单位既分工负责又协调联动，形成动车组运用检修一体化管理体。

动车组实行以走行里程周期为主、时间周期为辅（先到为准）的计划预防修。动车组修程分为 5 级：一、二级检修为运用检修，在动车组运用所内进行；三、四、五级检修为高级检修，在具备相应车型检修资质的检修单位进行。检修周期见表 1.1。

一级检修是对动车组的车顶、车下、车体两侧、车内和司机室等部位实施快速例行检查、试验和故障处理的检修作业，须在动车所检查库内实施。

二级检修是对动车组各系统、零部件实施的周期性维护保养、检测、试验，不得漏项、超期，二级检修可采用扣车检修或结合一级检修的方式进行。

表 1.1 动车组检修周期

车 型	修 程				
	一级检修	二级检修	三级检修	四级检修	五级检修
CRH1A/1B	≤（4 000+400）km 或运用 48 小时	另行公布	（120±10）万千米或 3 年	（240±10）万千米或 6 年	（480±10）万千米或 12 年
CRH1E CRH380D	≤（5 000+500）千米或运用 48 小时	另行公布			
CRH2A（统）/2B/2C/2G、CRH6A/6F	≤（4 000+400）千米或运用 48 小时	另行公布	60_{-5}^{+2} 万千米或 1.5 年	120_{-10}^{+5} 万千米或 3 年	（240±10）万千米或 6 年
CRH2E、CRH380A（L）	≤（5 000+500）千米或运用 48 小时	另行公布			
CRH3C、380B（L）/CL、BG	≤（5 000+500）千米或运用 48 小时	另行公布	（120±12）万千米或 3 年	（240±12）万千米或 6 年	（480±12）万千米或 12 年
CRH5A/G CRH3A	≤（5 000+500）千米或运用 48 小时	另行公布			

注：高级检修间隔不超过一个三级检修周期。

任务二 动车组专业管理

一、动车组编号基本知识

（一）动车组的型号和列车编号构成

1. 和谐号动车组

1）以技术序列代码命名（见图 1.2）

和谐号动车组的诞生

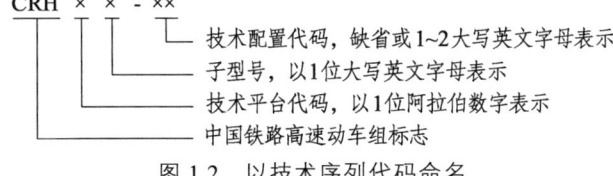

图 1.2　以技术序列代码命名

（1）技术平台代码以 1 位阿拉伯数字表示。

1——青岛四方阿尔斯通铁路运输设备有限公司申请定型的动车组。

2——中车青岛四方机车车辆股份有限公司申请定型的动车组。

3——中车唐山机车车辆有限公司/中车长春轨道客车股份有限公司申请定型的动车组。

5——中车长春轨道客车股份有限公司申请定型的动车组。

6——中车青岛四方机车车辆股份有限公司申请定型的城际动车组。

7 及后续数字——预留的动车组技术平台标识代码。

（2）子型号以 1 位大写英文字母表示。

A——速度 200～250 km/h、8 辆编组、座车。

B——速度 200～250 km/h、16 辆编组、座车。

C——速度 300～350 km/h、8 辆编组、座车。

D——速度 300～350 km/h、16 辆编组、座车。

E——速度 200～250 km/h、16 辆编组、卧车。

F——速度 160 km/h、8 辆编组、城际动车组。

G——速度 200～250 km/h、8 辆编组、耐高寒座车动车组。

H——预留。

I——预留。

J——综合检测动车组。

K 及后续字母——预留的动车组子型号。

2）以速度等级命名（见图 1.3）。

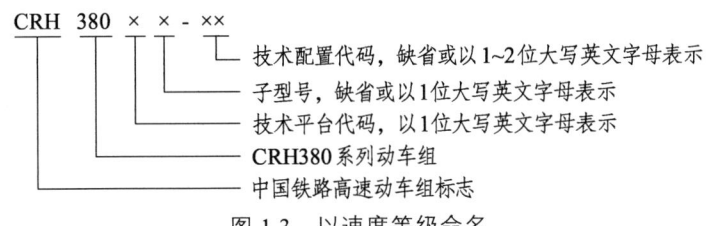

图 1.3　以速度等级命名

（1）技术平台代码以 1 位大写英文字母表示。

A——中车青岛四方机车车辆股份有限公司申请定型的动车组、8 辆编组、座车。

B——中车长春轨道客车股份有限公司／中车唐山机车车辆有限公司申请定型的动车组、8 辆编组、座车。

C——中车长春轨道客车股份有限公司申请定型的动车组（与 B 采用不同的牵引及控制系统）、8 辆编组、座车。

D——青岛四方阿尔斯通铁路运输设备有限公司申请定型的动车组、8 辆编组、座车。

其余字母预留。

（2）子型号以 1 位大写英文字母表示，缺省时为基本型。

G——耐高寒动车组。

J——综合检测动车组。

L——基本型的 16 辆编组动车组。

M——更高速度等级试验列车改为综合检测动车组。

N——永磁电机动车组。

其余字母预留。

（3）技术配置代码以 1~2 位大写英文字母表示，用以区分同一基本型号下的不同技术配置，每个型号的基本型产品技术配置代码缺省。

例如：CRH380AN 为中车青岛四方机车车辆股份有限公司申请定型的、8 辆编组、永磁电机动车组。

复兴之路——从"和谐号"到"复兴号"

2. 复兴号动车组（见图 1.4）

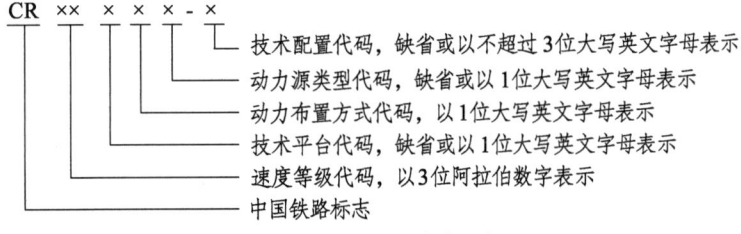

图 1.4　复兴号动车组型号

（1）车型代码中的"CR"为中国铁路"China Railway"的英文缩写。

（2）以最高试验速度值确定速度等级代码，以 3 位阿拉伯数字表示。

① 450——最高试验速度为 400 km/h<v≤450 km/h；

② 400——最高试验速度为 350 km/h<v≤400 km/h；

③ 350——最高试验速度为 300 km/h<v≤350 km/h；
④ 300——最高试验速度为 250 km/h<v≤300 km/h；
⑤ 200——最高试验速度为 150 km/h<v≤200 km/h；
⑥ 150——最高试验速度为 100 km/h<v≤150 km/h。

（3）技术平台代码以 1 位大写英文字母表示。

A——中车青岛四方机车车辆股份有限公司申请定型的动力分散动车组。

B——中车长春轨道客车股份有限公司申请定型的动力分散动车组。

C——中车株洲电力机车有限公司、中车唐山机车车辆有限公司申请定型的动力集中动车组。

D——中车大连机车车辆有限公司、中车南京浦镇车辆有限公司申请定型的动力集中动车组。

M——中车株洲电力机车有限公司、中车南京浦镇车辆有限公司申请定型的动力集中动车组。

N——中车大连机车车辆有限公司、中车唐山机车车辆有限公司申请定型的动力集中动车组。

分置式双源制动力集中动车组代码缺省，其余预留。

（4）动力布置方式代码以 1 位大写英文字母表示。

F——动力分散动车组。

J——动力集中动车组。

（5）动力源类型代码以 1 位大写英文字母表示。

N——内燃型。

S——内燃、电力分置式双源制。

H——内燃、电力集成式双源制。

（二）动车组中车辆车种和编号构成（见图 1.5）

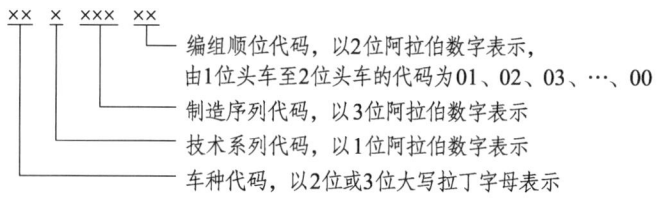

图 1.5 动车组中车辆的车种和编号构成

1. 动车组编组中的车种代码规定

车种代码是汉语拼音缩写，分别为一等座车 ZY、二等座车 ZE、特等座车 ZT、商务座车 ZS、软卧车 RW、硬卧车 YW、餐车（含酒吧车）CA、二等座车/餐车 ZEC、二等座车/商务座车 ZES、餐车卧车合造车 CW。

2. 各型动车组技术序列代码规定

BSP 动车组定为"1"，四方股份动车组定为"2"，唐山工厂动车组定为"3"，长客股份动车组定为"5"。

3. 各型动车组制造序列代码规定

按不同的技术序列单独编排，顺序由 001～999 依次排列。

4. 各型动车组的型号系列代码按速度等级、车种确定

A——运行速度 200 km/h、8 辆编组、座车。
B——运行速度 275 km/h、8 辆编组、座车。
C——运行速度 300 km/h、8 辆编组、座车。

5. 动车组编组顺位代码规定

以 2 位阿拉伯数字表示，位置排列编号自首车起从（01）开始顺序排列，尾车的排列编号为"00"。

二、动车组各专业人员配备与隶属

（1）动车组本务司机、副司机、地勤司机隶属机务段。
（2）随车机械师、存放点车辆调度人员、地勤机械师隶属动车段管理。
（3）客运乘务人员（列车长、列车员）隶属客运段管理。

动车人才去哪里

三、主要岗位职责

（一）本务司机

（1）认真执行规章制度，服从命令、听从指挥，切实履行规定职责。
（2）动车组在区间被迫停车时，负责指挥随车机械师、客运乘务组处理有关事故救援等事宜。
（3）出所后，负责 CRH1、CRH2-300、CRH3、CRH5 型动车组的车门集控开关。在车站，列车在规定位置停稳后开启车门。开车前，根据客运乘务组通知，关闭车门。
（4）动车组运行中出现故障时，按车载信息监控装置的提示，按步骤及时处理。需要由随车机械师配合处理时，通知随车机械师。
（5）负责在运用所内（或存放点）在动车组操纵端司机室与地勤司机办理动车组驾驶、列控车载设备、LKJ、CIR 设备及制动系统技术状态、主控钥匙、司机室门钥匙及列控车载设备柜钥匙交接。

（二）地勤司机

（1）认真执行规章制度，服从命令、听从指挥，切实履行规定职责。
（2）动车组出入运用所（存放点）时，负责与本务司机办理动车组驾驶、列控车载设备、LKJ、CIR 设备及制动系统技术状态、主控钥匙、司机室门钥匙及列控车载设备柜钥匙交接。
（3）动车组出所时，负责确认行车安全设备技术状态，与相关行车安全设备检修单位办理行车安全设备合格证交接；负责与动车所质检员办理驾驶设备技术状态交接。
（4）负责动车组调车作业。
（5）负责检修库以外的动车组防溜设置及撤除。

(三) 动车组副司机

（1）负责行车资料和备品交接。
（2）协助司机审核运行揭示、IC卡、LKJ临时数据文件。
（3）负责动车段（所）内、在站存放时动车组钥匙交接。
（4）配合司机办理动车组技术状态交接。
（5）负责设置/撤除防溜（按分工要求）。
（6）瞭望确认。
（7）协助司机完成动车组检查、试验作业。
（8）确认信号、行车凭证，确认开车条件。
（9）确认停车站停车位置、站台方向、开关车门。
（10）使用无线对讲设备与列车长、随车机械师联系。
（11）协助司机确认分相区、级间转换点、临时限速区段、临时降弓地点等。
（12）负责按车载信息监控装置的故障提示，查阅相关资料，协助司机进行处置。
（13）配合安装过渡车钩。
（14）列车被迫停车需要防护时，按规定对列车前方进行防护。
（15）听从司机指挥，配合应急处置。
（16）遇动车组司机突发意外情况，不能操控列车时，负责立即采取停车措施，并报告列车调度员（车站值班员）。

(四) 随车机械师

（1）认真执行规章制度，服从命令、听从指挥，切实履行规定职责。
（2）负责在运行途中监控动车组的技术状态，发现故障及时将有关信息通知司机，并采取措施，妥善处理。
（3）出所后，负责 CRH2-200 型动车组的车门集控开关。在车站，列车在规定位置停稳后开启车门；开车前，根据客运乘务员通知，关闭车门。
（4）动车组出入所时，负责与运用所（质检员）办理技术交接；与调度员或地勤机械师办理车门集控开关钥匙交接。
（5）在司机指挥下，处理有关事故救援等事宜。
（6）发生危及行车安全故障或其他紧急情况时，使用紧急制动阀停车或通知司机采取停车措施。

(五) 客运乘务员

（1）认真执行规章制度，服从命令、听从指挥，切实履行规定职责。
（2）在车站，确认旅客乘降情况，通知司机关闭 CRH1、CRH2-200、CRH3、CRH5 型动车组车门；通知随车机械师关闭 CRH2-200 型动车组车门。
（3）发生危及行车和旅客生命安全的紧急情况时，使用紧急制动阀停车或通知司机采取措施；需要组织旅客撤离列车时，通知司机，由司机向列车调度报告或通知就近车站值班员；在司机指挥下，处理有关事故救援等事宜。

（六）动车组存放点车辆调度人员

（1）负责按照作业计划组织、协调各专业作业，传达命令和作业前后的登记。

（2）负责随车机械师出退乘报到及动车组主控钥匙、司机室门钥匙、车门集控开关钥匙及列控车载设备柜钥匙等管理。

（3）负责组织协调处理动车组相关事宜并及时报告。

（七）动车组存放点地勤机械师

（1）负责动车组设备使用及管理。

（2）负责配合存放点的调车、客运整备、保洁、吸污作业，检查吸污作业质量。

（3）负责动车组防冻。

（4）负责与存放点的动车组随车机械师办理交接。

任务三　动车组司机、副司机的管理

一、管理职责

（一）动车组司机的管理

动车组司机是铁路运输的主要行车技术工种，担负着操控动车组、维护动车组列车安全正点的责任。动车组司机管理必须坚持高标定位、严谨精细、开拓创新、与时俱进，创建一支"敬业爱岗、遵章守纪、业务精湛、奋发有为"的动车组司机队伍。

（1）中国国家铁路集团有限公司负责制定动车组司机管理相关专业规章；组织高铁机务管理对规检查；组织动车组司机选拔复试及资格性培训；开展动车组司机职业技能竞赛；总结推广先进经验。

（2）铁路局集团有限公司负责贯彻落实中国国家铁路集团有限公司有关规章制度，制订动车组司机管理实施细则和一次乘务作业标准，督促指导机务段贯彻实施；落实动车组司机队伍建设专项规划；组织动车组司机培训，配备动车组司机模拟驾驶装置；组织动车组司机选拔并向中国国家铁路集团有限公司推荐复试人选；组织动车组司机年度鉴定；开展动车组司机生理、心理训练，配备相关设备设施；举办职业技能竞赛；指导创建"技能大师工作室"，开展技术攻关，推广先进经验。

（3）机务段负责贯彻落实上级规章制度；建立动车组司机上岗、激励、退出机制；不断优化乘务交路，培养储备满足生产需要的动车组司机；负责动车组司机日常管理，编制作业指导书；组织动车组司机进行生理、心理训练；开展适应性培训和年度鉴定。

（4）铁路局集团有限公司应根据生产实际，在机务处设立必要的专业管理科室。机务段在安全、运用、职教科设置动车专（兼）职管理人员，根据工作量的需要，可设置动车运用车间、车队和指导组。

（5）动车运用车间：根据担当动车组任务和乘务区段情况，因地制宜合理设置动车运用车间，人数原则上不得超过400人。其主要职责：

① 贯彻执行高速铁路机务运用、安全管理规章、制度、标准、细则，落实安全生产责任制度和安全措施。

② 负责动车组司机管理，加强动车组司机队伍的技术业务、思想动态分析，组织日常业务学习和典型事故案例教育，开展岗位练兵和劳动竞赛，监督检查考核动车组司机作业标准化日常执行情况，配合完成动车组司机作业标准化年度鉴定。按照调度日班计划，提供素质达标、满足需求的动车组司机。

③ 加强运用车队和指导司机管理，组织开展标准化班组建设，落实岗位责任制、工作标准和工作质量考核制度；配合完成指导司机技术业务年度鉴定。

④ 严格落实安全风险管理要求，根据运输生产任务变化，加强安全风险研判，完善安全风险控制表和岗位安全风险提示卡，组织现场作业的检查抽查，加强动车组运行记录数据分析，不断提高安全防控能力。

⑤ 负责运用车队、机务派班室的管理。运用车间按专业管理设置相应的副主任和专业技术人员。

（6）运用车间设置运用车队，原则上不超过100名动车组司机。乘务指导组设1名指导司机任班组长，原则上由10~15个机班组成，人员控制在25人以内。铁路局集团有限公司、机务段每年组织对指导司机队伍进行综合分析评价。

（7）铁路局集团有限公司每半年对机务段、机务段每季度对高铁机务管理进行分析评价，主要包括干部责任制落实、作业标准化落实、人员培训等内容，查找出关键性、倾向性问题，公布分析评价结果，落实责任，限期整改。

（二）动车组副司机的管理

动力分散型动车组（以下简称动车组）副司机，是铁路运输的主要行车技术工种，是培养动车组司机的重要岗位，担负着协助动车组司机维护动车组列车安全正点的责任。动车组副司机管理就是要打造一支爱岗敬业、遵章守纪、团结协作、服从指挥的队伍。动车组副司机管理必须坚持高标定位，铁路局集团公司要建立准入、培养、任用、考核激励机制。

（1）机务段应建立动车组副司机个人管理档案，纳入动车组司机管理信息系统，实行动态管理。个人管理档案内容包括个人自然情况、上岗过程（含选拔、培训、考试等）、乘务公里、劳动时间、健康体检及日常培训记录、考试成绩、奖惩等。

（2）铁路局集团公司要建立动车组副司机岗位退出机制。要强化劳动合同管理，动车组副司机是培训性、台阶性岗位，非升即转。担当动车组副司机超过三年，不能通过国家动车组司机晋升考试或无故不参加本单位安排的国家动车组司机晋升考试者，调整出动车组副司机岗位。由动车组机械师转岗为动车组副司机的，返回动车组机械师岗位；由学员晋升副司机的由铁路局集团公司安排到货车车辆段从事货车检车员工作。对因工作、生理、心理及其他原因不再适合担任动车组副司机的，或发生严重违章违纪、严重行车（人身）事故的，应按规定退出动车组副司机岗位。

（3）机务段组织动车组副司机年度鉴定，鉴定以年内日常工作业绩为主，结合规章考试和作业标准化进行考核。鉴定不合格者，不得担当值乘任务。

铁路局集团公司要组织开展动车组副司机群众性岗位练功活动和技能竞赛，选树先进典型，做到学用结合，不断提高动车组副司机的技术业务素质。

二、铁路机车车辆驾驶证的类型

驾驶证分为机车系列和自轮运转车辆系列。具体代码及对应的准驾机车车辆类型如下：

（一）机车系列

J1 类准驾动车组和内燃、电力机车。
J2 类准驾动车组（不含动力集中型电力动车组）和内燃机车。
J3 类准驾动车组（不含动力集中型内燃动车组）和电力机车。
J4 类准驾动车组（不含动力分散型电力动车组）和内燃、电力机车。
J5 类准驾内燃机车。
J6 类准驾电力机车。
J7 类准驾动力分散型电力动车组。
J8 类准驾动力集中型内燃动车组。
J9 类准驾动力集中型电力动车组。

（二）自轮运转车辆系列

L1 类准驾大型养路机械和轨道车、接触网作业车。
L2 类准驾大型养路机械。
L3 类准驾轨道车、接触网作业车。

三、动车组副司机的选拔培养

动车组司机是如何炼成的

（1）动车组副司机仅从全日制高校毕业生或从事动车组机械师工作一年及以上、国家承认的全日制机车车辆专业或机电类专业大专及以上学历的人员中选拔，选拔条件包括：
① 拥护中国共产党的领导，遵守国家法律法规，品行端正，作风正派，无违法犯罪等不良记录。
② 年龄在 18 周岁至 45 周岁。
③ 身体健康，符合《铁路机车司机职业健康检查规范》（TB/T 3091）规定的职业健康标准，具有良好的汉字读写能力并能够熟练运用普通话交流。
（2）动车组副司机选拔由铁路局集团公司机务、劳卫、人事等部门组织，流程如下：
① 组织符合条件人员报名。
② 对报名人员进行资格审核。
③ 对入选人员择优录用。

（3）全日制高校毕业生初任动车组机务乘务岗位但未定职副司机之前的，使用学员职名。动车组学员在动车组机务乘务学习半年及以上，或动车组机务乘务学习行程5万千米及以上，经铁路局集团公司机务、职工培训、劳卫部门组织考核合格，颁发《铁路岗位培训合格证书》后，方可担当动车组副司机工作。

（4）动车组机械师转岗动车组副司机，应按《动力分散型动车组副司机培训规范》完成培训（原岗位已完成培训的内容模块，可不再重复培训），经铁路局集团公司机务、职工培训、劳卫部门组织考核合格，颁发《铁路岗位培训合格证书》后，方可担当动车组副司机工作。

（5）挑选责任心强、业务水平高、行车经验丰富的动车组司机担任动车组副司机的培带师傅，颁发聘书、签订师徒协议，并建立完善相关激励机制。副司机在担当乘务期间，应做到培带师傅、值乘区段等相对固定。

四、动车组司机的选拔培养

（一）传统路径：由普速铁路机车司机转动车组司机

既有线机车司机，年龄不超过45岁，已担当机车司机职务2年以上且安全乘务10万千米以上，满足当年动车组司机报考条件的，可参加动车组司机申报考试。需进行理论和实作两类考试，经鉴定考试符合岗位工作要求，可定职为动车组司机。

（二）新增途径：由学员或者动车组机械师逐步晋升动车组司机

1. 晋升标准

动车组副司机在岗期间，参加动车组驾驶模拟装置实作培训200学时以上，连续动车组机务学习行程20万千米且乘务学习不少于1年，或2年及以上，且乘务学习行程15万千米及以上，或者连续担任动车组机械师职务2年以上，且连续动车组机务乘务学习行程10万千米以上，且乘务学习时间不少于1年，可参加动车组司机申报考试。

2. 选拔条件

（1）年龄不超过45周岁，并经动车组驾驶适应性测试合格。

（2）身体健康，符合《铁路机车乘务员职业健康检查规范》（TB/T 3091）规定的职业健康标准，生理、心理指标达到有关要求，具有良好的汉字读写能力并能够熟练运用普通话交流。

3. 考试类型

理论、实作两类考试。

4. 鉴定标准

按现行动车组司机申报考核标准。

五、动车组司机乘务管理

（一）动车组司机乘务方式

动车组司机如何换班出乘，担当动车组列车操纵作业的方法称为动车组司机出乘方式。

动车组司机乘务方式分为单司机值乘和双司机值乘两种。

1. 单司机值乘

单司机值乘指一个乘务交路由 1 名动车组司机担当动车组操纵作业的方式。

2. 双司机值乘

双司机值乘分为双司机轮流值乘和双司机共同值乘两种。

（1）双司机轮流值乘。

指一个乘务交路由 2 名动车组司机在动车组上换班、分段轮流操纵作业的乘务方式。

（2）双司机共同值乘。

指一个乘务交路由 2 名动车组司机同时在动车组一个司机室值乘、分段轮流操纵作业的乘务方式。

（二）动车组司机的劳动和休息时间标准

为保证动车组司机在工作的时候精力充沛，注意力集中，从而更有效地完成运输生产任务。为此，规定了动车组司机劳动和休息时间标准。

动车组司机劳动和休息时间应符合下列要求：

（1）单司机值乘：图定旅行时间不超过 4 h；一次乘务作业时间（包括出、退勤工作时间，立折停留时间，以下同）不超过 8 h。

（2）双司机轮流值乘：图定旅行时间不超过 10 h；一次乘务作业时间不超过 12 h；动车组出入段、始发、终到及遇恶劣天气、行车设备故障等情况时，必须二人同时值乘。

（3）双司机共同值乘：一个乘务交路，单趟图定旅行时间不超过 6 h，一次乘务作业时间不超过 10 h。

（4）动车组司机轮换操纵时间原则上不得超过 2 h。

（5）动车组司机的便乘时间，按相关规定执行。

（6）外段驻班时间不得少于 6 h（其时间的计算为签到休息至叫班时止）；候班待乘休息时间不得少于 4 h（其时间的计算为签到休息至叫班时止）；在间休室（公寓）间休时间不少于 1 h（其时间的计算为签到休息至叫班时止）。

（7）动车组司机在本段退勤回家休息时间，原则上不少于 10 h（其时间的计算为退勤至出勤时止）。

（8）动车组司机每月应有 1~2 次 48~72 h 的大休班时间。

（9）各级调度要根据列车实际运行情况，准确掌握叫班时间。密切注意列车运行情况，遇特殊情况超劳时，要尽快解决。

动车组在车站、段（所）技术作业时分和出、退勤等辅助工作时分，应根据所在地设备情况、技术作业程序、乘务制度及乘务班制等进行实地查定，纳入列车运行图技术标准。

动车组司机定员由铁路局集团有限公司根据图定担当交路，结合段（所）内作业、试运带道等任务进行核定和配备，动车组司机预备率原则上为 12%，最高不超过 16%。同时，应根据市场变化和运输组织等情况进行动态调整。

动车组司机凭便乘证便乘（中途站换班便乘时凭调度命令）国际列车以外的各类旅客列车。

编制列车运行图须依据动车组司机一次乘务作业工作时间标准；运输有关部门要提高日（班）计划编制质量，各工种调度之间要加强联系，严格落实"一派一核一叫"制度，实现精确叫班，不得以日（班）计划作为叫班计划，叫班前应认真了解动车组列车位置和编组情况；列车调度员要按图组织行车，不得随意更改乘务交路、中途折返，并优先放行乘务员接近超劳的列车，防止乘务员超劳。

（三）动车组副司机的乘务管理

（1）动车组司机、副司机配班值乘的劳动和休息时间执行《动车组司机管理办法》中单司机值乘标准。

（2）动车组副司机工作时间必须着铁路统一制服上岗，铁路局集团公司负责定期为动车组副司机配换制服及相关备品。

（3）动车组副司机工作中须服从动车组司机的管理和指挥。

（4）动车组副司机必须严格执行一次乘务作业标准。

（5）动车组副司机原则上应在司机右侧值乘，负责关键作业环节提示、呼唤确认，协助司机进行瞭望和应急处置等工作。

（6）动车组副司机严禁驾驶动车组，列车运行途中不得擅自离开操纵端司机室。

（7）动车组配属铁路局集团公司车辆部门负责在动车组两端司机室各配置1把副司机座椅。

六、岗位管理

（一）动车组司机的岗位管理

（1）动车组司机上岗前须进行培训。

① 担当动车组列车任务前，上线看道、实际操纵训练分别不少于3 000千米，鉴定合格后上岗。

② 担当动车段（所）内作业的动车组司机跟班作业不少于10班，鉴定合格后上岗。

（2）当值乘区段、担当车型（含列控车载设备）发生变化时，必须按规定提前完成动车组司机培训。

（3）动车组司机离岗30天及以上，必须重新组织进行业务培训和看道，经鉴定合格后方可重新上岗。

（4）铁路局集团有限公司应按照相关规定每年组织动车组司机进行体检，对不符合条件的人员应及时组织转岗。

（5）铁路局集团有限公司要制定动车组司机"红线"管理制度。机务段对发生严重事故苗头、严重违章违纪、责任行车事故的动车组司机，按规定进行考核。

（6）铁路局集团有限公司组织动车组司机年度鉴定，鉴定以年内本人日常工作实绩为主，结合规章考试和作业标准化进行考核。鉴定不合格者，不得驾驶动车组。

（7）动车组司机工作时间必须着铁路统一规定的制服上岗，铁路局集团有限公司负责定期为动车组司机配换制服及随身备品。

（8）推广动车组司机安全值乘公里排序奖励经验，开展"百趟安全"等形式的劳动竞赛，选树先进典型，提高动车组司机安全正点意识及工作积极性；本着实事求是、循序渐进、综合平衡、逐步完善的原则，按中国国家铁路集团有限公司有关规定适当提高动车组司机工资收入水平。

（9）机务段建立健全日常分析制度和动车组司机竞争上岗机制。加强动车组运行记录数据分析，掌握动车组司机现场作业情况；按照岗位标准，每季度对动车组司机进行动态考核评定。经考核不符合岗位标准要求的，要进行离岗培训或改职转岗。

（10）机务段应建立动车组司机个人管理档案，动态记录个人自身情况、晋升过程（含选拔、复试、培训、考试、晋升、上岗等）、值乘里程、劳动时间、职务鉴定、体检及日常培训记录、考试成绩、奖惩等内容。建立动车组司机管理信息系统，完善动车组司机管理手段。

（二）动车组副司机的准驾条件

（1）动车组副司机申请动力分散型动车组驾驶证条件：年龄在18周岁至45周岁；身体健康，符合《铁路机车司机职业健康检查规范》（TB/T3091）规定的职业健康标准；动车组驾驶模拟装置实作培训200学时以上；连续动车组机务乘务学习行程20万千米且乘务学习不少于1年、或2年及以上且乘务学习行程15万千米及以上，或者连续担任动车组机械师职务2年以上，且连续动车组机务乘务学习行程10万千米以上，乘务学习时间不少于1年。

（2）动车组副司机原则上只报名参加国家铁路局组织的上、下半年（春、秋季）动车组司机驾驶资格理论考试，不参加国铁集团组织的动车组司机驾驶资格考前理论培训班及单独组织的理论考试。

（3）动车组副司机通过国家铁路局组织的司机驾驶资格理论考试后，必须在动车组进行不少于3个月的实作培训后，方可申请参加实作考试。

（4）动车组副司机取得动车组驾驶资格后，必须安排在调度所学习3个月、车站学习2.5个月、动车段（所）学习2.5个月（由动车组机械师转岗为动车组副司机的，可不参加学习），完成8个月的学习后，在胜任人员的指导监督下值乘3个月以上，经鉴定合格后，方可单独作业。

七、动车组司机的培训管理

（1）各铁路局集团有限公司应科学合理制定动车组司机年度培训计划，安排送高校、工厂、培训基地进行培训，培训成绩记入"高速铁路岗位培训合格证书（CRH）"和技术档案。

（2）各铁路局集团有限公司要按方便职工的原则，因地制宜，在动车运用车间等动车组司机集中处所，配备动车组司机模拟驾驶装置等实训设备，原则上24 h开机，方便动车组司机随到随学、随到随考。

（3）动车组司机的日常技术业务学习，每月不得少于3次，每次不少于2h，学习内容要适应运输和安全生产需要。

（4）机务段结合阶段安全重点工作、典型事故案例等，开展动车组司机安全意识教育和业务技能培训。

（5）铁路局集团有限公司、机务段要经常组织开展群众性的岗位练功活动和技能竞赛，表彰技术能手，做到学用结合，不断提高动车组司机的技术业务素质。

（6）加强动车组司机专、兼职师资队伍建设，机务段每100名动车组司机配备1至2名专职教师。

八、待乘间休管理

（1）根据动车组司机乘务方式和交路安排，配套设置行车公寓、待乘室、间休室、派班室。

（2）行车公寓、待乘室、间休室、派班室由所在地铁路局集团有限公司负责管理，按照减少动车组司机辅助作业时间、就近、便捷的原则进行设置；间休室选择环境安静和通风良好的地点，按照《高速铁路设计规范》（TB 10621—2014）宜在高铁车站站房内进行设置。

（3）行车公寓、待乘室、间休室应配备动车组司机待乘管理系统，实现与机务段运用安全管理系统联网。

（4）担当夜间乘务工作的动车组司机，必须实行班前待乘休息制度。在列车运行图执行前，机务段应按照铁路局集团有限公司规定制定待乘休息时间并予以公布。固定担当动车段（所）内作业的动车组司机，按规定设置乘务班制，担当夜间作业时，必须实行班前待乘休息。

（5）动车组司机必须按规定时间、路径到达待乘室，接受指纹影像识别，在指定房间休息；按规定办理进、出待乘室手续；值班干部每天必须检查待乘休息情况，并填写《干部检查待乘休息情况登记簿》。

（6）间休室应满足运行图开行方案最大间休人数的使用需求，具备动车组司机休息、叫班、就餐、洗浴等功能，按照中国国家铁路集团有限公司有关要求，科学配备动车组司机生理、心理健康监测调理设备，并配备显示动车组到发正晚点、股道信息的设备。在列车运行图执行前，由机务段将间休人数、到达车次、接续车次、叫班时间等内容，以正式文电通知间休室管理单位。

（7）动车组司机须按规定路径到达间休室，接受酒精含量、血压、体温测试和指纹影像识别，在指定地点休息，体温异常或出现其他急性病症的，应停止出乘。间休室值班人员根据日班计划及变更计划，准时叫班。

（8）动车组司机在行车公寓和待乘室休息应实行一班一室。休息场所应具备良好的休息条件和卫生环境，卧具应做到一客一换或按人配备，单独使用。

任务四　动车组运用方式及运转交路

一、动车组运用方式

动车组运用管理工作是高速铁路动车组运输工作的重要组成部分,其运用质量直接关系到旅客生命财产安全和铁路企业经济效益。规范化、标准化作业,不断提高广大员工运用管理水平和技术业务素养,是动车组运用管理工作的基本任务。通过提高职工安全生产的责任心、责任感,逐步实现管理规范化、作业标准化,保证质量良好地完成旅客运输任务。

根据动车组运用与维修一体化的思想,参考国外成型的运用模式,结合我国动车组组织与管理形式,现行高速动车组主要有三种运用方式,分别为固定方式、不固定方式、半固定方式。

(一) 固定区段运用方式

动车组固定运用方式类似于我国既有铁路旅客列车车底固定配属制的运用方式,它要求高速动车组仅且只能在一定的配属段和折返段之间往返运行。

动车组固定方式又可以分为以下两种形式(见图1.6)。

1. 站间固定方式

动车组1可以由A站始发连续承担G1→G6两次运输任务返回至A站,此种在AC站间连续往返运行的运用方式称作动车组站间固定方式。

2. 两区段套跑方式

动车组2可以运行G2→G4→G3→G5四条运行线,同时也可以选择运行G2→G5两条运行线,这种动车组可以在AB和BC两区段之间运行的运用方式称为两区段套跑方式。

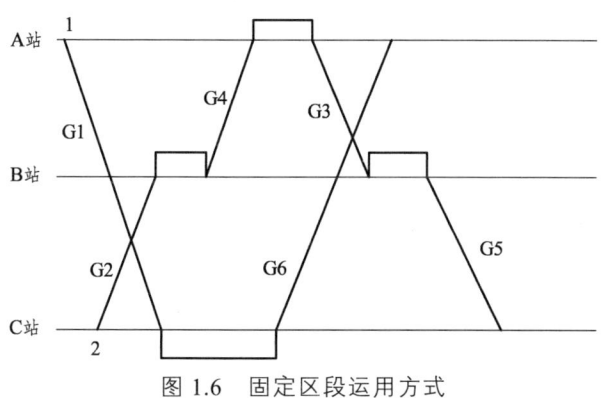

图1.6　固定区段运用方式

3. 固定区段运用方式优点

(1) 可以根据区段内特点采用不同的编组方案。

（2）动车组的运用组织比较容易。

（3）有利于动车组的管理。

4. 固定方式的缺点

（1）不能很好地解决动车组的维修问题。

（2）在距离检修基地较远的区段运行的动车组需要维修时，特别是高级别修程的维修时，不仅需要备用动车组替代其运行，而且需要专程回送。

（3）动车组利用率较低，非生产时间长。

（4）需要使用较多数量的动车组。

（二）不固定区段运用方式

1. 不固定区段运用方式

当采用的动车组类型差别不大时，假定各动车组之间无差别，可以在任何高速区段内运行，便于安排动车组在综合维修中心区段上运行的交路，可灵活解决运行与维修相配合的问题，提高动车组的利用效率。在高速铁路运营初期，动车组数量相对较少，动车组类型较单一时，此方式较为合理。

如图1.7所示，动车组可以选择连续运行 G1→G2→G5→G7→G8 五条运行线，也可以运行 G1→G3→G4→G9 四条运行线。由此可知，这种动车组运用方式下运行区段无限制的前提是需要满足上述假设条件和连续时间等相关规定。

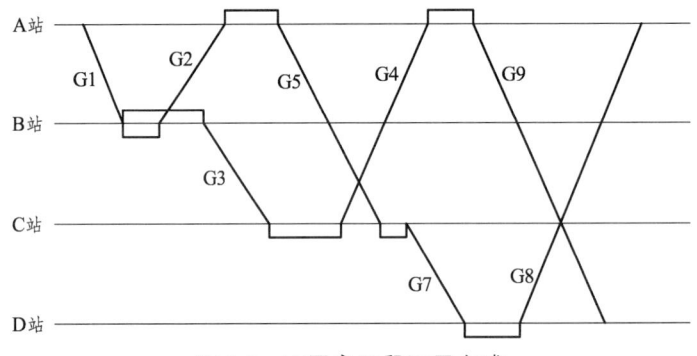

图 1.7　不固定区段运用方式

2. 不固定区段运用方式的两种特殊情况

1）周期性运用方式

周期性运用方式是不固定运行区段运用方式的一种特殊情况。其具体含义为假设各类动车组的运行区段不固定，动车组在一次往返运输任务内要保证至少一次运行通过具备一级或二级维修能力的车站，并且满足动车组在站停留时间应大于或等于折返时间和检修时间之和的条件，按照这种方式所形成的循环交路称作周期性运用方式。

2）放射式运用方式

这也是不固定运行区段运用方式的特殊情况，它是以一个动车段或区域调度为中心，发散式地运用动车组。在这种运用方式下，动车组围绕所隶属的动车段或调度所进行不固定方式的运用，动车段主要承担动车组的三级、四级、五级修程作业，动车所主要承担动车组一级、二级修程作业。因此，每当所配属的动车组进行一次三级维修时，就相当于本动车组完成了一次运用循环，从这个意义上讲，可以将动车组运用问题在三级维修层面上转换为 TSP（Travelling Salesman Problem）问题，循环周期变大。

3. 不固定方式的优缺点

1）不固定方式的优点

（1）可以连续运行于不同运行线，并能满足动车组转线、整备等接续时间要求。

（2）提高动车组的使用效率，减少动车组的数量。

（3）在任何区段间运行，只要满足接续时间要求，动车组就可运行不同的运行线。

（4）对进检修基地进行维修的动车组，可以预先安排运行交路，使其通过检修基地所在地，从而实现动车组运用计划和维修计划的一体化。

2）不固定方式的缺点

（1）由于周转接继安排得较紧密，当出现一些大的随机干扰时，运用计划比固定方式更容易受到影响。

（2）动车组的编组不能根据区段客流特点改变。

（3）因为不固定方式是事先假定了各动车组之间无差别，因此对检修基地的兼容性提出了很高的要求，要求其能检修不同型号的动车。

（三）半固定方式

半固定方式所运用的动车组数量介于固定式和不固定方式之间，即部分动车组采用固定运行方式，而另一部分动车组采用不固定运行的方式。

1. 半固定方式的优点

（1）既便于管理，又可以灵活解决维修的问题。

（2）乘务员基地附设于维修中心，基地负责乘务员的工作安排与管理。

（3）乘务员值乘安排在固定的区段内。

2. 半固定方式的缺点

（1）京沪高速铁路，在运用和维修计划统一编制时，采用固定方式所需动车组数量比不固定方式动车组多 31.7%～60.7%。

（2）京津、沪宁高速铁路使用固定方式，其他区段使用不固定方式，所需动车组数量也多于不固定方式。

二、运转交路

（一）机车运转交路

1. 机车交路

铁路机车牵引列车基本上是按区段接续进行的。机车交路是机车固定担当运输任务的周转区段。图 1.8 所示为机车交路示意图,从机务段到折返段间的距离 L_1、L_2、L_3 即为交路长度。图中 A、D 为机务段所在站,B、C 为折返段所在站。

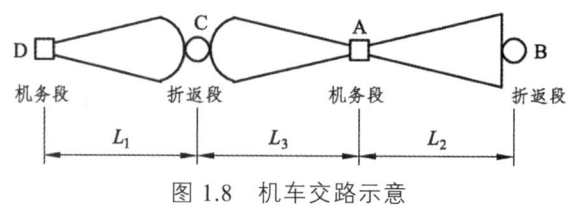

图 1.8　机车交路示意

一个机务段担当机车交路的数量,根据机务段在路网中的位置及运输任务可分为一个或几个。在图 1.8 中,B、C 为机务段 A 的折返段,所以说 A 机务段,担当两个机车交路。显而易见,机务段担当的交路数多、交路长,则对减少铁路建设投资和铁路运输费用以及提高机车运用效率是非常有益的。确定机车交路是一个比较复杂的工作,必须同时考虑到现有的线路情况,牵引动力的种类、机型,编组站的分布及分工,行车组织的特点及货流方向,沿线的自然条件和生活条件等因素。

2. 确定机车交路的基本原则

确定机车交路的基本原则,在《铁路机车运用维修规程》(简称运规)中规定:

(1)充分利用运输设备条件,根据列车编组站分工,推行"机车长交路、乘务区段化"的运用模式,实行动车组中集中配置,乘务分段担当,向同方向或多方向延伸覆盖,提高运用效率。

(2)依据路网特点和动车组续行能力,科学、合理地确定交路,统筹安排动车组司机休息和工作时间,满足运输生产需求。

(3)充分利用各型动车组性能,提高动车组运用效率和运输能力。

(4)根据机务生产力发展水平,坚持近期与远期相结合,不断完善和优化。

机车交路的图例说明,如图 1.9 所示。

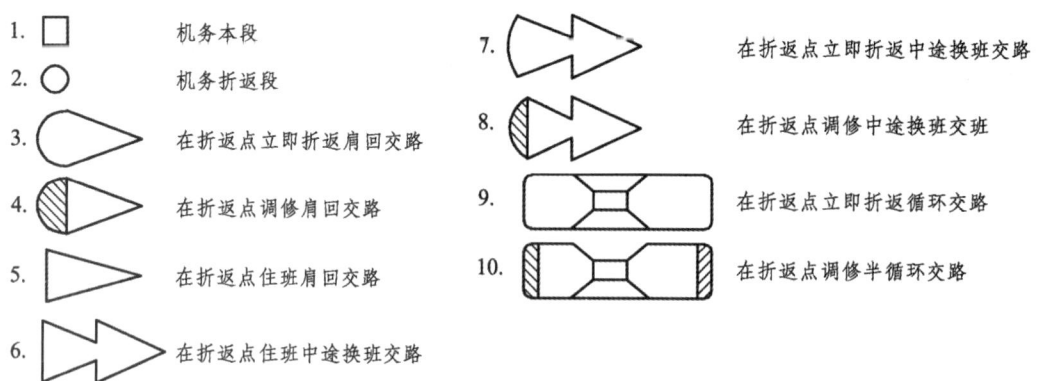

图 1.9　机车交路的图例

（二）动车组运转交路

动车组运转交路是动车组担当运输任务的固定周转区段，即动车组从动车段或运用所所在站到折返站（点）往返运行的线路区间。它是组织动车组运用、确定动车组整备设备布置、决定动车组全周转时间并影响铁路运输工作效率的重要因素。

按照动车组在交路上从事列车运输作业的方式，动车组运转制可分为循环、半循环、肩回、环形运转制度。为了提高机车运用效率，应广泛采用循环或半循环运转制。

1. 肩回运转制

肩回运转制是动车组从本段所在站执行列车运输任务到折返段所在站（点），进入折返段进行整备及检查作业，然后担当另一次运输任务返回本段所在站，再进入本段进行整备及检查作业。

担当两个方向相反的交路列车牵引任务的肩回运转交路称为双肩回运转制，如图1.10所示。

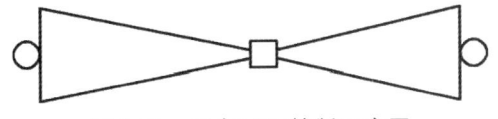

图1.10 双肩回运转制示意图

2. 循环运转制

动车组担当在与基本段相邻两个牵引区段的牵引列车任务，除需进折返站（点）整备及因中间技术检查需入本段外，每次返回本段所在站，都在车站进行整备作业。这种方式叫全循环运转制，如图1.11（a）所示。图1.11（b）是另一种循环运转制示意图，是动车组司机在折返段进行调休的循环运转制。

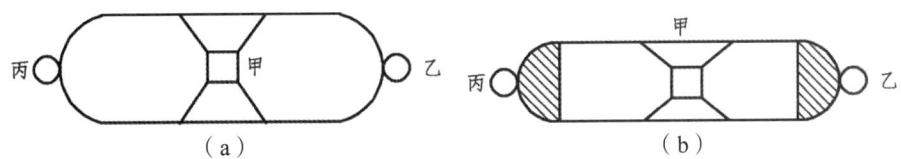

图1.11 循环运转制示意图

循环运转制的优点：运用效率较高，能够加速动车组的周转，并减轻车站咽喉的负担。它的缺点：占用到发线时间较长，站内要设整备设备，对动车组质量要求较高。

3. 半循环运转制

如果动车组在两个牵引区段上周转循环一次就进入本段一次进行整备、检查，就叫半循环运转制，如图1.12所示。

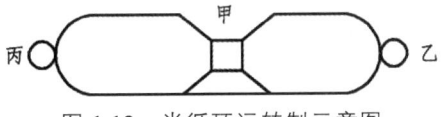

图1.12 半循环运转制示意图

4. 环形运转制

动车组在一个区段或枢纽内担当两个及以上的列车牵引任务后,才入本段进行整备作业,如图 1.13 所示。这种交路适用于近郊列车、通勤列车、环形列车或小运转列车。

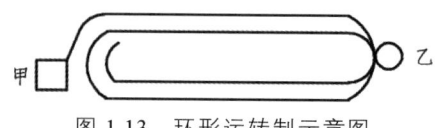

图 1.13 环形运转制示意图

循环、环形运转交路的动车组运用方式优于其他方式。

任务五 列车运行图及动车组乘务计划

一、列车运行图

(一)列车运行图

列车运行图规定了各种列车占用区间的程序,列车由每一个车站出发、通过、到达和交会的时刻,列车在各区间的运行时分,以及列车在车站的停留时间标准等。这样的列车运行图不仅规定了列车的运行,而且也规定了铁路技术设备(线路、站场、机车、车辆等)的运用。同时,还规定了与列车运行有关的保障部门(如车站、车务段、客运段、机务段、工务段、电务段、供电段、列车检修所、车辆段等)的工作。

列车运行图是行车组织工作的基础,是铁路运输工作的综合计划。所有与列车运行有关的铁路各部门,必须按列车运行图的要求,组织本部门的工作,以保证列车按运行图运行。列车运行图是动车组、机车运用工作的主要依据。为确保运行图正常实施,编图时须充分考虑动车组车型、数量、主要技术参数、作业标准、技术作业时间以及检修、存放、整备能力等因素,列车运行图应根据客运量、区段通过能力等因素确定列车对数,机车周转图应与列车运行图同时编制,并符合下列要求:

(1)列车运行、车站间隔、技术作业等时间标准。
(2)迅速、便利地运输旅客和货物。
(3)充分利用通过能力,经济合理地运用动车组、机车车辆和安排施工、维修天窗。
(4)做好列车运行线与车流的结合。
(5)各站、各区段间的协调和均衡。
(6)合理安排乘务人员作息时间。

(二)列车运行图的作用

列车运行图的主要作用是将所有与列车运行有关的铁路部门(如机务、车务、列车车辆、工务、电务、水电等单位）的工作人员同铁路的运输生产活动统一组织起来，并按照规定的程序协调一致地工作，保证列车按运行图运行。列车运行图应标明如下内容：

（1）根据客、货运量确定列车对数和列车车次。
（2）规定各次列车占用区间的程序。
（3）列车出发、到达和通过各分界点的时刻。
（4）列车在区间内运行时分和站停时间标准。
（5）列车运行速度、牵引质量和长度标准。

（三）列车运行图的分类

在我国，列车运行图是根据国家运输计划编制的，这种根据基本运量进行编制的列车运行图是基本运行图。基本运行图规定的行车量能满足一定时期内的最大客、货运输任务。然而，由于客货运输量在一年之中难以保持稳定，为了适应这种变化，必须在基本运行图的基础上根据各种行车方案再编制几个运输方案的运行图，这种列车运行图称为分号运行图。例如，某列车运行图用 30 对列车编制，而行车密度最高达 34 对列车，最低只有 26 对列车，则可有 26～34 对列车，按每相差一对列车再编制 8 个方案，或按照每相差两对列车再编制 4 个方案，在这里称以 30 对列车编制的运行图为基本运行图，其他 8 个（或 4 个）运行图为分号运行图。

分号运行图又可分为独立和综合分号运行图。独立分号运行图是根据实际的车流情况确定行车量并结合编制分号运行图的特殊要求，像编制基本列车运行图那样，重新定点、定车次的列车运行图，它主要用在单线区域。综合分号运行图包括几个方案的运行图，是利用基本运行图抽减运行线，不单独定点、定车次而制定的列车运行图，综合分号运行图原则上在复线区域上使用。

有了基本运行图和分号运行图，运输部门就可随着运量的变化、特殊运输需要及工程施工等情况，选用相应的分号运行图。最后应当指出，列车运行图不是固定不变的，必须根据铁路客货运量的不断增长、铁路技术设备的更新、运输组织工作的改善、牵引定数和旅行速度的提高，经过一定时期重新编定。原则上列车运行图每两年定期编制一次。

（四）列车运行图的识别

列车运行图是运用坐标原理来表示列车在区间运行，在车站到、发、通过时刻和停车时分的一种图解形式，如图 1.14 所示。

在列车运行图中，采用站名线、时分线和运行线三线表示法。在列车运行坐标图上，横坐标表示时间（t），纵坐标表示距离（L），斜线的斜度表示列车的运行速度，斜度越大，则列车运行速度越高。

列车运行图时间坐标等分成 24 格，代表一昼夜 24 h。铁路系统以每日 18 时整至次日 18 时整为"一昼夜"时间范围。竖直线为时间线，较粗的线表示小时，细线表示 10 min，虚线表示 0.5 h。纵坐标按照一个区段内各个站间距离的比例，划分成若干水平线，即为各站分界点的中心线，大站用粗线表示，小站用细线表示。水平线与水平线间隔表示站间距离。斜线与水平线的交点表示列车在每个车站的出发、通过或到达的时刻。

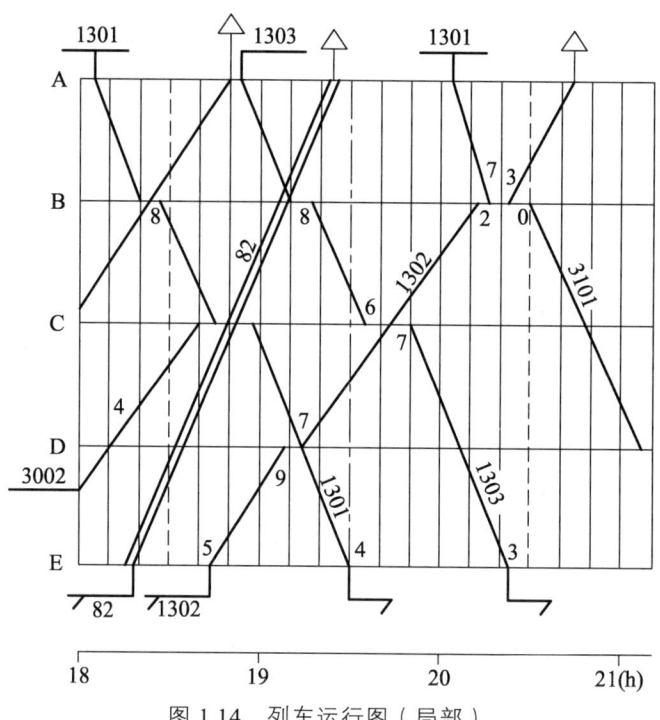

图 1.14 列车运行图（局部）

在列车运行图中，由于铺画了许多不同种类的列车运行线，为了便于区别，对不同的列车种类要采用不同的列车运行线来表示，常见的列车运行线如表 1.2 所示。

表 1.2 列车运行线图例

序号	列车种类	表示方法	示 例	备 注
1	旅客列车（混合列车）	红色单线	———	以车次区分
2	临时旅客列车	红单线加红双杠	—‖—‖—	
3	行包专列	蓝单线加红圈	—○—○—	
4	"五定"班列	蓝单线加蓝圈	—○—○—	
5	快运、直达、重载列车	蓝色单线	———	以车次区分
6	直达、区段、小运转列车	黑色单线	———	以车次区分
7	冷藏列车	黑细线加红"○"	—○—○—	
8	超限货物列车	黑细线加黑"□"	—□—□—	
9	摘挂列车	黑细线加"｜""+"	—｜—+—	
10	单机	黑细线加黑"▷"	—▷—▷—	
11	军用列车	红色断细线	------	
12	路用列车	黑细线加蓝"○"	—○—○—	
13	重型轨道、轻油动车	黑单线加黑双杠	—‖—‖—	

列车运行线向上代表上行列车,向下代表下行列车。我国铁路规定向首都运行的方向为上行方向,反之为下行方向。上行列车的车次为双数,下行列车的车次为单数。为了便于组织列车运行和进行作业,每一列列车必须编有车次。车的车次表示了该列车的种类、运输性质及运行方向。

(五)列车分类和列车车次规定

1. 旅客列车

(1)高速动车组旅客列车　　　　G1～G9998
其中:跨局　　　　　　　　　　　G1～G5998
管　内　　　　　　　　　　　　　G6001～G9998
城际动车　　　　　　　　　　　　C1～C9998
其中:跨局　　　　　　　　　　　C1～C1998
管　内　　　　　　　　　　　　　C2001～C9998
(2)普通动车组旅客列车　　　　D1～D9998
其中:跨局　　　　　　　　　　　D1～D4998
管　内　　　　　　　　　　　　　D5001～D9998
(3)直达特快旅客列车　　　　　Z1～Z9998
全部为跨局列车　　　　　　　　　Z1～Z9998
(4)特快旅客列车　　　　　　　T1～T9998
其中:跨局　　　　　　　　　　　T1～T4998
管　内　　　　　　　　　　　　　T5001～T9998
(5)快速旅客列车　　　　　　　K1～K9998
其中:跨局　　　　　　　　　　　K1～K6998
管　内　　　　　　　　　　　　　K7001～K9998
(6)普通旅客列车　　　　　　　1009～7598
普通旅客快车　　　　　　　　　　1009～5998
其中:跨三局及以上　　　　　　　1001～1998
跨两局　　　　　　　　　　　　　2001～3998
管　内　　　　　　　　　　　　　4001～5998
普通旅客慢车　　　　　　　　　　6001～7598
其中:跨局　　　　　　　　　　　6001～6198
管　内　　　　　　　　　　　　　6201～7598
(7)临时旅客列车　　　　　　　L1～L9998
其中:跨局　　　　　　　　　　　L1～L6998
管　内　　　　　　　　　　　　　L7001～L9998
(8)旅游列车　　　　　　　　　Y1～Y998
其中:跨局　　　　　　　　　　　Y1～Y498

管　　内	Y501~Y998
（9）通勤列车	7601~8998
均为管内列车	7601~8998

（10）其他特殊车次

Q1（青1）次（格尔木—拉萨）：为2006年7月1日在格尔木和拉萨同时举行通车庆典首发列车，至今再没有Q字头班次。而京九、沪九直通车有时为了在售票系统中区别也会使用Q97/8、Q99/100的车次，但实际运营时仍然使用"T"字头。

Z2（藏2）次（拉萨—格尔木）：为2006年7月1日在格尔木和拉萨同时举行通车庆典首发列车。

J1~J41（救1~救41）次：为转移2008年汶川大地震中四川灾区大量伤者到全国其他城市治疗，在2008年5月17日至6月1日开行从成都、绵阳、德阳、广元发往北京、厦门、洛阳、西安、常州、扬州、南通、杭州、长沙、武汉等地的救援列车，完成了中华人民共和国成立以来最大规模的铁路转伤员工作。

S201~S232：北京市郊铁路S2线实行新售检票方式之后车次，"S"代表市郊列车。

S9XX：天津—蓟州区，使用新造25G车底

| 试运转列车： | 55001~55998 |
| 路用列车： | 57001~57998 |

在一些客流量非常小或支线铁路上的通勤列车，一般只用于铁路职工通勤，也可以是客货混编。

回送出入厂客车车底：	001~00298
回送图定空车车底：	车次前加0
因故折返旅客列车：	车次前加F

2. 货物列车

（1）行邮特快专列	X1~X198
行包快运专列	X201~X298
（2）五定班列	
集装箱五定班列	80001~80998
普通货物五定班列	81001~81998
（3）快运货物列车	81751~81998
（4）煤炭直达列车	82001~84998
（5）石油直达列车	85001~85998
（6）始发直达列车	86001~86998
（7）空车直达列车	87001~87998
（8）技术直达列车	10001~19998
（9）直通货物列车	20001~29998
（10）区段货物列车	30001~39998

（11）摘挂列车	40001～44998
（12）小运转列车	45001～49998
（13）超限货物列车	70001～70998
（14）万吨重载货物列车	71001～72998
（15）冷藏保温列车	73001～74998
（16）自备车列车	60001～69998
（17）单机	50001～52998
客车单机	50001～50998
货车单机	51001～51998
小运转单机	52001～52998
（18）补机	53001～54998
（19）试运转列车	55001～55998
（20）轻油动车、轨道车	56001～56998
（21）路用列车：	
专为运送铁路自用物资、设备、人员的列车	57001～57998
（22）救援列车	58101～58998
（23）军用列车	90001～91998

二、动车组运用计划

（一）运用计划

动车组运用计划是动车组周转接续和维修的综合计划，运用计划根据给定的列车运行图、动车组修程修制及检修基地的条件等因素，对动车组在什么时分，哪个车站，担当哪个车次，在何时何地，进行哪个级别的维修等做出具体的安排。

（二）动车组运用计划的种类

（1）平日运用计划、节假日运用计划。
（2）单基地、多基地运用计划。
（3）单车种、多车种运用计划。
（4）各种运用计划的组合。
其中，单车种、单基地的形式采用最为广泛。

（三）动车组运用计划的编制

编制动车组运用计划，不仅要编制列车接续计划、动车组的日常维修计划，定期维修计划也要同时编制，一般不考虑大修计划。编制动车组运用计划的约束条件如下：
（1）运行图的约束。
（2）检修的约束。

检修场所（日常检修、定期检修场所）、检修周期、检修时间、检修时段。

（3）交路的约束。

交路中相邻的两个交路段，前一日交路段的最后终到站必须与后续日交路的始发站一致，后一个交路段的终到站必须与第一个交路段的始发站一致。

（4）交路段的约束。

地点的约束、时间段的约束（大于最小折返时间）。

（5）其他约束。

线路容量：车站、基地停留的动车组数量。

动车组数量：所使用的动车组数量不能超过规定的动车组数量。

清扫周期：内部清扫的种类、周期、地点等。

（6）运用人员的意图。

① 希望某次和某次接续，确保某动车组有足够的检修时间。

② 某一段时间内，希望在某站有备用动车组。

③ 不希望某次和某次接续。

（四）动车组运用计划的评价

（1）使用动车组的数量越少越好。

（2）定期检查次数和日常检查的次数越少越好。

（3）回送列车的次数和里程越少越好。

三、动车组乘务计划

动车组乘务计划是根据给定的列车运行图，乘务机型，乘务基地等条件，对乘务员（组）在什么时间、什么地点出乘，什么时刻担当哪次列车，什么时间、什么地点返程所做出的具体安排。分为乘务日计划和月计划。乘务计划的编制步骤由8个步骤组成。

1. 收集基础数据

主要收集：乘务员基地，换乘车站（公寓）及其乘务范围，给定的列车运行图和动车组周转图，乘务时间标准，乘务规则，各乘务员基地的任务。

2. 乘务片段划分

以乘务员可能换乘的车站为分割点，将运行图中的所有运行线分割为乘务片段。

3. 制订乘务交路

按乘务员一次乘务总时间、乘务折返接续时间、连续乘务时间等标准，将各乘务片段组合成不同的可行乘务交路，作为备选方案。

4. 确定乘务交路的优化评价标准

根据总乘务时间、纯乘务时间、连续乘务时间和乘务时间间隔的理想值和实际值的偏差，建立交路选择的评价准则。

（1）使用乘务员数量越少越好。

（2）各乘务组的平均劳动时间越接近给定值越好。

（3）月度计划间的差异性越小越好。

5. 确定乘务交路

满足乘务规则的组合方案数量可能很多，可以构成不同的乘务计划交路。所有被选择的乘务交路集合，必须完全覆盖全部乘务片段。

6. 确定可行的乘务交路方案

以乘务交路不能中断或中途更换乘务组为约束，乘务组与乘务交路不同组合方式构成各种乘务交路方案。

7. 确定月度乘务员运用计划

8. 运用计划的调整

在乘务交路方案中，各乘务组间的乘务时间、在外驻留待班次数有可能不均衡，需对确定乘务交路，确定可行的乘务交路方案，确定月度乘务员运用计划三个步骤长时间的调整。

任务六　动车组运用指标

动车组运用指标

【复习思考题】

1. 动车组运用管理的原则及组织机构有哪些？
2. 动车组实行什么管理制度？
3. 动车组检修修程分哪几级？分别在哪里进行检修？
4. 动车组本务司机、副司机的职责有哪些？
5. 动车组司机的乘务方式有哪几种？
6. 动车组司机的劳动和休息时间标准是如何规定的？
7. 动车组有哪几种运用方式？各有什么优缺点？
8. 什么叫机车交路？动车组运转交路有哪几种方式？
9. 如何识别列车运行图？各类列车的运行线是如何表示的？
10. 动车组运用指标有哪些？如何计算？
11. 动车组的车型如何识别？

项目二 行车安全

【项目描述】

铁路是国民经济的大动脉,安全是铁路运输企业永恒的生命线。铁路行车安全的好坏是衡量铁路运输企业管理水平和各部门工作质量的重要指标之一。铁路企业认真贯彻"安全第一、预防为主、综合治理"的方针,是国民经济长期稳定发展的需要,也是广大铁路职工应承担的光荣职责。

安全生产是党和国家的一贯方针,在铁路运输工作中,更有极其重要的意义。列车的运行安全,关乎旅客的生命财产安全,关乎货物的安全,是铁路运输中最重要、最核心的部分。铁路旅客运输安全和货物运输安全取决于列车运行安全(行车安全)。

保证铁路运输安全是铁路企业及职工应尽的职责。一旦发生行车事故,后果极其严重。不但会造成运输工作中断,会使许多企业生产不能正常进行,造成巨大的经济损失。有些事故甚至会危及人民的生命、财产,直接影响社会稳定。另外,事故产生的影响甚至会损害国家声誉,影响国家对外的交往和开放。所以,铁路运输安全对整个社会生活具有非常重要的意义和重大的影响。

【目标引领】

知识目标:

(1)掌握铁路行车事故的分类和内容。
(2)掌握安全生产相关知识和注意事项。
(3)掌握铁路行车事故的分类和内容。
(4)了解行车事故通报、救援的基本知识。

能力目标:

(1)掌握劳动安全、乘务作业安全的相关注意事项。
(2)掌握铁路行车事故起复救援的要求、注意事项。
(3)掌握复轨器、灭火器的使用方法。
(4)掌握触电时的处置方法。

素质目标:

(1)培养学生安全生产意识,遵章守纪、履职尽责的工作态度,以及"人民铁路为人民"

的职业道德和职业精神。

（2）培养学生严谨认真的科学态度，提高应变与沟通能力。

【思政案例】

动车组司机杨勇——最后一道关，荣辱一把闸

杨勇，中共党员，贵州遵义人，1976年1月出生，1993年12月入伍，1995年9月加入中国共产党，1997年6月入路，历任机车副司机、司机、指导司机，2019年11月任贵阳机务段动车组司机。2022年6月4日上午，值乘贵阳北至广州南D2809次旅客列车，运行至贵广线榕江站进站前的月寨隧道口处，发现线路异常，果断采取紧急制动措施，列车撞上突发坍塌侵入线路的泥石流坍体脱轨，不幸光荣殉职。

1. 危急时刻果断行动，摆下保护动车组列车和旅客生命安全的最后一把闸

在2022年6月4日这一天，中国铁路成都局集团有限公司贵阳机务段动车组司机杨勇经受了人生的丈量。

一早，杨勇来到机务派班室，办理出乘手续。按照计划，他将于11时30分到达桂林西站，间休一段时间后，再值乘其他车次返回贵阳。

一切如往日平静。9时，杨勇驾驶D2809次旅客列车准时出发。列车监控显示，他左手始终紧握着制动手柄，右手不时举起，两指并拢确认前方信号和线路情况。

然而，意外突袭而来。10时22分，列车运行至贵广线榕江站进站前的月寨隧道口处，凭借认真瞭望，杨勇突然发现线路异常！短短5秒内，他奋不顾身，果断采取紧急制动措施，一把将制动手柄推到底。刚出隧道的列车撞上突发坍塌侵入线路的泥石流坍体脱轨，在线路挡墙和轨道结构综合防护下，穿过河水湍急的寨蒿河大桥，停在了榕江站。

"D2809次司机，有吗？"动车组列车长陈晓芳在一阵眩晕后，快步走向冲击力传来方向的车厢，紧急联系杨勇。虽然呼叫一次比一次急切，但对讲机里再也没有传来杨勇的声音。这一场没有应答的对话，静默得让人泪目。

视频监控最后一个画面，定格在了杨勇把制动手柄推到紧急制动位。摆完最后一把闸，杨勇不幸殉职。车上151名旅客和工作人员生命无恙。列车钥匙还插在操纵台上，却再也等不来它的主人。手账本沾满泥土，扉页上，"最后一道关、荣辱一把闸"10个大字显得格外刚劲有力。

2. 牢记责任重于泰山，始终对本职工作心存敬畏无限热爱

（1）坚定的选择，源自杨勇履职尽责的信条。

当兵时，杨勇3年的军旅生涯，在他骨子里烙下了职责使命的担当，磨炼了临危不乱的意志。

入路后，杨勇辗转在遵义、贵阳等地工作，是"大车们"公认的好司机。他从内燃机车司机、电力机车司机、专检组工长、指导司机干到动车组司机，坚持把组织需要作为个人选择，先后多次被评为单位优秀共产党员、先进生产者、十佳工班长。

（2）快速的反应，靠的是杨勇扎实过硬的本领。

参加铁路工作25年来，因为业务精湛，杨勇经常被安排担当重点列车值乘任务。2019年，凭着一股挑战自我、坚韧不拔的劲头，43岁的杨勇从零学起，终于摸到了司机们眼中的"天花板"——动车组司机，并迅速成为贵广车队4名"教练司机"之一，不到半年就开始带徒弟教学员。值乘动车组以来，他连续安全值乘900余趟、走行近40万千米。

（3）熟练的操作，凭借着杨勇按标作业的积累。

"无论做什么事，杨勇都能拼出百分百努力。"同在贵广车队的司机赵春勇感触深刻。不久前，他被安排和杨勇学习贵广线驾驶经验，两人吃住在一起一个多月。"他总结的CR300AF型与CR400AF型动车组的操纵差异笔记，大家都借来学习，特别实用。"

为熟练掌握驾驶技能，杨勇始终勤学苦练、一丝不苟。他在专业技能大赛中屡获佳绩，一直是贵阳机务段司机队伍中的"业务尖兵"。

3. 胸中满怀大义大爱，化作耀眼的光芒照亮前路温暖他人

与杨勇共事过的人提起他，觉得他像大哥一样让人有安全感，性格亲切随和、为人乐观积极。在指导司机时，他培养带出了几十名优秀青年司机。"我们特别喜欢跟他聊天，杨师傅不仅传授技能，还传递正能量。"贵阳机务段青年司机付小波说，"他总激励我们，做人要正直感恩，做事要踏实肯干。"

对党，他一生赤诚；为民，他满腔热忱；干事，他重责在肩。仿佛一棵高大挺拔的白杨，力争上游、顽强挺立，撑起浓密绿荫福泽四方。杨勇用生命诠释了"人民铁路为人民"的宗旨，践行了"随时准备为党和人民牺牲一切"的铮铮誓言。

任务一　动车组乘务安全生产

一、铁路通用人身安全要求

（1）从业人员未经安全生产教育和培训合格的，不得上岗作业。新职、转岗、晋升人员必须进行三级安全教育，经培训考试合格后，方准上岗。上岗前应签订师徒合同，跟班作业期间严禁师徒分离、单独作业。未经鉴定合格严禁单独从事生产作业。特种设备及特殊工种从业人员必须持国家认可并在有效期内的操作证上岗。

（2）接班前必须充分休息，班前、班中严禁饮酒，凡饮酒或酒精测试不合格的，应立即停止其工作。

（3）工作中正确佩戴、使用劳动防护用品和安全防护用品，严禁使用不合格的安全用品、工具及测试设备。进入各检修库、临修库必须正确佩戴安全头盔。作业人员当班严禁穿高、中跟鞋和凉鞋、拖鞋。凡上线路或在两线间作业、巡视、检查的作业人员，各级检查人员必

须穿着黄色标志的防护服（帽），夜间要有反光标志。

（4）进入作业场所严禁携带手机，作业期间严禁中断作业、交叉作业。夜间作业要携带照明设备。

（5）横越线路和通过道口时，必须执行"一站、二看、三确认、四通过"和"驻足、眼看、手比、口呼"规定，严禁抢越线路。

（6）严禁在钢轨上、轨枕头、车底下、道心休息或滞留。严禁钻车。严禁扒乘机车、车辆、自轮运转设备以车代步。

（7）绕行停留机车、车辆时，必须确认机车、车辆暂不移动后，在距机车、车辆 5 m 以外处通过，并注意邻线来车，严禁在运行中或即将运行的机车、车辆前方抢越线路。

（8）除设备检查人员外，顺线路行走时，应走路肩，注意邻线的机车、车辆和货物装载状态，人员、设备、工具（料）不得侵入限界。严禁在道心、轨枕头上行走，不准脚踏钢轨面、道岔连接杆、尖轨等。

（9）在线路附近作业时，要随时注意来车，作业及联控时，要做到仰头不退步，以防身体侵入邻线。

（10）严禁在道心内、轨枕上或在其他侵入铁路建筑限界范围内，以及在横越铁路线路时接打手机。各级干部下现场须拍照取证时，严禁站在线路道床坡脚以上或身体侵入限界。

（11）在电气化区段作业时，必须严格执行《电气化铁路有关人员电气安全规则》（铁运〔2013〕60号）。除专业人员按规定作业外，任何人及所携带的物件（包括长杆、导线等）与接触网设备的带电部分必须保持 2 m 以上距离，与回流线、架空地线、保护线保持 1 m 以上距离。在接触网未停电、验电、接地的情况下，严禁攀登动车组、机车、车辆顶部或站立在货物上进行检查、检修等作业。

（12）雨天严禁在接触网下区域打伞进行库外巡视、检查设备、出退乘等作业。

（13）乘坐电梯时严禁在轿厢内左右摇晃、拍打轿厢。当电梯门快要关闭时，不要强行冲进电梯。进入电梯后不要背对轿厢门，以防止门打开时摔倒，并且不要退步出电梯。乘梯人被困在轿厢内时，严禁强行扒开轿厢门。

（14）职工上下班及班中，驾驶摩托车、电动车必须佩戴安全头盔，严禁搭乘无营运资质的各类车辆。

二、机务、车辆部门安全红线

（1）班前、班中饮酒。

（2）无资质人员或擅自交由无资质人员驾驶机车、动车组。

（3）违反 LKJ、ATP 数据管理规定，错装、漏装 LKJ、ATP 数据。

（4）机车、动车组乘务员擅自关闭或切除行车安全装备。自轮运转设备运行途中擅自关闭运行控制设备或列车无线调度通信设备、解除监控装置功能。

（5）机车、动车组超检修周期上线使用。

（6）不执行"运输调度集中统一指挥、行车单一指挥"。

（7）非正常停车后，机车乘务员不按规定报告车站值班员或列车调度员。

（8）机车、动车组乘务员值乘运行中睡觉；值乘中违章离开司机室，造成司机室无人值守。

三、乘务作业安全要求

（1）按规定时间全员出勤，认真审阅运行揭示、安全注意事项，制订本趟车安全措施。

（2）动车前，必须确认车组人员到齐、车上车下无其他作业人员，先鸣笛，后动车。禁止边鸣笛，边动车（限鸣区段除外）。

（3）运行中，必须关闭司机室两侧车门和后门，认真瞭望，按规定鸣笛。遇危及人身和行车安全时，应立即采取停车措施。

（4）上下动车组须面向动车，站稳抓好，看好车下地形，注意邻线状态，禁止盲目或背向机车动车组下车及单手下滑。

（5）动车组出入库不准探身车外。

（6）动车组出入库、转线、换端，必须在运行方向端操纵，不得简化换端程序。

（7）动车组停留时，须做好防溜措施。

（8）动车组正常运行时，任何人不得非法切除任何保护装置。若出现不正常状态，应通知随车机械师及时检查调整，严禁司机自行调节各保护环节的整定值或采用不合格的熔断器。

（9）如接触网临时停电，在未办理停电接地前，须视为有电，严禁任何人登上机车或车辆的顶部进行作业。

（10）在电化区段运行中，禁止雷雨天气将头手伸出车外。

（11）作业人员不得在未设置安全号志或防护信号的股道进行各类作业。各类人员作业前，必须首先确认作业股道已设置安全号志或防护信号后方可进行作业。

（12）撤除防护信号前，现场调度必须确认最后一个作业部门撤除安全号志后，方可办理其他手续。

（13）动车组出入库调车作业前，必须由专人进行清道，对调车股道限界以内进行检查，并向附近人员示警。车间调度操作安全联锁系统进行提示，通报进、出车股道，提醒各作业组撤离。各作业组长或安全员应及时组织作业人员撤离调车股道。

（14）动车组进行出入库调车作业时，不得进行其他各类作业。人员、设备、各类车辆、材料、工具（包括手持工具）不得侵入限界。

（15）横越带地沟的股道时，应从股道两头或地沟通道通过，不得钻越地沟股道。

（16）上地沟脚要踩稳，登高作业设专人防护，登梯防护人员注意力要集中，不得手不扶梯传接工具材料，禁止从梯上跳下，处理雨刮器故障要系好安全带。

（17）在各工作场地行走时必须随时观察路面状况，防止摔伤。

（18）各类作业人员严禁在电动门未开启到位或动态中进出。

（19）各检修线、股道存放停留车、台车、轮对时，必须采取防溜措施。

（20）严禁在动车组上违规乱拉、私接临时电线和违规操作吧台电气设备。

（21）在存车场上下动车组时要抓牢、踩稳，严禁从动车组车门处或脚蹬处直接跳下。雨雪天气上下登车平台时注意防滑。

四、动车组乘务员一次乘务作业中的风险提示

动车组乘务员一次乘务作业中应该注意的安全风险如图 2.1 所示。

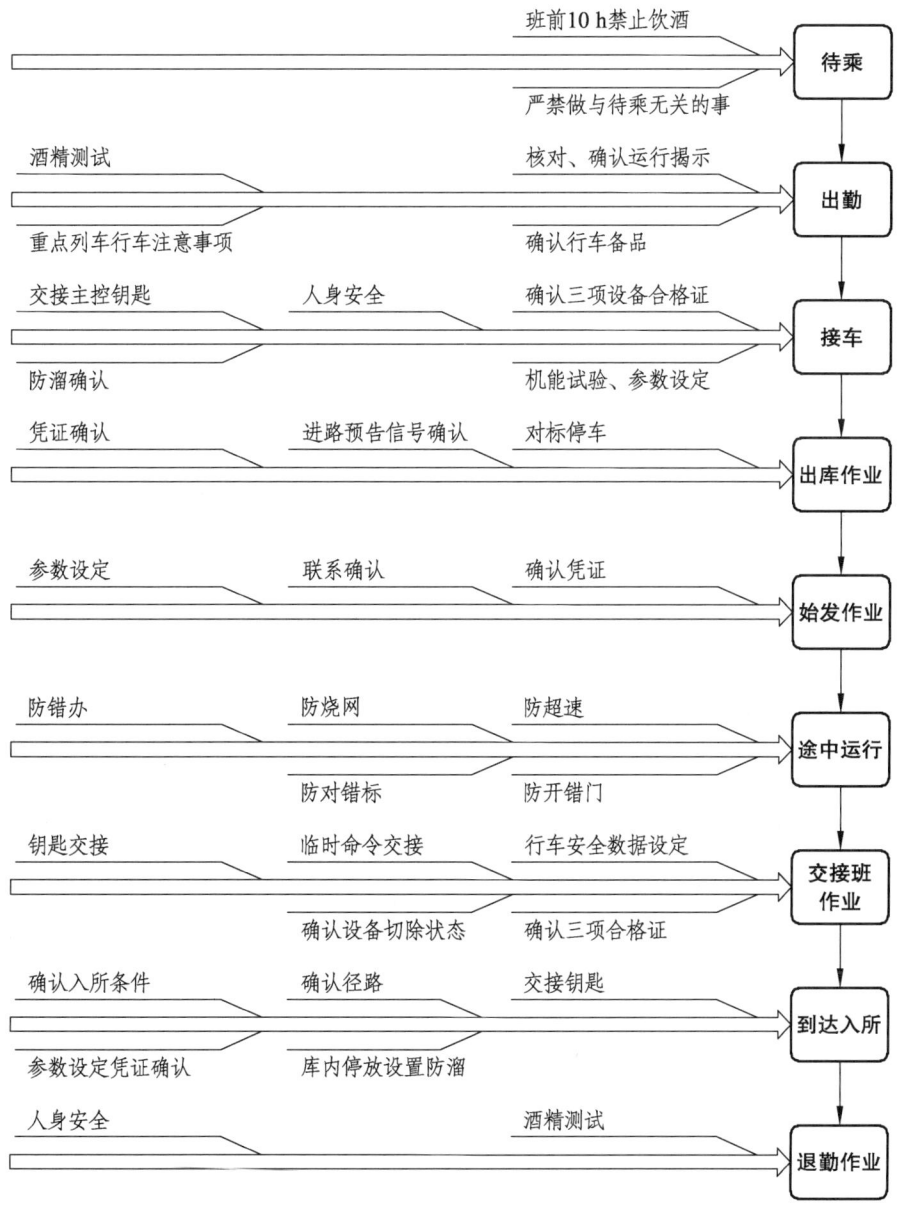

图 2.1 动车组乘务员一次乘务作业中风险提示卡

任务二　铁路行车事故

安全是铁路永恒的生命线，一旦发生铁路行车事故就会造成巨大的社会影响和直接经济损失。那么，铁路行车事故分为哪几个等级呢？不同等级的行车事故的判断核定标准是怎么样的？

铁路机车车辆在运行过程中发生冲突、脱轨、火灾、爆炸等影响铁路正常行车的事故，包括影响铁路正常行车的相关作业过程中发生的事故，或者铁路机车车辆在运行过程中与行人、机动车、非机动车、牲畜及其他障碍物相撞的事故，被称为铁路交通事故。

按照事故的性质、损失以及对行车造成的影响，行车事故分为特别重大事故、重大事故、较大事故和一般事故 4 个等级。

一、特别重大事故

有下列情形之一的，为特别重大事故：

（1）造成 30 人以上死亡。
（2）造成 100 人以上重伤（包括急性工业中毒，下同）。
（3）造成 1 亿元以上直接经济损失。
（4）繁忙干线客运列车脱轨 18 辆以上并中断铁路行车 48 h 以上。
（5）繁忙干线货运列车脱轨 60 辆以上并中断铁路行车 48 h 以上。

二、重大事故

有下列情形之一的，为重大事故：

（1）造成 10 以上 30 人以下死亡。
（2）造成 50 人以上 100 人以下重伤。
（3）造成 5 000 万元以上 1 亿元以下直接经济损失。
（4）客运列车脱轨 18 辆以上。
（5）货运列车脱轨 60 辆以上。
（6）客运列车脱轨 2 辆以上 18 辆以下，并中断繁忙干线铁路行车 24 h 以上或者中断其他线路铁路行车 48 h 以上。
（7）货运列车脱轨 6 辆以上 60 辆以下，并中断繁忙干线铁路行车 24 h 以上或者中断其他线路铁路行车 48 h 以上。

三、较大事故

有下列情形之一的,为较大事故:
(1)造成3人以上10人以下死亡。
(2)造成10人以上50人以下重伤。
(3)造成1 000万元以上5 000万元以下直接经济损失。
(4)客运列车脱轨2辆以上18辆以下。
(5)货运列车脱轨6辆以上60辆以下。
(6)中断繁忙干线铁路行车6 h以上。
(7)中断其他线路铁路行车10 h以上。

四、一般事故

一般事故分为一般A类事故、一般B类事故、一般C类事故、一般D类事故。

(一)一般A类事故

A1:造成2人死亡。
A2:造成5人以上10人以下重伤。
A3:造成500万元以上1 000万元以下直接经济损失。
A4:列车及调车作业中发生冲突、脱轨、火灾、爆炸、相撞,造成下列后果之一的:
A4.1:繁忙干线双线之一线或单线行车中断3 h以上6 h以下,双线行车中断2 h以上6 h以下。
A4.2:其他线路双线之一线或单线行车中断6 h以上10 h以下,双线行车中断3 h以上10 h以下。
A4.3:客运列车耽误本列4 h以上。
A4.4:客运列车脱轨1辆。
A4.5:客运列车中途摘车2辆以上。
A4.6:客车报废1辆或大破2辆以上。
A4.7:机车大破1台以上。
A4.8:动车组中破1辆以上。
A4.9:货运列车脱轨4辆以上6辆以下。

(二)一般B类事故

B1:造成1人死亡。
B2:造成5人以下重伤。
B3:造成100万元以上500万元以下直接经济损失。
B4:列车及调车作业中发生冲突、脱轨、火灾、爆炸、相撞,造成下列后果之一的:
B4.1:繁忙干线行车中断1 h以上。

B4.2：其他线路行车中断 2 h 以上。
B4.3：客运列车耽误本列 1 h 以上。
B4.4：客运列车中途摘车 1 辆。
B4.5：客车大破 1 辆。
B4.6：机车中破 1 台。
B4.7：货运列车脱轨 2 辆以上 4 辆以下。

（三）一般 C 类事故

C1：列车冲突。
C2：货运列车脱轨。
C3：列车火灾。
C4：列车爆炸。
C5：列车相撞。
C6：向占用区间发出列车。
C7：向占用线接入列车。
C8：未准备好进路接、发列车。
C9：未办或错办闭塞发出列车。
C10：列车冒进信号或越过警冲标。
C11：机车车辆溜入区间或站内。
C12：列车中机车车辆断轴，车轮崩裂，制动梁、下拉杆、交叉杆等部件脱落。
C13：列车运行中碰撞轻型车辆、小车、施工机械、机具、防护栅栏等设备设施或路料、坍体、落石。
C14：接触网接触线断线、倒杆或塌网。
C15：关闭折角塞门发出列车或运行中关闭折角塞门。
C16：列车运行中刮坏行车设备设施。
C17：列车运行中设备设施、装载货物（包括行包、邮件）、装载加固材料（或装置）超限（含按超限货物办理超过电报批准尺寸的）或坠落。
C18：装载超限货物的车辆按装载普通货物的车辆编入列车。
C19：电力机车、动车组带电进入停电区。
C20：错误向停电区段的接触网供电。
C21：电化区段攀爬车顶耽误列车。
C22：客运列车分离。
C23：发生冲突、脱轨的机车车辆未按规定检查鉴定编入列车。
C24：无调度命令施工，超范围施工，超范围维修作业。
C25：漏发、错发、漏传、错传调度命令导致列车超速运行。

（四）一般 D 类事故

D1：调车冲突。

D2：调车脱轨。

D3：挤道岔。

D4：调车相撞。

D5：错办或未及时办理信号致使列车停车。

D6：错办行车凭证发车或耽误列车。

D7：调车作业碰轧脱轨器、防护信号或未撤防护信号动车。

D8：货运列车分离。

D9：施工、检修、清扫设备耽误列车。

D10：作业人员违反劳动纪律、作业纪律耽误列车。

D11：滥用紧急制动阀耽误列车。

D12：擅自发车、开车、停车、错办通过或在区间乘降所错误通过。

D13：列车拉铁鞋开车。

D14：漏发、错发、漏传、错传调度命令耽误列车。

D15：错误操纵、使用行车设备耽误列车。

D16：使用轻型车辆、小车及施工机械耽误列车。

D17：应安装列尾装置而未安装发出列车。

D18：行包、邮件装卸作业耽误列车。

D19：电力机车、动车组错误进入无接触网线路。

D20：列车上工作人员往外抛掷物体造成人员伤害或设备损坏。

D21：行车设备故障耽误本列客运列车 2 h 以上，或耽误本列货运列车 2 h 以上；固定设备故障延时影响正常行车 2 h 以上（仅指正线）

任务三　铁路行车事故的通报与救援

一、行车事故的通报

（一）行车事故的报告

事故发生后，事故现场的铁路运输企业工作人员或其他人员应立即向邻近铁路车站、列车调度员、公安机关或相关单位负责人报告。有关单位和人员接到报告后，应立即将事故情况向企业负责人和事故发生地安全监督办公室安全监察值班人报告，安全监督办公室安全监察值班人员按规定向安全监督办公室负责人报告。

在区间发生事故时，由机车（列车）司机立即报告列车调度员，或报告就近车站值班员转报列车调度员。在站内或段管线内发生事故时，由站、段长直接报告铁路局集团有限公司调度员。

铁路运输企业列车调度员要认真填写"铁路交通事故（设备故障）概况表"，并分别向事故发生地安全监督办公室安全监察值班人员、中国国家铁路集团有限公司列车调度员报告。

中国国家铁路集团有限公司列车调度员接到事故报告后,应及时收取或填写"铁路交通事故(设备故障)概况表",并立即向值班处长和安全监察司值班人员报告;值班处长和安全监察司值班人员按规定向本部门负责人、中国国家铁路集团有限公司办公厅领导报告,由负责人向公司领导报告,事故涉及其他部门时,由办公厅通知相关部门负责人。

发生特别重大事故、重大事故、较大事故或者有人员伤亡的一般事故,安全监督办应向事故发生地县级以上地方人民政府及其安全生产监督管理部门通报。

发生特别重大事故、重大事故,由中国国家铁路集团有限公司办公厅负责向国务院办公厅报告,并通报国家安全生产监督管理总局等有关部门。

(二)行车事故报告的内容

事故报告的主要内容应包括:
(1)事故发生的时间、地点、区间(线路、公里数、米)、线路条件、事故相关单位和人员。
(2)发生事故的列车种类、车次、机车型号、部位、牵引辆数、质量、计长及运行速度。
(3)旅客人数、伤亡人数、性别、年龄以及救助情况,是否涉及境外人员伤亡。
(4)货物品名、装载情况,易燃、易爆等危险物品情况。
(5)机车车辆脱轨辆数、线路设备损坏程度等情况。
(6)对铁路行车的影响情况。
(7)事故原因的初步判断,事故发生后采取的措施及事故控制情况。
(8)应立即报告的其他情况。

事故报告后,人员伤亡、脱轨辆数、设备损坏等情况发生变化时,应及时补报。

二、行车事故救援与起复

铁路发生行车事故后,应首先进行应急处理。确定需要救援时,再及时派出救援列车赶往事故现场进行救援工作,采取积极措施。迅速起复机车、车辆,清除线路上的障碍,尽快开通线路,确保迅速恢复通车,把事故的损失减少到最低限度。救援工作如组织指挥得当,可迅速恢复行车,降低事故等级。因此,事故救援在铁路运输中有着非常重要的作用。

(一)事故救援工作的管理

1. 树立抢通意识,加强救援起复组织

各铁路局集团有限公司、各站段要建立健全事故救援领导负责制,制订和完善事故救援工作程序。一旦发生事故需要救援,各级有关领导必须立即赶赴现场,由一名主要领导负责,实行单一指挥。根据事故具体情况,迅速制订切实可行的抢通方案,抓好组织实施,以最短的时间,迅速修复开通线路。各单位要听从指挥,通力合作,从人员、物资、车辆、生活等方面予以保证。事故救援起复结束后,铁路局集团有限公司要及时召开救援总结会,讲评救援情况,做到优奖劣惩。

2. 依靠科技进步,加速救援手段现代化

各铁路局集团有限公司要积极采用新技术、新设备,提高应急、快速救援能力,以适应事故救援工作的要求。如要加快救援列车专用车辆更换客车改造，救援列车大型吊具全部更新为新型带状吊具，轨道车配备轻型合金钢复轨器。同时，加快救援设备和机具的研制开发，依靠科技进步向小型化、便捷化发展等。在设备研制开发中，有关部门要密切配合、大力支持，用较快的速度开发出实用、高效的新产品，提高救援能力。要尽快研制配备快速救援机具，要加强救援设备日常的修、管、用，保证设备处于良好状态。

3. 强化救援队伍培训，全面提高队伍素质

各单位要认真抓好救援专业队伍的日常培训，要建立培训基地，定期组织培训、教育，提高救援队伍的整体水平，做到"养兵千日，用兵一时"和"召之即来，来之能战，战之能胜"。

4. 加强对救援队的领导

按照有关规定，事故救援工作要做到制度落实、组织落实、工具备品落实。对"三落实"的情况要定期进行检查，发现问题要立即整改。

（二）事故救援组织及设备

为及时处理行车事故，起复机车车辆、清除线路故障、保证迅速恢复行车，根据运输生产需求，铁路局集团有限公司应在无救援列车的编组站、区段站和二等站以上车站成立事故救援队，配备简单起复设备和工具。机车、重型轨道车、自轮运转设备上均应备有复轨器和铁鞋。动车组应配备止轮器（铁鞋）、紧急用渡板、应急梯、过渡车钩和专用风管。大型养路机械需配备专门的起复装备和铁鞋。中国国家铁路集团有限公司、铁路局集团有限公司应急救援指挥中心应建设应急平台，配备相应的应急指挥设施和通信设备，确保事故现场的图像、语音及数据在规定的时限内传送至应急救援指挥中心。

《铁路技术管理规程》（以下简称《技规》）第 23 条规定："在中国国家铁路集团有限公司指定地点设事故救援列车、电线路修复车、接触网抢修车，并经常处于整备待发状态，其他工具备品应保护齐全整洁，作用良好"。

事故救援列车是专为处理机车、车辆颠覆、脱轨事故而设的，一般都配有轨道起重机、千斤顶、复轨器等工具以及钢轨、枕木、鱼尾板、道钉等器材，以便及时起复救援机车车辆，清除线路上的障碍，并修复开通线路，保证迅速恢复行车。为保证事故救援列车能够迅速出动，其固定停放的线路，必须两端均可开入区间。

电线路修复车是为修复受自然灾害或其他原因造成损坏的信号、通信线路而设的。

接触网检修车是在电气化铁路上因各种原因发生接触网断线、电杆及铁路塔倒伏、瓷瓶破损等不正常情况下，用以进行检修而专门设置的。

为保证尽快恢复设备的使用和列车正常运行，上述三种救援设备在接到救援（出动）命令后，要求在 30 min 以内出动。为此，这些救援设备均应设置在指定地点，并经常处于整备待发状态。其工具、器材均应保持齐全整洁、作用良好，除执行任务使用外，日常不准随意动用，执行任务后短缺的工具器材应及时补齐。

(三)事故救援工作流程

1. 区间的封锁

列车调度员在接到车站值班员、列车司机的救援请求后,在派出救援列车前应向事故区间两端车站发布命令封锁区间。由于区间内发生事故,区间已封锁,不能按照正常闭塞手续办理行车,应以列车调度员的调度命令作为进入封锁区间的凭证。列车调度员发布的救援列车运行命令,应指明救援列车进入封锁区间往返的车次、停车地点及其他注意事项等。当列车调度员电话不通时,应由接到救援请求的车站值班员根据救援请求办理。此时,救援列车可凭车站值班员的命令作为进入封锁区间的许可。

2. 救援起复工作的安排

救援列车到达现场后,应由救援列车的主任统一组织指挥事故救援起复工作。救援列车主任应首先安装电话,与列车调度员和相邻两端车站保持通话联系,指派人员协助随行医护人员救护伤员,并设法将负伤人员送往附近医院。同时,会同现场有关人员彻底了解事故周围地形及机车、车辆、线路损坏程度,决定起复方案,在 15 min 内开始组织起复工作。

3. 事故救援方法

救援的目的在于迅速开通线路,恢复通车,尤其是铁路干线、正线和运输繁忙区段,必须以最快的速度、最短的时间,把事故机车、车辆以及破损快速抢修好,并清理好线路,为恢复通车创造条件。事故现场的救援指挥人员应利用事故现场的地形、地物、设备等有利条件,组织多种方法平行作业,争分夺秒,恢复通车。我国铁路职工在长期实践中,创造了许多救援方法,目前仍在普遍采用的有以下几种:

1) 原线复轨开通法

这是在列车运行或调车作业中发生事故,脱轨的机车车辆堵塞正线时,利用复轨器、千斤顶、轨道起重机,采用拉、吊、顶等方式,使脱轨的机车车辆重新复轨,开通线路,迅速恢复通车的一种办法。常用的复轨器有海参形和人字形两种。海参形复轨器体小轻便,适用于脱线车辆距钢轨较近的起复工作;人字形复轨器适合于脱线车辆距钢轨较远的起复工作。

2) 便线开通法

这是发生严重的列车颠覆事故时使用的方法。此方法利用事故现场两侧的其他铁路线路和较好的地形,把阻碍行车部分的线路或道岔截断,用拨道或铺设一段短线与其他邻近线路相接,开通线路、恢复通车。

3) 拉翻法

此方法用于在事故中阻碍行车的破损机车、车辆,利用机车、起重机、拖拉机、大型拖车等机械拉倒或翻滚,使其离开堵塞正线,开通运行线路,迅速恢复通车。

4) 移车法

移车法有吊移和拉移两种。吊移是利用起重机,将车辆吊起离开线路临时放置。拉移是利用人力或拖拉机,利用滑杆作用使机车车辆移动离开线路,迅速恢复通车。

三、复轨器的种类及使用方法

(一) 海参形复轨器使用方法

海参形复轨器由铸钢制造,每对复轨器分为内、外侧 2 只,外侧顶部比内侧顶部稍高。在复轨器体中部有凸出的轮缘槽间隔铁,外侧的略高大。每只复轨器配有安装螺栓或安装楔铁,用于紧固安装复轨器。海参形复轨器部件组成及安装方法如图 2.2 所示。

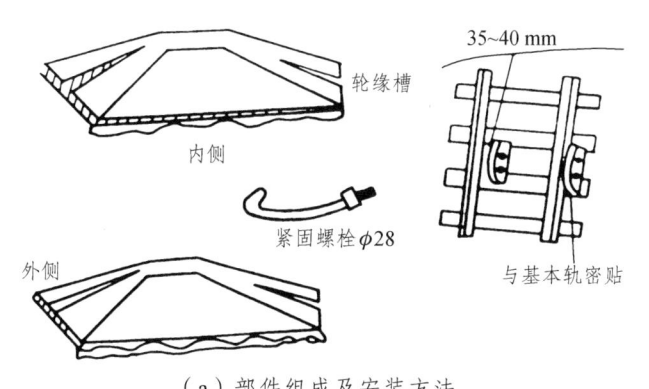

(a) 部件组成及安装方法　　　　(b) 安装后

图 2.2　海参形复轨器使用方法

(1) 外侧复轨器应安装在钢轨外侧,与基本轨密贴。内侧复轨器安装在钢轨内侧与基本轨保持 35 ~ 40 mm 的间隙,留出轮缘槽以便轮缘通过。安装复轨器时,要安装在两轨同侧面贴的两根轨枕(避开钢轨接头、鱼尾板、轨撑等部位)。两复轨器要对称安装。如遇水泥枕时,可在水泥枕间串木枕使用。

(2) 复轨器安装后,必须用紧固螺栓或安装楔铁将复轨器固定好,防止复轨器窜动移位或滑动。复轨器顶部斜面需涂适量润滑油,利于车轮滑落复轨。在脱轨车轮到复轨器之间的车轮径路上应用石砟或铁板垫好以减少阻力和防止轧坏轨枕,并可减少拉复阻力。

(3) 海参型复轨器的复轨距离只有 150 mm,如果脱轨车轮距钢轨超过此距离需使用逼轨或钢丝绳拉轴箱办法,使车轮靠近基本轨后再进行起复。

(4) 海参型复轨器只能起复脱轨在线路一侧的车轮,如车轮脱轨在线路两侧,需起复一侧后变更复轨器再进行起复。

(5) 海参型复轨器是利用复轨器顶部斜面使车轮下滑复轨的,当事故车轮经过复轨器时一定要缓慢,防止越过复轨器后滑落在路基上。

(二) 人字形复轨器使用方法(见图 2.3)

人字形复轨器是呼和浩特铁路局集团有限公司科研所研制的一种采用优质合金铸钢制

造,结构合理、性能可靠的新型复轨器,它具有体积较小、质量较轻、适用性强、安装方便、稳固性好等优点。适用于内燃、电力机车和各种车辆及动车组的一般性脱轨起复,可在(43、50、60、75)kg/m钢轨(木枕、混凝土枕)的线路上安装使用。其构造组成和使用方法如图2.3(a)所示。

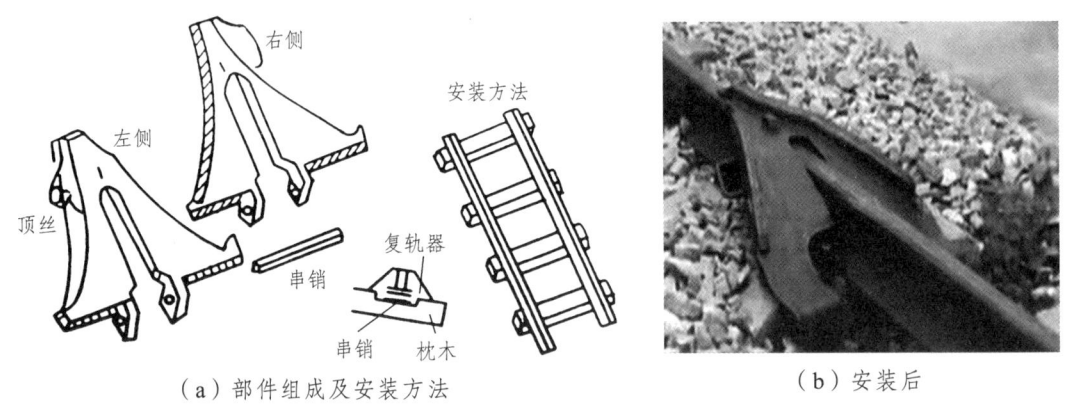

(a)部件组成及安装方法　　　　　(b)安装后

图2.3　人字形复轨器使用方法

(1)人字形复轨器分为左右侧两个形状,它的引导棱是外股长、内股短,形成"左人右入"形状。使用时将长引导棱装在钢轨外侧,短引导棱安装在钢轨内侧。

复轨器表面曲率半径尺寸能使脱轨车轮轧上复轨器踏面后,机车下部装置迅速抬高,可避免复轨器与动车组的齿轮箱、制动装置等部件相碰。

复轨器主体腰部两侧设有楔铁座。使用时,在楔铁座与轨腰间打入楔铁,使复轨器与钢轨紧固成一体,可防止起复过程中出现复轨器窜动、翘头、压翻等现象。其尾部设有两块轨枕钩铁,钩铁外侧连设有穿销座。使用时,复轨器钩铁钩挂在轨枕的侧面,并将穿销从轨底穿过,在起复过程中,复轨器不致出现窜动、翘尾等现象。

(2)安装前,先将复轨器尾部钩铁的石砟清除一些,以保证复轨器尾部能钩住轨枕,便于安装穿销。使用时,沿用"左人右入"的原则,必须安装在拉车的前进方向,左右分开摆放(应避开鱼尾板、轨撑、轨距杆等影响复轨器安放地点,有轨撑的要拆除),装好穿销拧紧顶丝固定好,复轨器下部的空处用石砟、铁板等垫硬,复轨器承轨槽搭在钢轨上。头部与钢轨顶部接触处应垫防滑木片、棉丝、破布等物,防止使用时复轨器前后窜动。尾部钩铁的上端平落在轨枕上,下端钩挂在轨枕侧面。复轨器安放平稳后,将两块L形楔铁分别穿入左右楔铁座与轨腰的间隙内,凸台朝外,安放平整,不得歪斜,然后用大锤左右交替地将两块楔铁打紧(严禁将一侧楔铁打紧后再打另一侧,以免受力不均造成楔铁座裂损)。最后,将尾部穿销经穿销孔沿轨底穿过,至此复轨器安装完毕。

(3)安装完毕后,用大锤轻击复轨器主体表面各部位,检查复轨器安装是否牢靠,各紧固件有无松动现象,在复轨器引导棱上适当涂润滑油。在脱轨车轮至复轨器尾部间适当铺垫石砟，有利于调整台车方向，防止轧坏轨枕，并可减少拉复阻力。

人字形复轨器在使用时应注意以下3个方面：

（1）脱轨车轮距离基本轨不得超过240 mm，如果超过，则需用"拉"和"逼"的方法使车轮靠近基本轨，然后进行起复工作。

（2）在起复过程中，救援人员应远离复轨器周围，防止车轮滑落将石砟挤压崩出伤人。

（3）车轮将要到达复轨器顶端时要尽量降低速度，利用校正筋逼迫车轮进行转向，防止因速度过快车轮翻越钢轨脱于另一侧。

（三）逼轨器的使用方法

逼轨器是一种短钢轨，用来迫使机车、车辆靠近钢轨。它由洛阳铁安救援设备开发中心在人字形复轨器的基础上进行研制改造而成，是在复轨器左右侧两主体内侧引导棱尾部加铸两根弧形的逼轨，通过逼轨可引导脱轨车轮靠向钢轨，再经过复轨器牵引复轨。

该型逼轨器在不改变人字形复轨器基本结构及几何尺寸的前提下，将逼轨与复轨器合为一体，起到了良好的组合复轨效果。其设计结构紧凑、合理，复轨有效距离宽，承载能力大，适应性强，可在（43、50、60）kg/m 钢轨和混凝土枕及木枕上安装使用，并能适应内燃、电力机车和各型车辆的一般脱轨事故的起复需要。

使用时，逼轨器与人字形复轨器的安装方法相似，安装于线路中心斜向位置。一端伸到车轮的内侧，另一端置于复轨器引导棱内侧（复轨器应距基本轨有150 mm的间隙），用道钉定在枕木上或用卡子与基本轨相连，长度为2～4 m。如果钢轨和水泥枕无法固定，就在两轨枕间加上枕木，以便固定逼轨器。复轨器头部与轨面间应加防滑物，尾部钩铁靠在轨枕边，穿上尾部穿销，逼引轨尾部应垫实，然后装上逼轨拉杆，以增加复轨器的稳固性，在引导棱与逼引轨上部涂上润滑油，脱轨车轮至复轨器间适当铺垫石砟或铁垫板等，机车缓慢牵引复轨。

机车、车辆脱轨后倾斜度较大时，需用逼轨器把车轮逼向基本轨后才能用复轨器起复。在水泥枕或钢轨上使用时，一端用钩螺栓把逼轮钢轨与基本轨固定在一起，另一端用轨距杆与基本轨固定在一起，如图2.4所示。如果在枕木上使用，则用道钉按钉眼把逼轨钢轨钉在枕木上。

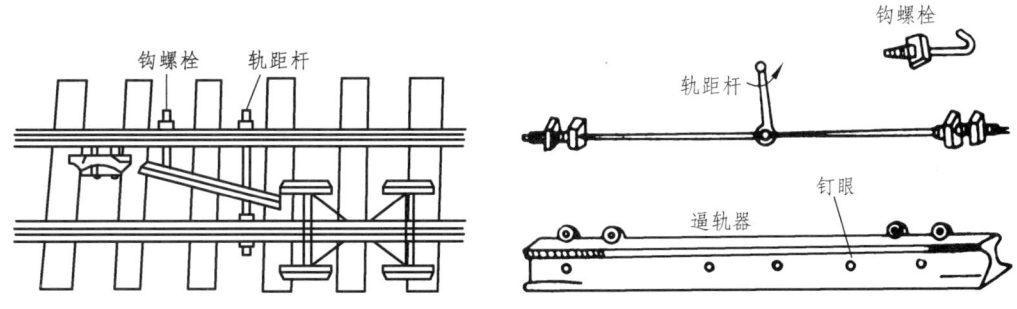

图 2.4 逼轨器使用方法

四、发生火灾后灭火器的使用及注意事项

灭火器的种类很多,按其移动方式可分为手提式和推车式,按驱动灭火剂的动力来源可分为储气瓶式、储压式、化学反应式,按所充装的灭火剂则又可分为泡沫、干粉、卤代烷、二氧化碳、酸碱、清水等。

(一)干粉灭火器的使用方法

灭火时,可手提或肩扛灭火器快速奔赴火场,在距燃烧处 5 m 左右,放下灭火器。如在室外,应选择在上风方向喷射。操作时应一手紧握喷枪,另一手提起储气瓶上的开启提环。当干粉喷出后,迅速对准火焰的根部扫射。干粉灭火器若是内置式储气瓶的或是储压式的,操作者应先将开启把上的保险销拔下,然后握住喷射软管前端、喷嘴根部,另一手将开启压把压下,打开灭火器进行喷射灭火。

干粉灭火器扑救可燃、易燃液体火灾时,应对准火焰根部扫射。如被扑救的液体火灾呈流淌燃烧时,对准火焰根部由近而远、左右扫射,直至把火焰全部扑灭。

(二)二氧化碳灭火器的使用方法

二氧化碳灭火剂是一种具有一百多年历史的灭火剂,价格低廉,获取、制备容易,其主要依据窒息作用和部分冷却作用灭火。二氧化碳具有较高的密度,约为空气的 1.5 倍。在常压下,液态的二氧化碳会立即汽化,一般 1 kg 的液态二氧化碳可产生约 0.5 m^3 的气体。因而,灭火时,二氧化碳气体可以排除空气而包围在燃烧物体的表面或分布于较密闭的空间中,降低可燃物周围或防护空间内的氧浓度,产生窒息作用而灭火。另外,二氧化碳从储存容器中喷出时,会由液体迅速气化成气体,而从周围吸引部分热量,起到冷却的作用。二氧化碳不导电但空气温度过大时,也会引起导电,故适用于扑救 600 V 以下的各种电气火灾。

用二氧化碳灭火器灭火时,将灭火器提到或扛到火场,在距燃烧处 5 m 左右,放下灭火器,拔出保险销,一手握住喇叭筒根的手柄,另一只手紧握启闭阀的压把。对没有喷射软管的二氧化碳灭火器应把喇叭筒往上扳 70°~90°。喷嘴应选择上风方向从侧面由火源上方往下喷射,使二氧化碳迅速覆盖火源。在室内窄小空间使用的,灭火后操作者应迅速离开,以防窒息。使用灭火器时,不能直接用手抓住喇叭筒外壁或金属连接管,防止手被冻伤。使用时,灭火器应始终保持倒置状态,否则会中断喷射。

(三)四氯化碳灭火器使用方法

四氯化碳灭火器是将一定数量的药液以 80 kPa 的压力储藏于灭火器筒内,绝缘性能达到 1 kV,故特别适用于扑灭高压电气火灾。当发生火灾时,一手持器筒,把射口对准燃烧的地方,另一只手再旋动开关,药液即可喷出。这种灭火器药液蒸汽有毒,严禁射入眼内,应在距火源 3 m 以外使用,同样不可逆风使用,灭火后及时通风。

(四)触电后的急救

脱离电源的处理触电急救的要点是动作迅速、救护得法。发现有人触电,首先要使触电

者尽快脱离电源，然后根据具体情况，进行相应的救治。

1. 脱离电源方法

（1）如开关箱在附近，可立即拉下闸刀或拔掉插头，断开电源。

（2）如距离闸刀较远，应迅速用绝缘良好的电工钳或有干燥木柄的利器（刀、斧、锹等）砍断电线，或用干燥的木棒、竹竿、硬塑料管等物迅速将电线拨离触电者。

（3）若现场无任何合适的绝缘物可利用，救护人员亦可用几层干燥的衣服将手包裹好，站在干燥的木板上，拉触电者的衣服，使其脱离电源。

（4）对高压触电，应立即通知有关部门停电或迅速拉下开关或由有经验的人采取特殊措施切断电源。

2. 对症救治触电者

（1）对触电后神志清醒者，要有专人照顾、观察，情况稳定后，方可正常活动。对轻度昏迷或呼吸微弱者，可针刺或掐人中、十宣、涌泉等穴位并送医院救治。

（2）对触电后无呼吸但心脏有跳动者，应立即采用口对口人工呼吸。对有呼吸但心脏停止跳动者，则应立刻进行胸外心脏挤压法进行抢救。

（3）如触电者心跳和呼吸都已停止，则须同时采取人工呼吸和俯卧压背法、仰卧压胸法、心脏挤压法等措施交替进行抢救。

3. 应急施救的常用方法

1）口对口（鼻）人工呼吸法

人工呼吸是行之有效的现场急救方法。施行人工呼吸时，首先使被救治者平卧，头向后仰，鼻孔朝天，解开其领口和胸部衣服。如果口腔内有烂泥、血块、痰液等应立即取出。如果舌头后缩而阻碍呼吸，应拉出并用绷带固定于口腔外面，以保证呼吸道畅通。救护者跪卧在其左侧或右侧，用一只手捏紧被救者的鼻孔，另一只手扒开其嘴巴，如果扒不开嘴巴，可用口对鼻吹气。救护者深吸一口气后，紧贴被救者的嘴吹气，使其胸部微微膨胀，吹气时间约 2 s。吹气完毕，立即离开被救者的嘴放松其鼻孔，让其自行呼气，时间约 3 s。做人工呼吸时用力不要过猛，以防把被救治者肋骨压断。人工呼吸的速度应保持 15～19 次/分钟，不要过快或过慢。上述步骤反复操作。

2）俯卧压背法

被救者俯卧，头偏向一侧，一臂弯曲垫于头下。救护者两腿分开，跪跨于病人大腿两侧，两臂伸直，两手掌心放在病人背部。拇指靠近脊柱，四指向外紧贴肋骨，以身体重量压迫病人背部，然后身体向后，两手放松，使病人胸部自然扩张，空气进入肺部。按照上述方法重复操作，速度 16～20 次/分钟。

3）仰卧压胸法

被救者仰卧，背后放上一个枕垫，使胸部凸出，两手伸直，头侧向一边。救护者两腿分开，跪跨在病人大腿上部两侧，面对病人头部，两手掌心压放在病人的胸部，大拇指指向上，四指伸开，自然压迫病人胸部，肺中的空气被压出。然后把手放松，病人胸部依其弹性自然扩张，空气进入肺内。这样反复进行 16~20 次/分钟。

4）胸外心脏挤压法

触电者心跳停止时，必须立即用胸外心脏挤压法进行抢救，具体方法如下：将触电者衣服解开，使其仰卧在地板上，头向后仰，姿势与口对口人工呼吸法相同。救护者跪跨在触电者的腰部两侧，两手相叠，手掌根部放在触电者心口窝上方，胸骨下 1/3 处。掌根用力垂直向下，向脊背方向挤压，对成人应压陷 3~4 cm，每秒挤压 1 次，每分挤压 60 次为宜。挤压后，掌根迅速全部放松，让触电者胸部自动复原，每次放松时掌根不必完全离开被救治者胸部。

【复习思考题】

1. 铁路通用安全知识有哪些？
2. 动车组乘务作业要遵守哪些安全规定？
3. 铁路行车事故分为哪几个等级？如何规定？
4. 行车事故报告的内容有哪些？
5. 铁路配备的主要救援设备有哪三种？各自有什么作用？
6. 简述不同灭火器的性能及使用注意事项。
7. 发生行车事故后应如何进行区间封锁？进入封锁区间的行车凭证是什么？
8. 铁路事故救援普遍采用的方法有哪些？
9. 常用的复轨器的种类有哪些？
10. 简述常用的复轨器各自的使用方法和注意事项。
11. 简述救援列车的性质和基本任务。

项目三　铁路行车信号

【项目描述】

铁路信号是指以标志物、灯具、仪表和音响等向铁路行车人员传送动车组、机车车辆运行条件、行车设备状态和行车有关指示的技术与设备。其作用是保证安全有序地行车与调车作业。在铁路运输工作中，为了指挥列车运行及调车作业，表示有关设备的位置和状态，铁路必须设置铁路信号。

【目标引领】

知识目标：

（1）掌握铁路行车信号的种类、颜色及意义。
（2）掌握各信号机的设置要求。
（3）掌握行车中固定信号、移动信号、机车信号、手信号、信号表示器及信号标志的意义。
（4）掌握各听觉信号的意义和使用方法。

能力目标：

（1）熟悉铁路信号设备。
（2）理解并识别各种信号。

素质目标：

（1）培养学生爱岗敬业、遵章守纪、安全正点、严谨认真的职业精神和劳动精神。
（2）培养学生严谨认真的学习态度和工作态度。
（3）能客观公正地对学习效果进行自我评价。

【思政案例】

疏忽大意酿事故，严谨认真保安全

铁路行车信号作为列车运行的"眼睛"，在行车过程中扮演着极其重要的作用，铁路信号系统检修人员、驾驶列车的司机都必须有明确的责任意识，工作一丝不苟，保证行车安全。若上述人员责任心不到位，工作中疏忽大意，则可能会酿成重大事故，造成国家和人民生命财产的重大损失。

事故案例：2011 年 7 月 23 日 20 时 30 分，甬温线浙江省温州市境内，由北京南站开往福州站的 D301 次列车与杭州站开往福州南站的 D3115 次列车发生动车组列车追尾事故。事故造成 D3115 次列车第 15、16 位车辆脱轨，D301 次列车第 1 至 5 位车辆脱轨，动车组车辆报废 7 辆、大破 2 辆、中破 5 辆、轻微小破 15 辆，事故路段接触网塌网损坏，中断上下行线行车 32 小时 35 分，造成 40 人死亡、172 人受伤。

事故分析：2011 年 7 月 23 日 19 时 30 分左右，雷击温州南站沿线铁路牵引供电接触网或附近大地，造成轨道电路与列控中心信号传输的 CAN 总线阻抗下降，5829AG 轨道电路与列控中心的通信出现故障，轨道电路发码异常，在无码、检测码、绿黄码间无规律变化。在温州南站计算机联锁终端显示永嘉站至温州南站下行线 5829AG 区段 "红光带"。因机车综合无线通信设备没有信号，跟列车调度员一直联系不上，加之轨道电路信号异常跳变，转目视行车模式不成功。雷击导致列控中心设备和轨道电路发生故障，错误地控制信号显示，使行车处于不安全状态。

这次特别重大的事故，也暴露出当时我国铁路设备研发薄弱，技术能力弱的状况。之后，我国铁路坚持 "安全第一、预防为主、综合治理" 的方针，铁路人发挥出顽强拼搏的精神，吸取事故教训，加强铁路安全管理，健全完善高铁规章制度标准，切实加强高铁技术设备研发管理，严格把好高铁技术设备安全准入关，不断加强高铁安全管理和职工教育培训，强化铁路安全生产应急管理，统筹优化高铁规划布局和发展。经过多年不断深入研究和努力发展，中国高铁凭借以优取胜的品质意识，精益求精的工匠精神，不断勇攀高峰，后来居上，形成了一张张 "中国制造" 和 "中国标准" 的高铁名片。

任务一　铁路行车信号的基本要求

信号是指示列车运行及调车作业的命令，有关行车人员必须严格执行。铁路行车信号通过一定的音响、颜色、形状、位置、灯光等来表示。它必须正确显示、有足够的显示距离、不与其他物体混淆、还必须满足故障-安全原则。为了确保行车安全和正常的运输秩序，有关

铁路行车信号基本要求

行车人员必须掌握信号显示的规定，并在确认其显示状态下按信号显示要求执行。信号的显示方式及使用方法，应按《技规》规定执行。规程以外的信号显示方式，则须经中国国家铁路集团有限公司批准后才能采用。各种信号机和表示器的灯光排列、颜色和外形尺寸，必须符合国家标准、铁道行业标准及中国国家铁路集团有限公司规定的标准。地区性联系用的手信号，则须由铁路局集团有限公司批准。

一、信号装置的分类

信号装置一般分为信号机和信号表示器两类。

信号机按类型分为色灯信号机、臂板信号机和机车信号机。信号机按用途分为进站、出站、通过、进路、预告、接近、遮断、驼峰、驼峰辅助、复示、调车信号机。

信号表示器分为道岔、脱轨、进路、发车、发车线路、调车及车挡表示器。

二、铁路信号的种类

铁路信号分为视觉信号和听觉信号两大类，如用信号机、信号旗、信号灯、信号牌、信号表示器、信号标志及火炬等显示的信号，都属视觉信号。如用号角、口笛、机车和轨道车的鸣笛及响墩等发出的信号，都属听觉信号。

（一）视觉信号

视觉信号按使用时间又可分为昼间、夜间及昼夜通用信号。

视觉信号有红、黄、绿3种基本色和月白色、蓝色、紫色、白色4种辅助颜色。

（二）听觉信号

听觉信号包括：号角、口笛、响墩发出的音响和机车、动车组和自轮运转特种设备的鸣笛声。

三、信号的颜色及其意义

（一）基本颜色

根据光学原理和长期实践经验，我国铁路视觉信号采用红、黄、绿三色作为铁路信号的基本颜色，其表示意义如下：

（1）红色——停车。

（2）黄色——注意或降低速度。

（3）绿色——按规定速度运行。

（二）辅助颜色

辅助颜色是为满足各种信号显示需要及区分不同信号而采用的颜色，其颜色及用途如下：

（1）月白色——用于引导信号及调车信号。

（2）蓝色——用于容许信号及调车信号。

（3）紫色——用于道岔表示器。

（4）白色——用于信号表示器、手信号及列车标志。

具体铁路信号灯光图例如图3.1所示。

表示灯灭		表示灯亮		表示灯亮	
●	红色	●	显示红色灯光	●	显示红色闪光灯光
○	绿色	○	显示绿色灯光	○	显示绿色闪光灯光
⦸	黄色	⦸	显示黄色灯光	⦸	显示黄色闪光灯光
◐	半黄半红色	◐	显示半黄半红灯光	◎	显示月白色闪光灯光
⊖	双半黄色	⊖	显示双半黄色灯光		
◐	白色	○	显示白色灯光		
◎	月白色	◎	显示月白色灯光		
●	蓝色	●	显示蓝色灯光		

图 3.1　铁路信号灯光图例

四、铁路信号机的显示距离

正常情况下的显示距离指不受地形、地物、气候影响的情况下，司机在机车上能确认地面信号显示状态时，机车与信号机之间的最小实际距离。

各种信号机及表示器，在正常情况下的显示距离如下：

（1）进站、通过、接近、遮断信号机，不得小于 1 000 m。

（2）高柱出站、高柱进路信号机，不得小于 800 m。

（3）预告、驼峰、驼峰辅助信号机，不得小于 400 m。

（4）调车、矮型出站、矮型进路、复示信号机，容许、引导信号及各种表示器，不得小于 200 m。

在地形、地物影响视线的地方，进站、通过、接近、预告、遮断信号机的显示距离，在最坏的条件下，不得小于 200 m。

五、影响信号显示时的处理

视觉信号分为昼间、夜间及昼夜通用信号。

在昼间遇降雾、暴风雨雪及其他情况，导致停车信号显示距离不足 1 000 m，注意或减速信号显示距离不足 400 m，调车信号及调车手信号显示距离不足 200 m 时，应使用夜间信号。

隧道内只采用夜间或昼夜通用信号。

铁路沿线及站内，禁止设置妨碍确认信号的红、黄、绿色的装饰彩布、标语和灯光。如已装有妨碍确认信号灯光的设备，应拆除或采取遮光措施。

在规定的信号显示距离内，不得种植影响信号显示的树木。对影响信号显示的树木，其处理办法由铁路局集团有限公司规定。

六、普速铁路信号机的定位

进站、出站、进路、调车、驼峰、驼峰辅助信号机均以显示停车信号为定位，线路所的通过信号机以显示停车信号为定位，其他通过信号机以显示进行信号为定位。

接近信号机、进站预告信号机、非自动闭塞区段通过信号机的预告信号机及通过臂板，以显示注意信号为定位。

遮断、遮断预告、复示信号机以无显示为定位。

在自动闭塞区段内的车站（线路所），如将进站、正线出站信号机及其直向进路内的进路信号机转为自动动作时，以显示进行信号为定位。

七、信号机的关闭时机

信号机的关闭时机规定如下：

（1）集中联锁车站的进站、进路、出站、通过信号机，当机车或车辆第一轮对越过该信号机后自动关闭。

（2）调车信号机在调车车列全部越过调车信号机后自动关闭。当调车信号机外方不设轨道占用检查装置或虽设轨道占用检查装置而占用时，应在调车车列全部出清调车信号机内方第一轨道区段后自动关闭，根据需要也可在调车车列第一轮对进入调车信号机内方第一轨道区段后自动关闭。

（3）引导信号机应在列车头部越过信号机后及时关闭。

（4）非集中联锁车站的进站信号机及线路所通过信号机，在列车进入接车线轨道区段后自动关闭，出站信号机应在列车进入出站方面轨道区段后自动关闭。

（5）非集中联锁车站，由手柄操纵的信号机。进站信号机在确认列车全部进入接车线警冲标内方，出站信号机在列车全部越过最外方道岔并确认列车全部进入出站轨道区段后，恢复手柄，关闭信号。

（6）特殊站（场）执行上述规定有困难时，由铁路局集团有限公司规定。

八、信号机故障的处理

进站、出站、进路和通过信号机的灯光熄灭、显示不明或显示不正确时，均视为停车信号。

进站预告信号机或接近信号机的灯光熄灭、显示不明或显示不正确时，均视为进站信号机为关闭状态。非自动闭塞区段通过信号机的预告信号机的灯光熄灭、显示不明或显示不正确时，视为通过信号机为关闭状态。

九、信号机的无效标记

新设尚未开始使用及应撤除尚未撤掉的信号机,均应装设信号机无效标,并应熄灭灯光。如为臂板信号机,必须将臂板置于水平位置。

信号机无效标为白色的十字交叉板。高柱色灯信号机的无效标装在机柱上,矮型色灯信号机的无效标装在信号机构上,臂板信号机的无效标装在臂板上,如图 3.2 所示。

图 3.2　信号机的无效标

在新建铁路线上,新设尚未开始使用的信号机(进站信号机暂用作防护车站时除外),可撤下臂板或将色灯机构向线路外侧扭转 90°并熄灭灯光作为无效。

十、信号设置的要求

由于机车司机操纵机车的位置在运行方向的左侧,为了便于司机瞭望,所有地面固定信号机构应设在列车运行方向的左侧,因条件限制,两线路间不能装设信号机时,信号机可装设在信号桥和信号托架上。

信号机设在列车运行方向的左侧或其所属线路的中心线上空。反方向运行进站信号机可设在列车运行方向的右侧。其他特殊地段因条件限制,需设于右侧时,须经铁路局集团有限公司批准。

在确定设置信号机地点时,除满足信号显示距离的要求外,还应考虑到该信号机不致被误认为邻线的信号机。

十一、高速铁路信号基本要求

(1)非列控车载设备控车的列车在高速铁路运行时,遇地面信号机显示一个黄色闪光和一个黄色灯光时,表示要求列车按限速要求(最高不超过 45 km/h)越过该信号机;遇机车信号机显示一个双半黄色闪光时,表示要求列车按限速要求(最高不超过 45 km/h)越过接近的地面信号机。

（2）区间不设通过信号机，在闭塞分区分界处设置区间信号标志牌的 CTCS-2／CTCS-3 级区段车站的进站、出站、进路信号机以及线路所的通过信号机常态灭灯，仅起停车位置作用。遇下列情况上述信号机应转为点亮状态：

① 接发未装设列控车载设备的列车时。

② 接发列控车载设备故障的动车组列车时。

③ 需越出站界调车时。

（3）常态灭灯的信号机转为点亮状态时，以及其他常态点灯的信号机的定位显示规定如下：

① 进站、出站、进路、调车信号机均以显示停车信号为定位。

② 线路所的通过信号机以显示停车信号为定位，其他通过信号机以显示进行信号为定位。

（4）常态点灯的信号机的关闭时机规定如下：

① 进站、进路、出站、通过信号机，当列车或动车组第一轮对越过该信号机后自动关闭。

② 调车信号机在调车车列全部越过调车信号机后自动关闭；当调车信号机外方不设轨道占用检查装置或虽设轨道占用检查装置而占用时，应在调车车列全部出清调车信号机内方第一轨道区段后自动关闭，根据需要也可在调车车列第一轮对进入调车信号机内方第一轨道区段后自动关闭。

③ 引导信号应在列车头部越过信号机后及时关闭。

特殊站（场）执行上述规定有困难时，由铁路局集团有限公司规定。

常态灭灯的进站、进路、出站、通过信号机转为点亮状态且开放允许信号或显示引导信号时，当列车或动车组第一轮对越过该信号机后自动关闭（点亮红灯），当其防护的进路解锁后红灯自动熄灭。

（5）常态点灯的进站、进路、出站、通过信号机，以及常态灭灯的进站、出站、进路信号机以及线路所的通过信号机需转为点亮状态时，遇灯光熄灭、显示不明或显示不正确时，均视为停车信号。

任务二 固定信号

一、进站信号机

（一）进站信号机的作用

所有车站入口处均应设进站信号机，用以指示列车能否进站及进站的运行条件。

进站信号机

（1）防护车站。在进站信号机未开放前，列车不得进入站内。

（2）指示列车进站的运行条件。列车经道岔的直向位置还是侧向位置进站，正线通过或准备停车等。

（3）封闭接车进路有关道岔及敌对信号。当进路有关道岔开通位置不对或敌对进路信号未关闭时，信号机不能开放。信号机开放后进路道岔封闭，敌对信号不能开放。

（二）普速进站信号机的设置位置

车站必须设进站信号机。应在距最外方道岔尖轨端（顺向为警冲标）不小于 50 m 的地点，因调车作业或制动距离需要延长时，一般不超过 400 m（见图 3.3）。

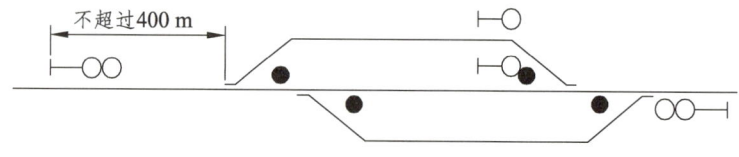

图 3.3　进站信号机的位置

双线自动闭塞区间反方向进站信号机前方应设置预告标。

（三）普速铁路进站信号机的显示方式

1. 三显示自动闭塞、半自动闭塞、自动站间闭塞区段进站色灯信号机

（1）一个绿色灯光——准许列车按规定速度经正线通过车站，表示出站及进路信号机在开放状态，进路上的道岔均开通直向位置，如图 3.4 所示。

（2）一个绿色灯光和一个黄色灯光——准许列车经道岔直向位置，进入站内越过次一架已经开放的信号机准备停车，如图 3.5 所示。

图 3.4　进站信号机显示一个绿色灯光　　图 3.5　进站信号机显示一个绿色灯光和一个黄色灯光

（3）一个黄色灯光——准许列车经道岔直向位置，进入站内正线准备停车，如图 3.6 所示。

（4）一个黄色闪光和一个黄色灯光——准许列车经 18 号及以上道岔侧向位置，进入站内越过次一架已经开放的信号机且该信号机防护的进路经道岔直向位置或 18 号及以上道岔侧向位置，如图 3.7 所示。

图 3.6 进站信号机显示一个黄色灯光　　图 3.7 进站信号机显示一个黄色闪光和一个黄色灯光

（5）两个黄色灯光——准许列车经道岔侧向位置[但不满足上述第（4）项条件]进入站内准备停车，如图 3.8 所示。

（6）一个红色灯光——不准列车越过该信号机，如图 3.9 所示。

图 3.8 进站信号机显示两个黄色灯光　　图 3.9 进站信号机显示一个红色灯光

2. 四显示自动闭塞区段进站色灯信号机

（1）一个绿色灯光——准许列车按规定速度经道岔直向位置进入或通过车站，表示运行前方至少有三个闭塞分区空闲，如图 3.4 所示。

（2）一个绿色灯光和一个黄色灯光——准许列车按规定速度经道岔直向位置进入站内，表示次一架信号机经道岔直向位置开放一个黄灯，如图 3.5 所示。

（3）一个黄色灯光——准许列车按限速要求经道岔直向位置进入站内正线准备停车，如图 3.6 所示。

（4）一个黄色闪光和一个黄色灯光——准许列车经 18 号及以上道岔侧向位置，进入站内越过次一架已经开放的信号机,且该信号机防护的进路经道岔直向位置或18号及以上道岔侧向位置,如图3.7所示。

（5）两个黄色灯光——准许列车按限速要求越过该信号机,经道岔侧向位置[但不满足上述第（4）项条件]进入站内准备停车,如图3.8所示。

（6）一个红色灯光——不准列车越过该信号机,如图3.9所示。

3. 进站及接车进路、接发车进路色灯信号机的引导信号

进站及接车进路、接发车进路色灯信号机的引导信号显示一个红色灯光及一个月白色灯光——准许列车在该信号机前方不停车,以不超过 20 km/h 速度进站或通过接车进路,并须准备随时停车,如图3.10所示。

图 3.10　进站及接车进路、接发车进路色灯信号机的引导信号

（四）高速铁路进站信号的显示方式

1. 常态点灯的进站色灯信号机

（1）一个绿色灯光——准许列车按规定速度经道岔直向位置进入或通过车站,表示运行前方至少有三个闭塞分区空闲,如图3.11所示。

（2）一个绿色灯光和一个黄色灯光——准许列车按规定速度经道岔直向位置进入站内,表示次一架信号机经道岔直向位置开放一个黄灯,如图3.12所示。

（3）一个黄色灯光——准许列车按限速要求经道岔直向位置进入站内正线准备停车,如图3.13所示。

（4）一个黄色闪光和一个黄色灯光——准许列车经18号及以上道岔侧向位置进入站内准备停车,且进路允许速度不低于 80 km/h,如图3.14所示。

（5）两个黄色灯光——准许列车按限速要求越过该信号机,经道岔侧向位置［但不满足上述第（4）项条件］进入站内准备停车,如图3.15所示。

（6）一个红色灯光——不准列车越过该信号机,如图3.16所示。

图 3.11 高速铁路进站信号机显示一个绿色灯光

图 3.12 高速铁路进站信号机显示一个绿色灯光和一个黄色灯光

图 3.13 高速铁路进站信号机显示一个黄色灯光

图 3.14 高速铁路进站信号机显示一个黄色闪光和一个黄色灯光

图 3.15 高速铁路进站信号机显示两个黄色灯光

图 3.16 高速铁路进站信号机显示一个红色灯光

2. 常态灭灯的进站色灯信号机转为点亮状态时

（1）一个绿色灯光——准许列车按规定速度经道岔直向位置通过车站，表示运行前方区间空闲；或准许列车按规定速度经道岔直向位置进入车站，表示运行前方至少有三个闭塞分区空闲，如图 3.11 所示。

（2）一个绿色灯光和一个黄色灯光——准许列车按规定速度经道岔直向位置进入站内，表示次一架信号机经道岔直向位置开放一个黄灯，如图 3.12 所示。

（3）一个黄色灯光——准许列车按限速要求经道岔直向位置进入站内正线准备停车，如图 3.13 所示。

（4）一个黄色闪光和一个黄色灯光——准许列车经 18 号及以上道岔侧向位置进入站内准备停车，且进路允许速度不低于 80 km/h，如图 3.14 所示。

（5）两个黄色灯光——准许列车按限速要求越过该信号机，经道岔侧向位置[但不满足上述第（4）项条件]进入站内准备停车，如图 3.15 所示。

（6）一个红色灯光——不准列车越过该信号机，如图 3.16 所示。

二、出站信号机

（一）出站信号机的作用

（1）防护区间或闭塞分区。当信号机开放后，为占用区间或闭塞分区的凭证。

出站信号机

（2）锁闭发车进路上的所有道岔，确保列车出站安全。

（3）指示列车运行条件：列车开往主要线路或次要线路；在自动闭塞区段，还表示列车运行前方闭塞分区为空闲状态。

（4）指示到达列车站内停车位置。

（二）出站信号机的设置位置

在车站的正线和到发线上，应设出站信号机。出站信号机应设在每一发车线的警冲标内方（对向道岔为尖轨尖端外方）适当地点，如图 3.17 所示。

在调车场的编发线上，必要时可设线群出站信号机。

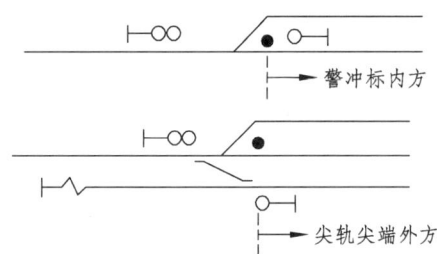

图 3.17 出站信号机的设置位置

（三）普速铁路出站信号机的显示方式

出站色灯信号机显示下列信号：

1. 半自动闭塞或自动站间闭塞区段

（1）一个绿色灯光——准许列车由车站出发，如图 3.18 所示。

（2）两个绿色灯光——准许列车由车站出发，开往次要线路，如图 3.19 所示。

（3）一个红色灯光——不准列车越过该信号机，如图 3.20 所示。

（4）在兼作调车信号机时，一个月白色灯光——准许越过该信号机调车，如图 3.21 所示。

图 3.18　半自动闭塞或自动站间闭塞区段出站色灯信号机显示一个绿色灯光

图 3.19　半自动闭塞或自动站间闭塞区段出站色灯信号机显示两个绿色灯光

图 3.20　半自动闭塞或自动站间闭塞区段出站色灯信号机显示一个红色灯光

图 3.21　半自动闭塞或自动站间闭塞区段出站色灯信号机显示一个月白色灯光

2. 三显示自动闭塞区段

（1）一个绿色灯光——准许列车由车站出发，表示运行前方至少有两个闭塞分区空闲，如图 3.22 所示。

（2）一个黄色灯光——准许列车由车站出发，表示运行前方有一个闭塞分区空闲，如图 3.23 所示。

（3）两个绿色灯光——准许列车由车站出发，开往半自动闭塞或自动站间闭塞区间，如图 3.24 所示。

（4）一个红色灯光——不准列车越过该信号机，如图 3.25 所示。

（5）在兼作调车信号机时，一个月白灯光——准许越过该信号机调车，如图 3.26 所示。

图 3.22　三显示自动闭塞区段出站信号机显示一个绿色灯光

图 3.23 三显示自动闭塞区段出站信号机显示一个黄色灯光

图 3.24 三显示自动闭塞区段出站信号机显示两个绿色灯光

图 3.25 三显示自动闭塞区段出站信号机显示一个红色灯光

图 3.26 三显示自动闭塞区段出站信号机兼作调车信号机时显示一个月白色灯光

3. 四显示自动闭塞区段

（1）一个绿色灯光——准许列车由车站出发，表示运行前方至少有三个闭塞分区空闲，如图 3.27 所示。

（2）一个绿色灯光和一个黄色灯光——准许列车由车站出发，表示运行前方有两个闭塞分区空闲，如图 3.28 所示。

（3）一个黄色灯光——准许列车由车站出发，表示运行前方有一个闭塞分区空闲，如图 3.29 所示。

（4）两个绿色灯光——准许列车由车站出发，开往半自动闭塞或自动站间闭塞区间，如图 3.30 所示。

（5）一个红色灯光——不准列车越过该信号机，如图 3.31 所示。

（6）在兼作调车信号机时，一个月白色灯光——准许越过该信号机调车，如图 3.32 所示。

图 3.27 四显示自动闭塞区段出站信号机显示一个绿色灯光

图 3.28　四显示自动闭塞区段出站信号机显示一个绿色灯光和一个黄色灯光

图 3.29　四显示自动闭塞区段出站信号机兼作调车信号机时显示一个黄色灯光

图 3.30　四显示自动闭塞区段出站信号机显示两个绿色灯光

图 3.31　四显示自动闭塞区段出站信号机显示一个红色灯光

图 3.32　四显示自动闭塞区段出站信号机显示一个月白色灯光

（四）高速铁路出站色灯信号机显示

1. 常态点灯的出站色灯信号机

（1）一个绿色灯光——准许列车由车站出发，表示运行前方至少有三个闭塞分区空闲，如图 3.33 所示。

（2）一个绿色灯光和一个黄色灯光——准许列车由车站出发，表示运行前方有两个闭塞分区空闲，如图 3.34 所示。

（3）一个黄色灯光——准许列车由车站出发，表示运行前方有一个闭塞分区空闲，如图 3.35 所示。

（4）两个绿色灯光——准许列车由车站出发，开往半自动闭塞或自动站间闭塞区间，如图 3.36 所示。

（5）一个红色灯光——不准列车越过该信号机，如图 3.37 所示。

（6）在兼作调车信号机时，一个月白色灯光——准许越过该信号机调车，如图 3.38 所示。

图 3.33　高速铁路出站信号机显示一个绿色灯光　　图 3.34　高速铁路出站信号机显示一个绿色灯光和一个黄色灯光

图 3.35　高速铁路出站信号机显示一个黄色灯光　　图 3.36　高速铁路出站信号机显示两个绿色灯光

图 3.37　高速铁路出站信号机显示一个红色灯光　　图 3.38　高速铁路出站信号机显示一个月白色灯光

2．常态灭灯的出站色灯信号机转为点亮状态时

（1）一个绿色灯光——准许列车由车站以站间闭塞方式出发，表示运行前方区间空闲，如图 3.39 所示。

（2）一个红色灯光——不准列车越过该信号机，如图 3.40 所示。

图 3.39　高速铁路出站信号机显示一个绿色灯光　　图 3.40　高速铁路出站信号机显示一个红色灯光

（3）在兼作调车信号机时，一个月白色灯光——准许越过该信号机调车，如图 3.41 所示。

图 3.41　高速铁路出站信号机显示一个月白色灯光

（五）动车段（所）的出站色灯信号机

（1）一个黄色灯光——准许列车由动车段（所）出发，表示发车进路建立且出站第一离去区段空闲，如图 3.42 所示。

（2）一个红色灯光——不准列车越过该信号机，如图 3.40 所示。

（3）在兼作调车信号机时，一个月白色灯光——准许越过该信号机调车，如图 3.41 所示。

图 3.42　动车段（所）出站信号机显示一个黄色灯光

三、进路色灯信号机

（一）进路色灯信号机的作用及设置

在有几个车场的车站，为指示列车由一个车场开往另一个车场，车场之间应设进路色灯信号机。

进路信号机按用途如下：

（1）接车进路信号机——对到达列车指示运行条件。

（2）发车进路信号机——对出发列车指示运行条件。

进路信号机不论是接车、发车，其设置位置均应设在其后方第一道岔尖端前方（顺向为警冲标内方）的适当地点。进站信号机与进路、出站信号机的距离，原则上均小于 800 m，见图 3.43 所示。

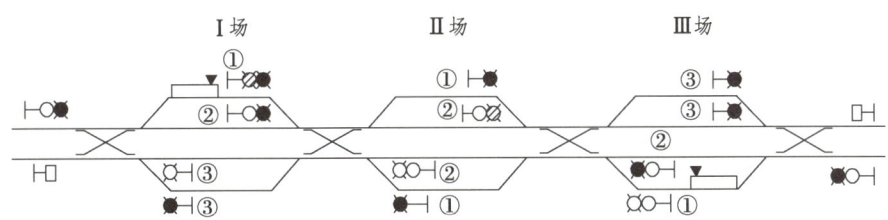

图 3.43 进路色灯信号机的位置

（二）普速铁路进路色灯信号机的显示

（1）接车进路及接发车进路色灯信号机的显示与进站色灯信号机相同。

（2）三显示自动闭塞、半自动闭塞、自动站间闭塞区段的发车进路色灯信号机显示下列信号：

① 一个绿色灯光——准许列车由车站经正线出发，表示出站和进路信号机均在开放状态，如图 3.44 所示。

② 一个绿色灯光和一个黄色灯光——准许列车越过该信号机，列车运行前方次一架信号机在开放状态，如图 3.45 所示。

③ 一个黄色灯光——准许列车运行到次一架信号机之前准备停车，如图 3.46 所示。

④ 一个红色灯光——不准列车越过该信号机，如图 3.47 所示。

图 3.44 进路色灯信号机显示一个绿色灯光

图 3.45 进路色灯信号机显示一个绿色灯光和一个黄色灯光

图 3.46 进路色灯信号机显示一个黄色灯光

图 3.47 进路色灯信号机显示一个红色灯光

（3）四显示自动闭塞区段发车进路色灯信号机显示下列信号：

① 一个绿色灯光——表示该信号机列车运行前方至少有两架信号机经道岔直向位置在开放状态，如图 3.44 所示。

② 一个绿色灯光和一个黄色灯光——表示该信号机列车运行前方次一架信号机经道岔直向位置在开放状态，如图 3.45 所示。

③ 一个黄色灯光——准许列车运行到次一架信号机之前准备停车，如图 3.46 所示。

④ 一个红色灯光——不准列车越过该信号机，如图 3.47 所示。

（4）接车进路、发车进路及接发车进路色灯信号机兼作调车信号机时，一个月白色灯光——准许越过该信号机调车，如图 3.48 所示。

图 3.48 接车进路、发车进路及接发车进路色灯信号机兼作调车信号机显示

（三）高速铁路进路色灯信号机的显示

（1）接车进路及接发车进路色灯信号机的显示与进站色灯信号机相同。

（2）常态点灯的发车进路色灯信号机显示下列信号：

① 一个绿色灯光——表示该信号机列车运行前方至少有两架信号机经道岔直向位置在开放状态，如图 3.33 所示。

② 一个绿色灯光和一个黄色灯光——表示该信号机列车运行前方次一架信号机经道岔直向位置在开放状态，如图 3.34 所示。

③ 一个黄色灯光——准许列车运行到次一架信号机之前准备停车，如图 3.35 所示。

④ 一个红色灯光——不准列车越过该信号机，如图 3.37 所示。

（3）常态灭灯的发车进路色灯信号机转为点亮状态时显示下列信号：

① 一个绿色灯光——表示该信号机列车运行前方的发车进路或出站信号机显示一个绿色灯光，如图 3.39 所示。

② 一个红色灯光——不准列车越过该信号机，如图 3.40 所示。

（4）接车进路、发车进路及接发车进路色灯信号机兼作调车信号机时，一个月白色灯光——准许越过该信号机调车，如图 3.38 和图 3.41 所示。

四、通过色灯信号机

（一）通过色灯信号机的作用

通过色灯信号机是列车进入闭塞分区或所间区间的凭证。

自动闭塞通过色灯信号机是其后方信号机的预告信号机，可不间断向司机预告下一闭塞分区的空闲情况及进站信号机是否开放。

通过信号机

（二）通过色灯信号机的设置

通过信号机应设在闭塞分区或所间区间的分界处。自动闭塞区段的通过信号机，不应设在停车后可能脱钩、牵引供电分相的处所，也不宜设在起动困难的地点。

自动闭塞区段信号机设置位置和显示关系应根据列车牵引计算确定，并应满足列车运行速度规定的制动距离和线路通过能力的要求。

在自动闭塞区段内，当货物列车在设于上坡道上的通过信号机前停车后起动困难时，在该信号机上应装设容许信号。在进站信号机前方第一架通过信号机上，不得装设容许信号。

在三显示自动闭塞区段的进站信号机前方第一架通过信号机柱上，应涂 3 条黑斜线；四显示自动闭塞区段的进站信号机前方第一、第二架通过信号机的机柱上，应分别涂 3 条、1 条黑斜线。

（三）普速铁路通过色灯信号机的显示方式

通过色灯信号机显示下列信号：

1. 半自动闭塞及自动站间闭塞区段

（1）一个绿色灯光——准许列车按规定速度运行（显示方式参照图3.49，但机构为二显示）。

（2）一个红色灯光——不准列车越过该信号机（显示方式参照图3.51，但机构为二显示）。

2. 三显示自动闭塞区段

（1）一个绿色灯光——准许列车按规定速度运行，表示运行前方至少有两个闭塞分区空闲，如图3.49所示。

（2）一个黄色灯光——要求列车注意运行，表示运行前方有一个闭塞分区空闲，如图3.50所示。

（3）一个红色灯光——列车应在该信号机前停车，如图3.51所示。

图3.49 三显示自动闭塞区段通过色灯信号机显示一个绿色灯光

图3.50 三显示自动闭塞区段通过色灯信号机显示一个黄色灯光

图3.51 三显示自动闭塞区段通过色灯信号机显示一个红色灯光

3. 四显示自动闭塞区段

（1）一个绿色灯光——准许列车按规定速度运行，表示运行前方至少有三个闭塞分区空闲，如图3.52所示。

（2）一个绿色灯光和一个黄色灯光——准许列车按规定速度运行，要求注意准备减速，表示运行前方有两个闭塞分区空闲，如图3.53所示。

图3.52 四显示自动闭塞区段通过色灯信号机显示一个绿色灯光

图3.53 四显示自动闭塞区段通过色灯信号机显示一个绿色灯光和一个黄色灯光

（3）一个黄色灯光——要求列车减速运行，按规定限速要求越过该信号机，表示运行前方有一个闭塞分区空闲，如图3.54所示。

（4）一个红色灯光——列车应在该信号机前停车，如图3.55所示。

图3.54　四显示自动闭塞区段通过色灯信号机显示一个黄色灯光　　图3.55　四显示自动闭塞区段通过色灯信号机显示一个红色灯光

4. 线路所防护分歧道岔的色灯信号机开放经道岔侧向位置的进路时显示信号

（1）一个黄色闪光和一个黄色灯光——表示分歧道岔为18号及以上，开往半自动闭塞或自动站间闭塞区间，或开往自动闭塞区间且列车运行前方次一闭塞分区空闲，如图3.7所示。

（2）不满足上述第1款条件时，显示两个黄色灯光，如图3.8所示。

防护分歧道岔的线路所通过信号机，其机构外形和显示方式，应与进站信号机相同，引导灯光应予封闭。该信号机显示红色灯光时，不准列车越过。

（四）高速铁路通过色灯信号机的显示方式

（1）一个绿色灯光——准许列车按规定速度运行，表示运行前方至少有三个闭塞分区空闲，如图3.56所示。

（2）一个绿色灯光和一个黄色灯光——准许列车按规定速度运行，要求注意准备减速，表示运行前方有两个闭塞分区空闲，如图3.57所示。

图3.56　高速铁路通过色灯信号机显示一个绿色灯光　　图3.57　高速铁路通过色灯信号机显示一个绿色灯光和一个黄色灯光

（3）一个黄色灯光——要求列车减速运行，按规定限速要求越过该信号机，表示运行前方有一个闭塞分区空闲，如图3.58所示。

（4）一个红色灯光——列车应在该信号机前停车，如图3.59所示。

图3.58　高速铁路通过色灯信号机显示一个黄色灯光

图3.59　高速铁路通过色灯信号机显示一个红色灯光

（五）高速铁路线路所防护分歧道岔的色灯信号机显示

1. 常态点灯的该信号机

（1）一个黄色闪光和一个黄色灯光——准许列车经分歧道岔侧向位置运行，表示分歧道岔为18号及以上且进路允许速度不低于80 km/h，如图3.14所示。

（2）两个黄色灯光——准许列车经分歧道岔侧向位置运行，表示分歧道岔为18号以下或进路允许速度低于80 km/h，如图3.15所示。

2. 常态灭灯的信号机转为点亮状态时

（1）一个绿色灯光——准许列车按规定速度经道岔直向位置以站间闭塞方式运行，表示前方区间空闲，如图3.11所示。

（2）一个黄色闪光和一个黄色灯光——准许列车经分歧道岔侧向位置以站间闭塞方式运行，表示分歧道岔为18号及以上且进路允许速度不低于80 km/h，前方区间空闲，如图3.14所示。

（3）两个黄色灯光——准许列车经分歧道岔侧向位置以站间闭塞方式运行，表示分歧道岔为18号以下或进路允许速度低于80 m/h，前方区间空闲，如图3.15所示。

高速铁路区段防护分歧道岔的线路所通过信号机，其机构外形和显示方式，应与进站信号机相同。该信号机显示红色灯光时，不准列车越过。

进站及接车进路、接发车进路色灯信号机以及自动闭塞区段防护分歧道岔的线路所通过信号机的引导信号显示一个红色灯光及一个月白色灯光——准许列车在该信号机前方不停车，以不超过20 km/h（动车组列车不超过40 km/h）的速度进站或通过接车进路，并须准备随时停车。

出站信号机的引导信号显示一个红色灯光及一个月白色灯光——准许列车由车站或动车段(所)以站间闭塞方式出发,发车进路列车速度不超过20 km/h(动车组列车不超过40 km/h),

并须准备随时停车,表示前方区间空闲。

发车进路信号机的引导信号显示一个红色灯光及一个月白色灯光——准许列车越过该信号机,发车进路列车速度不超过 20 km/h(动车组列车不超过 40 km/h),并须准备随时停车。

五、容许信号

（一）容许信号的设置

在自动闭塞区段内,当货物列车在设于上坡道上的通过信号机前停车后起动困难时,在该信号机上应装设容许信号。在进站信号机前方第一架通过信号机上,不得装设容许信号。

（二）容许信号的显示方式

容许信号显示一个蓝色灯光——准许列车在通过色灯信号机显示红色灯光的情况下不停车,以不超过 20 km/h 的速度通过,运行到次一架通过信号机,并随时准备停车,如图 3.60 所示。

图 3.60　容许信号显示

六、遮断色灯信号机

（一）遮断色灯信号机的作用

在发生危及机车行车安全的情况下,遮断信号机能及时向列车发出停车信号,使列车在危险地点前停车

（二）遮断色灯信号机的设置

有人看守道口设遮断信号机；在有人看守的桥隧建（构）筑物及可能危及行车安全的坍方落石地点,根据需要设遮断信号机。该信号机距防护地点不得小于 50 m。

（三）遮断色灯信号机的显示方式

遮断色灯信号机显示一个红色灯光——不准列车越过该信号机；不着灯时，不起信号作用，如图 3.61 所示。

图 3.61　遮断色灯信号机显示一个红色灯光

七、预告信号机

（一）预告信号机的作用

可以使列车司机提前了解进站信号机或线路所通过信号机、遮断信号机的开放或关闭状态，从而保证行车安全和提高行车效率，并改善乘务人员的劳动条件。

（二）预告信号机的设置

半自动闭塞、自动站间闭塞区段，进站信号机为色灯信号机时，设色灯预告信号机或接近信号机。

对于遮断信号机和半自动闭塞、自动站间闭塞区段线路所通过信号机，设预告信号机。

列车运行速度不超过 120 km/h 的区段，预告信号机与其主体信号机的安装距离不得小于 800 m，当预告信号机的显示距离不足 400 m 时，其安装距离不得小于 1 000 m。

列车运行速度超过 120 km/h 的区段，设置两段接近区段，在第一接近区段和第二接近区段的分界处，设接近信号机，在第一接近区段入口内 100 m 处，设置机车信号接通标。

（三）预告信号机的显示方式

遮断信号机的预告信号机显示一个黄色灯光——表示遮断信号机显示红色灯光；不着灯时，不起信号作用，如图 3.62 所示。

其他预告色灯信号机显示下列信号：

（1）一个绿色灯光——表示主体信号机在开放状态，如图 3.63（a）所示。

（2）一个黄色灯光——表示主体信号机在关闭状态，如图 3.63（b）所示。

遮断信号机及其预告信号机采用方形背板，并在机柱上涂有黑白相间的斜线，以区别于一般信号机。

图 3.62　遮断信号机的预告信号机显示一个黄色灯光

（a）一个绿色灯光

（b）一个黄色灯光

图 3.63　其他预告色灯信号机显示

八、接近色灯信号机

（一）接近色灯信号机的设置

在列车运行速度超过 120 km/h 的区段，设置两段接近区段，在第一接近区段和第二接近区段的分界处，设接近信号机，在第一接近区段入口内 100 m 处，设置机车信号接通标。

（二）接近色灯信号机的显示

接近色灯信号机显示下列信号：

（1）一个绿色灯光——表示进站信号机开放一个绿色灯光或一个绿色灯光和一个黄色灯光，如图 3.64 所示。

（2）一个绿色灯光和一个黄色灯光——表示进站信号机开放一个黄色灯光，如图 3.65 所示。

（3）一个黄色灯光——表示进站信号机在关闭状态，或表示进站信号机显示两个黄色灯光或一个黄色闪光和一个黄色灯光，如图 3.66 所示。

图 3.64　接近色灯信号机显示一个绿色灯光　　图 3.65　接近色灯信号机显示一个绿色灯光和一个黄色灯光　　图 3.66　接近色灯信号机显示一个黄色灯光

九、调车信号机

调车信号机

（一）调车信号机的设置及用途

调车信号机设在电气集中联锁的车站调车线上适当地点，以显示的信号，指示准许或禁止进行调车。

（二）调车信号机的显示

调车色灯信号机显示下列信号：

（1）一个月白色灯光——准许越过该信号机调车，如图 3.67 所示。

（2）一个月白色闪光灯光——装有平面溜放调车区集中联锁设备时，准许溜放调车，如图 3.68 所示。

（3）一个蓝色灯光——不准越过该信号机调车，如图 3.69 所示。

不办理闭塞的站内岔线，在岔线入口处设置的调车信号机，可用红色灯光代替蓝色灯光，如图 3.70（a）所示。

起阻挡列车运行作用的调车信号机，应采用矮型三显示机构，增加红色灯光或用红色灯光代替蓝色灯光，如图 3.70（b）、（c）所示。当该信号机的红色灯光熄灭、显示不明或显示不正确时，应视为列车的停车信号。

图 3.67　调车色灯信号机显示（一）　　　图 3.68　调车色灯信号机显示（二）

图 3.69　调车色灯信号机显示（三）

（a）　　　　　　　　　　（b）　　　　　　　　　　（c）

图 3.70　调车色灯信号机显示（四）

十、驼峰色灯、驼峰辅助信号机及其复示信号机

（一）驼峰色灯、驼峰辅助信号机及其复式信号机的设置

驼峰应装设驼峰色灯信号机。驼峰色灯信号机可装设驼峰色灯辅助信号机。驼峰色灯信号机或辅助信号机的显示距离不能满足推峰作业要求时，根据需要可再装设驼峰色灯复示信号机。

驼峰色灯辅助信号机，可兼做出站或发车进路信号机，并根据需要装设进路表示器。

（二）驼峰色灯信号机及其复示信号机的显示

驼峰色灯信号机及其复示信号机显示下列信号：

（1）一个绿色灯光——准许机车车辆按规定速度向驼峰推进，如图 3.71 所示。

（2）一个绿色闪光灯光——指示机车车辆加速向驼峰推进，如图 3.72 所示。

（3）一个黄色闪光灯光——指示机车车辆减速向驼峰推进，如图 3.73 所示。

（4）一个红色灯光——不准机车车辆越过该信号机或指示机车车辆停止作业，如图 3.74 所示。

（5）一个红色闪光灯光——指示机车车辆自驼峰退回，如图 3.75 所示。

（6）一个月白色灯光——指示机车到峰下，如图 3.76 所示。

（7）一个月白色闪光灯光——指示机车车辆去禁溜线或迁回线，如图 3.77 所示。

驼峰色灯信号机的复示信号机平时无显示，如图 3.78 所示；当办理驼峰推送进路后，其显示方式与驼峰色灯信号机相同。

图 3.71 驼峰色灯信号机显示（一）

图 3.72 驼峰色灯信号机显示（二）

项目三　铁路行车信号

图 3.73　驼峰色灯信号机显示（三）

图 3.74　驼峰色灯信号机显示（四）

图 3.75　驼峰色灯信号机显示（五）

图 3.76　驼峰色灯信号机显示（六）

图 3.77　驼峰色灯信号机显示（七）

图 3.78　驼峰色灯信号机的复示信号机无显示情况

（三）驼峰色灯辅助信号机及其复示信号机显示

一个黄色灯光——指示机车车辆向驼峰预先推送，如图 3.79 所示；当办理驼峰推送进路后，其灯光显示均与驼峰色灯信号机显示相同。

驼峰色灯辅助信号机平时显示红色灯光，对列车起停车信号作用。

驼峰色灯辅助信号机的复示信号机平时无显示，如图 3.78 所示；当办理驼峰推送进路或驼峰预先推送进路后，其显示方式与驼峰色灯辅助信号机相同。

图 3.79　驼峰色灯辅助信号机显示

十一、色灯复示信号机

（一）色灯复示信号机的设置

进站、出站、进路信号机及线路所通过信号机，因受地形、地物影响，达不到规定的显示距离时，应设复示信号机。

设在车站岔线入口处的调车色灯信号机，达不到规定的显示距离时，根据需要可设调车复示信号机。

（二）色灯复式信号机的显示

色灯复示信号机的显示方式分下列几种：

1. 进站、接车进路、接发车进路信号机的色灯复示信号机采用灯列式机构

（1）两个月白色灯光与水平线构成显示 60°角——表示主体信号机显示经道岔直向位置向正线接车的信号，如图 3.80 所示。

（2）两个月白色灯光水平位置显示——表示主体信号机显示经道岔侧向位置接车的信号，如图3.81所示。

（3）无显示——表示主体信号机在关闭状态，如图3.82所示。

图3.80　色灯复示信号机显示（一）　　图3.81　色灯复示信号机显示（二）　　图3.82　色灯复示信号机无显示

2．出站及发车进路信号机的色灯复示信号机

（1）一个绿色灯光——表示主体信号机在开放状态，如图3.83所示。

（2）无显示——表示主体信号机在关闭状态。

图3.83　色灯复示信号机显示（三）

3．调车色灯复示信号机

（1）一个月白色灯光——表示调车信号机在开放状态，如图3.84所示。

（2）无显示——表示调车信号机在关闭状态。

图 3.84　色灯复示信号机显示（四）

进站、出站、进路、驼峰及调车色灯复示信号机均采用方形背板，以区别于一般信号机。

十二、臂板信号机

（一）进站臂板信号机

（1）昼间红色主臂板及黄色通过臂板下斜 45°角，红色辅助臂板与机柱重叠，夜间两个绿色灯光——准许列车按规定速度经正线通过车站，表示出站信号机在开放状态，进路上的道岔均开通直向位置，如图 3.85 所示。

图 3.85　进站臂板信号机显示（一）

（2）昼间红色主臂板下斜 45°角，黄色通过臂板在水平位置，红色辅助臂板与机柱重叠，夜间一个绿色灯光和一个黄色灯光——准许列车经道岔直向位置，进入站内正线准备停车，如图 3.86 所示。

图 3.86 进站臂板信号机显示（二）

（3）昼间红色主臂板及辅助臂板下斜 45°角，黄色通过臂板在水平位置；夜间一个绿色灯光和两个黄色灯光——准许列车经道岔侧向位置，进入站内准备停车，如图 3.87 所示。

图 3.87 进站臂板信号机显示（三）

（4）昼间红色主臂板及黄色通过臂板均在水平位置，红色辅助臂板与机柱重叠；夜间一个红色灯光和一个黄色灯光——不准列车越过该信号机，如图 3.88 所示。

图 3.88 进站臂板信号机显示（四）

（二）出站臂板信号机

（1）昼间红色臂板下斜 45°角，夜间一个绿色灯光——准许列车由车站出发，如图 3.89 所示。

图 3.89　出站臂板信号机显示（一）

（2）昼间红色臂板在水平位置，夜间一个红色灯光——不准列车越过该信号机，如图 3.90 所示。

图 3.90　出站臂板信号机显示（二）

（3）昼间红色主臂板及辅助臂板下斜 45°角，夜间一个绿色灯光和一个黄色灯光——准许列车由车站出发，开往次要线路，如图 3.91 所示。

图 3.91　出站臂板信号机显示（三）

（三）通过臂板信号机

（1）昼间红色臂板下斜45°角，夜间一个绿色灯光——准许列车按规定速度运行，如图3.89所示。

（2）昼间红色臂板在水平位置，夜间一个红色灯光——不准列车越过该信号机，如图3.90所示。

有分歧线路的线路所通过臂板信号机，应按进站臂板信号机装设。

（四）预告臂板信号机

（1）昼间黄色臂板下斜45°角，夜间一个绿色灯光——表示主体信号机在开放状态，如图3.92所示。

（2）昼间黄色臂板在水平位置，夜间一个黄色灯光——表示主体信号机在关闭状态，如图3.93所示。

图 3.92　预告臂板信号机显示（一）

图 3.93　预告臂板信号机显示（二）

（五）电动臂板复示信号机

（1）昼间黄色臂板下斜 45°角，夜间一个绿色灯光——表示主体臂板信号机在开放状态，如图 3.94 所示。

（2）昼间黄色臂板与机柱重叠，夜间无灯光——表示主体臂板信号机在关闭状态，如图 3.95 所示。

图 3.94　主体臂板信号机在开放状态

图 3.95　主体臂板信号机在关闭状态

任务三　机车信号及车载信号

电力机车司机室内的机车信号机及其附属设备统称为机车信号，动车组司机室设有车载信号设备，机车及车载信号机的显示，应与线路上列车接近地面的显示相符，从而为机车、动车组乘务人员操纵列车提供可靠的运行条件，确保行车安全，提高运输效率。机车信号机显示下列信号：

一、普速铁路机车信号

1. 三显示自动闭塞区段的连续式机车信号机

（1）一个绿色灯光——准许列车按规定速度运行，表示列车接近的地面信号机显示绿色灯光，如图 3.96 所示。

机车信号

（2）一个半绿半黄色灯光——准许列车按规定速度注意运行，表示列车接近的地面信号机显示一个绿色灯光和一个黄色灯光，如图 3.97 所示。

（3）一个带"2"字的黄色闪光——要求列车注意运行，表示列车接近的地面信号机显示一个黄色灯光，并预告次一架地面信号机开放经 18 号及以上道岔侧向位置的进路，且列车运行前方第三架信号机开通直向进路或开放经 18 号及以上道岔侧向位置的进路，如图 3.98 所示。

（4）一个带"2"字的黄色灯光——要求列车注意运行，表示列车接近的地面信号机显示一个黄色灯光，并预告次一架地面信号机开放经道岔侧向位置的进路［但不满足上述第（3）项条件］，如图 3.99 所示。

（5）一个黄色灯光——要求列车注意运行，表示列车接近的地面信号机显示一个黄色灯光，并预告次一架地面信号机处于关闭状态，如图 3.100 所示。

（6）一个双半黄色闪光——要求列车限速运行，表示列车接近的地面信号机开放经 18 号及以上道岔侧向位置的进路，且次一架信号机开通直向进路或开放经 18 号及以上道岔侧向位置的进路；或表示列车接近设有分歧道岔线路所的地面信号机开放经 18 号及以上道岔侧向位置的进路、显示一个黄色闪光和一个黄色灯光，如图 3.101 所示。

（7）一个双半黄色灯光——要求列车限速运行，表示列车接近的地面信号机开放经道岔侧向位置的进路[但不满足上述第（6）项条件]、显示两个黄色灯光或其他相应显示，如图 3.102 所示。

（8）一个半黄半红色闪光——表示列车接近的进站、接车进路或接发车进路信号机显示引导信号或通过信号机显示容许信号，如图 3.103 所示。

（9）一个半黄半红色灯光——要求及时采取停车措施，表示列车接近的地面信号机显示红色灯光，如图 3.104 所示。

（10）一个红色灯光——表示列车已越过地面上显示红色灯光的信号机，如图 3.105 所示。

（11）一个白色灯光——不复示地面上的信号显示，机车乘务人员应按地面信号机的显示运行，如图 3.106 所示。

无显示时，表示机车信号机在停止工作状态。

图 3.96　三显示机车信号机显示（一）

图 3.97　三显示机车信号机显示（二）

图 3.98　三显示机车信号机显示（三）

图 3.99　三显示机车信号机显示（四）

图 3.100　三显示机车信号机显示（五）

图 3.101　三显示机车信号机显示（六）

图 3.102　三显示机车信号机显示（七）

图 3.103　三显示机车信号机显示（八）

图 3.104　三显示机车信号机显示（九）

图 3.105　三显示机车信号机显示（十）

图 3.106　三显示机车信号机显示（十一）

2. 四显示自动闭塞区段连续式机车信号机

（1）一个绿色灯光——准许列车按规定速度运行，表示列车接近的地面信号机显示绿色灯光，如图 3.107 所示。

（2）一个半绿半黄色灯光——准许列车按规定速度注意运行，表示列车接近的地面信号机显示一个绿色灯光和一个黄色灯光，如图 3.108 所示。

（3）一个带"2"字的黄色闪光——要求列车减速到规定的速度等级越过接近的显示一个黄色灯光的地面信号机，并预告次一架地面信号机开放经18号及以上道岔侧向位置的进路，且列车运行前方第三架信号机开通直向进路或开放经18号及以上道岔侧向位置的进路，如图3.109所示。

（4）一个带"2"字的黄色灯光——要求列车减速到规定的速度等级越过接近的显示一个黄色灯光的地面信号机，并预告次一架地面信号机开放经道岔侧向位置的进路[但不满足上述第（3）项条件]，如图3.110所示。

（5）一个黄色灯光——要求列车减速到规定的速度等级越过接近的显示一个黄色灯光的地面信号机，并预告次一架地面信号机处于关闭状态，如图3.111所示。

（6）一个双半黄色闪光——要求列车限速运行，表示列车接近的地面信号机开放经18号及以上道岔侧向位置的进路，且次一架信号机开通直向进路或开放经18号及以上道岔侧向位置的进路；或表示列车接近设有分歧道岔线路所的地面信号机开放经18号及以上道岔侧向位置的进路、显示一个黄色闪光和一个黄色灯光，如图3.112所示。

（7）一个双半黄色灯光——要求列车限速运行，表示列车接近的地面信号机开放经道岔侧向位置的进路[但不满足上述第（6）项条件]、显示两个黄色灯光或其他相应显示，如图3.113所示。

（8）一个半黄半红色闪光——表示列车接近的进站、接车进路或接发车进路信号机显示引导信号或通过信号机显示容许信号，如图3.114所示。

（9）一个半黄半红色灯光——要求及时采取停车措施，表示列车接近的地面信号机显示红色灯光，如图3.115所示。

（10）一个红色灯光——表示列车已越过地面上显示红色灯光的信号机，如图3.116所示。

（11）一个白色灯光——不复示地面上的信号显示，机车乘务人员应按地面信号机的显示运行，如图3.117所示。

无显示时，表示机车信号机在停止工作状态。

图3.107　四显示机车信号机显示（一）

图3.108　四显示机车信号机显示（二）

项目三　铁路行车信号

图 3.109　四显示机车信号机显示（三）

图 3.110　四显示机车信号机显示（四）

图 3.111　四显示机车信号机显示（五）

图 3.112　四显示机车信号机显示（六）

图 3.113　四显示机车信号机显示（七）

97

图 3.114　四显示机车信号机显示（八）

图 3.115　四显示机车信号机显示（九）　　图 3.116　四显示机车信号机显示（十）

图 3.117　四显示机车信号机显示（十一）

3. 接近连续式机车信号机的显示方式

接近连续式机车信号机的显示方式与连续式机车信号机相同。

4. LKJ 屏幕显示器的机车信号

LKJ 屏幕显示器的机车信号显示应与机车信号机的显示含义相同。

二、高速铁路车载信号

（一）连续式机车信号

（1）一个绿色灯光——准许非列控车载设备控车的列车按规定速度运行，表示列车运行前方至少有三个经直向进路的空闲闭塞分区，如图 3.118 所示。

（2）一个半绿半黄色灯光——准许非列控车载设备控车的列车按规定速度注意运行，表示列车运行前方有两个经直向进路的空闲闭塞分区，如图 3.119 所示。

（3）一个带"2"字的黄色闪光——要求非列控车载设备控车的列车减速到规定的速度等级越过接近的地面信号机，表示列车运行前方有一个经直向进路的空闲闭塞分区，并预告次一个闭塞分区所在的进路开通经 18 号及以上道岔侧向位置，且进路允许速度不低于 80 km/h，如图 3.120 所示。

（4）一个带"2"字的黄色灯光——要求非列控车载设备控车的列车减速到规定的速度等级越过接近的地面信号机，表示列车运行前方有一个经直向进路的空闲闭塞分区，并预告次一个闭塞分区所在的进路开通经道岔侧向位置［但不满足上述第（3）项条件］，如图 3.121 所示。

（5）一个黄色灯光——要求非列控车载设备控车的列车减速到规定的速度等级越过接近的地面信号机，表示列车运行前方仅有一个经直向进路的空闲闭塞分区，如图 3.122 所示。

（6）一个双半黄色闪光——要求非列控车载设备控车的列车限速运行（最高不超过 45 km/h），表示列车接近的地面信号机开通经 18 号及以上道岔侧向位置的进路，且进路允许速度不低于 80 km/h，如图 3.123 所示。

（7）一个双半黄色灯光——要求非列控车载设备控车的列车限速运行（最高不超过 45 km/h），表示列车接近的地面信号机开通经道岔侧向位置的进路[但不满足上述第（6）项条件]，如图 3.124 所示。

（8）一个半黄半红色闪光——表示列车接近的地面信号机开通引导进路，如图 3.125 所示。

（9）一个半黄半红色灯光——表示列车接近的地面信号机处于关闭状态，要求及时采取停车措施，如图 3.126 所示。

（10）一个红色灯光——表示列车已越过地面上处于关闭状态的信号机，如图 3.127 所示。

（11）一个白色灯光——不复示地面上的信号显示，机车乘务人员应按地面信号机的显示运行，如图 3.128 所示。

无显示时，表示机车信号机在停止工作状态。

图 3.118 连续式机车信号机显示一个绿色灯光

图 3.119 连续式机车信号机显示一个半绿半黄灯光

图 3.120 连续式机车信号机显示一个带"2"字的黄色闪光

图 3.121 连续式机车信号机显示一个带"2"字的黄色灯光

图 3.122 连续式机车信号机显示一个黄色灯光

图 3.123 连续式机车信号机显示一个双半黄色闪光

图 3.124　连续式机车信号机显示一个双半黄色灯光

图 3.126　连续式机车信号机显示一个半黄半红色灯光

图 3.127　连续式机车信号机显示一个红色灯光

图 3.125　连续式机车信号机显示一个半黄半红色闪光

图 3.128　连续式机车信号机显示一个白色灯光

（二）列控车载设备的"机车信号"显示（见图 3.129）

（1）一个带"5"字的绿色灯光——表示列车运行前方至少有七个闭塞分区空闲。
（2）一个带"4"字的绿色灯光——表示列车运行前方有六个闭塞分区空闲。
（3）一个带"3"字的绿色灯光——表示列车运行前方有五个闭塞分区空闲。

（4）一个带"2"字的绿色灯光——表示列车运行前方有四个闭塞分区空闲。

（5）一个绿色灯光——表示列车运行前方有三个闭塞分区空闲。

（6）一个半绿半黄色灯光——表示列车运行前方有两个闭塞分区空闲。

（7）一个带"2"字的黄色闪光——表示列车运行前方有一个经直向进路的空闲闭塞分区，并预告次一个闭塞分区所在的进路开通经 18 号及以上道岔侧向位置，且进路允许速度不低于 80 km/h。

（8）一个带"2"字的黄色灯光——表示列车运行前方有一个经直向进路的空闲闭塞分区，并预告次一个闭塞分区空闲且开通经道岔侧向位置的进路[但不满足上述第（7）项条件]。

（9）一个黄色灯光——表示列车运行前方仅有一个经直向进路的空闲闭塞分区。

（10）一个双半黄色闪光——表示列车接近的地面信号机开通经 18 号及以上道岔侧向位置的进路，且进路允许速度不低于 80 km/h。

（11）一个双半黄色灯光——表示列车接近的地面信号机开通经道岔侧向位置的进路[但不满足上述第（10）项条件]。

（12）一个半黄半红色闪光——表示列车接近的地面信号机开通引导进路。

（13）一个半黄半红色灯光——表示列车运行前方进路未建立或信号未开放，要求及时采取停车措施。

（14）一个红色灯光——表示列车已进入未建立的进路，已越过地面上的禁止信号或已越过作为停车点的区间信号标志牌，或表示列车所在区段有灾害发生。

（15）一个白色灯光——不预告列车运行前方进路开通状态及地面信号开放状态。无显示时，表示列控车载设备的"机车信号"在停止工作状态。

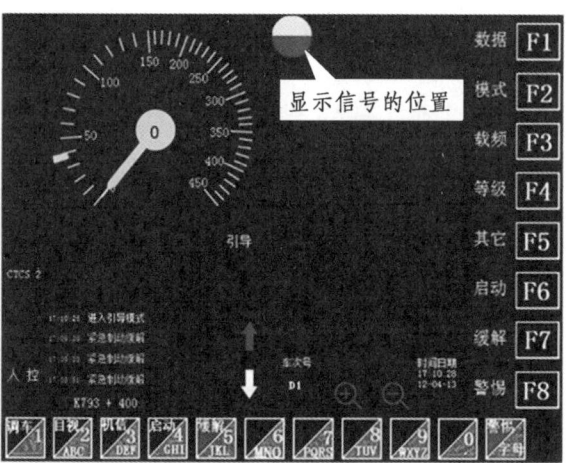

图 3.129　列控车载设备"机车信号"显示

（三）显示 CTCS-2/CTCS-3 级列控车载设备人机界面（DMI）

对于 CTCS-2/CTCS-3 级列控车载设备人机界面（DMI），速度信号在速度表盘上以不同颜色的光带显示。速度信号显示包括列车当前速度、允许速度（列控车载设备允许列车在该时刻达到的安全运行速度）和目标速度（列控车载设备提示列车在到达目标点的允许速度），如图 3.130 所示。

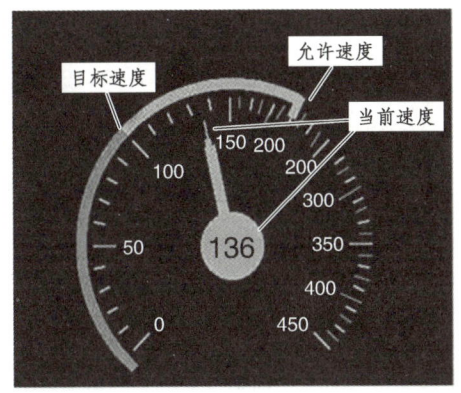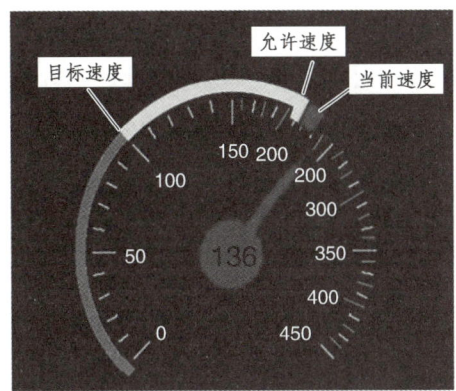

图 3.130　速度信号显示

任务四　移动信号

一、移动信号

线路故障、站内或区间施工时，临时性禁止列车驶入或要求慢行的地段，应设置移动信号进行防护。移动信号根据需要临时设置或撤除。

移动信号

（一）停车信号

昼间——表面有反光材料的红色方牌；夜间——柱上红色灯光，如图 3.131 所示。

图 3.131　停车信号

（二）减速信号

（1）表面有反光材料的黄底黑字圆牌，标明列车限制速度（高速铁路的减速信号为表面有反光材料的黄底黑字圆牌，标明"减速"两字），如图 3.132 所示。

（2）施工及其限速区段，在减速信号牌外方增设的特殊减速信号牌为表面有反光材料的黄底黑"T"字圆牌，如图 3.133 所示。

图 3.132　列车限制速度

图 3.133　特殊减速信号牌

（三）减速防护地段终端信号

（1）表面有反光材料的绿色圆牌，在单线区段，司机应看线路右侧减速信号牌背面的绿色圆牌，如图 3.134 所示。

（2）在有 1 万吨或 2 万吨（含 1.5 万吨）货物列车运行的线路增设的 1 万吨、2 万吨（含 1.5 万吨）减速防护地段终端信号牌为表面有反光材料的绿底黑"W"字（1 万吨）或黑"L"字（1.5 万吨和 2 万吨）圆牌，如图 3.135 所示。

图 3.134　表面有反光材料的绿色圆牌

图 3.135 表面有反光材料的绿底黑字

（四）在站内线路上检查、修理、整备车辆时的信号设置

在站内线路上检查、修理、整备车辆或进行装卸作业时，应在两端来车方向的左侧钢轨设置带有脱轨器的固定或移动信号牌（灯）进行防护，前后两端的防护距离均应不小于 20 m，如图 3.136 所示，不足 20 m 时，应将道岔锁闭在不能通往该线的位置。

旅客列车在到发线上进行车辆技术作业时，用红色信号旗（灯）进行防护，可不设脱轨器。红色信号旗（灯）的设置：

（1）机车摘挂相关作业时，在机次一位客车非站台侧设置。

（2）技术检查作业时，在机次一位客车前端非站台侧和尾部客车后端站台侧设置。车辆乘务员单班单人值乘列车，在无客列检车站进行站折技术检查作业时，仅在来车端一位客车前端站台侧设置。

（3）处理车辆故障时，在故障车辆站台侧设置。

图 3.136 带有脱轨器的固定或移动信号牌

二、响墩及火炬信号

响墩及火炬信号，是用于线路（包括桥梁隧道）遇到灾害、发生故障或列车在区间内发

生事故以及其他原因被迫停车时，防止前方或后方开来的列车，发生列车脱轨或冲突而设置的临时紧急停车信号。

（一）显示要求

响墩爆炸声及火炬信号的火光（见图 3.137 和图 3.138），均要求紧急停车。停车后如无防护人员，机车乘务人员应立即检查前方线路，如无异状，列车以在瞭望距离内能随时停车的速度继续运行，但最高不得超过 20 km/h。在自动闭塞区间，运行至前方第一架通过（进站）信号机前，如无异状，即可按该信号机显示的要求执行；在半自动或自动站间闭塞区间，经过 1 km 后，如无异状，可恢复正常速度运行。

图 3.137 响墩放置

图 3.138 火炬信号

（二）使用方法

1. 响 墩

3 个响墩为一组，在距防护对象（指停车列车，妨碍行车地点等）的规定距离处，顺来车方向的左侧钢轨上放置一个。然后，向远离防护对象方面间隔 20 m 右侧钢轨上放置一个，再隔 20 m 在左侧钢轨上再放置一个。安放时应尽量避免放于道岔、钢轨接头处及无砟桥及隧道内，并应避免列车停车后停在桥梁上或隧道内。

凡使用响墩时，均应有手持停车手信号的防护人员看守。防护人员应站在距防护对象最近的一个响墩的内方 20 m 处，如图 3.137 所示。

2. 火 炬

（1）插式——使用时先将铁支架向下推出约 120 mm，然后撕开火炬帽，露出发火药头。再用擦火帽擦燃发火药头，出现红光后，顺风向与地面成 45°角插在道心。

（2）投式——使用时先将铁帽拧下（不要解开铁翘紧口线）取擦光帽，擦燃出现红光后，轻轻放在道心，待其火焰烧断紧口线后，火炬则自行升起。

火炬没有安放距离要求，但要保证足够的瞭望距离。

三、无线调车灯显信号

调车作业应采用无线调车灯显设备,无线调车灯显制式(见图 3.139)的信号显示方式如下:

(1)一个红灯——停车信号。

(2)一个绿灯——推进信号。

(3)绿灯闪数次后熄灭——起动信号。

(4)绿、红灯交替后绿灯长亮——连接信号。

(5)绿、黄灯交替后绿灯长亮——溜放信号。

(6)黄灯闪后绿灯长亮——减速信号。

(7)黄灯长亮——十、五、三车距离信号。

① 十车距离信号(加辅助语音提示)。

② 五车距离信号(加辅助语音提示)。

③ 三车距离信号(加辅助语音提示)。

(8)两个红灯——紧急停车信号。

(9)先两个红灯后熄灭一个红灯——解锁信号。

图 3.139　无线调车灯显制式

任务五　手信号

一、手信号的作用及显示要求

手信号是铁路行车有关人员在作业中,进行指挥、联系等工作广泛采用的一种视觉信号,是指用手拿信号旗、信号灯或直接用手臂显示的信号。根据行车的需要,可以机动地指挥列车运行和调车作业,也可作为联系和传达行车有关事项的旗(灯)语。

手信号作用及基本要求

手信号按用途可分为指示列车运行条件的手信号、调车手信号、联系用的手信号、列车制动机试验手信号及指示电力机车司机临时升降弓的手信号 5 类。

在显示手信号时,必须严肃、认真,应做到"横平、竖直、灯正、圈圆"。

手信号显示指示列车运行条件的停车、减速、通过、引导信号,与固定信号机显示的相应信号具有同等的作用,行车有关人员必须认真按其显示执行。

凡昼间持有信号旗的人员,应将信号旗拢起,左手持红旗,右手持绿旗(扳道员右手持黄旗),不持信号旗的人员徒手按规定方式显示信号。

二、指示列车运行条件的手信号

列车运行时,有关人员应遵守下列手信号的显示:

(一)停车信号:要求列车停车

昼间——展开的红色信号旗;夜间——红色灯光,如图 3.140 所示。

昼间无红色信号旗时,两臂高举头上向两侧急剧摇动;夜间无红色灯光时,用白色灯光上下急剧摇动,如图 3.141 所示。

指示列车运行条件的手信号

图 3.140 停车信号(一)

图 3.141 停车信号(二)

(二)减速信号:要求列车降低到要求的速度

昼间——展开的黄色信号旗;夜间——黄色灯光,如图 3.142 所示。

昼间无黄色信号旗时,用绿色信号旗下压数次;夜间无黄色灯光时,用白色或绿色灯光下压数次,如图 3.143 所示。

图 3.142　减速信号（一）

图 3.143　减速信号（二）

（三）发车信号：要求司机发车

昼间——展开的绿色信号旗上弧线向列车方面作圆形转动；夜间——绿色灯光上弧线向列车方面作圆形转动，如图 3.144 所示。

在设有发车表示器的车站，按发车表示器显示发车。

图 3.144　发车信号

(四)通过手信号:准许列车由车站(场)通过

昼间——展开的绿色信号旗;夜间——绿色灯光,如图 3.145 所示。

图 3.145　通过信号

(五)引导手信号:准许列车进入车场或车站

昼间——展开的黄色信号旗高举头上左右摇动;夜间——黄色灯光高举头上左右摇动,如图 3.146 所示。

图 3.146　引导手信号

(六)特定引导手信号

特定引导手信号显示方式:昼间为展开绿色信号旗高举头上左右摇动,夜间为绿色灯光高举头上左右摇动,如图 3.147 所示。

图 3.147　特定引导手信号

三、调车手信号

调车手信号仅在调车工作中指挥调车机车活动使用。调车指挥人通过调车手信号的不同显示，控制调车机车的运行方向、起车、停车及加速、减速等。为保证调车作业的安全，调车指挥人员应正确及时地显示手信号，调车机车司机应正确及时地执行手信号的要求，做到有机配合，协同动作。

调车手信号的显示方式如下：

（一）停车信号

显示方式与列车停车信号中第 1 款一样，如图 3.140 所示。

（二）减速信号

昼间——展开的绿色信号旗下压数次；夜间——绿色灯光下压数次，如图 3.143 所示。

（三）指挥机车向显示人方向来的信号

昼间——展开的绿色信号旗在下部左右摇动；夜间——绿色灯光在下部左右摇动，如图 3.148 所示。

图 3.148　指挥机车向显示人方向来的信号

（四）指挥机车向显示人方向稍行移动的信号

昼间——拢起的红色信号旗直立平举，再用展开的绿色信号旗左右小动；夜间——绿色灯光下压数次后，再左右小动，如图3.149所示。

图3.149　指挥机车向显示人方向稍行移动的信号

（五）指挥机车向显示人反方向去的信号

昼间——展开的绿色信号旗上下摇动；夜间——绿色灯光上下摇动，如图3.150所示。

图3.150　指挥机车向显示人反方向去的信号

（六）指挥机车向显示人反方向稍行移动的信号

昼间——拢起的红色信号旗直立平举，再用展开的绿色信号旗上下小动；夜间——绿色灯光上下小动，如图3.151所示。

图 3.151　指挥机车向显示人反方向稍行移动的信号

对显示本条第 2、3、4、5、6 款中转信号时，昼间可用单臂，夜间可用白色灯光依式中转。

四、联系用的手信号

为了解决办理列车运行和调车工作中，行车有关人员不能用口头或通信设备彼此联系的事项，所以规定了联系用手信号。联系用手信号种类多，使用面广，作为一种传递信息的手段，在铁路行车作业中发挥着重要的作用。行车有关人员必须熟练地掌握每个联系用手信号的作用、显示方式和要求，及时准确地运用它，以达到沟通意图、协调行动、保证安全的目的。

联系用的手信号的显示方式如下：

（一）道岔开通信号：表示进路道岔准备妥当

昼间——拢起的黄色信号旗高举头上左右摇动；夜间——白色灯光高举头上，如图 3.152 所示。

机车出入段进路道岔准备妥当后，显示如下道岔开通信号：

昼间——展开的黄色信号旗高举头上左右摇动；夜间——黄色灯光高举头上左右摇动，如图 3.153 所示。

图 3.152　道岔开通信号（一）

图 3.153　道岔开通信号（二）

（二）股道号码信号：要道或回示股道开通号码

一道：昼间——两臂左右平伸；夜间——白色灯光左右摇动，如图 3.154 所示。

二道：昼间——右臂向上直伸，左臂下垂；夜间——白色灯光左右摇动后，从左下方向右上方高举，如图 3.155 所示。

三道：昼间——两臂向上直伸；夜间——白色灯光上下摇动，如图 3.156 所示。

四道：昼间——右臂向右上方，左臂向左下方各斜伸 45°角；夜间——白色灯光高举头上左右小动，如图 3.157 所示。

五道：昼间——两臂交叉于头上；夜间——白色灯光做圆形转动，如图 3.158 所示。

六道：昼间——左臂向左下方，右臂向右下方各斜伸 45°角；夜间——白色灯光做圆形转动后，再左右摇动，如图 3.159 所示。

七道：昼间——右臂向上直伸，左臂向左平伸；夜间——白色灯光做圆形转动后，左右摇动，然后再从左下方向右上方高举，如图 3.160 所示。

八道：昼间——右臂向右平伸，左臂下垂；夜间——白色灯光做圆形转动后，再上下摇动，如图 3.161 所示。

九道：昼间——右臂向右平伸，左臂向右下斜 45°角；夜间——白色灯光做圆形转动后，再高举头上左右小动，如图 3.162 所示。

十道：昼间——左臂向左上方，右臂向右上方各斜伸 45°角；夜间——白色灯光左右摇动后，再上下摇动做成十字形，如图 3.163 所示。

十一至十九道，须先显示十道股道号码，再显示所要股道号码的个位数信号。

二十道及其以上的股道号码，各站根据需要自行规定，并纳入《车站行车工作细则》（以下简称《站细》）。

图 3.154　一道手信号

图 3.155　二道手信号

图 3.156　三道手信号

图 3.157　四道手信号

图 3.158　五道手信号

图 3.159　六道手信号

项目三　铁路行车信号

图 3.160　七道手信号

图 3.161　八道手信号

图 3.162　九道手信号

图 3.163　十道手信号

（三）连结信号：表示连挂作业

昼间——两臂高举头上，使拢起的手信号旗杆成水平末端相接；夜间——红、绿色灯光（无绿色灯光的人员，用白色灯光）交互显示数次，如图 3.164 所示。

图 3.164　连结信号

（四）溜放信号：表示溜放作业

昼间——拢起的手信号旗两臂高举头上交叉后，急向左右摇动数次；夜间——红色灯光做圆形转动，如图 3.165 所示。

图 3.165　溜放信号

（五）停留车位置信号：表示车辆停留地点

夜间——白色灯光左右小摇动，如图3.166所示。

图3.166　停留车位置信号

（六）十、五、三车距离信号：表示推进车辆的前端距被连挂车辆的距离

昼间——展开的绿色信号旗单臂平伸，夜间——绿色灯光，在距离停留车十车（约110 m）时连续下压三次，五车（约55 m）时连续下压两次，三车（约33 m）时下压一次，如图3.167所示。

图3.167　十、五、三车距离信号

（七）取消信号：通知将前发信号取消

昼间——拢起的手信号旗，两臂于前下方交叉后，急向左右摇动数次；夜间——红色灯光做圆形转动后，上下摇动，如图3.168所示。

图 3.168　取消信号

（八）要求再度显示信号：前发信号不明，要求重新显示

昼间——拢起的手信号旗右臂向右方上下摇动；夜间——红色灯光上下摇动，如图 3.169 所示。

图 3.169　要求再度显示信号

（九）告知显示错误的信号：告知对方信号显示错误

昼间——拢起的手信号旗两臂左右平伸同时上下摇动数次；夜间——红色灯光左右摇动，如图 3.170 所示。

图 3.170　告知显示错误的信号

在显示手信号时，凡昼间持有手信号旗的人员，应将信号旗拢起，左手持红旗，右手持绿旗（扳道员右手持黄旗），不持信号旗的人员徒手按各规定方式显示信号。

五、试验列车自动制动机的手信号

为了保证列车制动机的作用良好，于列车到达后或始发前，必须按规定的制动机性能试验项目和要求，进行列车制动机试验。因检车人员不配备手信号旗和信号灯，所以规定昼间使用检查锤，夜间使用白色灯光，作为制动机试验时的手信号显示。

车站值班员或运转车长昼间显示上述手信号时，可使用拢起的手信号旗代替。司机应注意瞭望试验信号，并按规定鸣笛回示。

试验列车自动制动机的手信号显示方式如下：

（一）制　　动

昼间——用检查锤高举头上；夜间——白色灯光高举，如图 3.171 所示。

图 3.171　试验列车自动制动机的制动信号

（二）缓　　解

昼间——用检查锤在下部左右摇动；夜间——白色灯光在下部左右摇动，如图 3.172 所示。

图 3.172 试验列车自动制动机的缓解信号

（三）试验结束

昼间——用检查锤做圆形转动；夜间——白色灯光做圆形转动，如图 3.173 所示。

车站人员显示上述信号时，昼间可用拢起的信号旗代替。司机应注意瞭望试验信号，并按规定回答。

如列车制动主管未达到规定压力，试验人员要求司机继续充风时，按照缓解的信号同样显示。

图 3.173　试验结束信号

六、要求列车临时升降弓时用的手信号

发现接触网故障，需要机车临时降弓通过时，发现的人员应在规定地点显示下列手信号：

（一）降弓手信号

昼间——左臂垂直高举，右臂前伸并左右水平重复摇动；夜间——白色灯光上下左右重复摇动，如图 3.174 所示。

图 3.174　降弓手信号

（二）升弓手信号

昼间——左臂垂直高举，右臂前伸并上下重复摇动；夜间——白色灯光做圆形转动，如图 3.175 所示。

图 3.175　升弓手信号

任务六　信号表示器及信号标志

一、信号表示器

信号表示器与信号机不同，信号机是用来防护进路、防护区间、防护危险地点的，信号表示器则没有防护意义，仅用来表示行车人员的意图、行车设备的位置和状态及信号机显示的附加意义等。通过它的表示对列车运行或调车工作发出指示。

信号表示器

（一）道岔表示器

道岔表示器的显示方式如下：

（1）昼间无显示；夜间为紫色灯光——表示道岔位置开通直向，如图 3.176 所示。

图 3.176　道岔表示器（一）

（2）昼间为中央划有一条鱼尾形黑线的黄色鱼尾形牌；夜间为黄色灯光——表示道岔位置开通侧向，如图3.177所示。

图3.177　道岔表示器（二）

（3）在调车区为集中联锁时，进行连续溜放作业的分歧道岔应有道岔表示器，平时无显示，当进行溜放作业时，其显示方式如下：

① 紫色灯光——表示道岔开通直向，如图3.178（a）所示。
② 黄色灯光——表示道岔开通侧向，如图3.178（b）所示。

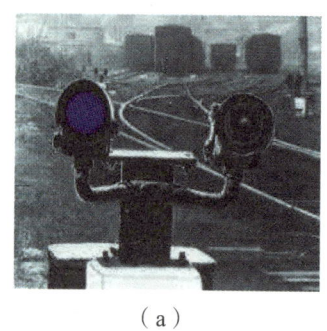 

（a）　　　　　　　　　　　　　　　　（b）

图3.178　道岔表示器（三）

（二）脱轨表示器

脱轨表示器的显示方式如下：
（1）带白边的红色长方牌及红色灯光——表示线路在遮断状态，如图3.179所示。
（2）带白边的绿色圆牌及月白色灯光——表示线路在开通状态，如图3.180所示。

图3.179　线路在遮断状态　　　　　　图3.180　线路在开通状态

（三）进路表示器

进路表示器在其主体信号机开放时点亮，用于区别进路开通方向或双线区段反方向发车，不能独立构成信号显示。

（1）两个发车方向，当信号机在开放的条件下，分别按左右两个白色灯光，区别进路开通方向，如图 3.181 所示。

图 3.181　两个发车方向进路表示器

（2）三个发车方向，其显示方式如下：

① 信号机在开放状态及表示器左方显示一个白色灯光——表示进路开通，准许列车向左侧线路发车，如图 3.182 所示。

② 信号机在开放状态及表示器中间显示一个白色灯光——表示进路开通，准许列车向中间线路发车，如图 3.183 所示。

③ 信号机在开放状态及表示器右方显示一个白色灯光——表示进路开通，准许列车向右侧线路发车，如图 3.184 所示。

图 3.182　向左侧线路发车　　图 3.183　向中间线路发车　　图 3.184　向右侧线路发车

（3）四个及其以上发车方向，进路表示器按灯光排列表示。

四个发车方向（A、B、C、D方向）显示方式如下：

① 信号机在开放状态及表示器左方横向显示两个白色灯光——表示进路开通，准许列车向左侧A方向线路发车，如图3.185所示。

② 信号机在开放状态及表示器左方斜向显示两个白色灯光——表示进路开通，准许列车向左侧B方向线路发车，如图3.186所示。

③ 信号机在开放状态及表示器右方斜向显示两个白色灯光——表示进路开通，准许列车向右侧C方向线路发车，如图3.187所示。

④ 信号机在开放状态及表示器右方横向显示两个白色灯光——表示进路开通，准许列车向右侧D方向线路发车，如图3.188所示。

（4）五个发车方向（A、B、C、D、E方向）显示方式如下：

① 同四个发车方向的第①项——表示进路开通，准许列车向左侧A方向线路发车，如图3.185所示。

② 同四个发车方向的第②项——表示进路开通，准许列车向左侧B方向线路发车，如图3.186所示。

④ 信号机在开放状态及表示器中间竖向显示两个白色灯光——表示进路开通，准许列车向中间C方向线路发车，如图3.189所示。

⑤ 同四个发车方向的第③项——表示进路开通，准许列车向右侧D方向线路发车，如图3.187所示。

⑥ 同四个发车方向的第④项——表示进路开通，准许列车向右侧E方向线路发车，如图3.188所示。

图3.185 进路表示器（一）

图3.186 进路表示器（二）

图3.187 进路表示器（三）

图 3.188　进路表示器（四）

图 3.189　进路表示器（五）

（5）六个发车方向（A、B、C、D、E、F 方向）显示方式如下：

① 信号机在开放状态及表示器左方竖向显示两个白色灯光——表示进路开通，准许列车向左侧 A 方向线路发车，如图 3.190 所示。

② 信号机在开放状态及表示器左方横向显示两个白色灯光——表示进路开通，准许列车向左侧 B 方向线路发车，如图 3.191 所示。

③ 信号机在开放状态及表示器左方斜向显示两个白色灯光——表示进路开通，准许列车向左侧 C 方向线路发车，如图 3.192 所示。

图 3.190　进路表示器（六）

图 3.191　进路表示器（七）

图 3.192　进路表示器（八）

④ 信号机在开放状态及表示器右方斜向显示两个白色灯光——表示进路开通，准许列车向右侧 D 方向线路发车，如图 3.193 所示。

⑤ 信号机在开放状态及表示器右方横向显示两个白色灯光——表示进路开通，准许列车向右侧 E 方向线路发车，如图 3.194 所示。

⑥ 信号机在开放状态及表示器右方竖向显示两个白色灯光——表示进路开通，准许列车向右侧 F 方向线路发车，如图 3.195 所示。

（6）七个发车方向（A、B、C、D、E、F、G 方向）显示方式如下：

① 同六个发车方向的第①项——表示进路开通，准许列车向左侧 A 方向线路发车，如图 3.190 所示。

② 同六个发车方向的第②项——表示进路开通，准许列车向左侧 B 方向线路发车，如图 3.191 所示。

③ 同六个发车方向的第③项——表示进路开通，准许列车向左侧 C 方向线路发车，如图 3.192 所示。

④ 信号机在开放状态及表示器中间竖向显示两个白色灯光——表示进路开通，准许列车向中间 D 方向线路发车，如图 3.196 所示。

⑤ 同六个发车方向的第④项——表示进路开通，准许列车向右侧 E 方向线路发车，如图 3.193 所示。

⑥ 同六个发车方向的第⑤项——表示进路开通，准许列车向右侧 F 方向线路发车，如图 3.194 所示。

⑦ 同六个发车方向的第⑥项——表示进路开通，准许列车向右侧 G 方向线路发车，如图 3.195 所示。

图 3.193　进路表示器（九）　　图 3.194　进路表示器（十）　　图 3.195　进路表示器（十一）

图 3.196　进路表示器（十二）

（7）在双线区段仅用于区分反方向发车时，其显示方式如下：

① 信号机在开放状态且表示器不点亮——准许列车正方向发车，如图 3.197 所示。

② 信号机在开放状态且表示器显示一个白色灯光——准许列车反方向发车，如图 3.198 所示。

图 3.197　准许列车正方向发车　　　　　图 3.198　准许列车反方向发车

（四）发车线路表示器

发车线路表示器在线群出站信号机开放后显示一个白色灯光——准许该线路上的列车发车，如图 3.199 所示。

图 3.199　发车线路表示器

不许发车的线路，所属该线路的发车线路表示器不能点亮。

发车线路表示器可用于驼峰调车场，作为调车线路表示器，显示一个白色灯光——准许调车。

（五）发车表示器

发车表示器常态不显示。显示一个白色灯光——表示车站人员准许发车，如图 3.200 所示。

图 3.200　发车表示器

（六）调车表示器

调车表示器的显示方式如下：

（1）向调车区方向显示一个白色灯光——准许机车车辆自调车区向牵出线运行，如图 3.201 所示。

（2）向牵出线方向显示一个白色灯光——准许机车车辆自牵出线向调车区运行，如图 3.202 所示。

（3）向牵出线方向显示两个白色灯光——准许机车车辆自牵出线向调车区溜放，如图 3.203 所示。

图 3.201　调车表示器（一）　　图 3.202　调车表示器（二）　　图 3.203　调车表示器（三）

（七）车挡表示器

车挡表示器设置在线路终端的车挡上，昼间为一个红色方牌；夜间显示一个红色灯光，如图 3.204 所示。

安全线及避难线可不设置车挡表示器。

图 3.204　车挡表示器

二、线路标志及信号标志

线路标志包括：公里标，半公里标，曲线标，圆曲线和缓和曲线的始终点标，桥梁标，隧道（明洞）标，坡度标，以及铁路局集团有限公司、工务段、线路车间、线路工区和供电段的界标。高速铁路的线路标志包括：公里标、半公里标。

信号标志是指表示线路所在地点的情况和状态，指示行车人员依据各标志的要求，及时正确地进行作业的标志。

普速铁路信号标志主要包括：警冲标、站界标、预告标、引导员接车地点标、司机鸣笛标、电气化区段的电力机车禁停标、断电标、合电标、接触网终点标、准备降下受电弓标、降下受电弓标、升起受电弓标、作业标、减速地点标、补机终止推进标、机车停车位置标、四显示机车信号接通标、四显示机车信号断开标、轨道电路调谐区标志、级间转换标、通信模式转换标，以及除雪机用的临时信号标志等。

高速铁路的信号标志包括：警冲标、预告标、电力机车禁停标和断电标、合电标、接触网终点标、减速地点标、轨道电路调谐区标志、动车组列车停车位置标、中继站标、区间信号标志牌、级间转换标、通信模式转换标，以及除雪机用的临时信号标志等。

线路、信号标志应设在其内侧距线路中心不小于 3.1 m 处（警冲标除外）。

（一）线路标志

线路标志按计算公里方向设在线路左侧。双线区段须另设线路标志时，应设在列车运行方向左侧。

（1）公里标、半公里标，设在一条线路自起点计算每一整公里、半公里处，如图 3.205 所示。高速铁路，有接触网支柱的地段设置在距实际距离最近的接触网支柱上，站内无接触网支柱的地段按标注式样标注在站台侧面，桥梁地段可设置在线路一侧的防护墙上，在隧道地段设置在边墙上。

图 3.205　公里标、半公里标

（2）曲线标，设在曲线中点处，标明曲线中心里程、半径大小、曲线和缓和曲线长度，如图 3.206 所示。

图 3.206　曲线标

（3）圆曲线和缓和曲线的始终点标，设在直缓、缓圆、圆缓、缓直各点处，标明所向方向为直线、圆曲线或缓和曲线，如图 3.207 所示。

图 3.207　圆曲线和缓和曲线的始终点标

（4）桥梁标，设在桥梁两端桥头处，标明桥梁编号、中心里程和长度，如图 3.208 所示。

图 3.208　桥梁标

（5）隧道（明洞）标，直接标注在隧道（明洞）两端洞门端墙上，标明隧道号或名称，中心里程和长度，如图 3.209 所示。

图 3.209　隧道（明洞）标

（6）坡度标，设在线路坡度的变坡点处，两侧各标明其所向方向的上、下坡度值及其长度，如图 3.210 所示。

图 3.210　坡度标

（7）铁路局集团有限公司、工务段、线路车间、线路工区和供电段的界标，设在各单位管辖地段的分界点处，两侧标明所向的单位名称，如图 3.211 所示。

图 3.211　管界标

（二）信号标志

信号标志设在列车运行方向左侧（警冲标除外）。双线区段的轨道电路调谐区标志设在线路外侧。

信号标志

（1）警冲标，设在两会合线路线间距离为 4 m 的中间。线间距离不足 4 m 时，设在两线路中心线最大间距的起点处，如图 3.212 所示。在线路曲线部分所设道岔附近的警冲标与线路中心线间的距离应按限界的加宽增加。

图 3.212　警冲标

（2）站界标，设在双线区间列车运行方向左侧最外方顺向道岔（对向出站道岔的警冲标）外不少于 50 m 处，或邻线进站信号机相对处，如图 3.213 所示。

图 3.213　站界标

（3）预告标，设在进站信号机及线路所通过信号机外方 900 m、1 000 m 及 1 100 m 处，如图 3.214 所示。但在设有预告或接近信号机及自动闭塞的区段，均不设预告标。

在双线区间，退行的列车看不见邻线的预告标时，在距站界外 1 100 m 处特设一个预告标，如图 3.215 所示。

图 3.214　预告标

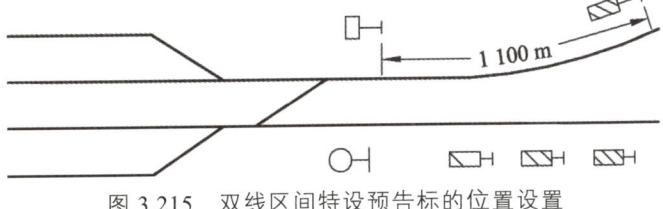

图 3.215　双线区间特设预告标的位置设置

（4）引导员接车地点标，列车在距站界 200 m 以外，不能看见引导人员在进站信号机或站界标处显示的手信号时，须在列车距站界 200 m 外能清晰地看见引导人员手信号的地点设置，如图 3.216 所示。

图 3.216　引导员接车地点标

（5）司机鸣笛标，设在道口、大桥、隧道及视线不良地点的前方 500～1 000 m 处，如图 3.217 所示。在非限鸣区域，司机见此标志须长声鸣笛；在限鸣区域内，司机见此标志应开启灯显示警设备，除遇危及行车安全等情况外，限制鸣笛。

图 3.217　司机鸣笛标

（6）电力机车禁停标，设在站场、区间接触网不同供电臂间的电分段两端，电力机车（动车组）在该标志提示的禁停区域内不得停留，如图 3.218 所示。

图 3.218　电力机车禁停标

（7）普速铁路在电气化区段接触网电分相前方，分别设断电标[见图 3.219（a）]、禁止双弓标，如图 3.220 所示。对于最高运行速度大于 120 km/h 的旅客列车、特快货物班列及最高运行速度为 120 km/h 的货物列车、快速货物班列运行的线路，在断电标的前方增设特殊断电标[见图 3.219（b）]。在接触网电分相后方设合电标（见图 3.221），设置位置如图 3.222 所示。在双线电气化区段，在"合""断"电标背面，可分别加装"断""合"字标，作为反方向行车的"断""合"电标使用。

（a）断电标

（b）T 断电标

图 3.219　断电标、T 断电标

图 3.220　禁止双弓标

图 3.221　合电标

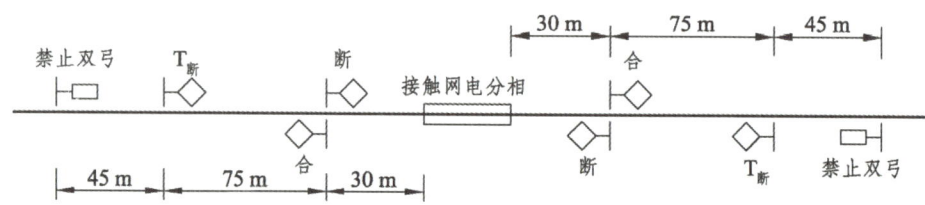

图 3.222　普速铁路断电、T断电、禁止双弓、合电等标志设置位置

（8）高速铁路在接触网电分相前方设断电标[见图 3.223（a）]，断电标设置在电分相中性区段起始位置前第 2 根支柱上（该支柱距电分相中性区段起始位置不小于 80 m）；在接触网电分相后方设合电标[见图 3.223（b）]，合电标设置在电分相中性区段终止位置后 400 m 处附近的接触网支柱上（该支柱距电分相中性区段终止位置不小于 400 m）。设置位置如图 3.224 所示。

线路反方向按上述规定设置断电标、合电标。

（a）断电标

（b）合电标

图 3.223　高速铁路断电标、合电标

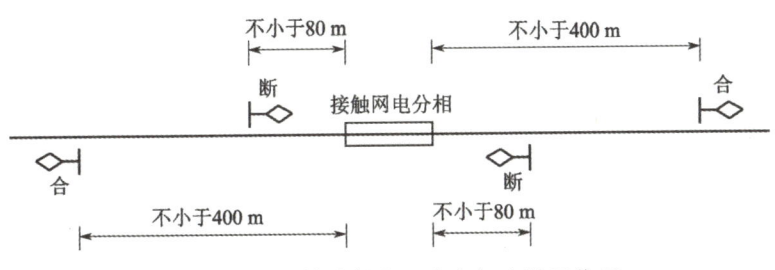

图 3.224　高速铁路断电、合电标志设置位置

（9）接触网终点标，设在接触网边界，如图 3.225 所示。

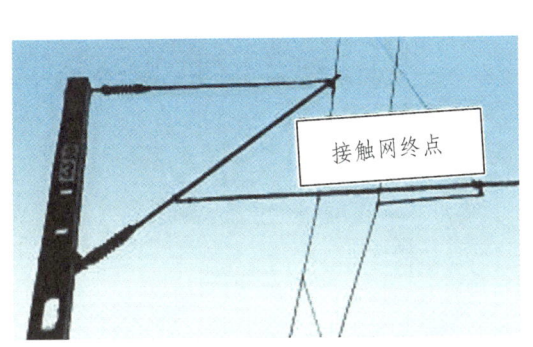

图 3.225　接触网终点标

（10）在电气化线路接触网故障降弓地段前方，分别设准备降下受电弓标（见图 3.226）、降下受电弓标[见图 3.227（a）]。对于最高运行速度大于 120 km/h 的旅客列车、特快货物班列及最高运行速度为 120 km/h 的货物列车、快速货物班列运行的线路，在降下受电弓标的前方增设特殊降弓标[见图 3.227（b）]。在降弓地段后方，设升起受电弓标（见图 3.228），设置位置如图 3.229 所示。

图 3.226　准备降下受电弓标

（a）降下受电弓标

（b）T 降弓标

图 3.227　降下受电弓标、T 降弓标

图 3.228　升起受电弓标

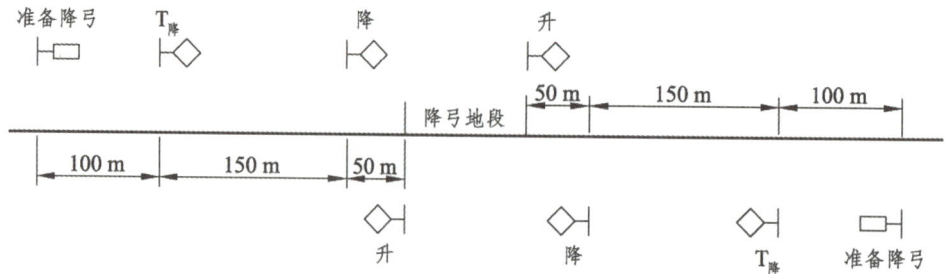

图 3.229　准备降受电弓、降受电弓、T 降弓、升受电弓等标志设置位置

(11)作业标,设在施工线路及其邻线距施工地点两端 500～1 000 m 处,如图 3.230 所示。司机见此标志须长声鸣笛,注意瞭望。

图 3.230　作业标

(12)减速地点标,设在需要减速地点的两端各 20 m 处。正面表示列车应按规定限速通过地段的始点,背面表示列车应按规定限速通过地段的终点,如图 3.231 所示。

图 3.231　减速地点标

(13)补机终止推进标(见图 3.232)、机车停车位置标(见图 3.233),设置位置由铁路局集团有限公司规定。

图 3.232　补机终止推进标　　　　　图 3.233　机车停车位置标

（14）四显示机车信号接通标（机车信号接通标）：涂有白底色、黑竖线、黑框的反光菱形板及黑白相间的立柱标志，如图 3.234 所示。

（15）四显示机车信号断开标：涂有白底色、中间断开的黑横线、黑框的反光菱形板及黑白相间的立柱标志，如图 3.235 所示。

图 3.234　四显示机车信号接通标　　　　图 3.235　四显示机车信号断开标

（16）轨道电路调谐区标志。

Ⅰ型为反方向区间停车位置标，涂有白底色、黑框、黑"停"字、斜红道，标明调谐区长度的反光菱形板标志，如图 3.236（a）所示。

Ⅱ型为反方向行车困难区段的容许信号标，涂有黄底色、黑框、黑"停"字、斜红道，标明调谐区长度的反光菱形板标志，如图 3.236（b）所示。

Ⅲ型用于反方向运行合并轨道区段之间的调谐区或因轨道电路超过允许长度而设立分隔点的调谐区，为涂有蓝底色、白"停"字、斜红道，标明调谐区长度的反光菱形板标志，如图 3.236（c）所示。

高速铁路轨道电路Ⅰ型、Ⅲ型协调标志分别如图 3.237（a）、（b）所示。

（a）Ⅰ型

（b）Ⅱ型

（c）Ⅲ型

图 3.236　普速铁路轨道电路调谐区标志

（a）Ⅰ型

（b）Ⅲ型

图 3.237　高速铁路轨道电路Ⅰ型、Ⅲ型协调标志

（17）在有动车组列车客运作业的车站应设置动车组列车停车位置标（见图 3.238），设置位置由铁路局集团公司规定。该标志为表面采用反光材料的蓝底白字牌，写有"动车组停车位置"。对于 8 辆编组及 16 辆编组的动车组停车位置不同，应分别写"8 辆动车组停车位置""16 辆动车组停车位置"。

图 3.238　动车组列车停车位置标

（18）普速铁路级间转换标：在 CTCS-0/CTCS-2 级转换边界前方一定距离的级间转换应答器组对应的线路左侧设间转换标志。该标志为涂有白底色、黑框、写有黑"C0""C2"标记的反光菱形板及黑白相间的立柱，如图 3.239 所示。

（a）　　　　　　　　　　　　　　（b）

图 3.239　普速铁路级间转换标

高速铁路级间转换标：在 CTCS-0／CTCS-2 级、CTCS-2／CTCS-3 级区段转换边界前方一定距离的级间转换应答器组对应的线路左侧设级间转换标志。该标志为涂有白底色、黑框、写有黑"C0""C2"或"C3"标记的反光菱形板，装设于邻近的接触网支柱上，如图 3.240 所示。

图 3.240　高速铁路级间转换标

（19）通信模式转换标：在始发站列车停车标内方或需要转换通信模式的相应地点设机车综合无线通信设备通信模式转换提示标志，标志牌顶边距轨面 2.5 m。该标志为涂有白底色、黑框、写有黑"通信转换"字样的方形板，如图 3.241 所示。

（a）

（b）

图 3.241　通信模式转换标

（20）通知操纵除雪机人员的临时信号标志如图 3.242 所示。

① 除雪机工作阻碍标——表示前面有道口、道岔、桥梁等建（构）筑物，妨碍除雪机在工作状态下通过。

② 除雪机工作阻碍解除标——表示已通过阻碍地点。

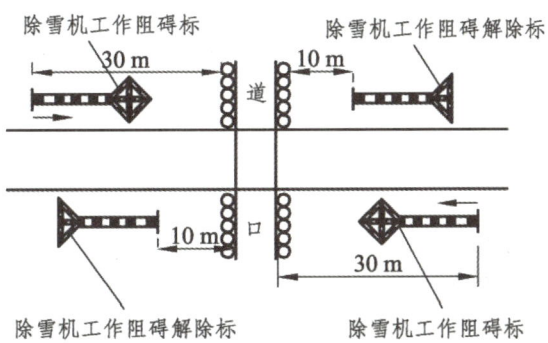

图 3.242　除雪机标志设置位置

三、线路安全保护标志

铁路线路安全保护区的范围按《铁路安全管理条例》的规定执行。线路安全保护区标桩分为 A 型［见图 3.243（a）］、B 型［见图 3.243（b）］两种。

A 型标桩为基本型，沿铁路线路安全保护区边界每 200 m 左右设置一个，特殊地段可增加或减少设置数量，人烟稀少地区可不设置。

B 型标桩为辅助型，适于在人员活动频繁地段的道口、桥隧两端、公路立交桥附近醒目地点、居民区附近和人身伤害事故多发地段的铁路线路安全保护区边界设置。

标桩在铁路线路两侧规定距离设置时，应与线路另一侧标桩相错埋设。

（a）A 型　　　　　　　　　　　　（b）B 型

图 3.243　线路安全保护区标桩

在下列地点应设置警示、保护标志：

（1）在未全封闭的铁路桥梁、隧道两端的线路两侧，设严禁通过标，如图 3.244（a）所示。

（2）在铁路桥梁跨越河道上下游规定的地点，设严禁采砂标，如图 3.244（b）所示。

（3）在铁路信号、通信光（电）缆埋设地点，设电缆标，如图 3.244（c）所示。

（4）在电气化铁路接触网、自动闭塞供电线路和电力贯通线路等电力设施附近易发生危险的地方，设严禁进入标，如图 3.244（d）所示。

（a）严禁通过标　　　　　　　　　　（b）严禁采砂标

（c）电缆标　　　　　　　　　　　　（d）严禁进入标

图 3.244　警示、保护标志

在铁路线路允许行人、自行车通过,禁止机动车通过处应设置人行过道路障桩,如图 3.245 所示。

图 3.245　人行过道路障桩

四、列车标志

列车应根据其种类及运行的线路和方向,在头部和尾部分别显示不同的列车标志。列车标志的显示方式,昼间与夜间相同,但昼间不点灯。其显示方式如下:

列车标志

(一)列车标志

(1)列车牵引运行时,机车前端一个头灯及中部两侧各一个白色灯光,如图 3.246 所示。列车尾部两个侧灯,向后显示红色灯光,向前显示白色灯光;挂有货物列车列尾装置时,为列尾装置向后显示红白相间的反射标志和一个红色闪光灯光,如图 3.247 所示。动车组以外的旅客列车尾部加挂客车时,侧灯位置不作调整,最后一辆客车的制动软管、总风软管须吊起。

(a)

(b)

图 3.246　列车牵引运行时机车前端标志

（a）　　　　　　　　　　　　　　　（b）

图 3.247　列车牵引运行时列车尾部标志

（2）列车推进运行时，列车前端两个侧灯，向前显示红色灯光，向后显示白色灯光；挂有货物列车列尾装置时，为列尾装置向前显示红白相间的反射标志和一个红色闪光灯光，如图 3.248 所示。机车后端中部两侧各一个红色灯光，如图 3.249 所示。

（a）　　　　　　　　　　　　　　　（b）

图 3.248　列车推进运行时列车尾部标志

（a） （b）

图 3.249　列车推进运行时机车后端标志

（3）列车后端挂有补机时，机车后端标志与上述第（2）项同。

（4）单机运行时，机车前端标志与上述（1）项同；后端标志与上述（2）项同。

（5）调车机车及机车出入段时，机车前端标志与上述（1）项同；后端标志与上述（2）项同。

（6）轨道车运行时，前端一个白色灯光，如图 3.250 所示；后端一个红色灯光，如图 3.251 所示。

图 3.250　轨道车运行时前端标志　　图 3.251　轨道车运行时后端标志

(二)动车组列车标志

动车组列车应在头部和尾部分别显示不同的列车标志。列车标志的显示方式,昼间与夜间相同,其显示方式如下:

(1)列车运行时,前端白色灯光(见图 3.252,并可根据需要切换近光、远光);尾部向后显示两个红色灯光(见图 3.253)。

(2)列车在站内或区间停留时,如两端司机台均未激活,则两端分别向前和向后显示两个红色灯光(见图 3.253);如一端司机台激活(为前端),其前端与尾部标志与本条第(1)款同。

图 3.252 动车组列车前端标志

图 3.253 动车组列车后端标志

任务七 听觉信号

听觉信号是以不同的音响符号,通过口笛、号角、机车及轨道车的鸣笛等发出的音响来表示的一种信号。由于铁路行车工作是由各工种联合劳动进行的,彼此间有大量的工作需要联系,铁路机车、动车组和轨道车、接触网作业车、大型养路机械等铁路机车车辆作业中提示报警、相互联系等应当优先采用通信设备联系方式,遇联系不通或者危及人身、行车安全,以及恶劣天气等特殊情况时,可采用鸣笛联系方式。

一、使用要求

司机鸣示听觉信号时,应严格按照音节长短及间隔的规定标准进行,以防发生混淆。听觉信号，长声为 3 s，短声为 1 s，音响间隔为 1 s。重复鸣示时，须间隔 5 s 以上。

直辖市及地级市市区及沿线噪声敏感建筑物集中区段、普速铁路线路全封闭区段、高速铁路区段、动车组运用所、动车组存车场、客整所、机务整备场、货场等应当纳入铁路机车车辆限制鸣笛区管理。在铁路机车车辆限制鸣笛区内，铁路机车车辆驾驶人员遇司机鸣笛标时，装备机车限鸣示警系统的应当开启灯显示警设备，除遇危及人身、行车安全等情况外，限制鸣笛。

二、鸣示方式

机车、自轮运转特种设备作业中提示注意、相互联系等应使用通信设备方式。遇联系不通或危及行车人身安全时，应采用鸣笛方式。机车、自轮运转特种设备鸣笛鸣示方式见表 3.1。

表 3.1　机车、动车组、自轮运转特种设备鸣笛鸣示方式

名称	鸣示方式	使用时机
注意信号	一长声 —	接近鸣笛标、行人时
退行信号	二长声 — —	列车、机车车辆、单机开始退行，遇通信设备联系不通时
召集信号	三长声 — — —	要求防护人员撤回，遇通信设备联系不通时
牵引信号	一长一短声 — ·	途中本务机车要求补机牵引运行，遇通信设备联系不通时（补机应以同样信号回答）
惰行信号	一长二短声 — · ·	本务机车要求补机惰力推进或要求补机断开主断路器，遇通信设备联系不通时（补机应以同样信号回答）
途中降弓信号	一短一长声 · —	电力机车双机牵引中，本务机车司机要求补机降下受电弓，遇通信设备联系不通时（补机须以同样信号回答）
途中升弓信号	一短二长声 · — —	电力机车双机牵引中，本务机车司机要求补机升起受电弓，遇通信设备联系不通时（补机须以同样信号回答）
呼唤信号	二短一长声 · · —	机车要求出入段，遇通信设备联系不通时
警报信号	一长三短声 — · · ·	发现线路有危及行车安全的不良处所时
试验自动制动机及复示信号	一短声 ·	1. 试验制动机开始减压，遇联系不通时。 2. 接到试验制动结束的手信号，回答试风人员，遇联系不通时。 3. 调车作业中，表示已接受调车长所发出的手信号，遇联系不通时
缓解信号	二短声 · ·	1. 试验制动机缓解，遇联系不通时。 2. 要求列车乘务组缓解人力制动机，遇通信设备联系不通时
拧紧人力制动机信号	三短声 · · ·	1. 要求列车乘务组拧紧人力制动机，遇通信设备联系不通时。 2. 要求就地制动，遇通信设备联系不通时
紧急停车信号	连续短声 · · · · ·	司机发现（或接到通知）邻线发生障碍，向邻线上运行的列车发出紧急停车信号时。邻线列车司机听到此种信号后，应紧急停车

表 3.2　口笛、号角鸣示方式表

用途及时机	鸣示方式	
发车、指示机车向显示人反方向移动	一长声	—
指示机车向显示人方向移动	一短一长声	·—
试验制动机减压	一短声	·
试验制动机缓解	二短声	··
试验制动机结束及安全信号	一短一长二短声	·—··
一道	一短声	·
二道	二短声	··
三道	三短声	···
四道	四短声	····
五道	五短声	·····
六道	一长一短声	—·
七道	一长二短声	—··
八道	一长三短声	—···
九道	一长四短声	—····
十道	二长声	——
二十道	二短二长声	··——
十、五、三车距离信号：十车	三短声	···
十、五、三车距离信号：五车	二短声	··
十、五、三车距离信号：三车	一短声	·
连结及停留车位置	一长一短一长声	—·—
停车	连续短声	······
要求司机鸣笛	二长三短声	——···
试拉	一短声	·
减速	连续二短声	··
溜放	三长声	———
取消	二长一短声	——·
再显示	二长二短声	——··
列车接近通报信号：上行	二长声	——
列车接近通报信号：下行	一长声	—

【复习思考题】

1. 铁路信号的分类有哪几种？
2. 地面固定信号机按用途怎么分类？
3. 地面固定信号机可分为哪些类型？
4. 对铁路信号的要求有哪些？
5. 地面固定信号机的显示距离有什么规定？
6. 简述信号机发生灯光熄灭等故障时的处理办法。
7. 视觉信号的基本颜色是什么？
8. 听觉信号是由哪些器具发出的？怎样表达不同的要求？
9. 信号机的定位是怎样规定的？
10. 信号机的关闭时机是怎样规定的？
11. 哪些信号机在灯光熄灭、显示不明或显示不正时视为停车信号？
12. 无效信号机怎样处理？
13. 进站色灯信号机的作用、设置位置、显示方式及显示内容是什么？（注意区分普速铁路和高速铁路的不同）
14. 简述出站色灯信号机的作用、设置位置、显示方式及显示内容。（注意区分普速铁路和高速铁路的不同）
15. 简述自动闭塞通过色灯信号机的作用、设置位置、显示方式及显示内容。（注意区分普速铁路和高速铁路的不同）
16. 容许信号机的设置、显示及其显示意义是什么？
17. 在哪些地点设置遮断信号机？遮断信号机的显示方式及意义是什么？遮断信号机的外形有什么特点？
18. 说明调车信号机的作用、设置位置及显示方式。
19. 连续式机车信号机的显示方式及内容是什么？动车组车载信号显示方式及内容是什么？
20. 接近连续式机车信号机的显示方式及内容是什么？
21. 机车信号是否可作为主体信号？为什么？
22. 什么是移动信号？移动信号的分类及使用有何规定？
23. 怎样使用响墩、火炬信号？执行响墩、火炬信号的要求是什么？
24. 什么是手信号？显示手信号的要求是什么？
25. 列车运行手信号的显示方式有几种？内容是什么？
26. 调车手信号的显示方式有几种？内容是什么？
27. 联系用的手信号有几种？内容是什么？
28. 信号表示器有几种？显示方式是什么？
29. 什么是信号标志？有哪几种类型？
30. 简述机车、动车组、轨道车的鸣笛方式及使用时机。

项目四　高速铁路信号、通信设备

【项目描述】

高速铁路信号系统是一个以调度集中为龙头、车站设备为基础、通信网络为骨架，集行车调度指挥、列车运行控制、设备监测、灾害防护和信息管理等功能于一体的综合控制系统。

本项目主要介绍《技规》中高速铁路行车信号部分的相关设备及操作要求。

【目标引领】

知识目标：

（1）了解高速铁路信号系统的组成、机构和设备。
（2）掌握列控系统的操作。
（3）了解通信及网络体系。

能力目标：

（1）熟悉各机构职能。
（2）熟悉各设备功能。
（3）熟练操作列控系统。

素质目标：

（1）培养学生遵章守纪、爱护设备、敬业爱岗、安全正点的职业精神。
（2）培养学生不断创新学习及危机处理能力。
（3）培养学生客观、公正地对学习效果进行评价。

【思政案例】

"复兴号"智能动车组扩容，为世界发展贡献中国智慧

2021年6月25日，伴随全国铁路第三季度列车运行图的实施，"复兴号"智能动车组集中上线运行，新亮相的"复兴号"智能动车组不但颜值高，而且更加智能、舒适方便。

通过新一代信息技术与高速铁路技术的集成融合，我国铁路在智能建造、智能装备、智能运营等方面不断取得新进展，打造了世界铁路建设的"标准格式"，将推动中国高铁"走出去"成为世界高铁的"新样板"。

作为智能高铁的重要组成部分，智能技术涵盖了高铁供电、调度指挥、运营监测、客运服务、节能减排等全方位保障高铁运营安全的技术。每列"复兴号"智能动车组都专门设置了无障碍车厢，配备了更宽阔的通过门、无障碍卫生间、轮椅放置区等，更好地服务残疾人旅客出行；17辆编组列车采用基于5G技术的列车Wi-Fi，将为旅客提供更优质的语音通话和移动网络服务；餐车还增设了自动售货机，可为旅客提供自助购买水果、饮料、零食等服务，为旅客舒适出行提供了技术支持。

在智能服务方面，"复兴号"实现了智能装备和服务运营相融合，开创了世界智能铁路之先河。北斗、5G、BIM、GIS等新技术的应用为"毫米级"精度赋能，采用以太网控车、车载安全监测等9项智能运维和监控系统，进一步提升了列车运行、安全监控等方面的智能化水平，提高了列车途中故障处置的效率。不仅如此，智能照明、动车组辅助设备、变频空调等，让列车能耗更低。

科技创新只有"进行时"，没有"完成时"。不难预见，智能高铁的未来还会引发科技的变革，甚至社会发展的变革。"复兴号"智能动车组扩容，将推动中国高铁进一步发展，为世界铁路发展贡献中国智慧。

任务一　机构及设备的一般要求

一、机构设置

高速铁路为保证信号、通信设备的质量，应设电务段、通信段等电务维修机构。电务段、通信段管辖范围应根据信号、通信设备等条件确定。

二、对机构、设备的一般要求

（1）电务维修机构应具备设备检修、测试场所，配置相应的仪器仪表、工装机具以及交通工具、应急通信设备等。

（2）在动车组、机车和轨道车的检修地点应设列控车载设备、机车信号、列车运行监控装置（LKJ）、轨道车运行控制设备（GYK）及车载无线通信设备等的检修与测试场所。

（3）铁路电务设备维护工作应按设备技术状态进行维修，并按周期进行中修和大修。电务车载设备结合动车组、机车和轨道车各级检修修程，同步进行检修。

（4）对设有加锁加封的信号设备，应加锁加封，必要时可设置计数器，使用人员应负责其完整。对加封设备启封使用或对设有计数器的设备每计数一次时，使用人员均须在"行车设备检查登记簿"内登记，写明启封或计数原因。加封设备启封使用后，应及时通知信号部门加封。

（5）使用计算机技术控制的信号设备实现加锁加封功能时，应使用密码方式操作。

（6）集中联锁车站和自动闭塞区段应装设信号集中监测系统，对信号设备运用状态进行实时监测，实现故障及超限告警。

（7）信号、通信设备及机房，应采取综合防雷措施，设置机房专用空调。信号及通信设备，应装有防止强电及雷电危害的浪涌保护器等保安设备，电子设备应符合电磁兼容有关规定。

（8）列控车载设备、机车信号设备、列车运行监控装置（LKJ）、轨道车运行控制设备（GYK）和车载无线通信设备等的电源，均应取自车上直流控制电源系统，直流输出电压为 110 V 时，电压允许波动 –20% ~ +5%。

任务二　信号机

一、信号机的分类

信号机按用途分为进站、出站、通过、进路、复示、调车信号机等。

二、信号机的显示距离

各种信号机及表示器，在正常情况下的显示距离：
（1）高柱进站、高柱通过信号机，不得小于 1 000 m。
（2）高柱出站、高柱进路信号机，不得小于 800 m。
（3）调车、矮型进站、矮型出站、矮型进路、矮型通过、复示信号机、引导信号及各种表示器，不得小于 200 m。
（4）在地形、地物影响视线的地方，进站、通过信号机的显示距离，在最坏的条件下，不得小于 200 m。

三、高速铁路信号机的设置

（1）铁路信号机应采用色灯信号机。
（2）区间不设通过信号机的线路，车站信号机宜采用矮型信号机。
区间设通过信号机的线路，应采用高柱信号机，在下列处所可采用矮型信号机：
① 不办理通过列车的到发线上的出站、发车进路信号机。
② 道岔区内的调车信号机。
③ 桥梁、隧道内的通过信号机。
特殊情况需设矮型信号机时，须经铁路局集团有限公司批准。
（3）信号机、区间信号标志牌应设在列车运行方向的左侧。反方向运行进站信号机可设在列车运行方向的右侧；其他特殊地段因条件限制，需设于右侧时，须经铁路局集团有限公司批准。

（4）在确定设置信号机地点时，除满足信号显示距离的要求外，还应考虑该信号机不致被误认为邻线的信号机。

（5）车站必须设进站信号机。进站信号机应设在距进站最外方道岔尖轨尖端（顺向为警冲标）不小于 50 m 的地点，根据需要可适当延长。

进站信号机及防护分歧道岔的通过信号机外方，无同方向的通过信号机时，应设置预告标。

（6）在车站的正线和到发线上，应设出站信号机。出站信号机应设在每一发车线的警冲标内方（对向道岔为尖轨尖端外方）适当地点。

（7）通过信号机或区间信号标志牌应设在闭塞分区或所间区间的分界处，不应设在牵引供电分相处。

高速铁路闭塞分区的划分，应满足动车组列控车载设备按照目标距离模式控车和未装备列控车载设备的列车按四显示自动闭塞行车的要求。

进站信号机前方第一、第二架通过信号机的机柱上，应分别涂三条、一条黑斜线。

（8）特殊地段因条件限制，同方向相邻两架指示列车运行的信号机间的距离小于列车规定速度的制动距离时，应采取必要的降级或重复显示措施。

出站信号机有两个及以上的运行方向，而信号显示不能分别表示进路方向时，应在信号机上装设进路表示器。

（9）发车进路兼出站信号机，根据需要可装设进路表示器，区分进路方向。

（10）为满足调车作业的需要，应设调车色灯信号机。

正线、到发线不宜设置调车信号机，岔线、段管线、动车段（所）根据需要设置调车信号机。

（11）设有两个及以上车场的车站，转场进路应设进路色灯信号机。

进站、接车进路及线路所通过信号机，均应设引导信号。出站、发车进路信号机可设引导信号。

（12）进站、出站、进路信号机及线路所通过信号机，因受地形、地物影响，达不到规定的显示距离时，应设复示信号机。

设在车站岔线入口处的调车色灯信号机，达不到规定的显示距离时，根据需要可设调车复示信号机。

任务三　联锁及闭塞

一、联锁设备

车站、线路所、动车段（所）应采用计算机联锁设备。计算机联锁设备具备与列控中心（TCC）、信号集中监测系统、调度集中系统（CTC）或列车调度指挥系统（TDCS）的接口功能，在 CTCS-3 级区段还应具有与无线闭塞中心（RBC）等设备的接口功能。

二、联锁设备的联锁要求

站内正线及到发线上的道岔，均须与有关信号机联锁。区间内正线上的道岔，须与有关信号机或闭塞设备联锁。各种联锁设备应满足下列条件：

（1）当进路上的有关道岔开通位置不对或敌对信号机未关闭时，防护该进路的信号机不能开放；信号机开放后，该进路上的有关道岔不能扳动，其敌对信号机不能开放。

（2）装有转辙机（转换锁闭器）的道岔，当第一连接杆处（分动外锁闭道岔为锁闭杆处）的尖轨与基本轨间、心轨与翼轨间有 4 mm 及以上水平间隙时，不能锁闭或开放信号机。

（3）集中联锁设备。

集中联锁设备，在控制台（或操纵、表示分列式的表示盘及监视器）上应能监督线路与道岔区段是否占用、进路开通及锁闭，复示有关信号机的显示。

集中联锁设备应保证：当进路建立后，该进路上的道岔不能转换；当道岔区段有车占用时，该区段的道岔不能转换；列车进路向占用线路上开通时，有关信号机不能开放（引导信号除外）；能监督是否挤岔，并于挤岔的同时，使防护该进路的信号机自动关闭，被挤道岔未恢复前，有关信号机不能开放。

（4）信号设备联锁关系的临时变更或停止使用，须经铁路局集团有限公司批准。

（5）站内最小轨道区段长度应满足动车组按该区段线路允许速度运行时列控车载设备可靠工作的条件。

（6）道岔融雪装置。

根据需要在车站列车进路上的道岔及其联动道岔设置道岔融雪装置。道岔融雪装置不得影响道岔和轨道电路的正常工作，应具备手动和自动控制功能。

三、闭　塞

（1）双线区段自动闭塞设备应具备正方向自动闭塞、反方向自动站间闭塞的功能。

（2）区间及无配线车站占用时不应改变区间方向。无配线车站两端同一条线路的区间方向应保持一致。

任务四　调度集中系统

一、调度集中系统（CTC）组成

铁路运输指挥应采用调度集中系统（CTC）。

CTC 由铁路局集团有限公司、车站两级构成。调度集中区段，车站应设集中联锁，区间应设自动闭塞或自动站间闭塞。

二、功能要求

（1）CTC 应能实时自动采集列车运行及现场信号设备状态信息，并传送到中国国家铁路集团有限公司调度指挥中心和铁路局集团有限公司调度所，完成列车运行实时追踪、无线车次号校核、自动报点、正晚点统计分析、交接车自动统计、列车实际运行图自动绘制、阶段计划人工和自动调整、调度命令及列车计划下达、站间透明、行车日志自动生成等功能，还应实现列车编组信息管理、调车作业管理、综合维修管理、列车/调车进路人工和计划自动选排、分散自律控制和临时限速设置等功能。

（2）CTC 具备与 RBC、GSM-R、临时限速服务器（TSRS）、相邻调度区段的 CTC/TDCS、计算机联锁、列控中心、信号集中监测系统、运输调度管理系统（TDMS）的连接能力。

（3）CTC 应具备分散自律控制和非常站控两种模式。分散自律控制模式是通过调度集中设备，实现进路自动和人工办理的模式；非常站控模式是遇行车设备故障、施工、维修需要时，脱离调度集中系统控制转为车站联锁控制台人工办理的模式。

（4）CTC 配置独立的处理平台，设备采用冗余配置，通信协议与 TDCS 一致。CTC 采用独立的业务专网，各级采用双局域网并通过专用数字通道组成双环形广域网。

（5）CTC 与 GSM-R 数字移动通信系统结合，实现调度命令、接车进路预告信息、调车作业通知单等向司机的传送，并能通过无线通信系统获取车次号校核、调车请求及签收回执等信息。

任务五　机车信号、列车运行监控装置、轨道车运行控制设备

一、机车信号

（一）机车信号设置

最高运行速度不超过 160 km/h 的机车，机车信号设备与列车运行监控装置（LKJ）结合使用，轨道车等自轮运转特种设备使用轨道车运行控制设备（GYK）。

（二）要　求

机车应装设连续式机车信号。机车信号的显示，应与线路上列车接近的地面信号机的显示含义相符。机车停车位置，应以地面信号机或有关停车标志为依据。

二、列车运行监控装置（LKJ）

（一）简　介

列车运行监控装置（LKJ）具有监控、记录、显示及报警等功能。

（二）管　理

LKJ 软件、基础数据和控制模式设定的管理，按中国国家铁路集团有限公司有关规定执行。各机车、动车组运用区段车载数据文件的编制和控制模式的设定和调整，应由铁路局集团有限公司专业机构实施，由铁路局集团有限公司实行集中统一管理。

（三）要　求

（1）装备在动车组上的 LKJ 设备应按高于线路允许速度 2 km/h 报警、5 km/h 常用制动、10 km/h 紧急制动设置模式曲线。

（2）LKJ 产生的列车运行记录数据是行车安全分析的重要依据，任何单位和人员不得更改。电务维修机构应妥善保存 LKJ 列车运行记录数据。

三、轨道运行控制设备

（1）轨道运行控制设备（GYK）具有轨道电路信息接收、运行监控、警醒、数据记录、语音记录及人机交互等功能。

（2）轨道运行控制设备（GYK）具有正常监控模式、目视行车模式、调车模式、区间作业模式和非正常行车模式等控制模式。

任务六　列车运行控制系统

初识列控系统　　　CTCS 列控系统简介

一、列车运行控制系统简介

（一）CTCS-3 级列控系统

CTCS-3 级列控系统基于 GSM-R 无线通信实现车地信息双向传输，无线闭塞中心生成行车许可，轨道电路实现列车占用检查，应答器实现列车定位，并具备 CTCS-2 级功能。

（二）CTCS-2 级列控系统

CTCS-2 级列控系统基于轨道电路和点式应答器传输行车许可信息，采用目标距离连续速度控制模式监控列车运行。

运行速度 250 km/h 及以下时，完全监控模式下 CTCS-2/CTCS-3 级列控车载设备应按高于线路允许速度 2 km/h 报警、5 km/h 常用制动、10 km/h 紧急制动设置模式曲线。运行速度 250 km/h 以上时，完全监控模式下 CTCS-3 级列控车载设备（含 CTCS-2 级后备功能）应按高于线路允许速度 2 km/h 报警、5 km/h 常用制动、15 km/h 紧急制动设置模式曲线。

（三）在不同速度等级列车的使用

列车运行控制系统装备等级根据线路允许速度选用。250 km/h 以下铁路采用 CTCS-2 级列控系统，250 km/h 铁路宜采用 CTCS-3 级列控系统，300 km/h 及以上铁路采用 CTCS-3 级列控系统。

二、CTCS-3 级列控系统

（一）组　成

CTCS-3 级列控系统由列控车载设备和地面设备组成。

（1）列控车载设备主要由车载安全计算机、轨道电路信息读取器、应答器信息接收单元、列车接口单元、记录单元、人机界面、GSM-R 无线通信单元等部件组成。

（2）列控地面设备由列控中心、临时限速服务器、ZPW-2000 系列轨道电路、应答器、无线闭塞中心（RBC）、GSM-R 接口设备等组成。

（二）各部分功能

CTCS-2/CTCS-3 级区段临时限速服务器集中管理列控限速调度命令，具备列控限速调度命令的存储、校验、撤销、拆分、设置、取消等管理功能，具备列控限速设置时机的辅助提示功能。

CTCS-3 级区段应答器提供线路数据、临时限速、过分相、定位、级间转换、公里标、车站名、无线闭塞中心切换等信息。应答器组设置、报文定义及组间距离等应满足列控车载设备控车要求。

CTCS-3 级列控车载设备按 CTCS-3 级控车时的模式有完全监控、引导、目视行车、调车、休眠、隔离和待机等；CTCS-3 级列控车载设备按 CTCS-2 级控车时的模式有完全监控、部分监控、引导、目视行车、调车、休眠、隔离、待机和机车信号等。

（三）CTCS-3 级列控车载设备的 7 种模式

（1）完全监控模式是列车的正常运行模式。列控车载设备根据控车数据自动生成目标距离模式曲线，司机依据人机界面显示的列车运行速度、允许速度、目标速度和目标距离等信息控制列车运行。

（2）引导模式是在进站或出站建立引导进路后，列控车载设备按最高限速 40 km/h 控车的模式。

（3）目视行车模式是司机控车的固定限速模式，限速值为 40 km/h。列控车载设备显示停车信号或位置不确定时，在停车状态下司机按规定操作转入目视行车模式。

（4）调车模式是动车组进行调车作业的固定限速模式，限速值为 40 km/h。司机按压专用按钮使列控车载设备转入调车模式。只有在列车停车时，司机才可以选择进入或退出调车模式。CTCS-3 级控车时，只能在车站内转入调车模式。

（5）休眠模式是非本务端车载设备不监控列车运行，但仍执行列车定位、记录等级转换等功能的模式。

（6）隔离模式是列控车载设备控制功能停用的模式。列车停车后，根据规定，司机操作隔离装置使列控车载设备转入隔离模式。

（7）待机模式是列控车载设备上电后的默认模式。列控车载设备自检和外部设备测试后，自动处于待机模式。在待机模式下，列控车载设备正常接收轨道电路及应答器信息。

（四）CTCS-3 级列控车载设备按 CTCS-3 级控车时 7 种模式之间的转换

CTCS-3 级列控车载设备按 CTCS-3 级控车时 7 种模式之间的转换见表 4.1。

表 4.1　CTCS-3 级列控车载设备按 CTCS-3 级控车时 7 种模式之间的转换

当前模式	转换模式						
	待机模式	完全监控模式	引导模式	目视行车模式	调车模式	休眠模式	隔离模式
待机模式	—	—	人工/停车	人工/停车	人工/停车	人工/停车	人工/停车
完全监控模式	人工/停车	—	人工	人工/停车	人工/停车	—	人工/停车
引导模式	人工/停车	自动	—	人工/停车	人工/停车	—	人工/停车
目视行车模式	人工/停车	自动	人工	—	人工/停车	—	人工/停车
调车模式	人工/停车	—	—	—	—	—	人工/停车
休眠模式	人工/停车	—	—	—	—	—	人工/停车
隔离模式	人工/停车	—	—	—	—	—	—

（五）CTCS-3 级列控车载设备按 CTCS-2 级控车时的部分监控模式

CTCS-3 级列控车载设备按 CTCS-2 级控车时的部分监控模式是列控车载设备接收到轨道电路允许行车信息，而缺少应答器提供的线路数据或限速数据时使用的模式。在部分监控模式下，限速值为 45 km/h。

（六）机车信号模式

机车信号模式是装备 CTCS-3 级列控车载设备的动车组在 CTCS-0/1 级区段运行时使用的模式。经司机操作后，列控车载设备转为最高限速 80 km/h 控车模式。在机车信号模式下，按地面信号显示运行。

（七）CTCS-3 级列控车载设备按 CTCS-2 级控车时 9 种模式之间的转换

CTCS-3 级列控车载设备按 CTCS-2 级控车时 9 种模式之间的转换见表 4.2。

表 4.2　CTCS-3 级列控车载设备按 CTCS-2 级控车时 9 种模式之间的转换

当前模式	转换模式								
	待机模式	部分监控模式	完全监控模式	引导模式	目视行车模式	调车模式	休眠模式	隔离模式	机车信号模式
待机模式	—	人工/停车	—	—	人工/停车	人工/停车	人工/停车	人工/停车	人工/停车
部分监控模式	人工/停车	—	自动	自动	人工/停车	人工/停车	—	人工/停车	人工/停车
完全监控模式	人工/停车	自动	—	人工/停车	人工/停车	人工/停车	—	人工/停车	人工/停车
引导模式	人工/停车	自动	自动	—	人工/停车	人工/停车	—	人工/停车	人工/停车
目视行车模式	人工/停车	自动	自动	自动	—	人工/停车	—	人工/停车	人工/停车
调车模式	人工/停车	—	—	—	—	—	—	人工/停车	—
休眠模式	人工/停车	—	—	—	—	—	—	人工/停车	—
隔离模式	人工/停车	—	—	—	—	—	—	—	人工/停车
机车信号模式	人工/停车	—	—	—	—	—	—	人工/停车	—

（八）CTCS-3 级列控车载设备提供的信息

CTCS-3 级列控车载设备，在完全监控模式下根据列控地面设备提供的信息，结合动车组运行速度，向动车组提供自动过电分相信息。

三、CTCS-2 级列控系统

（一）组　成

CTCS-2 级列控系统由列控车载设备和地面设备组成。

（1）列控车载设备主要由车载安全计算机、轨道电路信息读取器、应答器信息接收单元、列车接口单元、记录单元、人机界面等部件组成。

（2）列控地面设备由列控中心、临时限速服务器、ZPW-2000 系列轨道电路、应答器等设备组成。

（二）各部分功能

CTCS-2 级区段应答器提供线路数据、临时限速、级间转换等信息。应答器组设置、报文定义及组间距离等应满足列控车载设备控车要求。

装备 CTCS-2 级列控车载设备的动车组应装设 LKJ 设备。

（三）CTCS-2 级列控车载设备的控车模式

CTCS-2 级列控车载设备的控车模式有完全监控、部分监控、引导、目视行车、调车、隔离和待机等模式。

（1）完全监控模式是列车的正常运行模式。列控车载设备根据控车数据自动生成目标距离模式曲线，司机依据人机界面显示的列车运行速度、允许速度、目标速度和目标距离等信息控制列车运行。

（2）部分监控模式是列控车载设备接收到轨道电路允许行车信息，而缺少应答器提供的线路数据或限速数据时使用的模式。在部分监控模式下，限速值为 45 km/h。

（3）引导模式是在进站或出站建立引导进路后，列控车载设备按照最高限速 40 km/h 控车的模式。

（4）目视行车模式是司机控车的固定限速模式，限速值为 40 km/h。列控车载设备显示停车信号停车后，司机按规定操作转入目视行车模式。

（5）调车模式是动车组进行调车作业的固定限速模式，限速值为 40 km/h。司机按压专用按钮使列控车载设备转入调车模式。只有在列车停车时，司机才可以选择进入或退出调车模式。

（6）隔离模式是列控车载设备控制功能停用的模式。列车停车后，根据规定，司机操作隔离装置使列控车载设备转入隔离模式。

（7）待机模式是列控车载设备上电后的默认模式。列控车载设备自检后，自动处于待机模式。在待机模式下，列控车载设备正常接收轨道电路及应答器信息。

（四）CTCS-2 级列控车载设备 7 种模式之间的转换

CTCS-2 级列控车载设备 7 种模式之间的转换见表 4.3。

表 4.3　CTCS-2 级列控车载设备 7 种模式之间的转换

当前模式	转换模式						
	待机模式	部分监控模式	完全监控模式	引导模式	目视行车模式	调车模式	隔离模式
待机模式	—	人工/停车	—	—	人工/停车	人工/停车	人工/停车
部分监控模式	人工/停车	—	自动	自动	人工/停车	人工/停车	人工/停车
完全监控模式	人工/停车	自动	—	人工	人工/停车	人工/停车	人工/停车
引导模式	人工/停车	自动	自动	—	人工/停车	人工/停车	人工/停车
目视行车模式	人工/停车	自动	自动	自动	—	人工/停车	人工/停车
调车模式	人工/停车	—	—	—	—	—	人工/停车
隔离模式	人工/停车	—	—	—	—	—	—

信号安全数据网应采用专用光纤、不同物理径路冗余配置，确保列控中心（TCC）、计算机联锁（CBI）、临时限速服务器（TSRS）和无线闭塞中心（RBC）等信号系统安全信息可靠传输。

任务七　信号集中显示系统、通信、网络及其他

信号集中显示系统、通信、网络及其他

【复习思考题】

1. 信号机有哪些类别？各种信号机的显示距离是多少？
2. 高速铁路采用什么联锁设备？联锁要求有哪些？
3. 调度集中系统是由哪些设备组成的？有哪些基本功能？
4. CTCS-3 级列控系统有哪几种控制模式？如何进行切换？怎么切换至 CTCS-2 级列控系统？
5. CTCS-2 级列控系统有哪几种控制模式？如何进行切换？
6. 通信线路或设备损坏时，抢通和恢复的顺序是什么？

项目五　编组列车

【项目描述】

铁路运输的基本任务是合理地运用铁路运输的技术设备，安全、准确、迅速、经济、便利地运送旅客和货物，保证完成和超额完成运输任务。而旅客和货物的运送过程是通过列车方式来实现的。列车是完成铁路运输任务的主要形式，是根据列车编组计划、列车运行图及《技规》的有关规定编组而成，并挂有牵引机车和规定的列车标志的车列。为确保列车在区间的运行安全，提高运输的效率，原则上，只有所编列车完全具备条件后，方能向区间正线运行。因此，编组的列车应符合保证安全，提高效率，并充分利用铁路通过能力和牵引力这一原则。

【目标引领】

知识目标：

（1）掌握编组列车的基本要求和相关规定，熟悉列尾装置的摘挂及应用。
（2）掌握列车中机车和车辆连挂的分工及编挂要求，掌握关门车的编挂要求。
（3）掌握机车、车辆、动车组的检查与试验要求。

能力目标：

（1）熟练掌握机车状态检查。
（2）能完成机车、动车组的检查与试验。

素质目标：

（1）培养学生爱护列车、一丝不苟的职业精神和职业荣誉感。
（2）培养学生的团队协作意识和能力。
（3）引导学生对学习效果进行客观、公正的评价。

【思政案例】

动车组安全的守护者——随车机械师董宏涛

2020年11月22日，在西安北开往北京西的G88次列车上，满载劳模的车厢内，有位劳模时而看看座椅，时而望望车顶。

他就是中国动车检修第一人、中国铁路西安局集团有限公司西安动车段动车组机械师董宏涛。此行，董宏涛的任务不是检修动车而是乘坐常年为伴的动车组列车进京领奖。

年幼时，听着祖父讲他当年冒着炮火抢修铁路的故事，跟着父亲看他检修铁路客车，董宏涛便定下"铁路服、大盖帽、修火车、呱呱叫"的人生目标。1992年从部队复员后，董宏涛如愿走进铁路，相继干起了货车检修、客车检修和列车车辆乘务工作。2007年，听说单位要招聘动车组机械师，董宏涛怀着对动车组新技术、新知识的向往毅然报名参加，通过层层选拔，顺利从600余名乘务员中脱颖而出，竞聘成为全国铁路首批动车组随车机械师。

面对要熟知动车组牵引、制动、供电等九大系统知识的考验，董宏涛作为动车所年龄最大的随车机械师，记忆力和反应速度都远不如年轻人，动车组风里来、雨里去，总会遇上突发情况。面对险情，董宏涛坚持"车在哪里、人就在哪里"。作为一名经验丰富的"老兵"，当列车和旅客安全到达终点时，董宏涛才会觉得安心。

2014年5月，西安动车段创建了"董宏涛劳模创新工作室"，他被任命为带头人，面对险情，哪里有需要，他就去哪里；哪里有困难，他就冲在前。一次，一组动车组报接地故障，董宏涛和厂方技术人员排查了一夜，故障都没"现形"。第二天晚上，他刚回到家又接到通知，该动车组一出库即报警，须连夜排查。已"白加黑"连轴转了三十多个小时的董宏涛，二话没说赶回单位接着干。直到天色泛白，他们才终于找到了故障点。类似这样的疑难故障，董宏涛带着他的团队先后解决过近百个，累计处理各类大小故障数千个。

董宏涛被段里的工友们称为动车组安全守护者，以董宏涛名字命名的工作室也先后被授予"全国示范性劳模和工匠人才创新工作室""国家级技能大师工作室"。走上应急台动车组机械师岗位的董宏涛矢志不渝地奋斗在守护动车组安全运行第一线，随时为随车机械师提供技术支持，为确保高铁和旅客安全万无一失贡献力量。

任务一　编组列车的基本要求

一、编组列车的一般要求

列车应按《技规》的有关规定、列车编组计划和列车运行图规定的编挂条件、车组、重量或长度编组。具体要求如下：

（1）必须符合《技规》有关机车车辆编入列车的技术条件、隔离和编挂要求；关闭自动制动机的车辆编挂和位置要求，以及列车后部挂车和单机挂车的规定。对装载危险、易燃品及超限货物、特殊车辆，须按中国国家铁路集团有限公司《危险货物运输规则》或临时的指示办理。

（2）必须符合列车编组计划中各次列车去向的编挂内容及车组、车辆编挂顺序的要求。

（3）必须符合列车运行图关于列车质量、长度标准的要求。当跨两个以上区段的直达（或直通）列车，各区段的牵引质量、长度不同时，还须符合列车编组计划规定的基本编组质量和长度。

二、动车组列车编组要求

动车组为固定编组。动车组以外的旅客列车按列车编组表编组，行李车、邮政车、发电车等非乘坐旅客的车辆应分别挂于机车后第一位和列车尾部。

单组动车组运用状态下不得解编，两组短编组同型动车组可重联运行。救援等特殊情况下，两组不同型号的动车组可重联运行。

动车组禁止加挂各型机车车辆（无动力调车时的调车机车、救援机车、无动力回送时的本务机车及回送过渡车除外），禁止编入其他列车。

超过检修期限的动车组禁止上线运行（经车辆部门鉴定的回送动车组除外）。

三、禁止编入的机车车辆

下列机车车辆禁止编入列车：

（1）插有扣修、倒装色票的及车体倾斜超过规定限度的。

（2）曾经发生冲突、脱轨、火灾、爆炸或曾编入发生特别重大、重大、较大事故列车内以及在自然灾害中损坏，未经检查确认可以运行的。

（3）装载货物超出机车车辆限界，无挂运命令的。

（4）装载跨装货物（跨及两平车的汽车除外）的平车，无跨装特殊装置的。

（5）平车及敞车装载货物违反装载和加固技术条件的。

（6）未关闭侧开门、底开门以及平车未关闭端、侧板的（有特殊规定者除外）。

（7）由于装载的货物需停止自动制动机的作用，而未停止的。

（8）企业自备机车、车辆、自轮运转特种设备和城市轨道车辆、进出口机车车辆过轨时，未经铁路机车车辆人员检查确认的。

（9）缺少车门的（检修回送车除外）。

（10）超过定期检修期限的客车车辆（经车辆部门鉴定的回送客车除外）禁止编入旅客列车。

四、列车质量的确定

列车质量又称列车运行图的牵引定数，即图定质量。机车牵引定数应根据线路纵断面、机车类型、供电能力、地区海拔高度、气候特点、站场设备及运量等条件，按《技规》和《牵规》进行科学、周密计算并使用牵引试验车实地牵引试验确定。铁路局集团有限公司管内的由铁路局集团有限公司确定，并报中国国家铁路集团有限公司备案；跨铁路局集团有限公司的由中国国家铁路集团有限公司确定。

牵引定数的原则和要求：

（1）本着科学、合理的原则，发挥机车功率、优化操纵水平，满足运输需要。

（2）畅通分界口，按线、按方向尽可能平衡一致，兼顾邻线衔接。

（3）严格遵守线路允许速度，车站到发线有效长度，机车、车辆构造速度，下坡道闸瓦压力限制速度，长大下坡道制动周期限制速度，长大隧道限制速度及机车持续速度等各项限速的规定，确保行车及人身安全。

实际上，在编组列车时，图定质量与列车实际质量并不一定完全相符。对此，《运规》就列车质量尾数的波动范围做了规定：旅客列车及特快货物班列按规定牵引辆数不向上波动，速度 120 km/h 的货物列车按牵引辆数和牵引定数不向上波动，其他货物列车的波动限定在 81 t 以内。线路坡度在 12.5‰ 以上的区段，长大隧道牵引定数在 1 500 t 及其以上的尾数波动，铁路局集团有限公司管内由铁路局集团有限公司规定；跨铁路局集团有限公司的由所跨两局协商后报中国国家铁路集团有限公司批准；旅混列车、行包专列按牵引辆数不向上波动；冬运期间因天气严寒，须减吨时，铁路局集团有限公司管内可根据具体情况按牵引定数减少 10%～20%；跨铁路局集团有限公司的列车需减吨时，须报中国国家铁路集团有限公司批准。暑期因隧道内高温或因天气不良、施工慢行、列车限速等需减吨时，铁路局集团有限公司管内由铁路局集团有限公司规定，跨铁路局集团有限公司的报中国国家铁路集团有限公司批准。

因天气不良、施工慢行、列车限速等，需要临时减吨时，铁路局集团有限公司管内的由铁路局集团有限公司确定，跨铁路局集团有限公司的由相关铁路局集团有限公司协商确定。

货物列车普超吨数应合理查定，严格掌握，并在编制基本列车运行图、机车周转图时重新核定。铁路局集团有限公司管内的普超吨数由铁路局集团有限公司确定，跨铁路局集团有限公司的普超吨数由中国国家铁路集团有限公司确定。天气不良时应按牵引定数编组列车。

编组超重列车时，编组站、区段站应征得机务段（折返段）机车调度员同意，在中间站应得到司机的同意，并均须经列车调度员准许。

五、列车长度的确定

列车长度：是根据牵引区段内各站到发线的有效长度，并预留 30 m 的附加制动距离后确定。该列车长度为列车运行图的规定长度。

列车换长的计算公式：

$$列车换长 = \frac{到发线有效长度 - 30}{11} \quad (5.1)$$

超重列车：列车质量超过图定质量 81 t 及以上，连续运行距离超过机车乘务规定区段 1/2 的货物列车。在编组超重列车发往区间前，为使指挥和操纵人员做到心中有数，防止因运缓或区间停车打乱正常的运输秩序。编组站、区段站应征得机务（折返）段机车调度员的同意。在中间站应得到司机的同意，并需由列车调度员准许。

超长列车：凡超过列车运行图所规定换长的 1.3 倍及以上的列车。编组超长列车发往区间时，其运行办法，按铁路局集团有限公司的规定执行。

欠重列车：凡低于图定质量 81 t 及以上，同时换长欠 1.3 倍及以上，连续运行距离超过机车乘务规定区段 1/2 的列车。

欠长列车：换长低于列车运行图规定长度的 1.3 倍及以上的列车。

另外，对于单机、动车组及重型轨道车，因其编组内容比较简单，虽未编挂车列，但在区间运行时对行车安全和运输效率一样有着重要的影响。所以，虽然未完全具备列车的条件，在发往区间时，仍然按照列车办理。

任务二　列车中机车的编挂及单机挂车

一、对出段机车的基本要求

牵引列车的机车在出段前，必须达到运用状态，主要部件和设备必须作用良好，符合中国国家铁路集团有限公司有关机车运用、维修的规定，并符合下列要求：

（一）车钩中心水平线

车钩中心水平线距钢轨顶面高度为 815～890 mm。

（二）轮　　对

（1）轮对内侧距离为 1 353 mm，允许偏差为±3 mm。

（2）轮箍或轮毂不松弛。

（3）轮箍、轮毂、辐板（辐条）、轮辋无裂纹。

（4）轮缘的垂直磨耗高度不超过 18 mm，并无碾堆。

（5）车轮踏面擦伤深度不超过 0.7 mm。

（6）车轮踏面上的缺陷或剥离长度不超过 40 mm，深度不超过 1 mm。

（7）轮缘厚度在距踏面基线向上 H 距离处测量应符合表 5.1 的规定（轮缘原设计厚度在 25 mm 及以下，由铁路局集团有限公司规定）。

表 5.1　机车轮缘厚限度

序号	机车轮箍踏面类型	测量点与踏面基线之间距离 H/mm	轮箍厚度限制/mm
1	JM_2、JM_3	10	34～23
2	JM	12	33～23

（8）车轮踏面磨耗深度不超过 7 mm；采用轮缘高度为 25 mm 磨耗型踏面时，磨耗深度不超过 10 mm。

二、工作机车的编挂

凡担任列车牵引任务的机车称为工作机车，一般包括客运、货运、调车、局运等机车。为了确保工作机车乘务员方便及时地瞭望信号及标志，了解线路的情况，保证行车安全，充分发挥机车最大牵引效能，规定工作机车应挂于列车的头部且须正向运行。但对于调车、小运转、市郊、路用列车的机车，由于路程短、牵引定数少、运行速度低，为了作业需要或单端操纵且在区段内又无转向设备的牵引机车，可以逆向运行（双端操纵的机车不存在逆向运行）。而当机车逆向运行时，由于乘务员瞭望受限制，所以，在牵引货物列车时，需将牵引定数减少15‰。

为了增加整个区段的牵引质量，提高本区段的通过能力或适应全线的牵引定数，有时需采用双机或多机牵引列车。当采用双机牵引时，两台机车需重联挂于列车头部，第一位机车担任本务机车职务，第二位为重联机车；若是多机牵引，第一位以后的机车均为重联机车，重联机车均必须服从前部机车的统一指挥，并按其要求进行操纵。如果重联的各机车类型不同，应将空气压缩机功率大或有自动停车装置的机车挂于列车头部作本务机车。

为了不减少整个区段的牵引质量，在某些困难区间，可加挂补机。为便于机车之间密切联系，防止因操纵失协而挤坏车辆或断钩等事故的发生，原则上，补机应挂于本务机车的前位或次位。若非全区段加补，而需在中间站摘下补机时，为便于作业，补机最好挂于本务机车的前位，而此时则由补机临时担任本务机车的职务。当在特殊区段，如受桥梁负重能力的影响或补机需要中途返回时，经铁路局集团有限公司批准，补机可挂于列车的后部，但需接制动软管。有时，为防止区间行车摘管造成列车起动困难而影响区间的通过能力，后部补机可不接制动软管，但须按铁路局集团有限公司规定的保证安全的办法执行。

三、回送机车的编挂

由于配属、局间调拨或入厂、段检修，以及检修完毕后返回本段的机车称为回送机车。

铁路局集团有限公司所属的机车跨牵引区段回送时，原则上应有动力附挂货物列车（电力机车经非电气化区段回送时除外）。走行部和制动装置良好的客运机车（出入厂、段的修程机车外）需附挂旅客列车跨局回送时，按铁路局集团公司调度命令办理。在所担当的区段外单机运行时，应派带道人员添乘。杂小型及状态不良的，可随货物列车无动力回送。

旅客列车遇特殊情况须附挂跨铁路局集团有限公司的回送机车时，按中国国家铁路集团有限公司调度命令办理。

回送机车，应挂于本务机车次位，挂有重联机车时为重联机车次位。20‰及以上坡道的区段，禁止办理机车专列回送（高速铁路禁止办理机车专列回送）。

回送铁路救援起重机，应挂于列车后部。铁路救援起重机的回送限制速度见表5.2，表5.2以外的按设计文件要求速度回送。高速铁路不得办理铁路救援起重机回送作业（在高速铁路救援时除外）。

表 5.2 铁路救援起重机回送限制速度表

型　号	名　称	回送速度/（km/h）
NS2000	200 t 伸缩臂式铁路救援起重机	120
	吊臂平车	120
NS1600	160 t 伸缩臂式铁路救援起重机/1 680 t·m	120
	吊臂平车	120
NS1600	160 t 伸缩臂式铁路救援起重机/1 600 t·m	120
	吊臂平车	120
NS1601	160 t 伸缩臂式铁路救援起重机	120
	吊臂平车	120
NS1602	160 t 伸缩臂式铁路救援起重机	120
	吊臂平车	120
N1601	160 t 固定臂式铁路救援起重机	85
	吊臂平车	85
N1602	160 t 固定臂式铁路救援起重机	85
	吊臂平车	85
NS1601G	160 t 伸缩臂式铁路救援起重机	120
	吊臂平车	120
NS1602G	160 t 伸缩臂式铁路救援起重机	120
	吊臂平车	120
NS1251	125 t 伸缩臂式铁路救援起重机	120
	吊臂平车	120
NS1252	125 t 伸缩臂式铁路救援起重机	120
	吊臂平车	120
NS1001	100 t 伸缩臂式铁路救援起重机	80
	吊臂平车	80
N1002	100 t 固定臂式铁路救援起重机	80
	吊臂平车	80
NS100G	100 t 伸缩臂式铁路救援起重机	80
	吊臂平车	80

四、单机挂车

单机，是指未挂车辆在区间线路上运行的机车。由于上下行方向列车数量不同等原因，会产生单机运行。为充分利用机车动力，准许机车顺路连挂车辆，即为单机挂车。要充分考虑单机运转时分、燃料消耗和机车运用等因素，在区段内作业不宜过多。

单机挂车的辆数，线路坡度不超过 12‰ 的区段，以 10 辆为限；超过 12‰ 的区段，由铁路局集团有限公司规定。

单机挂车时，应遵守下列规定：

（1）所挂车辆的自动制动机作用必须良好，发车前列检（无列检时由车站发车人员）按规定进行制动试验。

（2）连挂前按规定彻底检查货物装载状态，并将编组顺序表和货运单据交与司机。

（3）在区间被迫停车后的防护工作由机车乘务组负责，开车前应确认附挂辆数和制动主管贯通状态是否良好。

（4）列车调度员应严格掌握，不得影响机车固定交路和乘务员劳动时间。

（5）不准挂装载爆炸品、超限货物的车辆。

单机挂车时，可不挂列尾装置。

任务三　列车中车辆的编挂与连挂

一、车辆编入列车的基本要求

车辆编入列车须达到运用状态。下列主要部件，必须作用良好，并符合质量要求。

（一）转向架

（1）轮对、轴承、摇枕、侧架（构架）、弹簧、吊轴、制动盘。

（2）同一转向架旁承游间左右之和（弹性旁承及旁承承载结构的除外），客车为 2~6 mm，货车为 2~20 mm；常接触式旁承上下无间隙。

（3）车辆轮对的允许限度应符合表 5.3 的要求。

表 5.3　车辆轮对允许限度表

项目			允许限度/mm	
			客车	货车
车轮轮辋厚度	客车各型		≥25	
	货车	无辐板孔		≥23
		有辐板孔		≥24
车轮轮缘厚度			≥23	≥23
车轮轮缘垂直磨耗（接触位置）高度			≤15	≤15
车轮踏面擦伤及局部凹下深度	滚动轴承	本属客车出库≤0.5		≤1
		外属客车出库≤1		
		途中运行≤1.5		
	滑动轴承			≤2
车轮踏面剥离长度	滚动轴承	一处时	≤30	≤50
		二处时（每一处）	≤20	≤40
	滑动轴承	一处时		≤70
		二处时（每一处）		≤60
车轮踏面圆周磨耗深度			≤8	≤8

（二）制动机

自动制动机、人力制动机和货车的自动制动机空重车调整装置状态良好、位置正确，制动梁及吊、各拉杆、杠杆无裂损。

（三）车钩、尾框、从板座、缓冲器

车钩、尾框、从板座、缓冲器无裂损。
车钩中心水平线至钢轨顶面高度按表 5.4 规定。

表 5.4 车钩中心水平线高度表

项目	车种	高度/mm
最大	客车、货车	890
最小	空货车	835
最小	客车	830
最小	重货车	815

（四）车底架、罐体卡带、罐体

车底架的中、侧、枕、端梁无裂损，罐体卡带无裂损、无松动，罐体无漏泄。

二、列车中车辆的编挂

（一）货运列车中车辆的编挂

装载危险、易燃等货物的车辆编入列车的隔离限制，按《铁路车辆编组隔离表》执行。编挂超限货物车辆或特种车辆时，按国家及中国国家铁路集团有限公司规定或临时指示办理。

（二）客运列车中车辆的编挂

旅客列车、回送客车底不准编挂货车，编入的客车车辆最高运行速度等级必须符合该列车规定的速度要求。

旅客列车中，与机车相连接的客车端门及编挂在列车尾部的客车后端门须加锁。动车组列车驾驶室与旅客乘坐席间的门须锁闭。

（三）客车编入货运列车回送

客车编入货物列车回送时，客车编挂辆数不得超过 20 辆，应挂于列车中部或后部。

装有密接式车钩的客车原则上应附挂旅客列车回送。需附挂货物列车回送时，不得超过 10 辆，其后编挂的其他车辆不得超过 1 辆。

客车与平车、平集共用车以外的货车连挂时，不得与货车有人力制动机端连挂；客车与平车、平集共用车人力制动机端连挂时，平车、平集共用车的人力制动机不得使用，处于非工作状态。

机械冷藏车组应尽量挂于货物列车中部或后部。

军用及其他对编挂位置有特殊要求的客车按有关规定办理。

（四）动车组以外的旅客列车编挂

动车组以外的列车中相互连挂的车钩中心水平线的高度差，不得超过 75 mm。动车组以外的旅客列车按列车编组表编组，机车后第一位编挂一辆未搭乘旅客的车辆作为隔离车。行李车、邮政车、发电车等非乘坐旅客的车辆应分别挂于机车后第一位和列车尾部，起隔离作用；在装设集中联锁的区段，并设有列车运行监控装置时，旅客列车可不挂隔离车。

如隔离车在途中发生故障摘下时,可无隔离车继续运行。局管内旅客列车经铁路局有限公司总经理批准,可不隔离。

(五)动车组编组

动车组为固定编组。单组动车组运用状态下不得解编,两组短编组同型动车组可重联运行。救援等特殊情况下,两组不同型号的动车组可重联运行。

动车组禁止加挂各型机车车辆(无动力调车时的调车机、救援机车、无动力回送时的本务机车及回送过渡车除外);动车组禁止编入其他列车。

超过检修期限的动车组禁止上线运行(经车辆部门鉴定的回送动车组除外)。

三、列车中车辆的连挂

(一)连挂状态的确认

列车在编组直至发车之前,有关人员必须密切配合,认真检查确认机车与车辆及车辆与车辆之间车钩的连挂状态,这一点对于确保行车安全具有特别重要的意义,应予以高度重视。列车中相互连挂的车钩中心水平线的高度差不得超过 75 mm。此高度差主要是由车辆的空重、弹簧的强弱、车轮圆周的磨耗、轴颈的大小、轴瓦的厚薄、运行中弹簧的振动及线路的状态等因素确定。如果此高度差超过 75 mm,易发生脱钩、断钩事故。所以,必须查明原因进行调整,若无法调整或仍达不到所规定的高度差时,应将该车摘下。

(二)车辆连挂分工

列车中车辆的连挂,由调车作业人员负责。软管的连结,有列检作业的始发列车由列检人员负责;无列检作业的,由调车作业人员负责。

动车组采用机车调车作业时,随车机械师或动车段(所)胜任人员负责过渡车钩和专用风管的安装与拆卸、电气连接线的连结与摘解并打开车门,调车人员负责车钩连结与摘解、软管摘解。

动车组无动力回送或被救援时,过渡车钩、专用风管的安装与拆卸由随车机械师负责,司机配合。

(三)列车机车与第一辆车连挂分工

(1)列车机车与第一辆车的连挂,由机车乘务员负责。单班单司机值乘的由列检人员负责;无列检作业的列车,由车辆乘务员负责;无车辆乘务员的列车,由车站人员负责。

(2)列车机车与第一辆车的车钩摘解、软管摘结,由列检人员负责。无列检作业的列车,车钩、软管摘解由机车乘务员(单班单司机值乘的由车辆乘务员)负责,软管连结由车辆乘务员负责;无车辆乘务员的列车,由机车乘务员(单班单司机值乘的由车站人员)负责。

(3)列车机车与第一辆车电气连接线的连结与摘解由客列检作业人员负责,无客列检作业人员时,由车辆乘务员负责。

（4）货物列车本务机车在车站调车作业时，无论单机或挂有车辆，与本列的车辆摘挂和软管摘结，均由调车作业人员负责。

（5）旅客列车在途中摘挂车辆时，车辆的摘挂和软管摘结，由调车作业人员负责，密封风挡和电气连结线的连接与摘解由车辆乘务员负责，其他由列检作业人员负责，无列检作业人员时，由车辆乘务员负责，必要时打开车门，以便于调车作业。装有密接式车钩的客车车辆摘挂时，过渡车钩的安装与拆卸由列检人员负责，无列检人员时由车辆乘务员负责。

（6）列车机车与动车组过渡车钩的连结与摘解、软管摘解、电气连接线的连结与摘解，由随车机械师负责。

（四）动车组重联或解编分工

两列动车组重联或解编时，由动车组机械师负责引导，司机确认。动车组重联时，被控动车组应退出占用，主控动车组使用调车模式与被控动车组连接。解编操作时，主控动车组转换为调车模式后，必须一次移动 5 m 以上方可停车。

任务四　列尾装置的摘挂及运用

一、列尾装置

列尾装置全称列车尾部安全防护装置，是用于货物列车取消守车后，在尾部无人值守情况下，为提高铁路运输的安全性而研制的专用运输安全装置；是应用计算机编码、无线遥控、语音合成、计算机处理技术，保证列车运行安全而设计生产的安全防护设备，也是重要的铁路行车设备。

动车组以外的旅客列车应安装列尾装置。高速铁路路用列车尾部可不挂列尾装置。特殊情况下，无法安装或使用列尾装置时，应制定具体办法。

二、列尾装置的摘挂及运用

半自动闭塞区段货物列车尾部须挂列尾装置，其他区段货物列车尾部宜挂列尾装置。货物列车尾部未挂列尾装置时应以吊起尾部车辆软管代替尾部标志。尾部车辆软管的吊起，有列检作业的列车由列检人员负责，无列检作业的列车由车务人员负责。

旅客列车列尾装置尾部主机的安装与摘解、风管及电源的连结与摘解，由车辆部门负责。

货物列车列尾装置尾部主机的安装与摘解，由车务人员负责。软管连结，有列检作业的列车，由列检人员负责；无列检作业的列车，由车务人员负责。特殊情况，由铁路局集团有限公司规定。

列尾装置在使用前，必须按规定进行检测，合格后方可投入运用。

任务五 列车中"关门车"的编挂

在列车中一般要求机车和车辆的自动制动机应全部加入进行全列制动。由于货物列车装载货物要求需停止制动作用，或自动制动机临时发生故障，准许关闭制动支管上的截断塞门而本身失去制动力的车辆称为"关门车"。由于关门车的存在，会使全列的制动力相对降低，而无法确保列车正常的制动距离，同时也会给列车的正常运行带来不利的影响。所以，货物列车在主要列检所所在站编组始发及旅客列车始发时，均不准编挂关门车，且对允许编挂关门车的编挂辆数、编挂位置等也有严格的限制。

列车中关门车的编挂

一、货物列车中关门车的编挂

货物列车在非主要列检所所在站编组始发时，由于装载货物规定须停止制动作用，或运行中自动制动机临时发生故障不能修复时，允许编挂关门车。而此时，货物列车应满足每百吨列车质量的闸瓦压力不得低于 280 kN。根据列车牵引试验证明，在制动主风管达到规定标准压力时，列车在限制下坡道上遇有紧急情况，施行紧急制动，能在 800 m 距离内停车。

当编入关门车的辆数不超过现车总辆数的 6%（尾数不足一辆按四舍五入计算）时，可不计算每百吨列车质量的换算闸瓦压力，不填发制动效能证明书；超过 6%时，须按《技规》第 261 条规定进行闸瓦压力的计算，并填发制动效能证明书交与司机。其中，制动效能证明书的计算和填写，在有列检所的车站，由列检员负责；无列检所的车站，由车站或运转车长负责。

货物列车中关门车编挂位置的限制：

（一）关门车不得挂于机车后部 3 辆车之内

若机车后部 3 辆车内挂有关门车，因关门车制动软管只能通风而本身无制动能力，在列车制动时，势必使列车前部制动力相对削弱而导致前冲力增加，加之风路长，后部车辆制动的延迟，必然会使列车的制动距离延长，易发生危险。在紧急制动时尤甚。

（二）列车中连续编挂关门车不得超过两辆

若关门车连续编挂辆数过多，当列车制动时，因关门车本身无制动力而无法停轮，各车辆之间将因列车制动产生瞬间的强烈冲挤，严重时会造成脱轨、断钩等事故。

（三）列车最后一辆不得为关门车

因关门车本身无制动力，若列车最后一辆是关门车，易发生因车钩分离而形成车辆溜逸，将会产生严重后果。

（四）列车最后第二、三辆不得连续关门

若列车最后第二、三辆为关门车，当列车制动时，可能使尾部车辆因冲挤而脱轨。编有货车的军用列车、路用列车编挂关门车时，除有特殊规定外，执行货物列车的规定。

二、旅客列车中临时关门车的规定

旅客列车不准编挂关门车。在运行途中（包括在站折返）如遇自动制动机临时故障，在停车时间内不能修复时，准许关闭一辆，但列车最后一辆不得为关门车，120 km/h 速度等级及编组小于 8 辆的 140 km/h、160 km/h 速度等级列车按规定关门时需限速运行，车辆乘务员向司机递交限速证明书。

三、列车紧急制动距离

（一）列车在任何线路上的紧急制动距离限值按 5.5 表规定

表 5.5　列车紧急制动距离限值

列车类型	最高运行速度/（km/h）	紧急制动距离限值/m
旅客列车（动车组列车除外）	120	800
	140	1 100
	160	1 400
特快货物班列	160	1 400
快速货物班列	120	1 100
货物列车（轴重>250 kN 快速货物班列除外）	90	800
	120	1 400
货物列车（货车轴重≥250 kN）	100	1 400

动车组列车紧急制动距离限值按照表 5.6 执行

表 5.6　动车组列车紧急制动距离限值

序号	制动初速度/（km/h）	紧急制动距离/m
1	200	2 000
2	250	3 200
3	300	3 800
4	350	6 500

（二）动车组的长度、质量及最高运行速度按表 5.7 规定

表 5.7　动车组长度、质量及最高运行速度

动车组类型	换算长度/m	整备质量/t	计算质量/t	最高运行速度/（km/h）
CRH1A-200	19.4	429.7	483.1	200
CRH1A-250	19.4	432.6	483.1	250
CRH1A-A	18.6	431	480	250
CRH1B	38.8	857.6	961.5	250

续表

动车组类型	换算长度/m	整备质量/t	计算质量/t	最高运行速度/（km/h）
CRH1E（不锈钢车体）	38.8	887.7	955.2	250
CRH1E（铝合金车体）	37.2	910.9	987.0（按座票定员）	250
CRH2A	18.3	375.8	425.9	250
CRH2B	36.5	745.3	846.3	250
CRH2E	36.5	813.1	869.8	250
CRH2E（纵向卧铺车）	37.5	836.2	915.4	250
CRH2G	18.3	393.3	442.3	250
CRH3A	19.1	438.9	487.9	250
CRH5A	19.2	430	479.7	250
CRH5G	19.2	429	478	250
CRH5E	38	927.3	999.9	250
CRH2C 一阶段	18.3	381.8	431.9	310
CRH2C 二阶段	18.3	401.5	451.6	350
CRH3C	18.2	432	476.6	310/350
CRH380A	18.5	411.4	452.3	350
CRH380AL	36.6	836.5	924.4	350
CRH380B	18.5	450.8	495.3	350
CRH380BG	18.5	454.9	499.4	350
CRH380BL	36.3	893.1	977.3	350
CRH380CL	36.4	902.8	987	350
CRH380D	19.6	464.7	510	350
CR400AF	19	427.8	472.3	350
CR400BF	19	461.8	506.3	350
CRH6F	18.3	383.4	471.6	160
CRH6A	18.3	382.2	417.9	200

注：CRH3C 型动车组齿轮箱传动比为 2.793 1 时，最高运行速度为 310 km/h；齿轮箱传动比为 2.429 时，最高运行速度为 350 km/h。

任务六　列车中车辆的检查与试验

一、列车中车辆的检查

列检作业应按规定范围和技术作业过程进行。应建立车辆故障诊断指导组，对途中车辆故障进行远程诊断、指导和故障处置确认。

动车组运行（含回送）途中不进行列检作业。

车辆编入列车须达到运用状态。主要部件必须作用良好，符合质量要求。自动制动机、人力制动机和货车的自动制动机空重车调整装置状态良好、位置正确。

上线运营的动车组须符合出所质量标准。遇下述情况时，须安排动车组试运行：

（1）新型动车组运营、新线开通前。

（2）动车组新造出厂、高级检修修竣后。

（3）临修更换转向架、轮对、万向轴、主变压器、牵引电机后。

（4）重要部件、软件加装、升级后。

在有列检作业的车站，发现列车中有技术不良的车辆，因条件限制不能修理时，应由列车中摘下修理。在其他车站发现列车中有技术不良的车辆，因特殊情况不能摘下时，如能确保行车安全，经车辆调度员同意，可回送到指定地点进行处理。

装有密接式车钩的客车回送时，原则上应附挂旅客列车回送。

运用中的车辆应按规定的周期检修。扣修和出入厂、段的车辆应建立定时取送制度，并纳入车站日班计划。

二、动车组以外的列车自动制动机试验规定

动车组以外的列车自动制动机应按下列规定进行试验。

（一）全部试验

（1）列检作业场对运行途中自动制动机发生故障的到达列车。

（2）旅客列车库内检修作业。

（3）在有客列检作业的车站折返的旅客列车。

站内设有试风装置时，应使用列车试验器试验，连挂机车后只做简略试验。对装有空气弹簧等装置的旅客列车应同时检查辅助用风系统的泄漏。

（二）简略试验

（1）客列检作业后和旅客列车始发前。

（2）更换机车或更换机车乘务组时。

（3）无列检作业的始发列车发车前。

（4）列车软管有分离情况时。

（5）列车停留超过 20 min 时。

（6）列车摘挂补机，或第一机车的自动制动机损坏交由第二机车操纵时。

（7）机车改变司机室操纵时。

（8）列车进行摘、挂作业开车前。

在站简略试验，有列检作业的由列检人员负责，无列检作业的由车辆乘务员负责，无车辆乘务员的由车站人员负责。挂有列尾装置的列车由司机负责（挂有列尾装置的旅客列车，始发前、摘挂作业开车前及在途中换挂机车站、客列检作业站，有列检作业的由列检人员负责，无列检作业的由车辆乘务员负责）。

（三）持续一定时间的全部试验

旅客列车出库前应进行持续一定时间的全部试验，在接近长大下坡道区间的车站，是否进行持续一定时间的全部试验，由铁路局集团有限公司规定。

长大下坡道指线路坡度超过 6‰，长度为 8 km 及以上；线路坡度超过 12‰，长度为 5 km 及以上；线路坡度超过 20‰，长度为 2 km 及以上。

三、动车组制动试验规定

（1）动车组在出段（所）前或折返地点停留出发前需要进行全部制动试验，一级检修作业后的动车组在出发前不再进行全部制动试验。

（2）动车组列车在始发前需在操纵端进行简略制动试验。

（3）动车组列车更换动车组司机（同向换乘除外）或操纵端后，需进行简略制动试验。

（4）动车组列车在途中重联或解编后，开车前需在操纵端进行简略制动试验。

（5）动车组列车使用紧急制动停车后，开车前需进行简略制动试验。

（6）动车组在采用机车救援、无动力回送连挂机车或回送过渡车时，按动车组无动力回送作业办法进行制动性能确认。

动车组不办理编组顺序表交接。动车组以外的旅客列车编组顺序表按以下规定办理交接：

（1）在始发站由车站人员按列车编组顺序表核对现车，无误后，与司机办理交接。

（2）中途换挂机车时，到达司机与车站间、车站与出发司机间办理交接。仅更换机车乘务组时，机车乘务组之间办理交接。

（3）途中摘挂车辆时，车站负责修改列车编组顺序表。

（4）列车到达终到站后，司机与车站办理交接。

车站与司机的交接地点均为机车停留位置。

【复习思考题】

1. 什么叫列车？说明列车质量及长度的确定原则？
2. 什么叫超重列车、超长列车？在编组超重、超长列车发往区间前有什么要求？
3. 机车重联及加挂补机的原因是什么？各有什么规定？
4. 为什么工作机车一般挂于列车头部正向运行？在哪些情况下可逆向运行？
5. 什么是回送机车？办理机车回送时有哪些要求？
6. 什么是单机挂车？单机挂车有哪些规定，挂车辆数有什么限制？
7. 机车车辆的摘挂有哪些具体分工？
8. 列车中机车与第一辆车的连挂，与制动软管的连接、摘解有什么规定？
9. 列车中相互连挂的车钩中心水平线的高度差有何规定？
10. 什么叫关门车？在什么情况下允许挂关门车？挂车车辆数及位置有何规定？
11. 动车组列车制动机试验的规定有哪些？

项目六　行车闭塞

【项目描述】

为了保证列车安全正点、方便快捷、高速高效，使同方向列车不致发生追尾、对向列车不致发生正面冲突，就必须保证列车与列车之间有一定的间隔，并通过人工或设备控制，使一个区间、线路所（或闭塞分区）在同一时间内，只有一趟列车占用。

【目标引领】

知识目标：

（1）掌握行车闭塞法的作用、种类及闭塞分区的划分。
（2）掌握几种闭塞方法的具体情况。
（3）熟悉各种闭塞的行车凭证及应用方法。

能力目标：

（1）能识别确认各种闭塞的行车凭证。
（2）掌握几种闭塞方法的异同。

素质目标：

（1）培养学生的职业自豪感和荣誉感。
（2）培养学生的危机处理能力。
（3）引导学生对学习效果进行客观、公正的评价。

【思政案例】

管理混乱，联控失效，引发恶果

案例经过： 2008年4月28日4时41分，北京开往青岛的T195次旅客列车运行至山东境内胶济铁路周村至王村间脱线，第9节至17节车厢在铁路弯道处脱轨，冲向上行线路基外侧。此时，正常运行的烟台至徐州的5034次旅客列车刹车不及、最终以70 km/h的速度与脱轨车辆发生撞击，机车（内燃机车编号DF11-0400）和第1至第5节车厢脱轨。胶济铁路列车相撞事故已造成72人死亡，416人受伤，构成铁路交通特别重大事故。

案例分析： 事故分析发现，现场施工文件、调度命令管理混乱，以文件代替临时限速命令极不严肃;列车调度员在接到2245次机车反映现场临时限速与运行监控器数据不符时,于4月28日4时02分补发了k293+780~k290+784处限速80 km/h的4444号调度命令,但该命令没有发给T195次机车乘务员,漏发了调度命令;王村站值班员对4444号临时限速命令没有与T195次司机进行确认,也未认真执行车机联控。同时,北京局在没有接到154号文件,也未确认限速条件的情况下,就盲目修改运记芯片;机车乘务员没有认真瞭望,失去了防止事故的最后时机。一系列的错误和疏漏,酿成了无法挽回的惨剧。

在行车闭塞法项目中融入思政教育,紧紧围绕职责和使命,注重培养学生遵章守纪、严谨认真、履职尽责的工作态度,同时,也对学生的沟通与组织能力、团队协作能力进行进一步强化。

任务一　行车闭塞法概述

一、行车闭塞法的作用

铁路为了安全、准确、迅速、协调地完成运输任务,铁路线路的设置有单线行车区段和双线行车区段。在单线行车区段列车运行时,上下行列车均在同一条线路上行驶;在双线区段的线路上列车运行时,上下行列车分别在两条线路上行驶,但同方向运行的列车往往由于列车等级及速度不同而发生让车和越行等情况。可见无论在单线区段的列车运行或在双线区段的列车运行,列车与列车之间都有可能会发生冲突,造成事故。为此,铁路在行车管理上设置一套行车设备及行车组织制度,来控制列车在区间的行动。这种通过对设在车站(线路所)的有关设备或通过信号机的控制(包括在设备因故障失效后的联系制度),保证在同一时间内,站间、所间、闭塞分区内只有一趟列车运行的办法,称为行车闭塞法。保证一个区间或闭塞分区只准许运行一趟列车的设备,称为闭塞设备。

行车闭塞法概述

二、行车闭塞法的种类

行车闭塞法的作用是控制列车与列车之间保持一定距离,以保证列车安全运行。列车运行的间隔制度主要分为两大类:一类是空间间隔法,另一类是时间间隔法。

(一)空间间隔法

在铁路正线上每相隔相当距离设立一个车站(或线路所)、自动闭塞通过色灯信号机,这样把正线划分为若干个区间(或闭塞分区),在同一时间,同一空间(站间区间,所间区间或闭塞分区)内只准许一列车运行的方法,称为空间间隔法。

空间间隔法有以下优点：

（1）由于铁路线划分很多的区间（或闭塞分区），在一定时间内每一区间都可开行列车，这样可提高线路的行车能力。

（2）由于在各个车站上都有为列车到、发、会让、越行而铺设的配线，可保证列车安全会让。

（3）由于在一个区间里只准许一趟列车运行，列车可按规定的速度在区间内运行，这样既能提高列车行车速度，又能加速机车车辆周转。

（4）有的区段在干线上设立线路所，对提高干线的通过能力，也起到一定作用。

基于空间间隔法具有以上优点，我国铁路正常行车采用空间间隔法。

（二）时间间隔法

时间间隔法是在一个区间里，用规定的时间将同方向运行的列车，彼此间隔开运行。

由于用时间间隔列车，没有设备上的控制，容易发生人为的事故，安全性较差。尤其采用这种间隔开行列车时，要求的条件也比较复杂，如区间内的坡道大了不行、瞭望条件差了不行，列车速度也因之受限制等。所以这种间隔放行列车只有在特殊情况下（如一时性的缓和列车堵塞，事故起复后的车流疏散，战时行车，一切电话中断的行车等）采用，即在同一区间内前次列车开出后，相隔一定时间再向同一方向连发第二趟列车。

三、区间及闭塞分区的划分

列车运行是以车站、线路所所划分的区间及自动闭塞区间的通过信号机所划分的闭塞分区作间隔。

区间及闭塞分区的界限，按下列规定划分：

（一）站间区间

（1）在单线上，车站与车站间以进站信号机柱的中心线为车站与区间的分界线。

（2）在双线或多线上，车站与车站间分别以各线的进站信号机柱或站界标的中心线为车站与区间的分界线。

（二）所间区间

两线路所间或线路所与车站间，以该线上的通过信号机柱的中心线为所间区间的分界线。设有进站信号机的线路所，所间区间的分界方法与站间区间相同。

（三）闭塞分区

自动闭塞区间同方向相邻的两架色灯信号机间，以该线上的通过信号机柱的中心线为闭塞分区的分界线。

四、行车闭塞法的采用

（一）基本闭塞法

车站均须装设基本闭塞设备。行车基本闭塞法采用下列三种：
（1）自动闭塞。
（2）自动站间闭塞。
（3）半自动闭塞（高速铁路没有半自动闭塞）。

（二）电话闭塞法

电话闭塞法是当基本闭塞法不能使用时所采用的代用闭塞法。

原则上不使用隔时续行办法，如必须使用时，由铁路局集团有限公司规定。

当基本闭塞法不能使用时，应根据列车调度员的命令采用电话闭塞法行车。遇列车调度电话不通时，闭塞法的变更或恢复，应由该区间两端站的车站值班员确认区间空闲后，直接以电话记录办理。列车调度电话恢复正常时，两端站车站值班员应及时向列车调度员报告。

基本闭塞法停用按电话闭塞法行车时，动车组列车司机应根据调度命令将列控车载设备转为 LKJ 方式运行，未装备 LKJ 的动车组列车转为隔离模式运行。

任务二　自动闭塞

一、自动闭塞的分类

按照发送轨道信息的编码方式不同，自动闭塞可分为交流计数电码自动闭塞、极频自动闭塞和移频自动闭塞 3 种。

自动闭塞

按照信号显示方式，自动闭塞可分为三显示自动闭塞和四显示自动闭塞。

三显示自动闭塞有 3 种灯光显示，即红灯、黄灯和绿灯。红灯显示说明其防护的闭塞分区被占用，也可能是该分区设备或线路发生故障；黄灯显示则说明它防护的闭塞分区空闲；绿灯显示则说明其前方有两个及以上闭塞分区空闲。

四显示自动闭塞是在三显示自动闭塞基础上增加一种绿黄显示，它的显示意义为前方有两个闭塞分区空闲，要求高速列车和重载列车减速运行，以使列车在抵达黄灯显示下运行时不大于规定的黄灯允许速度，保证在显示红灯的通过信号机前安全停车。而四显示的绿灯显示意义则为前方有 3 个及以上闭塞分区空闲。进站（含反方向进站）、接车进路信号机还能显示两个黄色灯光。

每一自动闭塞分区的长度,三显示自动闭塞一般为 1 200~3 000 m;四显示自动闭塞一般为 600~1 000 m。通过色灯信号机经常显示绿色灯光,随着列车驶入和驶出闭塞分区而自动转换。但进出站信号机的显示一般仍由车站实行人工控制,只有当连续放行通过列车时,才改由列车运行控制。

二、自动闭塞区段的行车凭证

(一)正常情况时的行车凭证

使用自动闭塞法行车时,列车进入闭塞分区的行车凭证为出站或通过信号机显示的允许运行的信号。

自动闭塞区段的车站,办理发车前应向接车站预告;单线自动闭塞区段的车站,还须得到列车调度员的同意(列车调度员已下达列车运行调整计划时除外)。已向接车站预告,但列车不能出发时,发车站须通知接车站取消预告。

(二)特殊情况的行车凭证

自动闭塞区段遇下列情况发车的行车凭证见表 6.1。

表 6.1 自动闭塞区段特殊情况行车凭证

序号	列车出发情况	行车凭证	发给行车凭证的依据	附带条件
1	出站信号机故障时发出列车	绿色许可证(见图 6.1)	1. 监督器表示第一个闭塞分区空闲,不表示时为接到前次列车到达邻站的通知或前次列车发出后不少于 10 min。 2. 确认道岔位置正确及进路空闲。 3. 单线须取得对方站确认区间内无迎面列车的电话记录号码	从监督器上不能确认第一个闭塞分区空闲时,车站应发给司机书面通知(附录三),司机以在瞭望距离内能随时停车的速度,最高不超过 20 km/h,运行到第一架通过信号机,按其显示的要求执行
2	由未设出站信号机的线路上发出列车			
3	超长列车头部越过出站信号机发出列车			
4	发车进路信号机发生故障时发出列车	出站信号机显示的允许运行的信号	确认道岔位置正确及进路空闲	列车到达次一信号机按其显示的要求执行
5	超长列车头部越过发车进路信号机发出列车			
6	自动闭塞作用良好,监督器故障时发出列车			与邻站车站值班员及本站信号员联系
7	双线双向闭塞设备的车站,反方向发出列车		1. 区间占用表示灯表示区间空闲。 2. 双线反方向行车的调度命令	反方向发车进路表示器显示正确(进路表示器故障时通知司机)

注:在四显示区段,因设备不同,执行上述条款困难的,可按铁路局集团有限公司规定办理。

```
                    许 可 证
                                      第_____号

  在出站（进路）信号机故障、未设出站信号机、列车头部越过出站（进路）信号机的情况
下，准许第_____次列车由_____线上发车。

                                站（站名印）车站值班员（签名）
                                    年    月    日填发

注：1. 绿色纸，复写一式两份，司机一份，存根一份。          （规格 90 mm×130 mm）
    2. 不用的字句抹消。
```

图 6.1　绿色许可证

三、几种特殊情况的处理

（1）自动闭塞区间通过信号机显示停车信号（包括显示不明或灯光熄灭）时，列车必须在该信号机前停车，司机应使用列车无线调度通信设备通知车辆乘务员（随车机械师）。停车等候 2 min，该信号机仍未显示允许运行的信号时，即以遇到阻碍能随时停车的速度继续运行，最高不超过 20 km/h，运行到次一通过信号机（进站信号机），按其显示的要求运行。在停车等候同时，必须与车站值班员、列车调度员联系，如确认前方闭塞分区内有列车时，不得进入。

（2）装有容许信号的通过信号机，显示停车信号时，准许铁路局集团有限公司规定停车后起动困难的货物列车，在该信号机前不停车，按上述速度通过。当容许信号灯光熄灭或容许信号和通过信号机灯光都熄灭时，司机在确认信号机装有容许信号时，仍按上述速度通过该信号机。

（3）装有连续式机车信号的列车，遇通过信号机灯光熄灭，而机车信号显示允许运行的信号时，应按机车信号的显示运行。

（4）司机发现通过信号机故障时，应将故障信号机的号码通知前方站（列车调度员）。车站值班员（列车调度员）发现或得到区间通过信号机故障的报告后，在故障修复前，对尚未进入区间的后续列车，改按站间组织行车。

四、动车组列车自动闭塞法行车

（1）自动闭塞区段，正方向行车，列车按自动闭塞运行；反方向行车，列车按自动站间闭塞运行。

使用自动闭塞法行车，动车组列车在完全监控、引导或部分监控模式下运行时，行车凭证为列控车载设备显示的允许运行的速度值。动车组列车按 LKJ 方式运行及动车组以外的列车，在信号机常态点灯的区段，进入闭塞分区的行车凭证为出站或通过信号机显示的允许运

行的信号；在信号机常态灭灯的区段，进入区间的行车凭证为出站信号机或线路所通过信号机显示的允许运行的信号，信号机应点灯。

调度集中区段，一个调度区段内可不办理发车预告手续。两相邻调度集中的调度区段间或调度集中区段车站（线路所）向非调度集中区段车站（线路所）发车时，由系统自动办理发车预告，遇设备故障无法自动办理时，人工办理发车预告（相邻调度区段列车运行调整计划一致时可不办理发车预告）。非调度集中区段车站（线路所）向调度集中区段车站（线路所）发车时，车站值班员应向列车调度员（车站控制时为车站值班员）办理发车预告。

（2）在信号机常态点灯的 CTCS-2 级自动闭塞区段，特殊情况下办理发车的行车凭证规定见表 6.2；CTCS-3 级以及信号机常态灭灯的 CTCS-2 级自动闭塞区段，特殊情况下办理发车的行车凭证规定见表 6.3。

表 6.2　信号机常态点灯的 CTCS-2 级自动闭塞区段特殊情况下办理发车的行车凭证

序号	特殊情况	控车方式	行车凭证	发给行车凭证的依据	附带条件
1	出站信号机（线路所通过信号机）故障时发出列车	LKJ（GYK）控车	调度命令	1.确认第一个闭塞分区空闲。2.确认道岔位置正确及进路空闲	以不超过 20 km/h（动车组列车不超过 40 km/h）速度运行至第一架通过信号机，按其显示的要求执行
2		隔离模式运行		1.确认区间空闲。2.确认道岔位置正确及进路空闲	以不超过 40 km/h 速度运行至前方站进站信号机（线路所通过信号机）
3	发车进路信号机故障时发出列车	LKJ（GYK）控车	调度命令	1.确认发车进路空闲。2.确认道岔位置正确	以不超过 20 km/h（动车组列车为不超过 40 km/h）速度运行至次一信号机
4		隔离模式运行	调度命令	1.确认发车进路空闲。2.确认道岔位置正确	以不超过 40 km/h 速度运行至次一信号机
5	区间一架及以上通过信号机故障时发出列车	CTCS-2 级控车	列控车载设备显示的允许运行的速度值	确认区间空闲	
6		LKJ（GYK）控车	出站信号机（线路所通过信号机）显示的允许运行的信号		
7	反方向发出列车	CTCS-2 级控车	列控车载设备显示的允许运行的速度值	1.确认区间空闲。2.反方向行车的调度命令	
8		LKJ（GYK）控车	出站信号机（线路所通过信号机）显示的允许运行的信号		

表 6.3　CTCS-3 级以及信号机常态灭灯的 CTCS-2 级自动闭塞区段特殊情况下办理发车的行车凭证

序号	特殊情况	控车方式	地面信号机状态	行车凭证	发给行车凭证的依据	附带条件
1	开放引导信号发出列车	CTCS-3 级控车；CTCS-2 级控车	灭灯	列控车载设备显示的允许运行的速度值	1. 确认第一个闭塞分区空闲（发车进路信号机开放引导信号时，为确认至次一信号机间空闲）。2. 确认道岔位置正确及进路空闲	
2		LKJ（GYK）控车	点灯	出站信号机（发车进路信号机、线路所通过信号机）显示的允许运行的信号	1. 确认区间空闲（发车进路信号机开放引导信号时，为确认至次一信号机间空闲）。2. 确认道岔位置正确及进路空闲	
3	出站信号机（线路所通过信号机）故障且引导信号不能开放时发出列车	LKJ（GYK）控车	点灯	调度命令	1. 确认区间空闲。2. 确认道岔位置正确及进路空闲	
4		隔离模式运行				以不超过 40 km/h 速度运行至前方站进站信号机（线路所通过信号机）
5	发车进路信号机故障且引导信号不能开放时发出列车	LKJ（GYK）控车	点灯	调度命令	1. 确认发车进路空闲。2. 确认道岔位置正确	以不超过 20 km/h（动车组列车为不超过 40 km/h）速度运行至次一信号机
6		隔离模式运行				以不超过 40 km/h 速度运行至次一信号机
7	区间一个及以上闭塞分区轨道电路红光带时发出列车	CTCS-3 级控车 CTCS-2 级控车	灭灯	列控车载设备显示的允许运行的速度值	确认区间空闲	
8		LKJ（GYK）控车	点灯	调度命令	1. 确认区间空闲。2. 确认道岔位置正确及进路空闲	
9	反方向发出列车	CTCS-3 级控车 CTCS-2 级控车	灭灯	列控车载设备显示的允许运行的速度值	1. 确认区间空闲。2. 反方向行车的调度命令	
10		LKJ（GYK）控车	点灯	出站信号机（线路所通过信号机）显示的允许运行的信号		

任务三　自动站间闭塞

一、自动站间闭塞介绍

自动站间闭塞是在半自动闭塞基础上发展起来的闭塞方法，区间两端车站的出站信号机和轨道检查装置构成联锁关系，采用轨道检查装置自动检查区间空闲，列车以站间区间为间隔运行，通过办理发车进路和检查列车出清区间的方式，自动实现区间闭塞和区间开通。它与准移动闭塞相比，两站间不划分闭塞分区，也不设通过信号机，两站之间作为一个闭塞分区。

自动站间闭塞

二、自动站间闭塞区段的行车凭证

使用自动站间闭塞法行车时，列车凭出站信号机或线路所通过信号机显示的允许运行的信号进入区间。

自动站间闭塞须与集中联锁设备结合使用，自动检查区间空闲，发车站办理发车进路后即自动构成站间闭塞。列车到达接车站或返回发车站并出清区间后，自动解除闭塞。

发车站在办理发车进路前，须确认区间空闲、接车站未办理同一区间的发车进路，并向接车站预告。发车站已向接车站预告，但列车不能出发时，在取消发车进路后，须通知接车站。

自动站间闭塞的行车办法，由铁路局集团有限公司规定。

三、动车组列车自动站间闭塞法行车

（1）使用自动站间闭塞法行车，动车组列车在完全监控、引导或部分监控模式下运行时，行车凭证为列控车载设备显示的允许运行的速度值。动车组列车按 LKJ 方式运行及动车组以外的列车，进入区间的行车凭证为出站信号机或线路所通过信号机显示的允许运行的信号（在信号机常态灭灯的区段，信号机应点灯）。

自动站间闭塞须与集中联锁设备结合使用，自动检查区间空闲，发车站（线路所）办理发车进路后即自动构成站间闭塞。列车到达接车站（线路所）或返回发车站（线路所）并出清区间后，自动解除闭塞。

人工办理发车进路前，须确认区间空闲、接车站（线路所）未办理同一区间的发车进路。

一个调度区段内可不办理发车预告手续。两相邻调度集中的调度区段间或调度集中区段车站（线路所）向非调度集中区段车站（线路所）发车时，应由系统自动办理发车预告，遇设备故障无法自动办理时，人工办理发车预告（相邻调度区段列车运行调整计划一致时可不办理发车预告）。非调度集中区段车站（线路所）向调度集中区段车站（线路所）发车时，车站值班员应向列车调度员（车站控制时为车站值班员）办理发车预告。

（2）在信号机常态点灯的 CTCS-2 级自动站间闭塞区段，特殊情况下办理发车的行车凭证规定见表 6.4；CTCS-3 级以及信号机常态灭灯的 CTCS-2 级自动站间闭塞区段，特殊情况下办理发车的行车凭证规定见表 6.5。

表 6.4　信号机常态点灯的 CTCS-2 级自动站间闭塞区段特殊情况下办理发车的行车凭证

序号	特殊情况	控车方式	行车凭证	发给行车凭证的依据	附带条件
1	出站信号机（线路所通过信号机）故障时发出列车	LKJ（GYK）控车	调度命令	1.确认区间空闲。2.确认道岔位置正确及进路空闲	以不超过 40 km/h 速度运行至前方站进站信号机（线路所通过信号机）
2		隔离模式运行			
3	发车进路信号机故障时发出列车	LKJ（GYK）控车	调度命令	1.确认发车进路空闲。2.确认道岔位置正确	以不超过 20 km/h（动车组列车不超过 40 km/h）速度运行至次一信号机
4		隔离模式运行			以不超过 40 km/h 速度运行至次一信号机
5	反方向发出列车	CTCS-2 级控车	列控车载设备显示的允许运行的速度值	1.确认区间空闲。2.反方向行车的调度命令	
6		LKJ（GYK）控车	出站信号机（线路所通过信号机）显示的允许运行的信号		

表 6.5　CTCS-3 级以及信号机常态灭灯的 CTCS-2 级自动站间闭塞区段特殊情况下办理发车的行车凭证

序号	特殊情况	控车方式	地面信号机状态	行车凭证	发给行车凭证的依据	附带条件
1	开放引导信号发出列车	CTCS-3 级控车；CTCS-2 级控车	灭灯	列控车载设备显示的允许运行的速度值	1.确认区间空闲（发车进路信号机开放引导信号时，为确认至次一信号机间空闲）。2.确认道岔位置正确及进路空闲	
2		LKJ（GYK）控车	点灯	出站信号机（发车进路信号机、线路所通过信号机）显示的允许运行的信号		

续表

序号	特殊情况	控车方式	地面信号机状态	行车凭证	发给行车凭证的依据	附带条件
3	出站信号机（线路所通过信号机）故障且引导信号不能开放时发出列车	LKJ（GYK）控车	点灯	调度命令	1.确认区间空闲。2.确认道岔位置正确及进路空闲	以不超过40 km/h速度运行至前方站进站信号机（线路所通过信号机）
4		隔离模式运行				
5	发车进路信号机故障且引导信号不能开放时发出列车	LKJ（GYK）控车	点灯	调度命令	1.确认发车进路空闲。2.确认道岔位置正确	以不超过20 km/h（动车组列车为不超过40 km/h）速度运行至次一信号机
6		隔离模式运行				以不超过40 km/h速度运行至次一信号机
7	反方向发出列车	CTCS-3级控车；CTCS-2级控车	灭灯	列控车载设备显示的允许运行的速度值	1.确认区间空闲。2.反方向行车的调度命令	
8		LKJ（GYK）控车	点灯	出站信号机（线路所通过信号机）显示的允许运行的信号		

任务四　半自动闭塞

一、半自动闭塞介绍

半自动闭塞是利用装在区间两端车站行车室内半自动闭塞机和两站相对出站信号机之间实现相互控制的一种闭塞设备。此种设备的行车闭塞作用一部分是人工操纵（办理闭塞及开放出站信号机），另一部分是靠运行列车自动完成的（出站信号机在列车进入闭塞轨道电路时自动关闭），故称为半自动闭塞。

半自动闭塞

二、半自动闭塞区段的行车凭证

（一）正常情况

使用半自动闭塞法行车时，列车凭出站信号机或线路所通过信号机显示的允许运行的信号进入区间。

开放出站信号机或通过信号机前：双线区段必须得到前次列车到达前方站的到达信号；单线区段必须得到接车站的同意闭塞信号。

发车站办理闭塞手续后，列车不能出发时，应将事由通知接车站，取消闭塞。

（二）特殊情况

半自动闭塞区段，遇超长列车头部越过出站信号机而未压上出站方面的轨道电路发车时，行车凭证为出站信号机显示的允许运行的信号，并发给司机调度命令；遇发车进路信号机故障或超长列车头部越过发车进路信号机发车时，列车越过发车进路信号机的行车凭证为半自动闭塞发车进路通知书（见图6.2）。

半自动闭塞发车进路通知书

第 ＿＿＿＿＿ 号

1. 在列车头部越过发车进路信号机的情况下，准许第＿＿＿＿次列车由＿＿＿＿线发车。
2. 在＿＿＿＿发车进路信号机故障的情况下，准许第＿＿＿＿次列车越过该发车进路信号机。

站（站名印）车站值班员（签名）
年　　月　　日填发

注：1. 白色纸，复写一式两份，司机一份，存根一份。　　　　　　　　　　（规格 90 mm×130 mm）
　　2. 不用的字句抹消。

图 6.2　半自动闭塞发车进路通知书

任务五　电话闭塞

一、普速铁路电话闭塞的使用条件

遇下列情况，应停止使用基本闭塞法，改用电话闭塞法行车：

电话闭塞

（1）基本闭塞设备发生故障导致基本闭塞法不能使用、自动闭塞区间内两架及以上通过信号机故障或灯光熄灭时。

（2）无双向闭塞设备的双线区间反方向发车或改按单线行车时。

（3）发出由区间返回的列车，或发出挂有由区间返回后部补机的列车时。

（4）自动站间闭塞、半自动闭塞区间，由未设出站信号机的线路上发车或超长列车头部越过出站信号机并压上出站方面轨道电路发车时。

（5）在夜间或遇降雾、暴风雨雪，为消除线路故障或执行特殊任务，开行轻型车辆时。

自动站间闭塞设备故障，半自动闭塞设备良好时，可根据调度命令改按半自动闭塞法行车。

二、行车凭证及填发要求

使用电话闭塞法行车时，列车占用区间的行车凭证为路票（见图 6.3）。当挂有由区间返回的后部补机时，另发给补机司机路票副页。

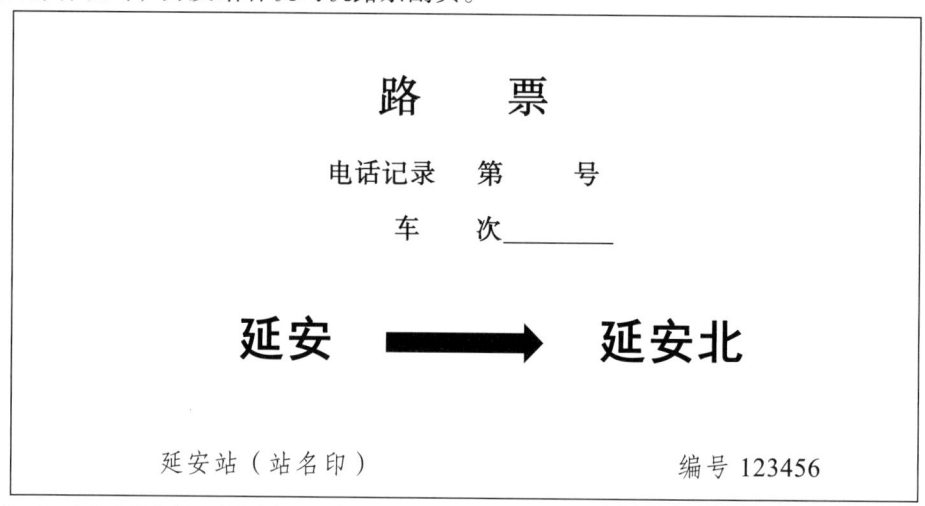

注：1. 路票为预先印好区间（即站名）和编号的硬卡片。
  2. 加盖 副 字戳记者，为路票副页。

（规格 75 mm × 88 mm）

图 6.3　路票

单线或双线反方向发车（正方向首列发车）时，根据"行车日志"查明区间已空闲，并取得接车站承认的电话记录号码，在发车进路准备妥当后，方可填发路票。双线正方向发车（首列除外）时，根据收到的前次发出的列车到达的电话记录号码，在发车进路准备妥当后，即可填发路票。

三、办理手续

办理电话闭塞时，下列各项应发出电话记录号码，并记入"行车日志"：

（1）承认闭塞。

（2）列车到达，补机返回。

（3）取消闭塞。

（4）单线或双线反方向越出站界调车。

电话记录号码自每日 0 时起至 24 时止，按日循环编号，编号办法由铁路局集团有限公司规定。

路票应由车站值班员或指定的助理值班员填写。

对于填写的路票，车站值班员应根据"行车日志"的记录，进行认真核对，确认无误，并加盖站名印后，方可送交司机。

双线反方向行车使用路票时，应在路票上加盖"反方向行车"章；两线、多线区间使用路票时，应在路票上加盖"××线行车"章。

四、电话中断时的行车

（一）电话中断时的行车办法

车站行车室内一切电话中断，单线行车按书面联络法，双线行车按时间间隔法，列车进入区间的行车凭证均为红色许可证（见图 6.4）。

```
                    许  可  证
                              第_____号
    现在一切电话中断，准许第_____次列车自_____站至_____站，本列
车前于_____时_____分发出的第_____次列车，邻站到达通知 已/未 收到。

                    通  知  书
    1.第_____次列车到达你站后，准接你站发出的列车。
    2.于_____时_____分发出第_____次列车，并于_____时_____分再
发出第_____次列车。

                            站（站名印）车站值班员（签名）
                                    年    月    日填发
```

注：1. 红色纸，复写一式两份，司机一份，存根一份。（规格 90 mm×130 mm）
　　2. 不用的字句抹消。

图 6.4　红色许可证

（1）在双线自动闭塞区间，如闭塞设备作用良好时，列车运行仍按自动闭塞法行车，但车站与列车司机应以列车无线调度通信设备直接联系（说明车次及注意事项等）。如列车无线调度通信设备故障时，列车必须在车站停车联系。

（2）单线按书面联络法行车时，下列车站可以优先发车：

① 已办妥闭塞而尚未发车的车站。

② 未办妥闭塞时：

a. 单线区间为发出下行列车的车站。

b. 双线改为单线行车时,为该线原定发车方向的车站。

c. 同一线路同一方向运行的列车,有上下行两种车次时,铁路局集团有限公司规定优先发车的车站。

第一个列车的发车权为优先发车的车站所有,如优先发车的车站没有待发列车时,应主动用图 6.4 所示的通知书通知非优先发车的车站。非优先发车的车站,如有待发列车时,应在得到通知书以后方可发车。

第一个列车的发车站,在发车前应查明区间已空闲,并在红色许可证的通知书上记明下一个列车的发车权。如为本条第(1)项所规定的发车站发车时,对持有行车凭证的列车,还应发给图 6.4 所示的通知书;如无行车凭证,列车应持红色许可证开往邻站。以后开行的列车,均凭图 6.4 所示的通知书上记明的发车权办理。

图 6.4 所示的通知书,应采取最快的方法传送,优先方向车站如无开往区间的列车时,在确认区间空闲后,可使用重型轨道车或单机传送。

(3)双线按时间间隔法行车时,只准发出正方向的列车。非自动闭塞区间发出第一个列车时,在发车前应查明区间已空闲。

(4)一切电话中断后,连续发出同一方向的列车时,两列车的间隔时间,应按区间规定的运行时间另加 3 min,但不得少于 13 min。

(二)电话中断后禁止发出的列车

一切电话中断时,禁止发出下列列车:
(1)在区间内停车工作的列车(救援列车除外)。
(2)开往区间岔线的列车。
(3)须由区间内返回的列车。
(4)挂有须由区间内返回后部补机的列车。
(5)列车无线调度通信设备故障的列车。

(三)电话中断时的特殊情况处理

在一切电话中断时间内,如有封锁区间抢修施工或开通封锁区间时,由接到请求的车站值班员以书面通知封锁区间的相邻车站。

单线区间的车站,经以闭塞电话、列车调度电话或其他电话呼唤 5 min 无人应答时,由列车调度员查明该站及其相邻区间确无列车(包括单机、大型养路机械及重型轨道车)后,可发布调度命令,封锁相邻区间,按封锁区间办法向不应答站发出列车。

该列车应在不应答站的进站信号机外停车,判明不应答原因及准备好进路后,再行进站。司机或车站值班员应将经过情况报告列车调度员。

五、高速铁路电话闭塞

(1)使用电话闭塞法行车时,列车占用区间的行车凭证为调度命令。

列车调度员办理发车时,应查明区间空闲。接车站(线路所)为车站控制或邻台列车调度员控制时，还应取得其承认的电话记录号码（双线正方向首列后发车为取得前次列车到达的电话记录号码）。在发车进路准备妥当后，方可发布作为行车凭证的调度命令。

车站值班员办理发车时，应查明区间空闲，并取得接车站（线路所）承认的电话记录号码，但双线正方向首列后发车为取得前次列车到达的电话记录号码（办理发车及接车的车站、线路所为同一车站值班员指挥时不办理电话记录号码）。在发车进路准备妥当后，方可向列车调度员报告，请求发布作为行车凭证的调度命令。

（2）办理电话闭塞时，下列各项应发出电话记录号码（办理发车及接车的车站、线路所为同一车站值班员或列车调度员指挥时除外），并做好记录：

① 承认闭塞。
② 列车到达。
③ 取消闭塞。

电话记录号码自每日 0 时起至 24 时止，按日循环编号，编号办法由铁路局集团有限公司规定。

【复习思考题】

1. 什么叫行车闭塞法？
2. 行车闭塞法有几种类型？各有什么特点？我国采用的是哪一种？
3. 什么叫自动闭塞？有何优点？行车凭证有哪些规定？动车组自动闭塞的行车凭证是什么？
4. 什么叫自动站间闭塞？有何特点？行车凭证有哪些规定？动车组自动站间闭塞的行车凭证是什么？
5. 什么叫半自动闭塞？有何特点？行车凭证有哪些规定？
6. 电话中断的行车凭证有哪些规定？
7. 电话闭塞法的使用规定及列车进入区间的凭证是什么？
8. 路票的使用有哪些规定？司机应确认的关键内容有哪些？
9. 一切电话中断后禁止发出哪些列车？电话中断后，普速铁路和高速铁路的行车凭证分别是什么？
10. "行车日志"有什么作用？
11. 简述绿色许可证、红色许可证及路票的作用。

项目七　列车运行

【项目描述】

在动车组列车的驾驶运用过程中,将会涉及接发列车、速度管理、跨线运行及车底回送等问题,本项目以《技规》为依据,探讨上述问题。

【目标引领】

知识目标:

(1)了解接发列车流程,熟悉不同情况下的行车凭证。
(2)熟悉列车运行速度管理。
(3)熟悉跨线运行和车底回送要求。
(4)熟悉动车组调车作业对司机的相关要求。
(5)熟悉施工作业基本要求及防护要求。

能力目标:

(1)能正确识别和确认行车凭证,按要求操纵列车。
(2)掌握列车运行及限速的相关规定。
(3)掌握跨线运行及动车组车底回送的技术要求。
(4)掌握动车组调车作业和机车车辆防溜的技术要求。
(5)掌握施工路用列车的开行技术要求。

素质目标:

(1)培养学生遵守标准规范的职业素养,应对突发事件的处置能力,创新、绿色、安全的工作理念,平稳操纵、安全正点的职业道德。
(2)培养学生团队协作精神及危机处理能力。

【思政案例】

列车运行是完成铁路运输任务的重要环节,是列车组织的一项主要内容,它由铁路运输各部门、各工种互相配合、协调动作,并正确合理地使用铁路技术设备来完成的。列车运行关系到人民生命财产的安全和铁路的运输效益,为此,有关行车人员必须严格执行各项规章制度，确保列车运行安全。

事故案例：××××年×月×日，××××次列车本务机车在北同蒲线大牛店站进行调车作业，将两辆装满航空汽油的油罐车在三道甩下，未采取防溜措施。因站线有2.5‰的坡道，两辆罐车自行溜逸进入区间，区间线路是12‰的下坡道，在区间内与上行××××次货物列车正面冲突。一辆罐车颠覆，所装航空汽油着火爆炸，另一辆罐车和上行×××次机车脱轨并起火，机后1~3位货车脱轨。造成机车乘务员3人死亡，机车报废1台、货车报废4辆。

事故分析：××××次列车司机在甩车后，未对甩下车辆进行防护，造成车辆溜逸，车辆溜逸后颠覆、爆炸，并与上行×××次列车冲突。

事故防范：在列车运行章节中融入思政教育，紧紧围绕立德树人这一根本任务，注重培养学生遵守标准规范的职业素养、应对突发事件的处置能力和创新、绿色、安全的工作理念。

任务一　接发列车

一、人员分工及行车凭证的确认

（一）旅客乘降状态及开关车门

动车组列车由列车长确认旅客上下完毕后，通知司机关闭车门。列车进站停车时，司机按动车组停车位置标停车，确认列车停稳、对准停车位置后开启车门。按钮不在司机操作台上的，由列车长通知随车机械师关闭车门。列车到站停稳后，由随车机械师开启车门。如自动开关门装置故障或特殊情况需单独开关车门时，由司机通知列车工作人员手动开关车门。

（二）行车凭证的确认

动车组列车在车站出发，动车组列车司机在确认行车凭证和开车时间，车门关闭后，即可起动列车。

动车组以外的其他列车在车站出发，司机确认行车凭证正确，发车条件完备后，直接起动列车。办理客运业务时，车站客运人员确认旅客乘降、上水、行包装卸完毕后，通过无线对讲设备通知司机，司机须得到车站客运人员的报告后，方可起动列车。

二、办理闭塞和布置进路

（1）车站应不间断地接发列车，严格按列车运行图行车。车站值班员办理接发列车（列车调度员人工办理接发列车）时，应亲自办理闭塞、布置进路（包括听取进路准备妥当的报告)、开闭信号、交接凭证。由于设备或业务量关系,车站值班员除布置进路(包括听取进路准备妥当的报告)外,其他各项工作可指派信号员或其他人员办理。

列车调度员人工办理接发列车时,除办理闭塞、布置进路(包括听取进路准备妥当的报告)外,其他各项工作可指派车务应急值守人员或其他人员办理。

(2)在接发列车的同时,接入列控车载设备及列车运行监控装置均故障的动车组列车、制动力部分切除的动车组列车、列车运行监控装置或轨道车运行控制设备故障的其他列车,而接车线末端无隔开设备时,禁止办理相对方向同时接车和同方向同时发接列车。

相对方向不能同时接车时,应先接不适于在站外停车的列车、停车后起动困难的列车或后面有续行列车的列车。

(3)遇两列车不能同时接发时,原则上应按列车运行计划顺序接发。

人工办理时,开放信号机的时机在高速铁路《行车组织细则》中规定。出站信号机已开放或行车凭证已交付,如需取消发车进路,列车调度员(车站控制时为车站值班员)应与司机联系,确认列车尚未起动,收回行车凭证后,再取消发车进路。

(4)接发列车应在正线或到发线上办理,并应遵守下列原则:

① 旅客列车应接入规定线路。

② 动车组列车在车站办理客运业务时,须固定股道、固定站台、固定停车位置。动车组列车遇特殊情况需变更办理客运业务的固定股道时,须经调度所值班主任(值班副主任)准许。

③ 通过列车原则上应在正线办理。原规定为通过的旅客列车由正线变更为到发线接车及动车组列车、特快旅客列车遇特殊情况必须变更基本进路时,须经列车调度员准许,并预告司机;如来不及预告时,应使列车在站外停车后,开放信号机,再接入站内。

④ 动车组列车按列控车载设备方式行车时,禁止在未设置列控信息的股道及进路上接发。

(5)在动车组列车运行时段内,特殊情况需开行路用、救援列车(利用动车组、单机担当救援时除外)时,列车调度员口头通知邻线会车范围内运行的动车组列车司机限速160 km/h运行。

(6)列车调度员(车站控制时为车站值班员)应保证有不间断接车的空闲线路。

在站内无空闲线路的特殊情况下,只准许接入为排除故障、事故救援、疏解车辆等所需要的救援列车、不挂车的单机及重型轨道车。上述列车均应在进站信号机外停车,由列车调度员(车站控制时为车站值班员)指定的胜任人员向司机通知事由后,以调车手信号旗(灯)将列车领入站内。

(7)列车进站后,应停于接车线警冲标内方。在设有出站(进路)信号机的线路,列车头部不得越过出站(进路)信号机。

如列车尾部停在警冲标外方或压轨道绝缘时,列车调度员(车站控制时为车站值班员)应使用列车无线调度通信设备等通知司机,使列车向前移动。

(8)进站、接车进路信号机不能使用时,应使用引导信号。引导信号无法使用时,列车调度员应向司机发布调度命令,司机根据调度命令越过该信号机。

引导接车时，列车以不超过 20 km/h（动车组列车不超过 40 km/h）速度进站，并做好随时停车的准备。

在无联锁的线路上接发列车时，除严格按接发列车手续办理外，还应将进路上无联锁的道岔及邻线上防护道岔加锁。进路上无联锁的分动外锁闭道岔无论对向或顺向，均应对密贴尖轨、斥离尖轨和可动心轨加锁。具体加锁办法，由铁路局集团有限公司规定。

三、列车在站内临时停车的处理

列车在站内临时停车，待停车原因消除且继续运行时，应按下列规定办理：
（1）司机主动停车时，自行起动列车。
（2）其他列车乘务人员使用紧急制动装置（紧急制动阀）停车时，由随车机械师（车辆乘务员）通知司机开车。
（3）列车调度员（车站值班员）使列车在站内临时停车时，由列车调度员（车站值班员）通知司机开车。
（4）其他原因的临时停车，列车调度员（车站值班员）应组织司机、随车机械师（车辆乘务员）等查明停车原因，在列车具备运行条件后，由列车调度员（车站值班员）通知司机开车。

上述第（1）、（2）、（4）项列车停车后，司机应立即报告列车调度员（车站值班员），并说明停车原因。

四、在非正常情况下，集控站转为车站控制时的处理

在非正常情况下，集控站转为车站控制时，车务应急值守人员应报告站段指派胜任人员赶赴现场，协助做好非正常行车工作。

除因危及行车安全必须立即转换为非常站控外，列车调度员提出需转为非常站控时，须经调度所值班主任（值班副主任）准许。

转为非常站控时，车务应急值守人员和列车调度员须在"CTC 控制模式转换登记簿"（附录四）内登记，记明转换的原因；车务应急值守人员与列车调度员核对设备状况、站内停留车情况、列车运行计划、邻站（线路所）控制模式及与本站（线路所）有关的调度命令等情况。转为非常站控后，应通知司机车站（线路所）转为非常站控。

转为非常站控的原因消除后，双方在"CTC 控制模式转换登记簿"内登记，并及时转回。

五、动车组列车按隔离模式由车站（线路所）开往区间时的处理

动车组列车按隔离模式由车站（线路所）开往区间时，须按站间组织行车，列车按地面信号显示运行，待该列车到达前方站（线路所）后方可放行后续列车。

任务二 列车运行及限速管理

一、列车运行

列车在区间停车需下车处理时,列车调度员发布邻线列车限速 160 km/h 及以下的调度命令,限速位置按停车列车位置前后各 1 km 确定;司机在接到列车调度员已发布相关调度命令的口头指示后,通知有关作业人员办理。需组织旅客疏散时,必须扣停邻线列车;司机在接到列车调度员已扣停邻线列车的口头指示后,通知有关作业人员办理。

列车(动车组列车按列控车载设备方式行车时除外)运行限制速度规定见表 7.1。

表 7.1 列车运行限制速度

项　目	速　度/(km/h)
四显示自动闭塞区段通过显示绿黄色灯光的信号机	在前方第三架信号机前能停车的速度
通过显示黄色灯光的信号机	在次一架信号机前能停车的速度
通过显示一个黄色闪光灯光和一个黄色灯光的信号机	该信号机防护进路上道岔侧向的允许通过速度
通过减速地点标	按运行揭示(见附录五)或行车调度命令执行,标明速度时按标明速度运行,未收到命令时为 25
推　进	30
退　行	15
接入站内尽头线,自进入该线起	30

动车组列车按隔离模式运行时,运行速度不超过 40 km/h。在越过接触网分相有困难的特殊情况下,列车调度员可根据司机请求发布调度命令,列车以不超过 80 km/h 的速度越过接触网分相。

动车组一般情况下不得通过半径小于 250 m 的曲线,通过曲线半径为 300 m 曲线时,限速 35 km/h;通过曲线半径为 250 m 曲线时,限速 30 km/h;特殊情况通过曲线半径为 200 m 曲线时,限速 25 km/h;通过 6 号对称双开道岔时限速 15 km/h;不得侧向通过小于 9 号的单开道岔和小于 6 号的对称双开道岔。

二、临时限速管理

需临时限速时,应由有关单位(人员)提出限速申请或由自然灾害及异物侵限监测系统报警提示。列车调度员应按规定发布临时限速调度命令，并设置列控限速（针对某一列车的限速除外）；来不及时，应立即通知司机限速运行，司机按列车调度员通知的限速要求控制列车运行。

在同一处所（地段），当多个单位、自然灾害及异物侵限监测系统提出的限速要求不一致时，列车调度员按最低限速值发布临时限速调度命令。

对于 24 h 内不能取消的临时限速，限速登记单位或设备管理单位应提出限速申请，报告主管业务处，由主管业务处审核后提交调度所发布运行揭示调度命令。列车调度员确认在途列车司机已收到该运行揭示调度命令后，方可不再向该列车司机发布临时限速调度命令。

需变更已纳入运行揭示调度命令管理的限速时，设备管理单位应及时登记，同时向铁路局集团有限公司主管业务处提出新的限速条件或恢复常速申请，调度所根据主管业务处提出的申请，重新发布运行揭示调度命令。

三、列控限速管理

（一）列控限速

（1）用于列车运行控制系统的限速设置（数据格式）称为列控限速。列控限速由列车调度员通过 CTC 进行设置或取消，并采用双重口令，由列控系统执行。

（2）列控限速数据包括线路号、相关受令车站、限速位置、限速值、限速执行方式、限速开始和结束时间等，侧线列控限速应增加车站号信息。

（3）列控中心控制的每个有源应答器只管辖一定范围内的限速，限速区可以设置在区间、站内正线、站内侧线或区间跨站内正线。

（二）列控限速设置

（1）列控限速按档分为不同的限速等级，最低为 45 km/h。

（2）设置列控限速时，应按照不高于限速值的原则选择相应限速等级进行设置，但低于 45 km/h 的限速按 45 km/h 设置。

（3）列控限速的设置和取消按规定流程办理。

如调度命令的限速值低于列控车载设备显示的目标速度时，动车组列车司机应按调度命令控制列车运行。遇实际限速与运行揭示调度命令（临时限速调度命令）限速相符，而列控限速归档造成列控限速与运行揭示调度命令（临时限速调度命令）限速不符时，列车调度员不再向动车组列车司机发布临时限速调度命令。

对低于 45 km/h 的限速，装备 LKJ 的动车组列车，限速命令已写入 IC 卡时，动车组列车司机应根据调度命令在限速地段前一站停车改按 LKJ 方式运行，司机按限速调度命令和 LKJ 设置控制列车通过限速地段；未写入 IC 卡时，动车组列车司机应根据限速调度命令人工控制列车通过限速地段。未装备 LKJ 的动车组列车，动车组列车司机应根据限速调度命令人工控制列车通过限速地段。

（三）列控限速设置不成功时的处理

（1）对装备 LKJ 的动车组列车，列控限速设置不成功时，列车调度员应关闭（车站控制时通知车站值班员关闭）进入该限速地段前一站的出站信号，发布动车组列车改按 LKJ 方式行车的调度命令。司机在该站停车转换为 LKJ 方式，按以下方式运行：

① 动车组列车司机在出乘前已收到该限速的运行揭示调度命令时，列车调度员与司机核对限速的运行揭示调度命令无误后，方可放行列车，司机按运行揭示调度命令和 LKJ 设置控制列车运行速度，通过限速地段。

② 动车组列车司机在出乘前未收到该限速的运行揭示调度命令时，列车调度员应向司机发布限速调度命令（最高不超过 40 km/h），核对无误后，方可放行列车。司机按限速调度命令人工控制列车通过限速地段。

（2）对未装备 LKJ 的动车组列车，列控限速设置不成功时，列车调度员应关闭（车站控制时通知车站值班员关闭）进入该限速地段前一站的出站信号，向司机发布限速调度命令（最高不超过 40 km/h），核对无误后，方可放行列车。司机按限速调度命令人工控制列车通过限速地段。

任务三　跨线运行及车底回送

一、跨线运行

（一）当未装备 LKJ 的动车组列车在 CTCS-0/1 级区段按机车信号模式运行时

当未装备 LKJ 的动车组列车在 CTCS-0/1 级区段按机车信号模式运行时，列车按地面信号机显示运行，最高运行速度不超过 80 km/h。低于 80 km/h 的限速按调度命令执行，线路允许速度低于 80 km/h 的区段由司机控制列车运行速度。

（2）动车组列车在 CTCS-2 级区段与 CTCS-0/1 级区段级间自动转换失败时

动车组列车在 CTCS-2 级区段与 CTCS-0/1 级区段级间自动转换失败时，司机应立即报告列车调度员（车站值班员），并按下述规定办理：

（1）由 CTCS-2 级区段向 CTCS-0/1 级区段运行时，停车后根据调度命令手动转换。

（2）由 CTCS-0/1 级区段向 CTCS-2 级区段运行时，可维持按 LKJ 方式继续运行。

（三）动车组列车在 CTCS-3 级区段与 CTCS-2 级区段级间自动转换失败时

动车组列车在 CTCS-3 级区段与 CTCS-2 级区段级间自动转换失败时，司机应立即报告列车调度员（车站值班员），并按下述规定办理：

（1）由 CTCS-3 级区段向 CTCS-2 级区段运行时，停车后手动转换。
（2）由 CTCS-2 级区段向 CTCS-3 级区段运行时，维持 CTCS-2 级方式继续运行。

（四）高速铁路车站（线路所）向衔接的其他线路车站（线路所）发出列车时

高速铁路车站（线路所）向衔接的其他线路车站（线路所）发出列车时，有关行车凭证按高速铁路规定执行；高速铁路衔接的其他线路车站（线路所）向高速铁路车站（线路所）发出列车时，有关行车凭证按其他线路规定执行。

二、动车组车底回送要求

（1）动车组回送按旅客列车办理，原则上采用自走行方式。无动力回送时可根据回送技术条件加挂回送过渡车，使用客运机车牵引，回送过渡车须挂于机后第一位。8 辆编组的动车组可两列重联回送。未装备 LKJ 的动车组需在 CTCS-0/1 级区段回送时，应采取无动力回送方式。

（2）动车组回送运行时，须安排动车组司机及随车机械师值乘。有动力回送时，非担当区段应指派带道人员。

（3）动车组回送不进行客列检作业。

（4）动车组安装过渡车钩回送时，按规定限速运行，尽可能避免实施紧急制动。发生紧急制动后，本务司机必须通知随车机械师，经随车机械师检查过渡车钩状态良好后方可继续运行。

（5）动车组回送时，相关动车段（所）、造修单位应提出限速、回送方式（有动力、无动力）、可否折角运行等注意事项。

任务四　调车工作

调车工作

任务五　施工维修

一、施工基本要求

（1）凡影响行车的施工、维修作业，都必须纳入天窗，不得利用列车间隔进行。线路、桥隧、信号、通信、接触网及其他行车设备的施工，力争开通后不降低行车速度。维修作业开始前不限速，结束后须达到正常放行列车条件。

（2）调度台办理登、销记手续时，铁路局集团公司工务、信号、通信、供电、车辆、房建等部门须各指定一名具有协调能力、熟悉作业情况的胜任人员，作为本部门作业单位驻调度所联络员；在车站办理登、销记手续时，由相关单位在车站安排驻站联络员。驻调度所（驻站）联络员负责向作业单位（配合单位）作业负责人传达有关命令。

（3）各作业单位施工、维修作业完毕后，须及时向驻调度所（驻站）联络员报告。驻调度所（驻站）联络员办理销记手续。

施工作业完毕，但未达到正常放行列车条件时，驻调度所（驻站）联络员应在"行车设备施工登记簿"内登记行车限制条件；在设备达到正常放行列车条件后，及时销记。

二、施工维修防护

（一）基本要求

（1）凡影响行车的施工维修，均应设置防护。未设好防护，禁止开工。线路状态未恢复到准许放行列车条件的，禁止撤除防护、放行列车。施工维修防护的设置与撤除，由施工负责人决定。

（2）封锁区间施工时，施工负责人应确认已做好一切施工准备，按批准的施工计划（临时抢修施工时除外），由驻调度所（驻站）联络员在"行车设备施工登记簿"内登记。列车调度员应保证施工时间，并及时发出实际施工调度命令。施工负责人接到调度命令，确认施工起止时刻，设好停车防护后，方可开工，并保证在规定时间内完成。施工单位及设备管理单位应严格掌握开通条件，经检查满足放行列车条件，且设备达到规定的开通速度要求，办理开通登记后，向列车调度员申请开通区间。如因特殊情况不能按时开通区间或不能按规定的开通速度运行时，应提前要求列车调度员延长时间或限速运行。

（3）施工维修作业时，应严格遵守作业人员和机具避车制度，采取措施保证邻线列车和作业人员安全。

（4）在线间距不足 6.5 m 地段施工维修而邻线行车时，邻线列车应限速 160 km/h 及以下，并按规定设置防护。施工单位在提报施工计划时，应提出邻线限速的条件。邻线来车时，现场防护人员应及时通知作业人员，机具、物料或人员不得在两线间放置或停留，并应与列车保持安全距离，物料应堆码放置牢固。

（5）路用列车装卸路料时，装卸车负责人应指挥列车停于指定地点。装卸作业完毕，其负责人应负责检查装卸货物的装载、堆码状态，确认限界，清好道沿，关好车门。在区间装卸时，装卸车负责人确认具备开车条件后通知司机开车。进入封锁区间的施工列车司机应熟悉线路和施工条件。

（二）作业防护

（1）在区间线路上施工时，使用移动停车信号防护，防护办法如下：

① 单线区间线路施工时，如图 7.1 所示。
② 双线区间一条线路施工时，如图 7.2 所示。
③ 双线区间两条线路同时施工时，如图 7.3 所示。
④ 作业地点在站外，距离进站信号机（反方向进站信号机）小于 820 m 时，如图 7.4 所示。

现场防护人员应站在距施工地点 800 m 附近（见图 7.1～图 7.3），且瞭望条件较好的地点显示停车手信号；施工作业地点在站外，距离进站信号机（反方向进站信号机）小于 820 m 时，现场防护人员应站在距进站信号机（反方向进站信号机）20 m 附近（见图 7.4）；在尽头线上施工，施工负责人经与列车调度员（车站值班员）联系确认尽头一端无列车、轨道车时，则尽头一端可不设防护。

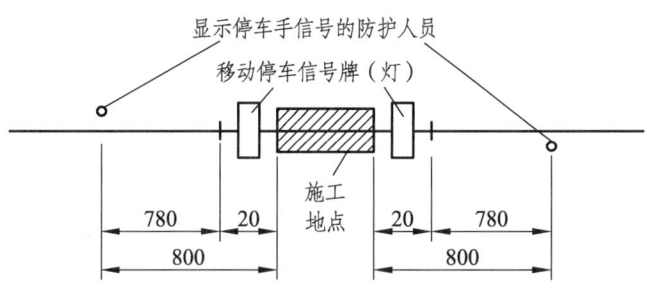

图 7.1 单线区间线路施工作业防护（单位：m）

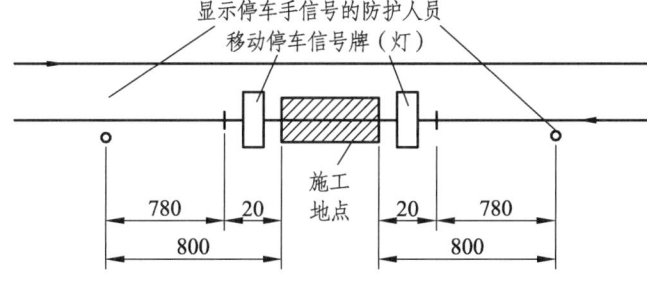

图 7.2 双线区间一条线路施工作业防护（单位：m）

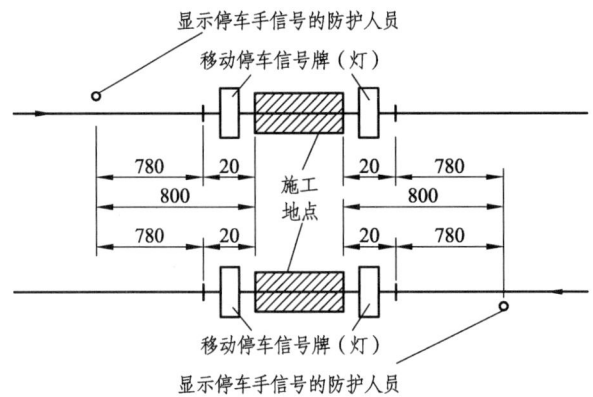

图 7.3 双线区间两条线路同时施工作业防护（单位：m）

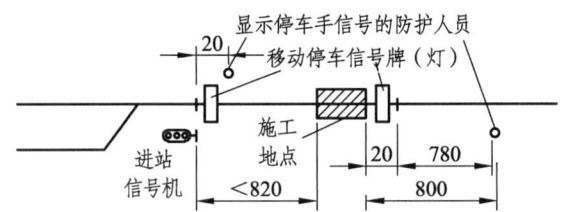

图 7.4 作业地点在站外，距离进站信号机小于 820m 施工作业防护（单位：m）

（2）在站内线路上施工时，使用移动停车信号防护，防护办法如下：

① 将施工线路两端道岔扳向不能通往施工地点的位置，并加锁或紧固，可不设置移动停车信号牌（灯）。当施工线路两端道岔只能通往施工地点的位置时，在施工地点两端各 50 m 处线路上，设置移动停车信号牌（灯）防护，如图 7.5 所示。

如施工地点距离道岔小于 50 m 时，在该端警冲标相对处线路上，设置移动停车信号牌（灯）防护，如图 7.6 所示。

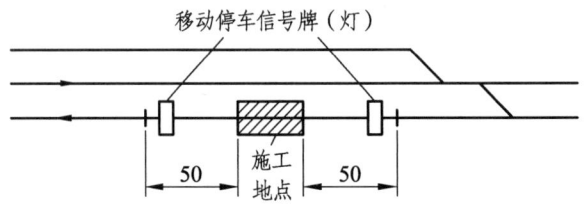

图 7.5 站内线路施工移动信号防护（一）（单位：m）

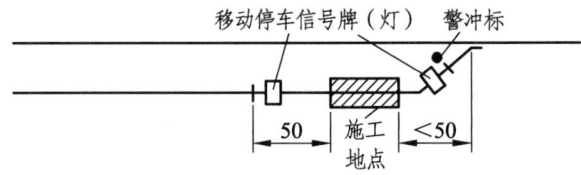

图 7.6 站内线路上施工移动信号防护（二）（单位：m）

② 在进站道岔外方线路上施工，对区间方向，以关闭的进站信号机防护；对车站方向，在进站道岔外方基本轨接头处（顺向道岔在警冲标相对处）线路上，设置移动停车信号牌（灯）防护，如图 7.7 所示。

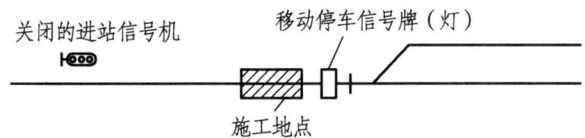

图 7.7 站内线路上施工移动信号防护（三）

③ 双线区段，在反方向进站信号机至出站道岔的线路上施工，对区间方向，以关闭的反方向进站信号机防护。对车站方向，在出站道岔外方基本轨接头处（对向道岔在警冲标相对处）线路上，设置移动停车信号牌（灯）防护，如图 7.8 所示。

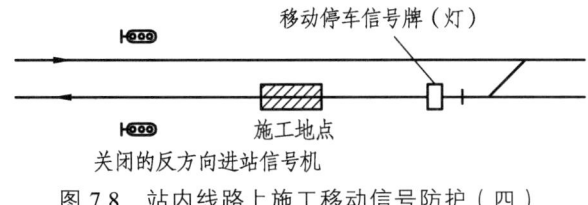

图 7.8 站内线路上施工移动信号防护（四）

（3）在站内道岔上（含警冲标至道岔尾部线路、道岔间线路）施工时，使用移动停车信号防护，防护办法如下：

① 在站内道岔上施工，一端距离施工地点 50 m，另一端两条线路距离施工地点 50 m（距出站信号机不足 50 m 时，为出站信号机处），分别在线路上设置移动停车信号牌（灯）防护，如图 7.9 所示；如一端距离外方道岔小于 50 m 时，将有关道岔扳向不能通往施工地点的位置，并加锁或紧固。

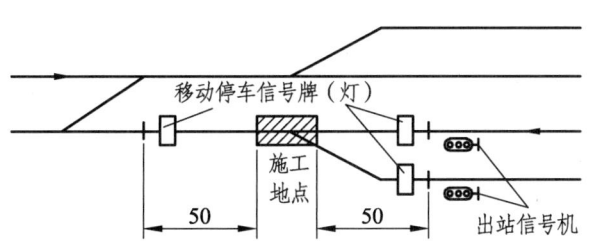

图 7.9 站内道岔上施工移动信号防护（一）（单位：m）

② 在进站道岔上施工，对区间方向，以关闭的进站信号机防护；对车站方向，在距离施工地点 50 m 线路上，设置移动停车信号牌（灯）防护，如图 7.10 所示。距邻近道岔不足 50 m 时，在邻近道岔基本轨接头处设置移动停车信号牌（灯）防护，将有关道岔扳向不能通往施工地点的位置，并加锁或紧固。

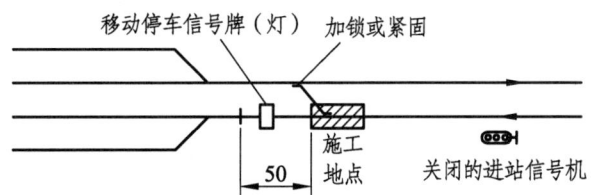

图 7.10 站内道岔上施工移动信号防护（二）（单位：m）

③ 在出站道岔上施工，对区间方向，以关闭的反方向进站信号机防护；对车站方向，在距离施工地段不少于 50 m 线路上，设置移动停车信号牌（灯）防护，如图 7.11 所示。距邻近道岔不足 50 m 时，将有关道岔扳向不能通往施工地点的位置，并加锁或紧固。

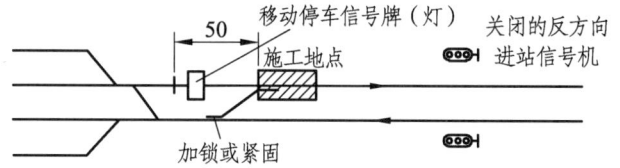

图 7.11　站内道岔上施工移动信号防护（三）（单位：m）

④ 在交分道岔上施工，将有关道岔扳向不能通往施工地点的位置，并加锁或紧固，在距离施工地点两端 50 m 处线路上，设置移动停车信号牌（灯）防护，如图 7.12 所示。

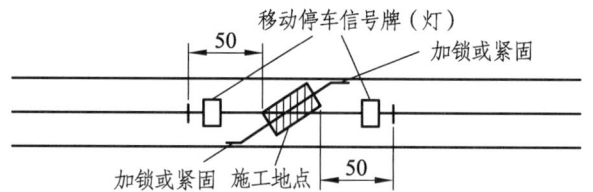

图 7.12　站内道岔上施工移动信号防护（四）（单位：m）

⑤ 在交叉渡线的一组道岔上施工，一端在菱形中轴相对处线路上，另一端在距离施工地点 50 m 处线路上，分别设置移动停车信号牌（灯）防护，将有关道岔扳向不能通往施工地点的位置，并加锁或紧固，如图 7.13 所示。

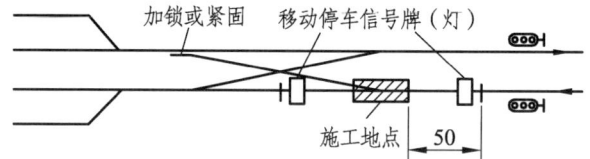

图 7.13　站内道岔上施工移动信号防护（五）（单位：m）

⑥ 在道岔上进行大型养路机械施工时，如延长移动停车信号牌（灯）防护距离后占用其他道岔时，对相关道岔应一并防护。

（4）仅运行动车组列车的区间正线不设置移动减速信号防护。在其余区间正线上，使用带"T"字和"减速"字的移动减速信号防护办法如下：

① 单线区间施工，设立位置如图 7.14 所示。

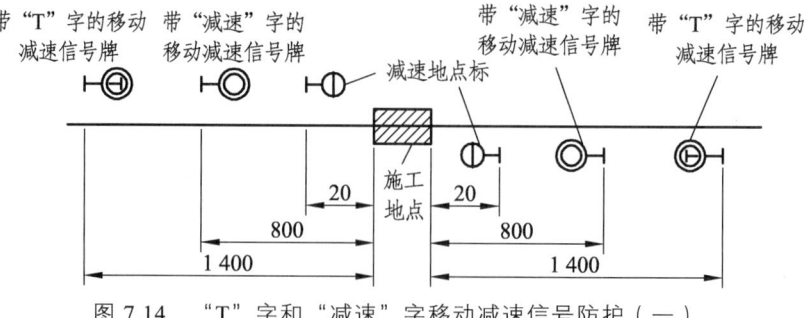

图 7.14　"T"字和"减速"字移动减速信号防护（一）

② 双线区间在一条线上施工，设立位置如图7.15所示。

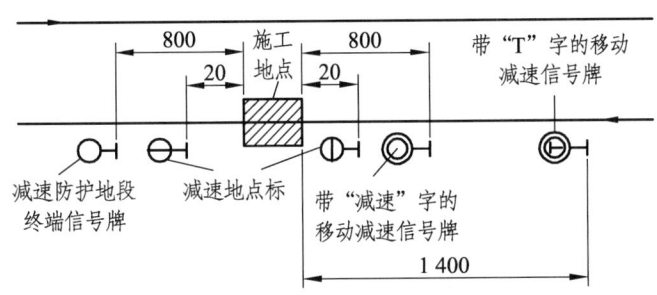

图7.15 "T"字和"减速"字移动减速信号防护（二）（单位：m）

③ 双线区间两条线路同时施工，设立位置如图7.16所示。
④ 施工地点距离进站信号机（或反方向进站信号机）小于800 m时，设立位置如图7.17所示。

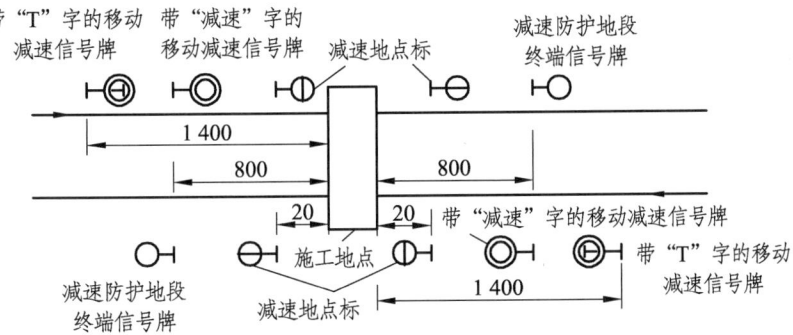

图7.16 "T"字和"减速"字移动减速信号防护（三）（单位：m）

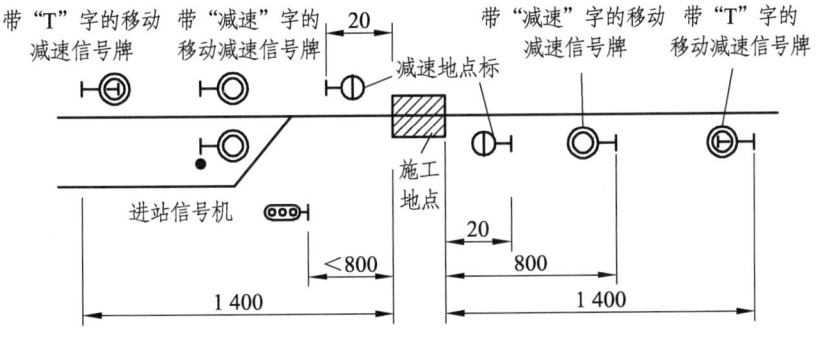

图7.17 "T"字和"减速"字移动减速信号防护（四）（单位：m）

注：① 当站内正线警冲标距离施工地点小于800 m时，按800 m设置移动减速信号牌。
② 当站内正线警冲标距离施工地点大于或等于1 400 m时，不设置带"T"字的移动减速信号牌。

（5）仅运行动车组列车的站内线路或道岔不设置移动减速信号防护。在其余站内线路或道岔上，使用带"T"字和"减速"字的移动减速信号的防护办法如下：

① 在站内正线线路上施工，当施工地点距进站信号机大于或等于 800 m 时，单线设立位置如图 7.18 所示，双线设立位置如图 7.19 所示。

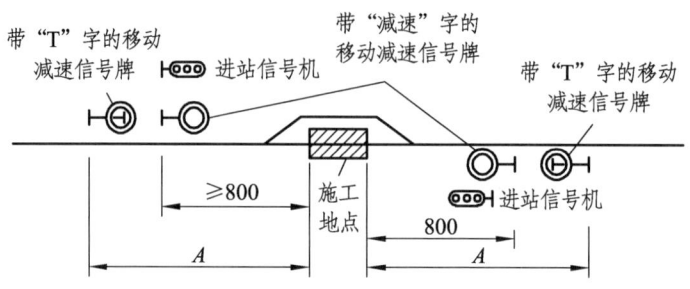

图 7.18　"T"字和"减速"字移动减速信号防护（五）（单位：m）

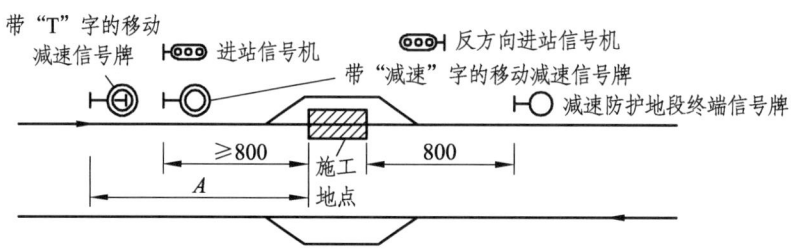

图 7.19　"T"字和"减速"字移动减速信号防护（六）（单位：m）

注：当施工地点距进站信号机不足 800 m 时，自施工地点起至 800 m 处区间线路列车运行方左侧，设移动减速信号牌防护；当施工地点距进站信号机大于或等于 A 时，不设置带"T"字的移动减速信号牌，A 取 1 400 m；当施工地点距反方向进站信号机不足 800 m 时，自施工地点起至 800 m 处区间线路列车运行方左侧，设减速防护地段终端信号牌；当施工地点距反方向进站信号机大于或等于 800 m 时，在反方向进站信号机处，设减速防护地段终端信号牌。

② 在站内正线道岔上施工，当施工地点距进站信号机大于或等于 800 m 时，单线设立位置如图 7.20 所示，双线设立位置如图 7.21 所示。

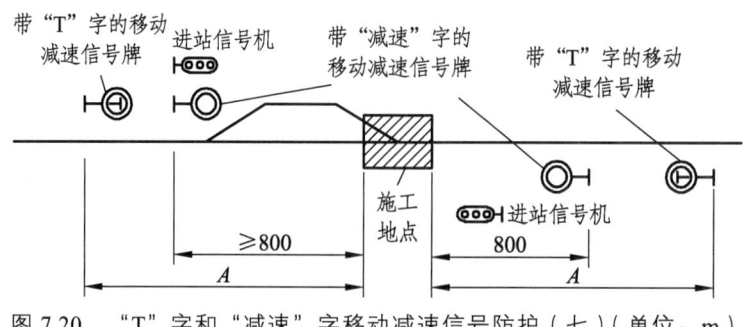

图 7.20　"T"字和"减速"字移动减速信号防护（七）（单位：m）

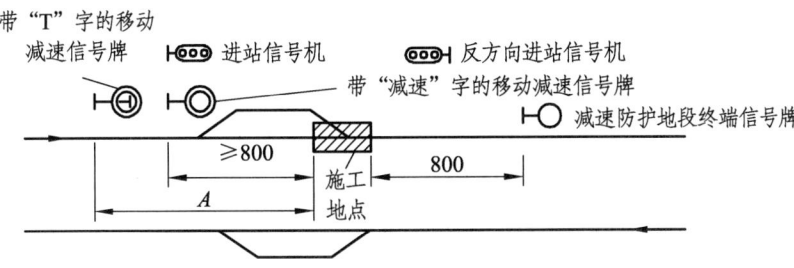

图 7.21 "T"字和"减速"字移动减速信号防护（八）（单位：m）

注：当施工地点距进站信号机不足 800 m 时，自施工地点起至 800 m 处区间线路列车运行方左侧，设移动减速信号牌防护；当施工地点距进站信号机大于或等于 A 时，不设置带"T"字的移动减速信号牌，A 取 1 400 m；当施工地点距反方向进站信号机不足 800 m 时，自施工地点起至 800 m 处区间线路列车运行方左侧，设减速防护地段终端信号牌；当施工地点距反方向进站信号机大于或等于 800 m 时，在反方向进站信号机处，设减速防护地段终端信号牌。

③ 在站线线路上施工，设立位置如图 7.22 所示。

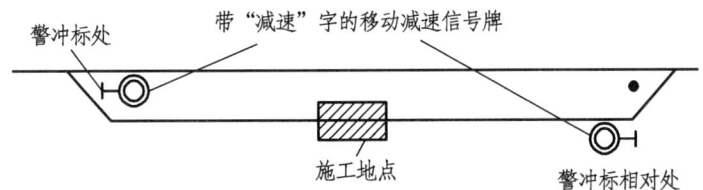

图 7.22 "T"字和"减速"字移动减速信号防护（九）（单位：m）

④ 在站线道岔上施工，该道岔中部线路旁，设置两面黄色的带"减速"字的移动减速信号牌，设立位置如图 7.23 所示。

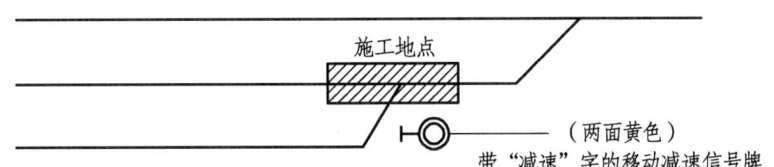

图 7.23 "T"字和"减速"字移动减速信号防护（十）（单位：m）

凡线间距离不足规定时，应设置矮型（1 m 高）的移动减速信号牌。

三、施工路用列车开行

（一）施工路用列车上线

（1）施工路用列车进入高速铁路运行必须装备列车运行监控装置或轨道车运行控制设备、机车综合无线通信设备，未装设或设备故障的禁止进入高速铁路运行。

（2）施工路用列车上线运行应纳入施工、维修日计划，向调度所提供"自轮运转特种设备运行、作业计划表",注明发站、到站、编组、运行径路、作业地点及转线计划并经主管业务处审核批准。未提供"自轮运转特种设备运行、作业计划表"或内容不全的,禁止进入高速铁路运行。

(3)在 GSM-R 区段,施工路用列车司机及有关人员应配备 GSM-R 手持终端,开车前将联系号码报告列车调度员和相关车站值班员。施工路用列车有关人员间应相互通报联系方式,并进行通话试验。

(4)向封锁区间开行施工路用列车时,列车进入封锁区间的行车凭证为调度命令。该命令中应包括列车车次、停车地点、到达车站的时刻等有关事项。需限速运行时在命令中一并注明。

(二)施工路用列车接发

(1)在常态灭灯的区段,接发施工路用列车时,进站信号机、出站信号机、进路信号机、线路所通过信号机应点灯。

(2)施工路用列车在车站开车前需进行自动制动机简略试验时,由施工负责人指派胜任人员负责。

(三)施工路用列车安全

(1)天窗内所有影响施工路用列车运行的施工维修作业必须在施工路用列车通过后方可进行,并须在施工路用列车返回前结束。

(2)施工路用列车进入封锁区间的规定:

① 施工单位应指派胜任人员携带列车无线调度通信设备值乘,并在区间协助司机作业。路用列车或施工机械进入施工地段时,应在防护人员显示的停车手信号前停车,再根据施工负责人的要求,按调车办法,进入指定地点。

② 在区间推进运行时,必须安装简易紧急制动阀,施工单位指定胜任人员登乘列车前端,认真瞭望,及时与司机联系,必要时使用简易紧急制动阀停车或通知司机停车。

③ 同一封锁区间原则上每端只开行一列路用列车,如超过时,其安全措施及运行办法由铁路局集团公司规定。有多台作业车进入同一区间时,作业车辆应组成综合作业车列合并运行,共用一个调度命令进入区间、返回车站或到达前方站。作业车及车列由车站开往区间后,由主体作业单位统一组织协调,划分各作业车的作业范围及分界点。各作业单位必须严格按规定分别设置防护。

(3)施工路用列车由封锁区间进站时,司机须得到列车调度员(车站控制时为车站值班员)的同意,方可进站。

(4)施工作业完毕,驻调度所(驻站)联络员须确认施工作业车全部到达车站后,方可申请办理开通。

四、确认列车开行

(一) 确认列车组织

(1) 高速铁路仅运行动车组列车的区段,天窗结束后开行动车组列车前,应开行确认列车,确认列车的开行纳入列车运行图。其他区段,天窗结束后首趟列车不准为动车组列车;扰动道床不能预先轧道的线路、道岔施工区段,施工开通后第一趟列车不准为旅客列车。

(2) 确认列车应由工务、电务、供电部门指派专业技术人员随车添乘,但有相应地面、车载监测设备的电务、供电部门根据需要添乘。

(3) 随车机械师负责开启和关闭操纵端司机室后车厢站台侧门,供添乘人员上下车。随车机械师关闭车门后应及时通知司机。

(4) 司机在确认行车凭证和开车时间,车门关闭后,即可起动列车。

(5) 添乘人员必须服从司机的管理,不得干扰司机的正常操作。

(二) 确认信息反馈

(1) 所有参加确认的人员必须按规定的时间、确认事项和内容报告确认情况。

(2) 确认信息报告程序及时间。

① 异常情况:影响列车运行的确认信息由添乘人员通过司机随时向列车调度员报告,添乘人员同时还应向铁路局集团公司专业调度报告。

② 正常情况:添乘人员于添乘到达确认区段终点后及时分别向铁路局集团公司专业调度汇报。

【复习思考题】

1. 接发列车作业中,人员是如何分工的?
2. 接发列车应在正线或到发线上办理,并应遵守哪些原则?
3. 列车在站内临时停车的处理流程有哪些?
4. 动车组列车按隔离模式由车站(线路所)开往区间时的处理?
5. 列车在区间停车需下车处理时的作业要求是什么?
6. 不同情况下普速列车的运行限速是多少?
7. 动车组列车司机在出乘前已收到该限速的运行揭示调度命令时,如何作业?动车组列车司机在出乘前未收到该限速的运行揭示调度命令时,如何作业?
8. 跨线运行有哪些要求?车底回送有什么要注意的事项?
9. 动车组调车作业,对司机有哪些要求?
10. 施工路用列车进入封锁区间的规定有哪些?
11. 向封锁区间开行施工路用列车时,列车进入封锁区间的行车凭证是什么?命令中应包括哪些内容?

项目八　非正常行车

【项目描述】

在列车驾驶运用过程中，可能出现灾害天气、设备故障或行车组织异常等非正常情况，本项目讨论在这些非正常情况下的行车处理及救援情况。

【目标引领】

知识目标：

（1）熟悉灾害天气行车处理。
（2）熟悉设备故障情况下的行车处理。
（3）熟悉非正常行车组织情况下的行车处理。

能力目标：

（1）能进行非正常情况下的行车处理。
（2）能进行列车救援操作。

素质目标：

（1）培养学生临危不乱的危机处理意识。
（2）培养学生团队协作精神。

【思政案例】

列检作业不规范，司机应急处置差，酿成重大事故

1. 事故概况

2005 年 9 月 17 日 13 时 23 分，××××次货物列车（编组 47 辆，总质量 3 948 t，计长 61.1）因列车放飏，越过×××站关闭的出站信号机，13 时 31 分进入××站安全线，造成机车及机后 1~38 位脱轨颠覆，39 位脱轨。构成货物列车脱轨交通重大事故。

2. 原因分析

（1）车辆部门列检作业质量不高，造成晋城北站开车时列车制动力仅有 100 kN/100 t（为

标准值的 35.7%），是造成事故的原因。

（2）在应急状态下，机车乘务员存在操作不规范不协调问题，造成机车没有发挥出应有的制动力。另外，因机车乘务员误操作，造成列尾装置机车信号丢失，导致机车丧失了使用列尾控制列车制动的能力。

（3）放飏前折角塞门可能处于关闭位。

3. 事故教训

（1）列检管理不到位，列检人员作业不规范，致使车辆运行质量失控。

（2）机车乘务员应急处理能力差，操纵作业不规范，列尾装置的使用存在失误。

在非正常行车项目里，应紧紧围绕立德树人这一根本任务，注重培养学生遵守标准规范的职业素养，不断提高临危不乱的危机意识，强化非正常行车和设备故障处置能力。

任务一　灾害天气行车

一、大风天气行车

（一）接到自然灾害及异物侵限监测系统风速监测子系统大风报警信息时的处置

（1）遇风速监测子系统提示大风报警信息时，列车调度员根据报警提示向相关列车发布限速运行的调度命令。对来不及发布调度命令的列车，立即通知司机限速运行。司机接到调度命令或通知后，应立即采取措施。

（2）遇大风天气，当风速监测子系统发出禁止运行的报警信息时，列车调度员应及时关闭有关信号（车站控制时，通知车站值班员关闭有关信号）并通知司机停车。司机接到通知后，应立即采取停车措施。

（3）列车运行途中，遇大风，司机根据情况控制列车运行速度，并报告列车调度员。列车调度员通知后续首列列车司机在该地段注意运行。列车通过该地段后，司机应及时向列车调度员报告。

（4）遇大风天气，列车调度员按风速监测子系统报警提示发布限速调度命令，遇风速不稳或同一地段多处风速报警时，列车调度员可合并设置，按最低限速值发布限速调度命令。

（5）风速监测子系统限速报警解除后，列车调度员应及时取消前发限速调度命令，恢复正常行车。

（二）动车组列车遇大风行车限速的规定

（1）在环境风速不大于 15 m/s 时，可以正常速度运行；环境风速不大于 20 m/s 时，运行速度不大于 300 km/h；环境风速不大于 25 m/s 时，运行速度不大于 200 km/h；环境风速不大于 30 m/s 时，运行速度不大于 120 km/h；环境风速大于 30 m/s 时，严禁动车组列车进入风区。

（2）在线路中心线距站台边缘为1 750 mm的正线、到发线办理动车组列车通过时：在环境风速不大于15 m/s情况下，速度不得超过80 km/h；当环境风速超过15 m/s时，动车组运行速度不得超过45 km/h，并注意运行。

（三）自然灾害及异物侵限监测系统风速监测子系统故障时的处置

（1）列车调度员发现风速监测子系统故障时，应立即通知设备管理单位，并在"行车设备检查登记簿"内登记。设备管理单位发现风速监测子系统故障时，应立即报告列车调度员，并在调度所"行车设备检查登记簿"内登记。

（2）风速监测子系统故障期间，故障区段如遇天气预报7级及以上大风天气时，工务部门应及时向列车调度员提交天气预报信息，列车调度员按照天气预报的最大风级向相关列车发布限速调度命令。相关限速规定如下：当最大风速达7级时，运行速度不大于300 km/h；8级、9级时，运行速度不大于200 km/h；10级时，运行速度不大于120 km/h；11级及以上时，禁止列车进入风区。限速里程由工务部门根据故障情况以及天气预报信息确定后，通知列车调度员。

二、雨天行车

（1）接到自然灾害及异物侵限监测系统雨量监测子系统报警信息时的处置。

遇雨量监测子系统提示雨量监测报警信息时，列车调度员根据报警提示向相关列车发布限速运行的调度命令。对来不及发布调度命令的列车，立即通知司机限速运行。司机接到调度命令或通知后，应立即采取措施。

（2）列车通过防洪重点地段时，司机要加强瞭望，并随时采取必要的安全措施。

动车组列车运行中，司机发现积水高于轨面时，应立即停车，根据现场情况与随车机械师共同确认行车条件或请求救援，并立即报告列车调度员（车站值班员），车站值班员报告列车调度员。列车调度员（车站值班员）立即通知已进入区间的后续列车停车（避免停在隧道内），不再向该区间放行列车。

当洪水漫到路肩时，列车应按规定限速运行；遇有落石、倒树等障碍物危及行车安全时，司机应立即停车，排除障碍并确认安全无误后，方可继续运行。

列车遇到线路塌方、道床冲空等危及行车安全的突发情况时，司机应立即采取应急安全措施，并立刻通知追踪列车、邻线列车及列车调度员（邻近车站）。配备列车防护报警装置的列车应立即使用列车防护报警。

（3）遇有降雨天气，重点防洪地段1 h降雨量达到45 mm及以上时，列车限速120 km/h；1 h降雨量达到60 mm及以上时，列车限速45 km/h。当1 h降雨量降至20 mm及以下、且持续30 min以上时，可逐步解除限速。

列车调度员在得到工务及其他相关专业调度台检查无异常的报告后，及时取消限速或解除线路封锁。

（4）自然灾害及异物侵限监测系统雨量监测子系统故障时的处置。

列车调度员发现雨量监测子系统故障时，应立即通知设备管理单位，并在"行车设备检查登记簿"内登记；设备管理单位发现雨量监测子系统故障时，应立即报告列车调度员，并在调度所"行车设备检查登记簿"内登记。雨量监测子系统故障期间，由工务部门根据降雨情况在调度所"行车设备检查登记簿"内登记限速或封锁。

三、冰雪天气行车

（一）遇冰雪天气时的处置

（1）自然灾害及异物侵限监测系统雪深监测子系统报警雪深值达到警戒值时，列车调度员应根据报警信息和限速提示及时向相关列车发布限速运行的调度命令。对来不及发布调度命令的列车，应立即通知司机限速运行。

未安装雪深监测子系统的区段或雪深监测子系统故障时，工务、电务部门根据降雪情况和需要，在调度所"行车设备检查登记簿"内登记限速申请，并可根据积雪量变化情况，提出提速或进一步限速的申请，列车调度员要及时发布调度命令。

（2）安装动车组运行故障动态图像检测系统（TEDS）的区段，TEDS监控中心要加强对动车组转向架结冰、积雪等情况的监测分析，发现动车组转向架结冰需限速运行时，应立即将车次及限速要求等按规定报告动车调度员。动车调度员通知列车调度员进行处置。

列车运行过程中，随车机械师发现动车组车底异响、动车组被击打等异常情况需要列车限速时，应立即通知司机限速。司机根据随车机械师的限速要求运行，并向列车调度员报告被击打地点里程，列车调度员不再发布限速调度命令。列车调度员通知动车调度员，提示后续首列列车司机、随车机械师在该被击打地点注意列车运行状态。动车调度员应立即通知前方TEDS监测点进行重点监测。列车通过该被击打地点后，司机、随车机械师应及时上报有关运行情况。

（3）需人工上道除雪时，上、下道应执行登记签认制度。列车调度员应根据相关单位的申请，停止本线接发列车及调车作业，邻线列车限速160 km/h及以下。

（4）道床积雪、接触网结冰受电弓取流不畅时，司机应先采取减速措施，并及时向列车调度员汇报，列车调度员通知有关专业调度，专业调度及时通知有关设备管理单位，设备管理单位及时查明情况，按规定提出限速申请，列车调度员及时发布限速调度命令。

（5）供电部门应掌握接触网导线结冰情况，需要列车限速时，应立即登记"行车设备检查登记簿"，向列车调度员提出限速申请。需要接触网除冰时，供电部门提出除冰申请，列车调度员应及时安排接触网除冰车辆上线运行。

遇接触网导线覆冰时，可取消天窗停电作业，并在天窗时间内开行动车组、单机，进行热滑融冰。

（6）随车机械师在始发、折返站发现动车组转向架结冰、受电弓无法升起、动车组被击打等异常情况需要处理时，应及时通知司机，由司机报告列车调度员，列车调度员通知动车调度员。动车调度员根据随车机械师反映情况和车辆运用情况提出更换车底或限速申请，并组织入库动车组除雪融冰。

（7）降雪结束后，提出限速的设备管理单位应做好对有关行车条件的检查确认，及时恢复常速运行。在具备提速条件或限速情况消除时，应向列车调度员提出申请，列车调度员及时发布相关调度命令。雪后恢复常速运行的具体程序和办法由铁路局集团有限公司规定。

（8）列车调度员发现雪深监测子系统故障时，应立即通知设备管理单位，并在"行车设备检查登记簿"内登记。设备管理单位发现雪深监测子系统故障时，应立即报告列车调度员，并在调度所"行车设备检查登记簿"内登记。

（二）冰雪天气限速要求

（1）当运行区段降中雪或积雪覆盖轨枕板或道砟面时，无砟轨道区段限速 250 km/h 及以下，有砟轨道区段限速 200 km/h 及以下；当运行区段降大雪、暴雪时，无砟轨道区段限速 200 km/h 及以下，有砟轨道区段限速 160 km/h 及以下。中雪、大雪、暴雪的界定，以气象部门公布或观测为准。

当无砟轨道区段轨枕板积雪厚度 100 mm 以上时，限速 200 km/h 及以下；有砟轨道区段道砟面积雪厚度 50 mm 以上时，限速 160 km/h 及以下。

（2）接触网导线结冰受电弓取流不畅时，限速 160 km/h 及以下。

（3）动车组转向架结冰需要列车限速时，无砟轨道区段限速 250 km/h 及以下，有砟轨道区段限速 200 km/h 及以下。

四、异物侵限报警

（一）接到自然灾害及异物侵限监测系统异物侵限子系统灾害报警信息时的处置

（1）列车调度员接到异物侵限子系统异物侵限灾害报警信息后，应立即通知区间内已进入报警地点及尚未经过报警地点的列车立即停车，不再向该区间放行列车，同时向调度所值班主任（值班副主任）汇报，值班主任（值班副主任）应立即通知设备管理单位赶赴现场检查处理。

（2）在设备管理单位检查人员到达报警点前，列车调度员通过视频监控系统查看现场情况，有异状或不能确认时，必须经设备管理单位检查处理并具备放行列车条件后，方可组织列车运行。无异状时，按下列规定办理：

① 列车调度员确认报警地点次一个闭塞分区空闲后，对区间内已进入报警地点及尚未经过报警地点的列车，口头通知司机逐列恢复运行，以遇到障碍能随时停车的速度（动车组列车最高不超过 40 km/h，其他列车最高不超过 20 km/h）越过报警点所在闭塞分区，指示后列恢复运行前必须确认前列已完整越过报警点次一个闭塞分区并得到前列无异状的报告。

② 司机在报警点所在闭塞分区通过信号机（区间信号标志牌）前停车等候 2 min 后，以遇到障碍能随时停车的速度（动车组列车最高不超过 40 km/h，其他列车最高不超过 20 km/h）越过该闭塞分区，按次一通过信号机显示（列控车载设备显示）运行。司机应加强瞭望，发现异状立即停车，并报告列车调度员；如无异状，司机确认列车完全越过报警点次一个闭塞分区后应及时报告列车调度员。司机在停车等候的同时，必须与列车调度员联系，如确认前

方闭塞分区内有列车时，不得进入。

③ 区间空闲后，在报警点所在闭塞分区红光带取消前，按站间组织行车。

（3）经设备管理单位现场检查处理，列车调度员根据设备管理单位在"行车设备检查登记簿"内登记的行车限制条件组织列车运行。具备条件时，列车调度员根据设备管理单位允许取消报警点所在闭塞分区红光带的登记，使用临时行车按钮取消异物侵限灾害报警红光带。

（4）在故障未修复前，设备管理单位须派人在现场看守，并及时向列车调度员报告现场情况，在报警点所在闭塞分区红光带取消后，列车调度员应下达限速 120 km/h 及以下注意运行的调度命令，限速位置为报警点所在闭塞分区，司机应加强瞭望。

（5）故障修复后，列车调度员将自然灾害及异物侵限监测系统中复原按钮解锁，使系统恢复到正常状态，恢复正常行车组织。

（二）自然灾害及异物侵限监测系统异物侵限子系统一路电网断线报警时的处置

当双电网的一路电网断线时，异物侵限子系统发出异物侵限传感器故障报警信息，自然灾害及异物侵限监测系统不向列控系统发送灾害报警信息，不影响正常行车。列车调度员接到异物侵限子系统一路电网断线报警信息后，应按正常组织行车，并立即通知设备管理单位检查处理。

（三）自然灾害及异物侵限监测系统异物侵限子系统故障导致系统不能反映现场情况时的处置

（1）列车调度员发现异物侵限子系统故障导致系统不能反映现场情况时，应立即通知设备管理单位，并在"行车设备检查登记簿"内登记。设备管理单位发现异物侵限子系统故障时，应立即报告列车调度员，并在调度所"行车设备检查登记簿"内登记。

（2）异物侵限子系统故障未修复前，设备管理单位须派人在现场看守，并及时向列车调度员报告现场情况，列车调度员应下达限速 120 km/h 及以下注意运行的调度命令，限速位置为监测点所在闭塞分区，司机应加强瞭望。遇有异物侵限时，看守人员应立即通知列车调度员，列车调度员呼叫列车停车。

（3）在看守人员未到达异物侵限监测点前，列车调度员应下达限速 120 km/h 及以下（异物侵限监测点为隧道口时，限速 40 km/h 及以下）注意运行的调度命令，限速位置为监测点所在闭塞分区，司机在该处注意运行。

五、地震监测报警

接到天气恶劣报告时的处置。列车调度员接到地震监测子系统地震监控报警信息或接到现场地震报告后，应立即关闭有关信号（车站控制时，通知车站值班员关闭有关信号），通知相关列车停车。列车司机组织列车乘务人员根据现场实际情况，采取应急处置措施。

列车调度员立即报告调度所值班主任（值班副主任），通知工务、电务、供电、通信、房建等设备管理单位检查。设备管理单位检查处理后，根据设备管理单位登记的行车限制条件组织行车。

六、天气恶劣难以辨认信号行车

(一)接到天气恶劣报告时的处置

遇天气恶劣,信号机显示距离不足 200 m 时,司机或车站值班员须立即报告列车调度员。列车按地面信号显示运行时,列车调度员应及时发布调度命令,改按天气恶劣难以辨认信号的办法行车。

(二)天气恶劣难以辨认信号行车办法

(1)列车按机车信号的显示运行。当接近地面信号机时,司机应确认地面信号,遇地面信号与机车信号显示不一致时,应立即采取减速或停车措施。

(2)当无法辨认出站(进路)信号机显示时,在列车具备发车条件后,司机凭机车信号的显示起动列车,在确认出站(进路)信号机显示正确后,再行加速。

(3)天气转好时,应及时报告列车调度员发布调度命令,恢复正常行车。

任务二 设备故障行车

一、列控车载设备不能正常使用

(1)动车组列车运行中遇列控车载设备故障并导致列车停车后,司机应报告列车调度员(车站值班员),并通知随车机械师。车站值班员报告列车调度员。司机转换冗余切换开关(开关不在司机室时,司机通知随车机械师进行转换)启动冗余设备或将列控车载设备断电 30 s 后重新启动,设备恢复正常时,报告列车调度员,继续运行。

(2)已在区间内运行的装备 LKJ 的动车组列车因列控车载设备故障,不能恢复正常运行但能提供机车信号时,司机应报告列车调度员(车站值班员),车站值班员报告列车调度员。在信号机常态点灯的 CTCS-2 级区段,列车调度员发布改按 LKJ 方式行车的调度命令,动车组列车改按 LKJ 方式运行。在 CTCS-3 级及信号机常态灭灯的 CTCS-2 级区段,列车调度员在确认该列车至前方站(线路所)间空闲后,发布改按 LKJ 方式行车的调度命令,动车组列车改按 LKJ 方式运行。

(3)在区间内运行的未装备 LKJ 的动车组列车列控车载设备故障,不能恢复正常运行时,司机应报告列车调度员(车站值班员),车站值班员报告列车调度员。列车调度员(车站值班员)不再向该区间放行列车,并通知已进入区间的后续列车立即停车。确认该列车至前方站(线路所)间空闲后,列车调度员发布改按隔离模式运行的调度命令,列车改按隔离模式,按地面信号显示以不超过 40 km/h 的速度运行至前方站(线路所)。该列车到达前方站(线路所)后,列车调度员方可通知后续列车恢复运行。

(4)动车组列控车载设备故障不能恢复正常运行在车站出发时,装备 LKJ 的动车组列车改按 LKJ 方式运行，未装备 LKJ 的动车组列车改按隔离模式运行。

（5）因设备故障，动车组列控车载设备在 CTCS-3 级与 CTCS-2 级间进行转换时，司机应报告列车调度员。

二、LKJ、GYK、机车信号故障

（1）动车组列车改按 LKJ 方式运行，在自动闭塞区间内遇机车信号或 LKJ 故障时，司机应报告列车调度员（车站值班员），车站值班员报告列车调度员。列车调度员（车站值班员）不再向该区间放行列车，并通知已进入区间的后续列车立即停车。列车调度员确认该列车至前方站（线路所）间空闲后通知司机，列车按地面信号显示以不超过 40 km/h 的速度运行至前方站（线路所）。该列车到达前方站（线路所）后，列车调度员方可通知后续列车恢复运行。

（2）按 LKJ 方式运行的动车组列车遇机车信号或 LKJ 故障在车站出发时，改按隔离模式运行。

（3）动车组以外的列车，在自动闭塞区间内运行遇机车信号或 LKJ（GYK）故障时，司机应立即报告列车调度员（车站值班员），车站值班员报告列车调度员。列车调度员（车站值班员）不再向该区间放行列车，并通知已进入区间的后续列车立即停车。列车调度员确认该列车至前方站（线路所）间空闲后通知司机，列车按地面信号显示以不超过 20 km/h 的速度运行至前方站停车处理或更换机车。该列车到达前方站（线路所）后，列车调度员方可通知后续列车恢复运行。

三、CTC 故障

（一）列车车次号错误或丢失

（1）列车调度员发现 CTC 终端列车车次号错误或丢失时，应进行核对确认，重新输入正确的车次号。

（2）车站值班员发现 CTC 终端列车车次号错误或丢失时，应报告列车调度员，与列车调度员核对确认后，重新输入正确的车次号。

（二）CTC 不能下达列车运行计划

（1）CTC 不能下达列车运行计划时，列车调度员通知电务部门进行检查处理，并在"行车设备检查登记簿"内登记。

（2）通知车站转为非常站控。

（3）采取电话等方式下达列车运行计划。

CTC 不能自动触发进路时，列车调度员（车站控制时为车站值班员）应采取人工触发进路或人工排列进路方式办理，并通知电务部门进行处理，在"行车设备检查登记簿"内登记。

当 CTC 设备登记停用或全站表示信息中断未及时恢复时，应转为非常站控。

（三）调度所及车站 CTC 设备均不能正确显示列车占用状态

（1）调度所及车站 CTC 设备均不能正确显示列车占用状态时，列车调度员应立即通知已进入区间的列车司机立即停车，通知电务部门进行处理。

（2）CTC 设备不能正确显示列车占用状态故障暂时无法修复，具备放行列车条件时，列车调度员根据电务部门登记的行车限制条件放行列车，通知车站转为非常站控。对已进入区间的列车，列车调度员确认列车至前方站（线路所）间空闲后，通知列车司机逐列恢复运行，指示后列恢复运行前必须确认前列已完整到达前方站（线路所）。司机按信号显示运行，逐列运行至前方站（线路所）。

区间空闲后，按站间组织行车。

（3）CTC 设备不能正确显示列车占用状态故障修复，列车调度员根据电务部门的销记，通知有关列车司机恢复正常行车。

四、进站（出站、进路）信号机、线路所通过信号机故障或车站（线路所）道岔失去表示、轨道电路非列车占用红光带

（一）进站（接车进路）信号机故障或接车进路上道岔失去表示、轨道电路非列车占用红光带

（1）列车调度员（车站控制时为车站值班员）通知设备管理单位进行检查处理，在"行车设备检查登记簿"内登记。

（2）设备故障修复，列车调度员（车站控制时为车站值班员）根据设备管理单位的销记，开放进站（接车进路）信号办理接车。

（3）设备故障暂时无法修复，具备放行列车条件时，列车调度员（车站控制时为车站值班员）根据设备管理单位登记的行车限制条件组织行车。

① 进站（接车进路）信号机引导信号能够开放时，在确认接车进路空闲、进路准备妥当后，开放引导信号办理接车。

② 进站（接车进路）信号机引导信号不能开放时，在确认接车进路空闲、进路准备妥当后，列车调度员发布准许越过该信号机的调度命令，司机凭调度命令越过该信号机。动车组列车在进站（接车进路）信号机前停车后，装备 LKJ 的动车组列车将列控车载设备隔离，按 LKJ 方式运行，速度不超过 40 km/h；未装备 LKJ 的动车组列车改按隔离模式进站停车。动车组以外的列车按 LKJ（GYK）方式运行，速度不超过 20 km/h。

（二）出站（发车进路）信号机故障或发车进路上道岔失去表示、轨道电路非列车占用红光带

（1）列车调度员（车站控制时为车站值班员）通知设备管理单位进行检查处理，在"行车设备检查登记簿"内登记。

（2）设备故障修复，列车调度员（车站控制时为车站值班员）根据设备管理单位的销记，

开放出站（发车进路）信号机办理发车。

（3）设备故障暂时无法修复，具备放行列车条件时，列车调度员（车站控制时为车站值班员）根据设备管理单位登记的行车限制条件组织行车。

① 出站信号机不能开放时：

a. 出站信号机引导信号能够开放时，在确认第一个闭塞分区空闲（CTCS-3 级及信号机常态灭灯的 CTCS-2 级自动闭塞区间对 LKJ 或 GYK 控车的列车和自动站间闭塞区间为确认区间空闲）和发车进路空闲，进路准备妥当后，开放引导信号办理发车。

b. 出站信号机未设引导信号或引导信号不能开放时，按以下方式办理发车：

在 CTCS-3 级及信号机常态灭灯的 CTCS-2 级自动闭塞区段，信号机应点灯，在确认区间空闲和发车进路空闲，进路准备妥当后，列车调度员发布准许进入区间的调度命令，司机凭调度命令进入区间。装备 LKJ 的动车组列车将列控车载设备隔离，按 LKJ 方式运行至前方站进站信号机（线路所通过信号机），按其显示的要求执行；未装备 LKJ 的动车组列车改按隔离模式运行至前方站进站信号机（线路所通过信号机），按其显示的要求执行；动车组以外的列车按 LKJ（GYK）方式运行，运行至前方站进站信号机（线路所通过信号机），按其显示的要求执行。

在信号机常态点灯的 CTCS-2 级自动闭塞区段，确认第一个闭塞分区空闲（未装备 LKJ 的动车组列车为确认区间空闲）和发车进路空闲，进路准备妥当后，列车调度员发布准许进入区间的调度命令，司机凭调度命令进入区间。装备 LKJ 的动车组列车将列控车载设备隔离，按 LKJ 方式运行，以不超过 40 km/h 的速度运行至区间第一架通过信号机，按其显示的要求执行；未装备 LKJ 的动车组列车改按隔离模式运行至前方站进站信号机（线路所通过信号机），按其显示的要求执行；动车组以外的列车按 LKJ（GYK）方式运行，以不超过 20 km/h 的速度运行至区间第一架通过信号机，按其显示的要求执行。

自动站间闭塞区段，在确认区间空闲后，应停止使用基本闭塞法改按电话闭塞法行车，确认发车进路空闲和进路准备妥当后，发布调度命令，司机凭调度命令进入区间。装备 LKJ 的动车组列车（需将列控车载设备隔离）、动车组以外的列车，按 LKJ（GYK）方式运行至前方站进站信号机（线路所通过信号机），按其显示的要求执行；未装备 LKJ 的动车组列车改按隔离模式运行至前方站进站信号机（线路所通过信号机），按其显示的要求执行。

② 发车进路信号机不能开放时：

a. 发车进路信号机能开放引导信号时，在确认发车进路空闲和进路准备妥当后，开放引导信号办理发车。

b. 列车由车站开往区间，发车进路信号机未设引导信号或引导信号不能开放时，在确认发车进路空闲和进路准备妥当后，列车调度员发布准许越过该信号机的调度命令，司机凭调度命令越过该信号机。装备 LKJ 的动车组列车将列控车载设备隔离，按 LKJ 方式，以不超过 40 km/h 的速度运行至次一信号机前停车，转回列控车载方式控车；未装备 LKJ 的动车组列车改按隔离模式，运行至次一信号机前停车，转回列控车载方式控车；动车组以外的列车按 LKJ（GYK）方式，以不超过 20 km/h 的速度运行至次一信号机，按其显示要求执行。

（4）出站信号机不能开放时，除按规定交付行车凭证外，对通过列车应预告司机。装有进路表示器或发车线路表示器的出站信号机，当该表示器不良时，由列车调度员（车站控制时为车站值班员）通知司机。司机发现表示器不良时，应及时报告列车调度员（车站值班员）。

(三)线路所通过信号机故障或进路上道岔失去表示、轨道电路非列车占用红光带

(1)列车调度员(车站控制时为车站值班员)通知设备管理单位进行检查处理,在"行车设备检查登记簿"内登记。

(2)设备故障修复,列车调度员(车站控制时为车站值班员)根据设备管理单位的销记,恢复正常组织行车。

(3)设备故障暂时无法修复,具备放行列车条件时,列车调度员(车站控制时为车站值班员)根据设备管理单位登记的行车限制条件组织行车。

① 线路所通过信号机引导信号能够开放时,在确认第一个闭塞分区空闲(CTCS-3 级及信号机常态灭灯的 CTCS-2 级自动闭塞区间对 LKJ 或 GYK 控车的列车和自动站间闭塞区间为确认区间空闲)和进路空闲,进路准备妥当后,开放引导信号办理行车。

② 线路所通过信号机引导信号不能开放,列车开往 CTCS-3 级及信号机常态灭灯的 CTCS-2 级自动闭塞区间时,信号机应点灯,在确认区间空闲和进路空闲,进路准备妥当后,列车调度员发布准许越过该信号机的调度命令,司机凭调度命令越过该信号机。装备 LKJ 的动车组列车将列控车载设备隔离,改按 LKJ 方式运行,运行至前方站进站信号机(线路所通过信号机),按其显示的要求执行;未装备 LKJ 的动车组列车改按隔离模式运行,运行至前方站进站信号机(线路所通过信号机),按其显示的要求执行;动车组以外的列车按 LKJ(GYK)方式运行,运行至前方站进站信号机(线路所通过信号机),按其显示的要求执行。

线路所通过信号机引导信号不能开放,列车开往信号机常态点灯的 CTCS-2 级自动闭塞区间时,在确认区间第一个闭塞分区空闲(未装备 LKJ 的动车组列车为确认区间空闲)和进路空闲,进路准备妥当后,列车调度员发布准许越过该信号机的调度命令,司机凭调度命令越过该信号机。装备 LKJ 的动车组列车将列控车载设备隔离,按 LKJ 方式运行,以不超过 40 km/h 的速度运行至区间第一架通过信号机,按其显示的要求执行;未装备 LKJ 的动车组列车改按隔离模式运行,运行至前方站进站信号机(线路所通过信号机),按其显示的要求执行;动车组以外的列车按 LKJ(GYK)方式运行,以不超过 20 km/h 的速度运行至区间第一架通过信号机,按其显示的要求执行。

线路所通过信号机引导信号不能开放,列车开往自动站间闭塞区间时,在确认区间空闲后,应停止使用基本闭塞法改按电话闭塞法行车,确认进路空闲和进路准备妥当后,发布调度命令,司机凭调度命令越过线路所通过信号机。装备 LKJ 的动车组列车(需将列控车载设备隔离)、动车组以外的列车,按 LKJ(GYK)方式运行至前方站进站信号机(线路所通过信号机),按其显示的要求执行;未装备 LKJ 的动车组列车改按隔离模式运行至前方站进站信号机(线路所通过信号机),按其显示的要求执行。

五、区间通过信号机故障或闭塞分区轨道电路非列车占用红光带(异物侵限报警红光带除外)

(1)列车调度员(车站值班员)发现及得到区间通过信号机故障或闭塞分区非列车占用红光带的信息时,列车调度员(车站值班员)应立即通知区间内已进入故障地点及尚未经过

故障地点的列车司机立即停车，通知设备管理单位进行检查处理，并在"行车设备检查登记簿"内登记。车站值班员应立即报告列车调度员。

设备管理单位未销记确认可以放行列车前，不得再向该区间放行列车。

设备故障修复，列车调度员根据设备管理单位的销记，通知有关列车司机恢复正常行车。

（2）区间通过信号机（闭塞分区非列车占用红光带）故障暂时无法修复，具备放行列车条件时，根据设备管理单位登记的行车限制条件组织行车。待故障地点（发生两处及以上故障时，为运行方向第一故障地点）前的列车运行至前方站（线路所），对区间内已进入故障地点及尚未经过故障地点的列车，列车调度员确认列车至前方站（线路所）间空闲后，通知列车司机故障闭塞分区起止里程及防护该闭塞分区的通过信号机号码，逐段恢复运行至前方站（线路所），指示后列恢复运行前必须确认前列已完整到达前方站（线路所）。列车恢复运行时，司机在该闭塞分区通过信号机（区间信号标志牌）前停车等候 2 min 后，以遇到障碍能随时停车的速度，最高不超过 20 km/h（动车组列车不超过 40 km/h），越过该闭塞分区，按次一通过信号机显示（列控车载设备显示）运行，司机应加强瞭望。司机在停车等候的同时，必须与列车调度员联系，如确认前方闭塞分区内有列车时，不得进入。

区间空闲后，按站间组织行车。

六、站内轨道电路分路不良

站内轨道电路出现分路不良时，电务部门检测确认后，由电务部门及时在车站、调度所"行车设备检查登记簿"内登记，并在 CTC 终端上进行标注。

列车调度员（车站控制时为车站值班员）办理经由分路不良区段的进路时，执行以下规定：

（1）办理进路前，列车调度员（车站值班员）必须亲自或指派其他人员（集控站为车务应急值守人员组织电务、工务人员）确认与进路有关的所有分路不良区段空闲后，方可准备进路，并将分路不良区段的道岔单独锁闭。列车（机车车辆）未全部出清轨道电路分路不良区段前，严禁操纵有关道岔及其防护道岔，不得解除分路不良区段道岔单独锁闭。

（2）调车作业时，询问并得到调车人员或司机汇报机车车辆出清道岔轨道电路分路不良区段后，方可扳动道岔，开放信号。

（3）在轨道电路分路不良的股道上停放车辆时，必须对股道两端信号进行钮封。

（4）遇有列车（机车车辆）通过后进路漏解锁、光带不消失时，必须确认列车（机车车辆）已通过该区段后，方可对该区段进行人工解锁。

七、列车占用丢失

（一）区间列车占用丢失

（1）区间列车占用丢失报警或列车调度员（车站值班员）发现及得到区间列车占用丢失信息时，列车调度员（车站值班员）应立即通知已进入区间的后续列车立即停车。车站值班员应立即报告列车调度员。

（2）列车调度员（车站值班员）联系占用丢失的列车司机，询问列车位置及现场情况，通知电务部门检查处理，并在"行车设备检查登记簿"内登记。

（3）电务部门未销记确认可以放行列车前，不得再向该区间放行列车。

（4）设备故障修复，列车调度员根据电务部门的销记，通知有关列车司机恢复正常行车。

（5）设备故障暂时无法修复，占用丢失的列车运行无异常，具备放行列车条件时，根据电务部门登记的行车限制条件组织行车。对已进入区间的后续列车，列车调度员确认列车至前方站（线路所）间空闲后，通知司机逐列恢复运行，指示后列恢复运行前必须确认前列已完整到达前方站（线路所）。司机按信号显示运行，逐列运行至前方站（线路所）。区间空闲后，按站间组织行车。

（二）站内股道列车占用丢失

（1）站内股道列车占用丢失报警或列车调度员（车站控制时为车站值班员）发现及得到站内股道列车占用丢失信息时，应立即停止使用该故障区段。

（2）列车调度员（车站值班员）联系占用丢失的列车司机，询问列车位置及现场情况，通知电务部门检查处理，并在"行车设备检查登记簿"内登记。

（3）设备故障修复，列车调度员（车站值班员）根据电务部门的销记，恢复正常行车。

（4）设备故障暂时无法修复时，经电务部门检查处理后，根据电务部门登记的行车限制条件组织行车。

八、列车无线调度通信设备故障

（一）FAS（固定用户接入交换机）故障

1. 调度台 FAS 均故障

（1）列车调度员通知通信部门检查处理，并在"行车设备检查登记簿"内登记。

（2）列车调度员指示车务应急值守人员转为车站控制办理行车。

（3）设备故障修复后，列车调度员根据通信部门在"行车设备检查登记簿"内的销记，恢复设备正常使用和正常行车组织。

2. 车站 FAS 故障

（1）车站值班员（车务应急值守人员）通知通信部门检查处理，在"行车设备检查登记簿"内登记，报告列车调度员。

（2）车站值班员（车务应急值守人员）使用 GSM-R 手持终端或有语音记录装置的自动电话办理行车通话。

（3）故障修复后，车站值班员（车务应急值守人员）根据通信部门在"行车设备检查登记簿"内的销记，恢复设备正常使用。

（二）GSM-R 故障

（1）列车调度员（车站值班员）得到 GSM-R 故障的报告后，应立即通知通信部门检查处理，在"行车设备检查登记簿"内登记。车站值班员接到报告后应及时报告列车调度员，列车调度员报告调度所值班主任（值班副主任）。

（2）根据通信部门在"行车设备检查登记簿"内登记的停用内容、影响范围及行车限制条件，按下列规定办理：

① GSM-R 故障导致 CTCS-3 级降为 CTCS-2 级时，按 CTCS-2 级行车。

② 影响调度命令无线传送功能时，向司机发布的调度命令，按规定采用列车无线调度通信设备发布、转达或采用人工书面交递方式。

③ 遇无进路预告信息，司机须报告列车调度员（车站值班员），列车由正线通过改为侧线接车时，列车调度员（车站控制时为车站值班员）应提前预告司机。

（3）设备故障修复后，列车调度员（车站值班员）根据通信部门在"行车设备检查登记簿"内的销记，恢复设备正常使用。

（三）机车综合无线通信设备故障

（1）司机报告列车调度员（车站值班员），车站值班员报告列车调度员。

① 影响调度命令无线传送功能时，向司机发布的调度命令，按规定采用列车无线调度通信设备发布、转达或采用人工书面交递方式。

② 遇无进路预告信息，司机须报告列车调度员（车站值班员），列车由正线通过改为侧线接车时，列车调度员（车站控制时为车站值班员）应提前预告司机。

③ 机车综合无线通信设备不能通话时，司机应立即使用 GSM-R 手持终端报告列车调度员（车站值班员）。如 GSM-R 手持终端也不能进行通话，司机应在前方站停车报告。机车综合无线通信设备或 GSM-R 手持终端修复（更换）后，方准继续运行。

（2）设备故障修复后，恢复设备正常使用。

列车调度员、车站值班员因无线通信设备故障，均无法与司机取得联系时：

（1）不得向区间放行列车。

（2）列车调度员（车站值班员）通知通信部门检查处理，并在"行车设备检查登记簿"内登记。

（3）通信部门抢修完毕后，列车调度员根据通信部门在"行车设备检查登记簿"内的销记，恢复正常行车组织。

九、接触网停电

（1）遇接触网停电时，司机应立即停车并降弓，报告列车调度员（车站值班员）停车原因及停车位置，通知随车机械师（车辆乘务员）、列车长，车站值班员报告列车调度员。供电调度员发现接触网停电时，应立即确认停电范围并通知列车调度员。

（2）列车调度员（车站值班员）接到接触网停电的报告后，应立即扣停未进入停电区域的相关列车，对已进入停电区域的列车应通知司机停车。同时，列车调度员立即通知供电调度员确认停电范围，通知供电部门检查处理，在 CTC 上设置停电标识。

（3）电力机车牵引的旅客列车因接触网停电在区间停车后，司机应采取保压措施，长时间停车风压不足时,司机通知车辆乘务员组织客运乘务组拧紧全列人力制动机。

(4)接触网跳闸重合或送电成功,原因不明时,供电调度员应立即将接触网跳闸情况、故障标定装置指示地点的里程及限速要求通知列车调度员。列车调度员立即向尚未经过该地点的本线及邻线首列列车发布口头指示限速 80 km/h 注意运行,限速位置原则上按故障标定装置指示地点前后各 2 km 确定。司机应注意观察接触网设备状态,发现影响行车异常情况时应立即停车并向列车调度员报告,列车调度员立即通知尚未经过异常地点的后续列车停车,不得再向该区间放行列车,并立即通知供电部门检查处理,列车调度员按供电部门登记的行车限制条件组织行车。无异常时,司机在通过限速地点后立即向列车调度员报告。列车调度员根据本线司机确认本线无异常的报告组织本线后续列车正常运行,根据邻线司机确认邻线无异常的报告组织邻线后续列车正常运行。

同时,供电调度员应立即组织供电人员登乘本线或邻线列车巡视检查设备。供电人员根据需要及时向列车调度员提出利用动车组列车运送人员处理故障的申请,列车调度员应及时安排。

十、接触网上挂有异物

(1)司机在运行中发现本线或邻线接触网上挂有异物时,应立即采取措施并向列车调度员(车站值班员)汇报异物情况和故障地点,列车调度员(车站值班员)及时通知供电部门检查处理,在"行车设备检查登记簿"内登记,车站值班员报告列车调度员。列车调度员转报供电调度员。

(2)本线挂有异物时,如异物情况不影响行车,司机按正常行车方式通过。本线降弓可以通过时,司机按降弓方式通过该地点,列车调度员向该线后续列车发布限速 160 km/h 降弓通过故障地点的调度命令(不设置列控限速),限速降弓位置原则上按司机汇报故障地点前后各 2 km 确定。不能降弓通过时司机应立即停车并报告,列车调度员(车站值班员)应立即通知本线后续列车停车,不得再向该区间放行列车。

(3)邻线挂有异物时,如司机汇报邻线异物不能降弓通过,列车调度员(车站值班员)应立即通知邻线尚未经过该地点的列车停车,不得再向邻线该区间放行列车。如司机汇报邻线异物可降弓通过或异物情况不影响行车,邻线按上条规定执行。

(4)如司机汇报不能确定异物是否影响邻线行车,列车调度员应立即向邻线尚未经过该地点的首列列车司机发布口头指示限速 80 km/h 注意运行,限速位置原则上按司机汇报故障地点前后各 2 km 确定。司机应注意观察接触网设备状态。根据该司机确认情况,后续处理同前。

供电调度员接到报告后,应立即组织供电人员登乘本线或邻线列车巡视检查设备并处理。供电人员根据需要及时向列车调度员提出利用动车组列车运送人员处理故障的申请,列车调度员应及时安排。

供电部门检查处理后,列车调度员按供电部门登记的行车限制条件组织行车。故障处理完毕后,列车调度员根据供电部门在"行车设备检查登记簿"内的销记,恢复正常行车组织。

十一、受电弓挂有异物

（1）列车运行途中，司机接到受电弓挂有异物通知时，应立即降弓、停车，向列车调度员（车站值班员）报告，车站值班员报告列车调度员。需下车检查或登顶作业时，司机（动车组列车为随车机械师通过司机）及时向列车调度员提出请求。

（2）列车调度员（车站值班员）得到报告后，应立即通知区间内后续列车停车，不得再向该区间放行列车。列车调度员根据下车检查或登顶作业的请求，发布邻线列车限速 160 km/h 及以下调度命令。需登顶作业时，列车调度员还应通知该供电臂内的列车停车并降弓，与供电调度员办理接触网停电手续，得到供电调度员接触网已停电的通知后，发布准许登顶作业的调度命令。

（3）司机在接到邻线列车限速 160 km/h 及以下调度命令已发布的口头指示后，下车检查（动车组列车为司机通知随车机械师下车检查）。司机根据准许登顶作业的调度命令和邻线列车限速 160 km/h 及以下调度命令已发布的口头指示登顶作业（动车组列车为司机通知随车机械师登顶作业）。

（4）异物处理完毕后，司机应报告列车调度员，列车调度员与供电调度员办理接触网送电手续，通知该停电供电臂内的列车升起受电弓，取消邻线限速，恢复正常行车。需限速运行时，司机（动车组列车根据随车机械师的通知）限速运行。

（5）司机（动车组列车为随车机械师）现场检查发现受电弓滑板及托架有损伤或接触网有异状时，应及时报告列车调度员，列车调度员扣停后续列车，并通知供电部门对接触网设备进行检查处理，根据供电部门在"行车设备检查登记簿"内登记的行车限制条件组织行车。

十二、运行途中自动降弓

（1）列车在运行途中，因不明原因降弓，司机应立即切断主断路器并停车，同时查看降弓地点公里标，向列车调度员（车站值班员）报告，车站值班员报告列车调度员。列车调度员（车站值班员）应立即通知区间内后续列车停车，不再向该区间放行列车，列车调度员将降弓情况转报供电调度员。动车组列车随车机械师应根据故障信息记录，及时向司机反馈故障发生时间等信息，由司机报告列车调度员，列车调度员及时转报供电调度员。

（2）列车调度员根据司机（动车组列车为随车机械师通过司机提出）下车检查或登顶作业的请求，发布邻线列车限速 160 km/h 及以下调度命令。需登顶作业时，列车调度员还应通知该供电臂内的列车停车并降弓，与供电调度员办理接触网停电手续，得到供电调度员接触网已停电的通知后，发布准许登顶作业的调度命令。

（3）司机在接到邻线列车限速 160 km/h 及以下调度命令已发布的口头指示后，下车检查（动车组列车为司机通知随车机械师下车检查）。司机根据准许登顶作业的调度命令和邻线列车限速 160 km/h 及以下调度命令已发布的口头指示登顶作业（动车组列车为司机通知随车机械师登顶作业）。

（4）经检查处理，列车恢复运行后，司机应立即报告列车调度员，列车调度员应立即向本线尚未经过该地点的首列列车发布口头指示限速 80 km/h 注意运行，限速位置原则上按司机汇报故障地点前后各 2 km 确定。司机应注意观察接触网设备状态，发现影响行车异常情况时应立即停车并向列车调度员报告，列车调度员立即通知尚未经过异常地点的后续列车停车，不再向该区间放行列车，并立即通知供电部门检查处理，列车调度员按供电部门登记的行车限制条件组织行车。无异常时，司机在通过限速地点后立即向列车调度员报告，列车调度员根据司机确认无异常的报告组织后续列车正常运行。

（5）供电调度员接到报告后，应立即组织供电人员登乘本线或邻线列车巡视检查设备。供电人员根据需要及时向列车调度员提出利用动车组列车运送人员处理故障的申请，列车调度员应及时安排。

十三、自动过分相地面设备故障

（1）司机发现不能自动过分相时，应立即报告列车调度员（车站值班员），列车调度员（车站值班员）接到报告后，通知后续列车注意运行，通知设备管理单位检查处理，并在"行车设备检查登记簿"内登记。设备管理单位发现自动过分相地面设备故障时，应立即报告列车调度员（车站值班员），同时在"行车设备检查登记簿"内登记，写明行车限制条件。

（2）在故障修复前，列车调度员（车站值班员）根据设备管理单位的登记，通知司机采用手动过分相。

（3）自动过分相地面设备修复后，列车调度员根据设备管理单位在"行车设备检查登记簿"内的销记，恢复正常行车组织。

十四、动车组列车空调失效

（1）空调失效超过 20 min 不能恢复但列车能够正常运行时，列车长可视情况通知司机向列车调度员提出在前方最近客运站停车的请求，列车调度员安排列车在前方最近客运站停车。列车在停车站安装好防护网、打开部分车门后，列车调度员根据司机的报告，向司机（救援时还包括救援司机）及沿途各站发布打开车门限速 60 km/h（通过邻靠高站台的线路时限速 40 km/h）运行的调度命令。

（2）列车因故停车不能维持运行且空调失效超过 20 min 不能恢复时，列车长应及时与司机、随车机械师沟通，视情况做出打开车门决定，并通知司机转报列车调度员。

（3）安装防护网、打开车门由列车长组织列车乘务员进行，司机、随车机械师配合。防护网的安装需在列车停车状态下进行，安装位置为运行方向左侧（非会车侧）车门处。防护网安装完毕，打开车门后，由列车长组织列车工作人员值守，直到车门关闭。列车长确认防护网安装牢固、看护到位后报告司机。

（4）需要组织旅客下车或换乘其他列车时，应在车站站台进行。必须在站内不邻靠站台的线路或区间组织旅客下车或换乘时，需经铁路局集团有限公司副总经理（总调度长）批准。

十五、列车运行途中车辆故障

（一）动车组列车运行途中发生车辆故障应急处理

（1）动车组列车运行中出现故障，司机应按车载信息监控装置的提示，按规定及时处理。需要由随车机械师处理时，司机应通知随车机械师。经处置确认无法正常运行时，司机应按车载信息监控装置的提示和随车机械师的要求，选择维持运行或停车等方式，并报告列车调度员（车站值班员），车站值班员报告列车调度员。

（2）司机发现或得到基础制动装置故障致使车轮抱死不缓解的报告时，应立即停车，报告列车调度员（车站值班员）停车原因和停车位置，车站值班员报告列车调度员。列车调度员（车站值班员）应立即通知区间内后续列车停车，不再向该区间放行列车。司机在接到列车调度员已发布邻线列车限速 160 km/h 及以下调度命令的口头指示后，通知随车机械师下车检查处理。当动车组列车制动系统故障须切除单车制动力时，随车机械师应将切除制动力的情况及限速要求通知司机，司机报告列车调度员（车站值班员）后，按限速要求运行。车站值班员接到报告后，应及时报告列车调度员，列车调度员及时通知本调度区段相关车站值班员，跨调度区段运行时还应通知邻台列车调度员。

全列车制动不缓解，司机、随车机械师按故障应急手册或车载信息系统的提示处理。全列常用制动不施加，司机立即将制动手柄拉到紧急制动位或按压紧急停车按钮，使动车组紧急停车。动车组停车后，司机复位紧急制动，由随车机械师进行故障处理。司机在开车前必须进行一次完整的制动试验，确认制动系统功能正常。动车组发生制动系统失效情况时，由司机请求救援。

（3）动车组车窗玻璃破损导致车厢密封失效时，列车长或随车机械师应通知司机，司机控制动车组列车限速 160 km/h 运行并报告列车调度员（车站值班员），车站值班员报告列车调度员。

（4）动车组空气弹簧故障时，随车机械师应通知司机限速要求（CRH2、CRH380A/AL型限速 120 km/h，其余车型限速 160 km/h），司机控制动车组列车限速运行并报告列车调度员（车站值班员），车站值班员报告列车调度员。

（5）当车载信息监控装置提示轴承温度超过报警温度时，司机应立即停车，报告列车调度员（车站值班员）停车原因和停车位置，通知随车机械师处理，车站值班员报告列车调度员。列车调度员（车站值班员）应立即通知区间内后续列车停车，并不得再向该区间放行列车。随车机械师检查后，需要限速运行时，通知司机限速要求，司机报告列车调度员（车站值班员）后，按限速要求运行。不能继续运行时，及时请求救援。

（6）发现或接到转向架监测故障、车辆下部异声、异状的通知时，司机（列车工作人员）应立即采取紧急停车措施，司机向列车调度员（车站值班员）报告，车站值班员报告列车调度员。列车调度员（车站值班员）应立即通知区间内后续列车停车，不再向该区间放行列车。司机在接到列车调度员已发布邻线列车限速 160 km/h 及以下调度命令的口头指示后，通知随车机械师下车检查处理。随车机械师检查后，需要限速运行时，通知司机限速要求，司机报告列车调度员（车站值班员）后，按限速要求运行。不能继续运行时，及时请求救援。

（二）动车组以外的旅客列车运行途中发生车辆故障应急处理

（1）发现客车车辆轮轴故障、车体下沉（倾斜）、车辆剧烈振动等危及行车安全的情况时，须立即采取停车措施，并报告列车调度员（车站值班员），车站值班员报告列车调度员。列车调度员（车站值班员）应立即通知区间内后续列车停车，不再向该区间放行列车。司机在接到列车调度员已发布邻线列车限速 160 km/h 及以下调度命令的口头指示后，通知车辆乘务员下车检查。对抱闸车辆应关闭截断塞门，排除副风缸中的余风，确认安全无误后，方可继续运行。如车轮踏面损坏超过限度或车辆故障不能继续运行时，应做甩车处理。

（2）列车调度员接到热轴报告后，应按热轴预报等级要求果断处理。必要时，立即安排停车检查（司机应采用常用制动，列车停车后由车辆乘务员负责检查，无车辆乘务员的由司机确认能否继续安全运行）或就近站甩车处理。

（3）遇客车安全监控系统报警或其他故障需要列车限速运行时，车辆乘务员应通知司机限速要求，司机按限速要求运行并报告列车调度员（车站值班员），车站值班员及时报告列车调度员。

（4）空气弹簧故障时，列车运行速度不得超过 120 km/h。

（5）采用密接式车钩的旅客列车，在运行途中因故障更换 15 号过渡车钩后，运行速度不得超过 140 km/h。

（6）双管供风旅客列车运行途中发生双管供风设备故障或用单管供风机车救援接续牵引需改为单管供风时，双管改单管作业应在站内进行。旅客列车在区间发生故障需双管改单管供风时，由车辆乘务员通知司机向列车调度员（车站值班员）提出在前方站停车处理的请求，并通知司机以不超过 120 km/h 速度运行至前方站，列车调度员发布双管改单管供风的调度命令，车辆乘务员根据调度命令在站内将客车风管路改为单管供风状态。旅客列车改为单管供风跨局运行时，由中国国家铁路集团有限公司发布调度命令通知有关铁路局集团有限公司，按单管供风办理，直至终到站。

任务三　非正常行车组织

一、双线区间反方向行车

（1）在双线区间，列车应按左侧单方向运行。仅限于整列列车运行时，方可使列车反方向运行。旅客列车仅在正方向区间的线路封锁、发生自然灾害、因事故中断行车，以及正方向设备故障严重影响列车运行秩序而反方向自动站间闭塞设备良好等特殊情况下，经调度所值班主任（值班副主任）准许，方可反方向运行。

非正常行车组织

（2）列车反方向运行时，列车调度员应发布调度命令。列车调度员（车站控制时为车站值班员）确认反方向区间空闲。

（3）动车组列车反方向运行时：在 CTCS-3 级区段，CTCS-3 级列控系统最高允许速度为

300 km/h，CTCS-2 级列控系统最高允许速度为 250 km/h；在 CTCS-2 级区段，在 250 km/h 线路上最高允许速度为 200 km/h，在 200 km/h 线路上最高允许速度为 160 km/h。

二、列车被迫停车后的处理

（一）列车在区间被迫停车不能继续运行时

列车在区间被迫停车不能继续运行时，司机应立即使用列车无线调度通信设备通知列车调度员（两端站）及随车机械师（车辆乘务员），报告停车原因和停车位置，根据需要迅速请求救援。

（1）随车机械师（车辆乘务员）、客运乘务组均应听从司机指挥，处理有关行车、列车防护和事故救援等事宜。

（2）列车调度员（车站值班员）接到司机通知后，应将区间内列车运行情况通知司机，并立即使用列车无线调度通信设备通知区间内后续列车停车，在停车原因消除前不得再向区间内放行列车。

（3）对已请求救援的列车，不得再行移动，并按规定对列车进行防护。

（4）列车在区间被迫停车后，应保证就地制动，防止列车溜逸。如遇自动制动机故障，动车组以外的旅客列车司机应通知车辆乘务员立即组织列车乘务人员拧紧全列人力制动机；其他列车司机应立即采取安全措施，并向列车调度员报告。

（5）需要防护时，列车前方由司机负责，列车后方由随车机械师（车辆乘务员）负责，配备列车防护报警装置的列车应首先使用列车防护报警装置进行防护。单班单司机值乘的列车防护作业办法由铁路局集团有限公司规定。

（二）列车被迫停车可能妨碍邻线时

列车被迫停车可能妨碍邻线时，司机应立即使用列车无线调度通信设备通知邻线上运行的列车和列车调度员（两端站），与随车机械师（车辆乘务员）分别在列车头部或尾部附近对邻线来车方向短路轨道电路进行防护，配备列车防护报警装置的列车应首先使用列车防护报警装置进行防护。司机应亲自或指派人员沿邻线一侧对列车进行检查，发现妨碍邻线时，应立即报告列车调度员（两端站）。如发现邻线有列车开来时，应鸣示紧急停车信号。列车调度员（车站值班员）接到列车被迫停车可能妨碍邻线的通知后，应立即通知邻线有关列车停车，在原因消除前不得向邻线放行列车。

单班单司机值乘的列车防护作业办法由铁路局集团有限公司规定。

（三）列车在区间被迫停车后的防护

（1）已请求救援时，从救援列车开来方面（不明时，从列车前后两方面），距离列车不小于 300 m 处放置响墩防护；在仅运行动车组列车的线路上，列车在区间被迫停车后已请求救援时，由随车机械师在救援列车开来方面，距离列车不小于 300 m 处人工进行防护，不再放置响墩防护。

（2）列车分部运行，机车进入区间挂取遗留车辆时，应从车列前方距离不小于 300 m 处放置响墩防护。

（3）防护人员设置的响墩在停车原因消除后，由防护人员撤除。

三、列车在区间退行、返回

（一）列车在区间退行

（1）在不得已情况下，列车必须在区间退行时，列车调度员须扣停后续列车，并确认退行距离内的闭塞分区空闲后通知司机允许退行。随车机械师（车辆乘务员）或指派的胜任人员应站在列车尾部注视运行前方，发现危及行车或人身安全时，应立即使用紧急制动装置（紧急制动阀）或通知司机，使列车停车。列车退行速度不得超过 15 km/h。

（2）列车若需退行至站内，列车调度员还应确认列车至后方站间已空闲。列车调度员（车站控制时为车站值班员）根据线路占用情况，可开放进站信号机或按引导办法将列车接入站内。动车组列车若需退行至站内，列车调度员应发布调度命令。

（3）动车组列车退行时，改按隔离模式退行。

（4）在降雾、暴风雨雪及其他不良条件下，难以辨认信号时，列车不准退行。

（二）动车组列车由区间返回

动车组列车在区间被迫停车后须返回后方站时，列车调度员必须确认动车组列车至后方站间已空闲，方可发布调度命令。司机根据调度命令，在动车组列车运行方向（折返）前端操作，列车改按隔离模式返回，运行速度不得超过 40 km/h。

四、列车分部运行

在不得已情况下，列车必须分部运行时，司机应报告列车调度员（车站值班员），并组织做好遗留车辆的防溜和防护工作，车站值班员立即报告列车调度员。司机在记明遗留车辆辆数和停留位置后，方可牵引前部车辆运行至前方站，在运行中仍按信号显示运行。列车调度员应封锁区间，待将遗留车辆拉回车站，确认区间空闲后，方可开通区间。

列车分部运行时，司机必须检查试验列车制动主管的贯通状态，确认具备开车条件后，方可起动列车。

下列情况列车不准分部运行：

（1）采取措施后可整列运行时。

（2）对遗留车辆未采取防护、防溜措施时。

（3）遗留车辆无人看守时。

（4）司机与列车调度员及车站值班员均联系不上时。

（5）遗留车辆停留在坡度超过 6‰ 的线路上时。

五、列车冒进信号机

列车冒进信号机后,司机应立即停车报告列车调度员(车站值班员),并不得擅自动车,车站值班员报告列车调度员。列车调度员(车站值班员)接到司机冒进进站(接车进路)信号机报告后,立即通知已进入区间的后续列车停车,不再向该区间放行列车。

列车冒进进站(接车进路)、出站(发车进路)信号机时,列车调度员(车站控制时为车站值班员)得到报告后,在确认列车具备动车条件时,按以下规定处理:

(1)列车冒进进站(接车进路)信号机时,列车调度员(车站控制时为车站值班员)在确认接车进路准备妥当和列车运行条件具备后,使用列车无线调度通信设备通知司机进站。

(2)列车冒进出站(发车进路)信号机时,列车调度员(车站控制时为车站值班员)应在具备条件后,布置列车后退。但对出发或通过列车,列车调度员(车站控制时为车站值班员)根据实际情况,可在确认发车进路准备妥当、第一个闭塞分区空闲(自动站间闭塞区段为区间空闲)、列车运行条件具备后,使用列车无线调度通信设备通知司机继续运行。

六、列车运行晃车

运行途中列车司机发现晃车时,应立即减速运行并向列车调度员(车站值班员)报告晃车地点及晃车时列车运行速度,待本列无异常状况后恢复常速运行。车站值班员报告列车调度员。

(1)晃车时列车运行速度为 160 km/h 以下时,列车调度员(车站值班员)立即通知已进入区间的后续列车停车,不再向该区间放行列车,通知工务部门。列车调度员根据工务部门上道检查的申请,及时发布本线封锁、邻线限速 160 km/h 及以下的调度命令后,准许上道检查。工务检查设备后,根据现场具体情况,确定列车放行条件。

(2)晃车时列车运行速度为 160 km/h 及以上时,列车调度员应向后续首列发布限速 120 km/h 的调度命令,限速位置按司机汇报的晃车地点前后各 1 km 确定。列车通过晃车地点后,司机应立即向列车调度员报告运行情况。若仍晃车,列车调度员立即通知已进入区间的后续列车停车,不再向该区间放行列车,通知工务部门,根据工务部门上道检查的申请,及时发布本线封锁、邻线限速 160 km/h 及以下的调度命令后,准许上道检查。工务检查设备后,根据现场具体情况,确定列车放行条件。若不再晃车,则按 160 km/h、250 km/h、常速逐级逐列提速。

在逐级逐列提速的过程中,再次发生晃车时,列车调度员应立即通知已进入区间的后续列车停车,不再向该区间放行列车,通知工务部门,根据工务部门上道检查的申请,及时发布本线封锁、邻线限速 160 km/h 及以下的调度命令后,准许上道检查。工务检查设备后,根据现场具体情况,确定列车放行条件。

七、列车停在接触网分相无电区

电力机车牵引的列车和动车组列车停在接触网分相无电区不能继续运行时,司机应立即降弓,并报告列车调度员(车站值班员),车站值班员报告列车调度员。列车调度员(车站值班员)立即通知已进入区间的后续列车停车,不再向该区间放行列车。

具备采用换弓、退行阄分相等方式自救条件时,司机应准确报告电力机车(动车组)停车位置,由列车调度员、供电调度员、机车调度员(动车司机调度员)共同根据电力机车(动车组)类型、停车位置、牵引供电设备状况等确定自救方案,组织自救。

不具备自救条件时,按以下规定处理:

(1)具备向中性区远动送电条件时,可在该分相后方接触网供电臂办理停电后,由列车调度员向供电调度员办理向中性区远动送电手续,通知停在该分相的列车升弓,待该列车驶出分相区后,再通知供电调度员恢复原供电方式并向后方接触网供电臂送电,恢复后续列车正常运行。

(2)不具备向中性区远动送电条件时,列车调度员发布邻线限速 160 km/h 及以下的调度命令,司机组织相关人员按规定对列车进行防护,并确认列车前、后方接触网无电区长度,向列车调度员报告。列车调度员根据司机有关前、后方接触网无电区长度的报告,确定救援方案,组织救援。

八、列车碰撞异物

列车运行中碰撞异物影响行车安全时,司机应立即采取停车措施,并向列车调度员(车站值班员)报告碰撞异物地点、碰撞异物情况及停车地点,动车组列车司机还应通知随车机械师。车站值班员报告列车调度员。列车调度员(车站值班员)立即通知本线已进入区间的后续列车停车,不再向该区间放行列车。需下车检查时,列车调度员根据司机请求及时发布邻线限速 160 km/h 及以下的调度命令,司机在接到列车调度员已发布相关调度命令的口头指示后,下车检查(动车组列车为通知随车机械师下车检查)。

(1)经检查列车可以继续运行时,恢复运行(动车组列车按随车机械师的要求运行),司机向列车调度员报告检查情况。如检查未发现异常情况,列车调度员向本线后续首列发布口头指示限速 160 km/h 运行,限速位置按碰撞异物地点前后各 2 km 确定,列车司机应加强瞭望,确认线路和接触网有无异常状态,在通过限速地点后立即向列车调度员报告,列车调度员在得到司机无异常的报告后,组织本线后续列车恢复正常运行。有影响行车异常情况时,列车调度员根据司机报告,扣停后续列车或组织后续列车限速运行,及时通知有关部门按规定上道检查处理。

(2)经下车检查确认不能继续运行时应及时请求救援,并按规定进行防护。

碰撞异物侵入邻线影响邻线行车安全时,列车调度员(车站值班员)接到报告后,应立即通知邻线尚未经过该地点的列车停车,不再向邻线该区间放行列车,并通知有关部门按规定上道检查处理。

碰撞异物情况不明，不能确定是否影响邻线时，列车调度员接到报告后，应立即向邻线尚未经过该地点的首列发布口头指示限速 160 km/h 运行，限速位置按碰撞异物地点前后各 2 km 确定。

邻线首列列车司机应加强瞭望，确认线路和接触网有无异常状态，在通过限速地点后立即向列车调度员报告，列车调度员在得到司机无异常的报告后，组织邻线后续列车正常运行。有影响行车异常情况时，列车调度员根据司机报告，扣停后续列车或组织后续列车限速运行，及时通知有关部门按规定上道检查处理。

工务、电务、供电部门应利用天窗时间对碰撞异物地点前后 2 km 范围内的设备进行重点检查。

九、列车发生火灾、爆炸

（1）司机发现列车发生火灾、爆炸或接到列车发生火灾、爆炸的通知及报警时，须立即停车（停车地点应尽量避开长大隧道等，选择便于旅客疏散的地点），报告列车调度员（车站值班员），车站值班员报告列车调度员。列车调度员（车站值班员）接到报告后，立即通知邻线相关列车及本线后续列车停车，不再向区间放行列车。现场需停电时，列车调度员通知供电调度员停电。需组织旅客疏散时，司机得到邻线列车已扣停的通知后，转告列车长组织列车乘务人员将旅客疏散到安全地带。

（2）重联动车组列车需解编时，由随车机械师负责引导，司机确认并拉开安全距离。解编后，动车组应分别按规定采取防溜措施。

（3）动车组以外的列车需要分隔甩车时，应根据风向等情况而定。一般为先甩下列车后部的未着火车辆，再甩下着火车辆，然后将机后未着火车辆拉至安全地段。对甩下的车辆，在车站由车站人员负责采取防溜措施，在区间由司机、车辆乘务员负责采取防溜措施。

任务四　救　援

一、使用机车、救援列车救援

（1）列车调度员接到救援申请，按规定发布调度命令封锁区间，并报告值班主任（值班副主任）。

列车调度员根据情况确定使用内燃（电力）机车或救援列车担当救援，并将救援方案通知车站值班员和请求救援列车司机。担当救援的列车需要跨区段担当救援任务时，列车调度员须通知机车调度员（动车司机调度员）指派带道人员。

（2）列车调度员及时发布有关调度命令。担当救援的司机接到救援命令后，必须认真确认。命令不清、停车位置不明确时，不准动车。

封锁区间发出救援列车时，不办理行车闭塞手续，以列车调度员的命令作为进入封锁区间的许可。

救援列车的出发或返回，均应通知列车调度员及对方站（与本站为同一人办理时除外）。如事故现场设有临时线路所时，列车调度员（车站控制时为车站值班员）应于发车前，征得线路所车站值班员的同意。

（3）发生事故时，在事故调查组人员到达前，站长（副站长）应随乘发往事故地点的第一列救援列车（分部运行时挂取遗留车辆的机车除外）到事故现场，负责指挥列车有关工作。

（4）救援列车进入封锁区间后，在接近被救援列车或车列 2 km 时，要严格控制速度，同时，使用列车无线调度通信设备与请求救援的列车司机进行联系，或以在瞭望距离内能够随时停车的速度运行（最高不得超过 20 km/h），在防护人员处或压上响墩后停车，联系确认，并按要求进行作业。

使用机车救援动车组时，应进行制动试验，制动主管压力采用 600 kPa。具备升弓供电条件时，允许动车组升弓供电。当使用电力机车担当救援机车，如动车组升弓，由动车组司机通知救援机车司机，救援机车司机在通过分相区前通知动车组司机断电并降弓。

连挂前，司机须与列车调度员联系，在得到列车调度员已发布邻线限速 160 km/h 及以下的调度命令（妨碍邻线及组织旅客疏散时为已扣停邻线列车）的口头指示后，方可开始作业。

救援机车司机在救援作业过程中，要严格遵守有关限速规定，与动车组司机保持联系。救援运行中尽可能避免实施紧急制动。

动车组由机车牵引继续运行时，列车调度员根据随车机械师提出的限速要求，向救援机车司机发布限速运行的调度命令。

（5）使用机车救援动车组时，动车组列控车载设备转入或退出隔离模式不发布调度命令。当故障列车处理后可继续运行时，列车调度员应根据司机请求，取消前发救援调度命令。

二、动车组救援动车组

动车组救援动车组

（1）列车调度员接到救援申请，按规定发布调度命令封锁区间，并报告值班主任（值班副主任）。

列车调度员将救援方案通知车站值班员和请求救援的动车组司机。担当救援的动车组列车需要跨区段担当救援任务时，列车调度员须通知机车调度员（动车司机调度员）指派带道人员。

（2）列车调度员及时发布有关调度命令。担当救援的动车组司机接到救援命令后，必须认真确认。命令不清、停车位置不明确时，不准动车。

向封锁区间发出救援动车组时，不办理行车闭塞手续，以列车调度员的命令作为进入封锁区间的许可。

救援列车的出发或返回，均应通知列车调度员及对方站（与本站为同一人办理时除外）。如事故现场设有临时线路所时，列车调度员（车站控制时为车站值班员）应于发车前，征得线路所车站值班员的同意。

（3）发生事故时，在事故调查组人员到达前，站长（副站长）应随乘发往事故地点的第一列救援列车到事故现场，负责指挥列车有关工作。

（4）在故障动车组前部救援时，担当救援的动车组按隔离模式进入区间，在接近被救援列车 2 km 时，以在瞭望距离内能够随时停车的速度运行，最高不超过 20 km/h，在距被救援列车不小于 300 m 处一度停车，与被救援列车联系确认后进行作业。在故障动车组尾部救援时，开放出站信号，担当救援的动车组按完全监控模式进入区间，在行车许可终点停车，与被救援列车联系确认后，按目视行车模式进入前方闭塞分区，以在瞭望距离内能够随时停车的速度运行，最高不超过 20 km/h，在距被救援列车不小于 300 m 处一度停车（行车许可终点距被救援列车不足 300 m 时除外），与被救援列车联系确认后进行作业。

连挂前，司机须与列车调度员联系，在接到列车调度员已发布邻线限速 160 km/h 及以下的调度命令（妨碍邻线及组织旅客疏散时为已扣停邻线列车）的口头指示后，方可开始作业。

（5）被救援动车组转入或退出隔离模式不发布调度命令。

当故障动车组处理后可继续运行时，列车调度员应根据司机请求，取消前发救援调度命令。

三、启用热备动车组

（1）动车组故障无法及时修复时，应及时启用热备动车组。热备动车组定员少于故障动车组实际人数时，有条件时，使用定员能满足需要的其他动车组组织旅客换乘。

（2）跨局出动热备动车组时，由中国国家铁路集团有限公司调度向铁路局集团公司发布调度命令。

有关单位在接到调度命令后，应迅速完成热备动车组出动前的各项准备工作，具备条件后及时发车。

（3）对担当换乘任务的动车组列车应优先放行，确保及时到位及返回归位。

（4）在站内组织旅客换乘时，应尽量安排在同一站台的两个站台面进行。

（5）在区间组织旅客换乘时，列车调度员组织担当换乘任务的动车组列车进入邻线指定位置停车。担当换乘任务的列车到达邻线指定位置停妥后，司机向列车调度员报告。列车调度员通过申请换乘的列车司机通知列车长组织旅客换乘。担当换乘任务的列车长确认旅客换乘完毕后通知司机，司机得到列车长通知，确认车门关闭，具备开车条件后起动列车，并向列车调度员报告。

【复习思考题】

1. 总结不同灾害情况下的行车办法对司机的要求。
2. 列控车载设备不能正常使用，对司机有何要求？
3. LKJ、GYK、机车信号故障对司机有何要求？
4. CTC 故障时如何处理？
5. 进站、出站、进路信号机、线路所通过信号机故障或车站（线路所）道岔失去表示、轨道电路非列车占用红光带时如何处理？

6. 列车无线调度通信设备故障对司机的要求有哪些?
7. 运行中发生受电弓挂有异物、运行途中自动降弓等故障该如何处理?
8. 列车运行途中车辆故障如何处理?
9. 双线区间反方向行车如何进行?
10. 列车被迫停车后怎么处理?
11. 列车在区间退行、返回,有哪些要求?
12. 列车分部运行、列车冒进信号机、列车运行晃车分别该如何处理?
13. 列车停在接触网分相无电区,司机该怎么做?
14. 列车发生火灾、爆炸,司机该怎么做?
15. 使用机车、救援列车救援,救援列车应如何请求和派遣?其占用区间的凭证是什么?
16. 动车组救援动车组,救援列车应如何请求和派遣?其占用区间的凭证是什么?
17. 启用热备动车组救援,有哪些作业要求?

项目九　动车组司机一次乘务作业过程

【项目描述】

安全生产是党和国家的一贯方针，在铁路运输工作中，更有其重要的意义。动车组列车的运行安全，关乎旅客的生命财产安全，是铁路运输中最重要、最核心的部分。一旦发生行车事故，后果极其严重。不但会造成运输工作中断，会使许多企业生产不能正常进行，造成巨大的经济损失。有些事故甚至会危及人民的生命、财产，直接影响社会稳定。另外事故产生的影响甚至会损害国家声誉，在国际上造成恶劣影响，影响国家对外的交往和开放。所以，铁路运输安全对整个社会生活具有非常重要的意义和重大的影响。保证铁路运输安全是铁路企业及职工应尽的职责。

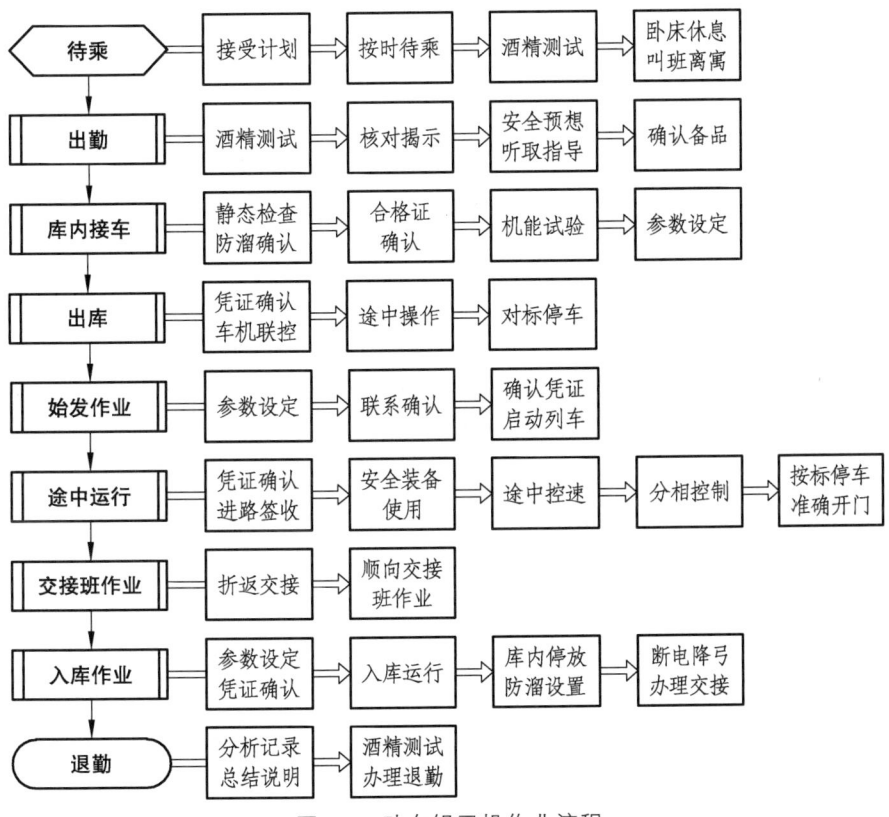

图 9.1　动车组司机作业流程

动车组是高速铁路运输工具。动车组司机担负着驾驶动车组、维护列车安全正点的责任，是铁路运输的主要技术工种。运输任务完成的质量好坏，与动车组司机技术水平的高低、乘务作业过程的规范化关系很大。

为使动车组司机操纵规范化、标准化，打造一支高素质、高技能的动车组司机队伍，中国国家铁路集团有限公司制定了《CRH 系列动车组操作规则》。该规则是动车组司机乘务作业的标准，是正确驾驶、平稳操纵列车的依据。动车组司机和各级机务管理人员必须认真学习并严格执行该规则，树立良好的职业道德，做到遵章守纪、按标作业、平稳操纵、安全正点。

【目标引领】

知识目标：

（1）了解动车组司机待乘、出勤、接车的作业内容与标准。
（2）熟悉动车组司机出所作业、发车准备及发车的标准与规范。
（3）熟悉动车组司机途中作业内容与标准。
（4）熟悉动车组司机在站交接、继乘作业内容与标准。
（5）熟悉动车组司机终到、入段（所）及退勤作业内容与标准。

能力目标：

（1）掌握动车组司机一次作业过程标准。
（2）熟悉《铁路技术管理规程》高铁部分相关内容。
（3）熟悉动车组设备的组成、原理与性能。

素质目标：

（1）树立爱岗敬业、精心操纵的职业道德，具备遵章守纪、爱护机车、一丝不苟、标准化作业、安全正点、精益求精的工匠精神和劳动素养。
（2）培养学生学习新技术、勇于创新和开拓的意识。
（3）培养学生严谨认真的科学态度，提高应变与沟通能力。

【思政案例】

"钢人铁马"机车乘务组，引领先行

20 世纪 50 年代成立、安全走行 977 余万千米、安全生产 2 万余天……"钢人铁马"机车乘务组是一个老字号品牌，现担当西安至北京西旅客列车牵引任务。

为执行好列车操纵、调车"五色图"及各项作业标准，攻克操纵难点和攻关技术瓶颈，西安机务段"钢人铁马"机车乘务组不断提供着"钢人铁马"智慧和方案，引领广大乘务员在"交通强国，铁路先行"中不断做出贡献。机车乘务组成员平稳操纵、创新攻关，高标准、严要求做好每一件工作，充分发挥先锋模范作用，带领广大职工按标作业，降低违章，立功竞赛，确保安全。

他们被陕西省总工会命名为"钢人铁马"和"开路先锋"称号；1977年被评为"全国工业学大庆先进集体"；1978年被铁道部树为"百面红旗"之一；1995年被评为陕西省"八五"立功先进集体；2018年6月被授予"中国铁路总公司党内优质品牌"荣誉称号；2018年，荣获陕西省劳动竞赛先进班组；2019年，被授予"陕西省工人先锋号"荣誉称号；2021年，五一劳动节前夕，他们获得了"全国工人先锋号"荣誉称号。

1. 自我加压 苦练真功

在工作中，"钢人铁马"机车乘务组以不断强化自我管理、自我查找问题、自我加压的方式，提升机车组能力水平。坚持进行问题自查，机车组成员每趟车到达后对本次值乘任务自出勤至退勤全过程作业中存在的"两标"作业问题、平稳操纵问题进行回顾，并对各自问题进行分类统计，全部及时自我整改，不断提高了操纵品质。

机车组司机长每月对一次乘务作业标准进行分解，确定一个单项课题，研判作业风险，固定作业流程，规范身形手势，并亲自体会试验熟练后，次月在车组内推进落实。机车组副司机长对本队担当区段内容易发生晚点、冲动及操纵复杂运行区段进行摸排，在车组内利用值乘时间反复试验，确定了一套安全有效、可操作性强的操纵办法，确保安全实用后再推广。

2. 敢为人先 攻坚克难

机车组成员积极参与段列车操纵、调车作业"五色图"绘制及修订等，参与车间对各项安全措施和制度的制定、完善，并主动在日常行车中进行实践验证，提出建议和意见。在集团公司技术能手、司机长齐云龙带领下，"钢人铁马"机车组成员们组成的QC技术攻关小组，在"平稳操纵、节能降耗、机车保养、故障处理"等工作环节上推陈出新，提炼出了"和谐型交流机车阶段式提回手柄""带流制动、低速对活标"等平稳操纵办法。

3. 无私奉献 帮教传承

机车组充分发挥组员们技术业务精湛的优势，组内业务突出的8名电力机车司机岗位高级技师、技师们轮流在学习会上给职工讲解技术业务，针对不同季节、不同车次类型、不同牵引区段的特点和难点传授操纵经验，答疑解惑。2017年，给车间新提职司机和新工讲授"五色图"，传授行车经验；2018年4月，西洛队机车换型，针对HX_D3D机车故障处理及双套设备使用，制订了"基础教育培训计划"，达到了常见故障处理人人掌握，人人过关的教育目的。2020年，随着西榆、西韩、西康各线陆续开通"复兴号绿动车"，针对各担当区段平稳操纵难点与关键点、牵引与制动特性，钢人铁马机车组技术骨干成员总结出了"分段提手柄"启车和动力制动配合空气制动"两段制动"调速停车对标操纵办法，全段推广，确保了陕西省内开行的所有"复兴号绿动车"全程安全平稳、达速运行。

4. 弘扬精神 示范引领

机车组党员骨干、先进标兵每年都给新工进行"钢人铁马"精神的宣传教育，通过宣讲"钢人铁马"先进事迹和座谈互动交流解答疑惑的方式，使"钢人铁马"精神深入新工内心，教育和鼓励着新入路职工不断成长。"钢人铁马"机车乘务组狠抓标准保安全，强化培训提素质，使机车组整体工作不断实现高质量发展，克服了机车交路运行时间长、担当区段线路纵断面复杂等困难，不断在安全管理、平稳操纵、职工素质、机车质量上下功夫，顺利完成各项安全生产目标。

机车组成立 62 年来，"大车"们为旅客货主们开好了一趟又一趟的平安车、放心车、正点车、舒适车，始终发挥着先锋引领作用，一代代"钢人铁马"先行兵，通过踏实肯干、创新奋进，在"交通强国、铁路先行"中用实际行动为铁路改革发展、旅客平安出行和国民经济建设做出了积极的贡献。

任务一　待乘与出勤

一、待　乘

（1）动车组司机出乘前必须充分休息或按规定待乘休息，严禁饮酒。

（2）认真执行待乘休息管理规定。进、出公寓（待乘室、间休室）应进行酒精含量测试及实行指纹录入，并按规定办理出、入手续；值乘夜间 22:00 至次日 6:00 始发（或跨夜运行）的列车，按段定的待班时间、地点卧床休息不少于 4 h。凡酒精检测不合格及未按规定待乘休息、身体不适的人员不准出勤，立即停止办理出勤手续，并报告有关部门领导，安排预备人员接替。

按规定待乘休息时，须准时到达乘务公寓，与公寓值班员确认值乘车次、叫班时间、公寓门牌号、钥匙。对值乘车次、叫班时间、公寓门牌号及钥匙进行确认时，逐一复诵、检查确认。检查确认后，在公寓内待乘休息，注意叫班时间。

（3）按规定参加外公寓技术业务学习，外出离寓时须执行请销假制度，叫班后按规定时间签认离寓。

二、出　勤

（1）动车组司机按规定整洁着装、佩戴有关标志，携带工作证、动车组驾驶证、岗位培训合格证（鉴定期间由机务段出具书面证明）和有关规章制度，到机车调度员处报到，接受指纹影像识别、酒精含量及身体机能测试，按规定领取司机报单（见附录六）、司机手账、添乘指导簿（见附录七）、列车时刻表、运行揭示、风险提示卡等行车资料和备品［450 MHz 手持终端、铁路数字移动通信系统（GSM-R）手持终端、录音笔等］。

（2）认真核对运行揭示及有关安全注意事项，结合担当列车种类、天气等情况，做好安全预想，并记录于司机手账。认真听取出勤指导，将司机手账交机车调度员审核并签认。

（3）办理运行揭示和列车运行监控装置（简称 LKJ）专用 IC 卡（简称 IC 卡）交付手续时，对揭示内容和 IC 卡数据录入情况，必须实行出勤机班与机车调度员双审核、双确认的签认把关制度（值乘未装备 LKJ 的动车组时，可不办理 IC 卡交付手续），做到不错不漏。

任务二　所内作业

一、所内作业程序

（1）动车组司机按规定时间到动车段（所）调度室签到，领取主控钥匙、司机室门钥匙，根据动车段（所）调度的通知参加出库联检，办理电务车载设备检测合格证交接、签认"动车组出所质量联检记录单"。折返地点停留动车组，与随车机械师办理钥匙交接。

（2）动车组在动车段（所）或折返地点停留出发前需要进行全部制动试验。一级修检修作业后的动车组在出发前司机不再进行全部制动试验[需进行全部制动试验时，由动车段（所）调度通知司机]。制动试验方法按要求执行。

（3）进行段（所）内检查作业。

（4）正确设置机车综合无线通信设备（简称 CIR）、列控车载设备、LKJ 及 GSM-R 手持终端等参数。

（5）未装备停放制动装置的动车组在检修库外停放时，动车组司机按规定撤除防溜，并通知随车机械师确认签字后方可动车。

（6）遇动车组通过检修、检测、清洗等设备时，应按相关规定，执行一度停车、联控、换弓、限速等要求。

（7）在动车段（所）内运行遇列控车载设备输出制动停车时，司机须与车站（段、所）联控确认后，方可继续运行。

二、动车组司机检查作业程序标准

（一）CRH380A（L）型、CRH2C 型动车组

1. 适用范围

用于指导 CRH2C 型、CRH380A（L）型、CRH380A 统型、CRH380AJ 型动车组司机作业。

2. 司机室检查作业程序

（1）非出库端（重联动车组重联端司机室除外）。

① 确认动车组型号正确。

② 确认本端止轮器设置状态。

③ 进入司机室，确认司机室配电盘（"保护接地""救援转换装置""机车电源""辅助制动""联解控制"开关在断开位，CRH380A 统型动车组"救援指令器"开关在断开位）、司机控制开关盘、操纵台各开关、手柄位置正确，闭合"列车无线"开关。

④ 投入主控钥匙解锁制动控制器，激活司机室。

⑤ 确认操纵台各指示灯显示正常（"VCB""电气设备""紧急制动""单元"灯亮，其余

均应熄灭；风压不足时"准备未完"灯亮，如"准备未完"灯点亮操作"辅助压缩机控制"旋钮并保持 3 s）。

⑥ 通过 MON 确认 EGS 断开，确认列车编组正确，发现当前故障信息及时通知随车机械师或动车所调度。

⑦ 根据随车机械师的要求选择相应的受电弓，升起受电弓后闭合主断路器，在进行升弓闭合主断操作前，应确认"准备未完"灯熄灭。

⑧ 确认网压在正常范围内。

⑨ 闭合"列控车载设备系统电源"开关，确认列控车载设备上电，总风压力大于 780 kPa，复位紧急制动。

⑩ 车辆制动试验的时机由各铁路局集团有限公司自定。

⑪ 按规定进行制动试验（详见本任务中"三、动车组制动试验程序"中该车型的制动试验程序）。

⑫ 若设置止轮器，则撤除本端止轮器（装备有停放制动的动车组，将"停放制动"开关置于释放位）。

⑬ 断开 CIR 及"列控车载设备系统电源"开关，将制动手柄置于拔取位，拔出主控钥匙，退出司机室占用，确认操纵台各开关、手柄位置正确。

⑭ 离开司机室时确认司机室门窗锁闭。

（2）出库端。

① 进入操纵端司机室，检查及作业程序参照非操纵端。

② 制动手柄置于 B6 及以下级位，输入列控车载设备、CIR 有关数据。

③ 若设置止轮器，则撤除本端止轮器（装备有停放制动的动车组，将"停放制动"开关置于释放位）。

（二）CRH3C 型、CRH380B（L）/G 型、CRH380BJ 型动车组

1. 适用范围

用于指导 CRH3C 型、CRH380B（L）/G 型、CRH380BJ 型动车组司机作业。

2. 司机室检查作业程序

（1）非出库端（重联动车组重联端司机室除外）。

① 确认动车组型号正确。

② 进入非出库端司机室。

③ 检查左侧安全保护开关柜内各开关均在闭合位（闭合"列控车载设备系统电源"开关），司机室操纵手柄及开关位置正确，检查故障开关柜内各开关位置正确（列控车载设备隔离开关在运行位、列控车载设备冗余开关在 1 系或 2 系、接地钥匙在开位）。

④ 开启蓄电池后，占用司机室，通过 HMI 显示确认配置正确，发现当前故障信息及时通知随车机械师或动车所调度。

⑤ 根据随车机械师的要求选择相应的受电弓，升起受电弓后闭合主断路器。

⑥ 根据需要选择"网侧电流限制"。
⑦ 确认列控车载设备、CIR 启动正常。
⑧ 按照规定进行制动试验(详见本任务中"三、动车组制动试验程序"中该车型的制动试验程序)。
⑨ 确认停放制动施加,断开"列控车载设备系统电源"开关,方向开关、牵引手柄置"0"位,确认 HMI 屏换端标识后拔出主控钥匙,退出司机室占用。
⑩ 离开司机室时确认司机室门窗锁闭。
(2)出库端。
① 进入司机室,检查及作业程序参照非出库端。
② 输入列控车载设备、CIR 有关数据。

(三)CR400BF 型动车组

1. 适用范围

用于指导 CR400BF 型动车组司机作业。

2. 司机室检查作业程序

(1)非出库端(重联动车组重联端司机室除外)。
① 设备检查与确认(静态检查)作业要求(见表 9.1)

表 9.1 设备检查与确认(静态检查)作业要求

序号	操作步骤	
1	确认动车组车型车号。在右侧辅屏浏览车型车号图片,选择正确的车型车号,点击"确认车型车号",完成动车组车型车号确认	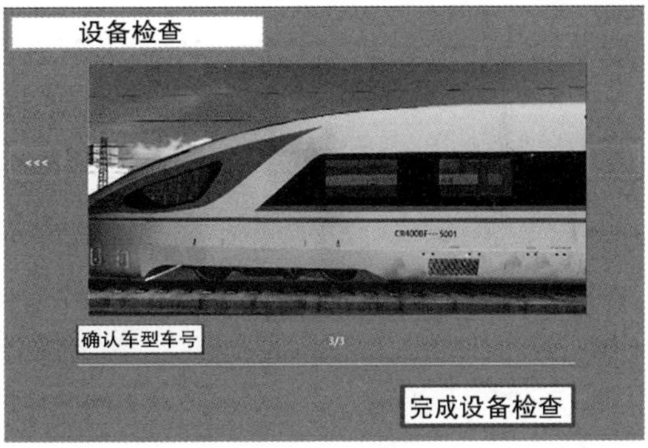
2	进入司机室。插入 EOAS 转储卡,确认司机室 EOAS 摄像头无遮盖,封条、设备可见部位无破损	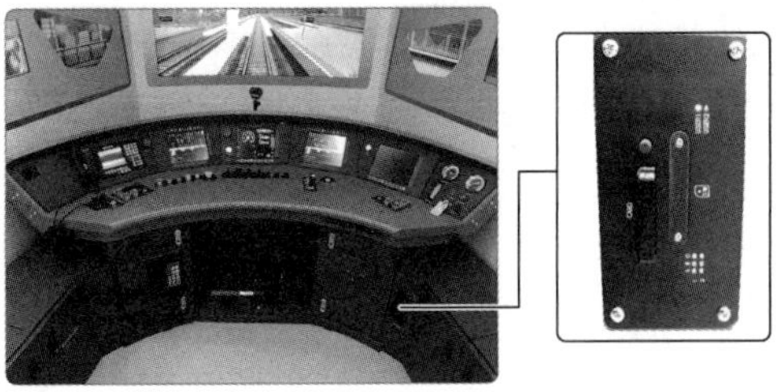

续表

序号	操作步骤	
3	确认左侧断路器面板 1、断路器面板 2 内的各开关均在闭合位；CIR 打印机终端、广播电话外观状态良好	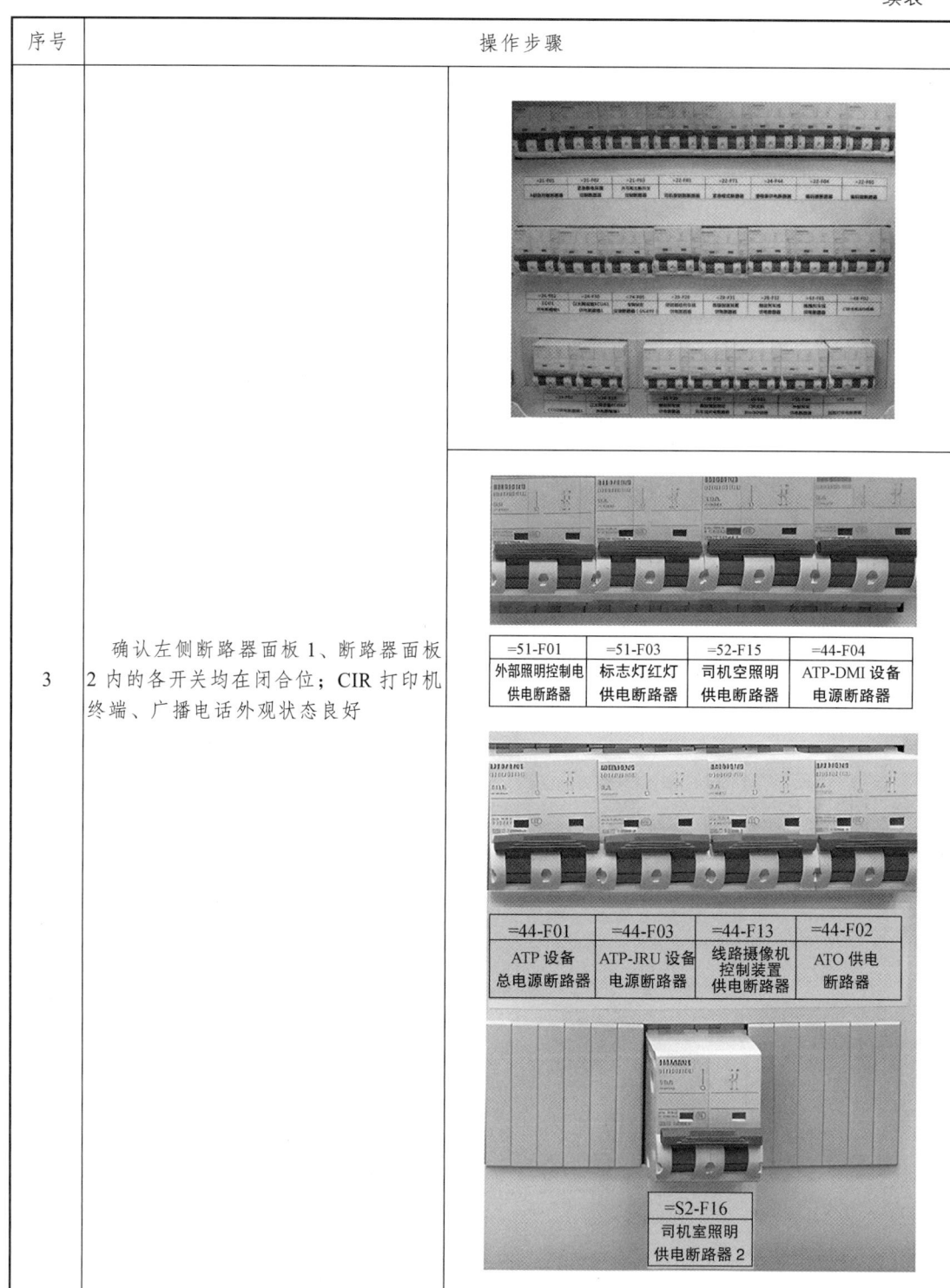

续表

序号	操作步骤
4	检查操纵台，司机操纵台布置有各系统显示设备、司机控制器、CIR 话筒、仪表、指示灯等部件，以及行车过程中司机必须操作的按钮、开关等元器件 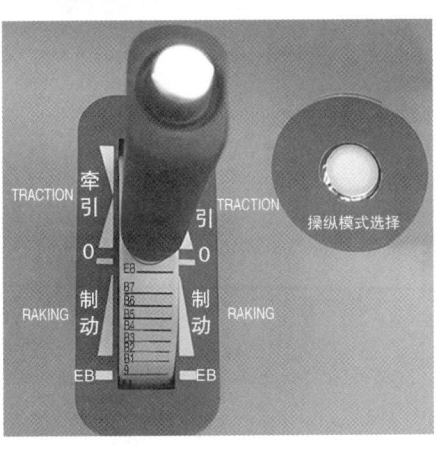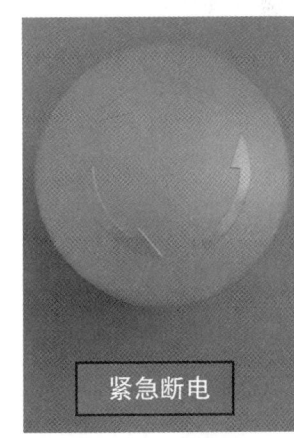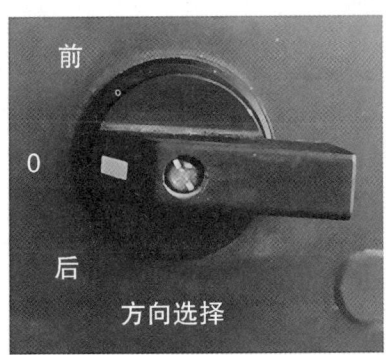

续表

序号	操作步骤
5	确认第二操作区面板内蓄电池旋钮开关在"0"位、ATP隔离开关在"运行"位、ATP显示器切换开关在"1开"或"2开"位、300T型ATP冗余开关在"ATP1"或"ATP2"位、列车无线控制开关在"自动"位、司机警惕装置旁路开关在"开"位、ATP电源开关在"关"位
6	确认转换开关面板柜内A钥匙"开"位,其余各开关位置均在直立位

② 设备上电作业（见表 9.2）。

表 9.2　设备上电操作要求

序号	操作步骤	
1	司机台右侧司机室主控钥匙插入钥匙孔，按压并右旋，将钥匙从"0"位转至"司机室占用"位	
2	将第二操作区面板内的"蓄电池"旋钮开关左旋 3 s，确认 EOAS 转储卡工作指示灯亮，确认 HMI 屏、CIR 启动	
3	将方向开关置于"前"位。司控器手柄置于最大常用制动位	
4	确认左侧显示屏默认显示牵引主界面，右侧显示屏默认显示制动主界面	

续表

序号	操作步骤
5	确认停放制动施加（HMI"制动主页面"上停放制动施加正常，操纵台左侧停放制动红灯亮），通过"故障信息"界面查看动车组的故障情况，发现当前有故障信息时，应及时通知随车机械师或动车所调度。故障查看结束后需退出故障查询页面，回到HMI屏主页面
6	进入左侧HMI屏"设备控制-设备切除"页面，确认无高压设备切除（设备图标是否打叉），查看后退出设备切除界面，返回牵引主界面。与随车机械师联控，根据随车机械师要求选择相应的受电弓。扳动升弓开关至"升弓"位保持3 s，确认受电弓升起、网压值正常，待"主断标识"变蓝后闭合"VCB"开关，确认HMI屏"牵引变流器""辅助变流器""充电机"显示绿色 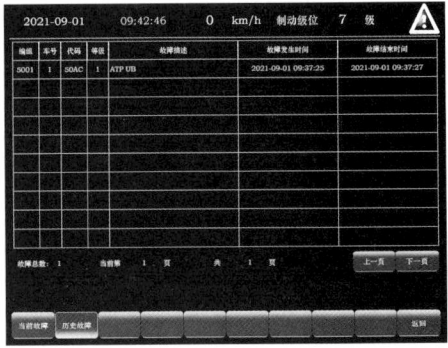  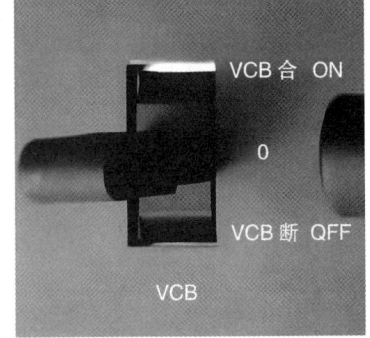

续表

序号	操作步骤
6	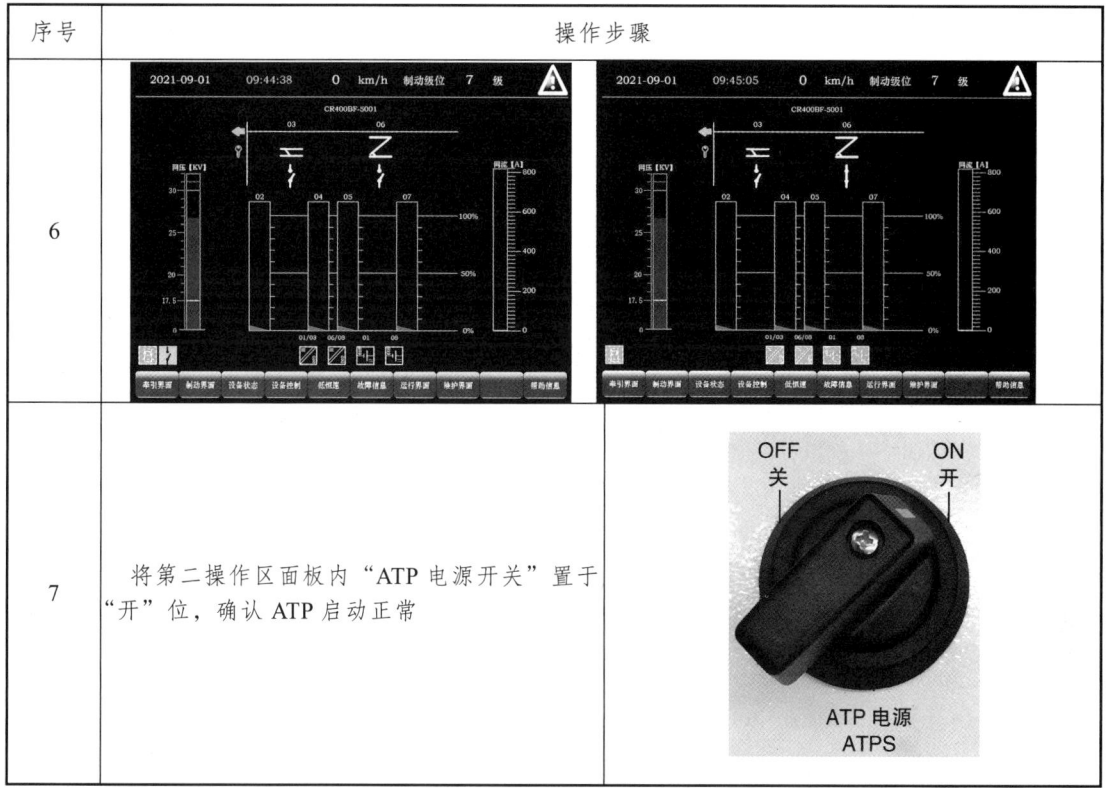
7	将第二操作区面板内"ATP电源开关"置于"开"位,确认ATP启动正常

（2）出库端。

① 进入操纵端司机室,检查程序及作业参照非操纵端。

② 输入列控车载设备、CIR 有关数据。

三、动车组制动试验程序

（一）CRH2 及 CRH380A 型动车组制动试验办法

1. 适用范围

本办法用于指导 CRH2A 型、CRH2A 统型、CRH2B 型、CRH2C 型、CRH2E 型、CRH380A（L）型、CRH380A 统型、CRH380AJ 型动车组的制动试验。

2. 全部制动试验办法

（1）动车组停车后,用主控钥匙打开制动控制器,将制动手柄移至"快速"位。

（2）按压紧急制动复位开关（UBRS）,故障显示灯"紧急制动"灯熄灭。

（3）通过 MON 显示器确认 MR 压力大于 780 kPa。

（4）进行制动试验。

① 制动手柄"快速"位,通过 MON 显示器确认 BC 压力,各车 BC 压力不小于 210 kPa。

② 制动手柄移置"运行"位,通过 MON 显示器确认各车 BC 压力为 0。

③ 制动手柄移置"B7"位,通过 MON 显示器确认 BC 压力,各车 BC 压力不小于 140 kPa。

④ 制动手柄移置"B4"位,通过 MON 显示器确认 BC 压力,各车 BC 压力不小于 90 kPa。

⑤ 制动手柄移置"B1"位,通过 MON 显示器确认 BC 压力,各车 BC 压力不小于 40 kPa。

⑥ 试验完毕,将制动手柄移至"B4"位。

3. 简略制动试验办法

(1)制动手柄"快速"位,通过 MON 显示器确认 BC 压力,各车 BC 压力不小于 210 kPa。

(2)制动手柄移置"运行"位,通过 MON 显示器确认各车 BC 压力为 0(区间停车,为了防止动车组溜逸,各局根据情况自定)。

(3)制动手柄移置"B7"位,通过 MON 显示器确认 BC 压力,各车 BC 压力不小于 140 kPa。

(4)制动手柄移置"B4"位,通过 MON 显示器确认 BC 压力,各车 BC 压力不小于 90 kPa。

(5)制动手柄移置"B1"位,通过 MON 显示器确认 BC 压力,各车 BC 压力不小于 40 kPa。

(6)试验完毕,将制动手柄移至"B4"位。

(二)CRH3C、CRH380B(L)及 CRH380CL 型动车组制动试验办法

1. 适用范围

本办法用于指导 CRH3C 型、CRH380B(L)型、CRH380CL 型动车组的制动试验。

2. 全部制动试验办法

(1)制动试验前提条件。

① 司机室需投入占用,并升弓送电,HMI 屏制动界面显示正常。

② 动车组管路未通过辅助装置充风。

③ 备用制动未激活。

④ 停放制动处于施加状态。

⑤ 列车空气制动处于缓解状态(确认 ATP 没有施加制动,如 ATP 输出制动时,隔离 ATP 或转换模式)。

⑥ ASC 设置为关闭,故障面板上各环路故障开关在正常位置。

⑦ 总风管风压大于 850 kPa,列车管风压大于 550 kPa。

(2)制动试验内容。

动车组制动试验包括直接制动试验、紧急制动试验、总风管(MRP)贯通性试验、列车管(BP)泄漏试验、间接制动试验。

(3)制动试验操作。

制动试验需在右屏进行,试验过程中应按照试验顺序执行,试验过程中不可进行其他影响制动试验的操作。

① 在制动界面,点击"制动试验"进入"制动试验"界面,如图 9.1 所示。

项目九　动车组司机一次乘务作业过程

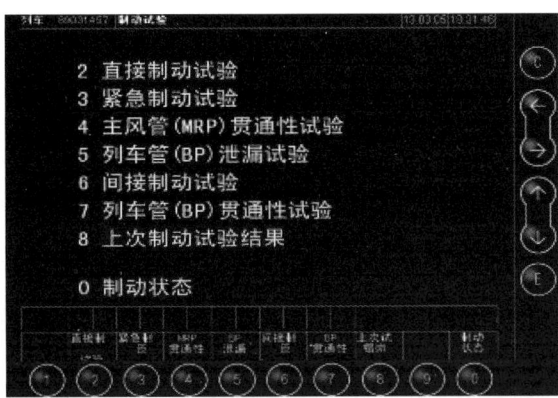

图 9.2　"制动试验"界面

② 直接制动试验。

a. 点击"直接制动试验"进入图 9.3 所示页面。

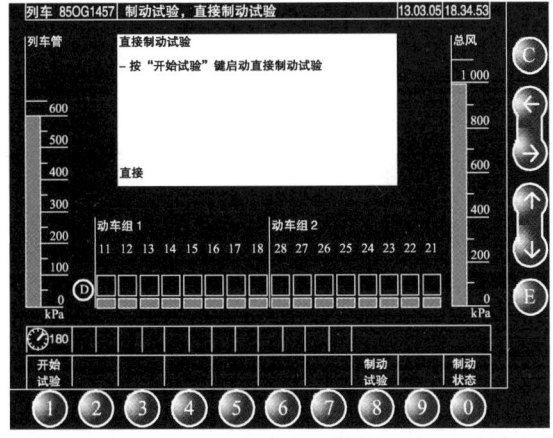

图 9.3　"直接制动试验"界面

b. 点击"开始试验",根据屏幕提示将制动手柄置于 3 级,然后根据屏幕提示将制动手柄置于缓解位。待出现图 9.4 所示界面时,点击"制动试验",完成此步试验。

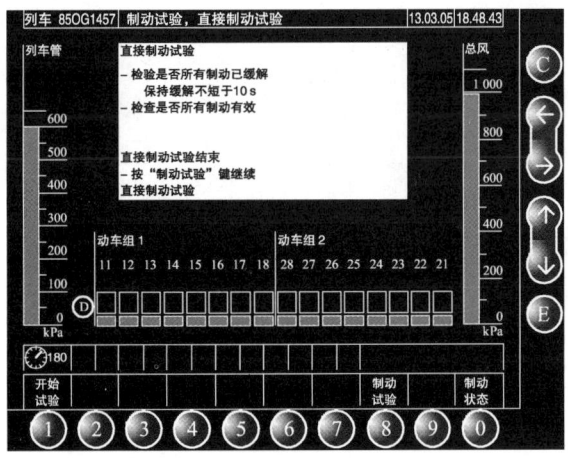

图 9.4　"开始试验"界面

257

③ 紧急制动试验。

a. 点击"紧急制动试验"进入如图 9.5 所示界面。

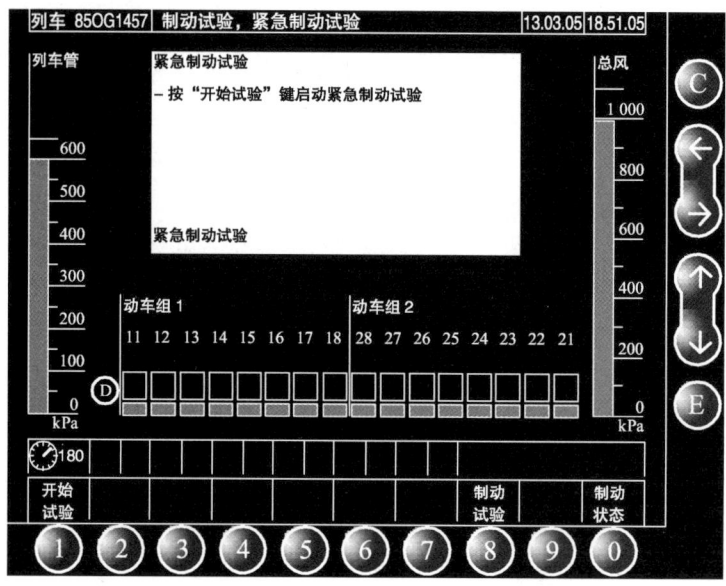

图 9.5 "紧急制动试验"界面

b. 点击"开始试验",根据屏幕提示将制动手柄置于紧急位,然后根据屏幕提示将制动手柄置于"OC"位。根据提示将手柄置于"OC"位后列车管刚开始充风,HMI 屏即提示进行下一步试验,如图 9.6 所示。此时需待列车管达到 600 kPa,车辆缓解后方可点击"制动试验"进行下一步试验。

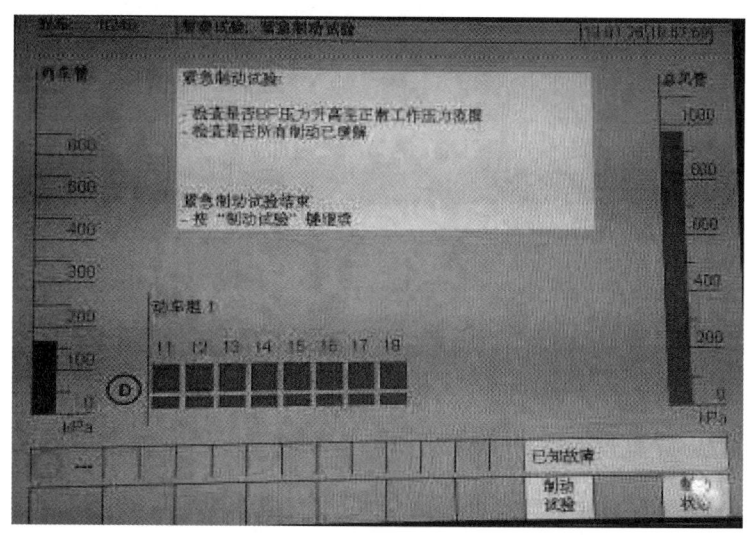

图 9.6 HMI 屏提示进行下一步试验界面

④ 总风管（MRP）贯通性试验。

a. 点击"总风管（MRP）贯通性试验"进入如图 9.7 所示界面。

项目九 动车组司机一次乘务作业过程

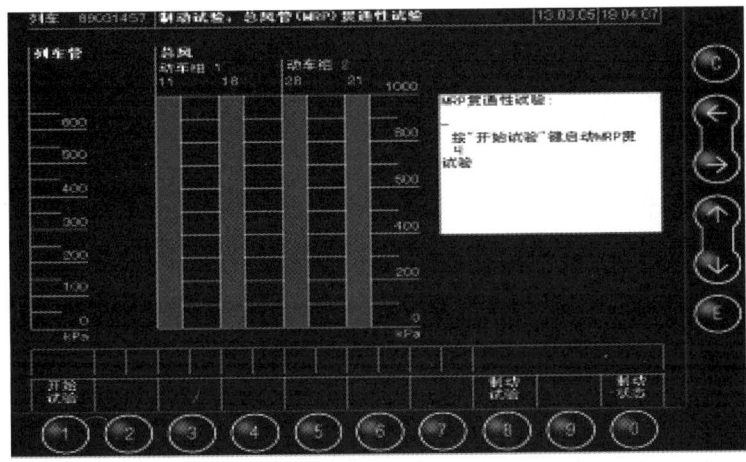

图 9.7 "总风管（MRP）贯通性试验"界面

b. 点击"开始试验"，出现如图 9.8 所示界面。

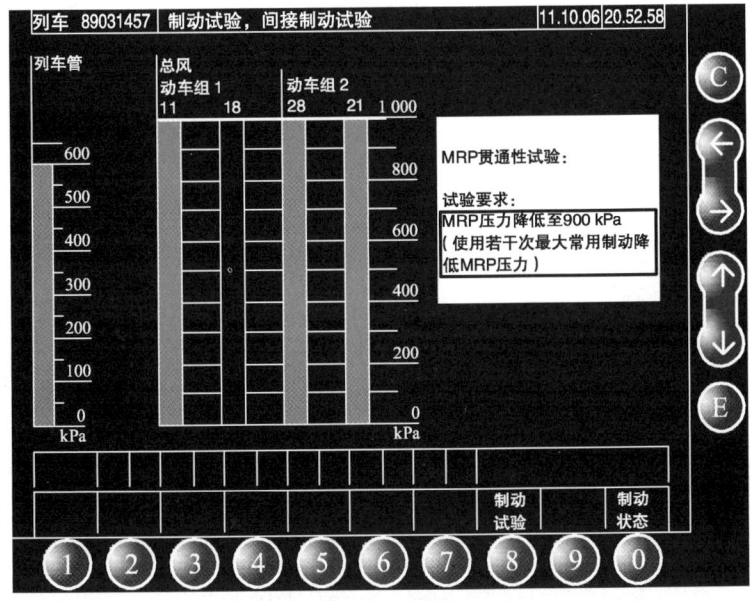

图 9.8 "开始试验"界面

如果提示红框内容，通过施加和缓解常用制动，降低总风压力，直至图 9.8 中框内的内容消失。注意：施加制动或缓解制动后，手柄在制动或运行位稍作停留，红色框内的内容在总风压力约为 870 kPa 时消失，此步试验中不允许将总风压力降至 850 kPa 以下。降低总风压力时，各车的压力下降应同步。如无红框提示则无须进行任何操作。

然后等待总风管压力上升，直至屏幕提示点击"制动试验"进行下一步试验。注意：如果压力不上升，通知随车机械师检查尾部空压机是否工作。

⑤ 列车管（BP）泄漏试验。

a. 点击"列车管（BP）泄漏试验"进入如图 9.9 所示界面。

259

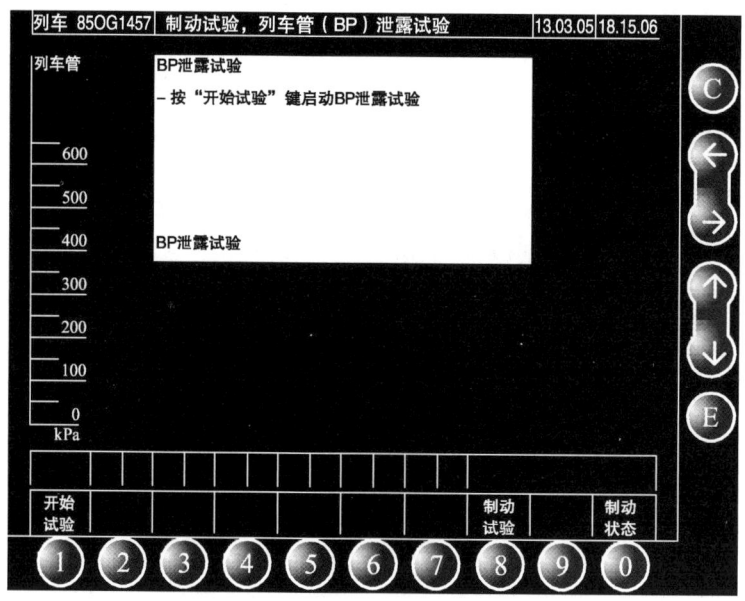

图 9.9 "列车管（BP）泄漏试验"界面

b. 点击"开始试验",根据屏幕提示点击"制动试验"进行下一步试验。

⑥ 间接制动试验。

a. 点击"间接制动试验"进入如图 9.10 所示界面。

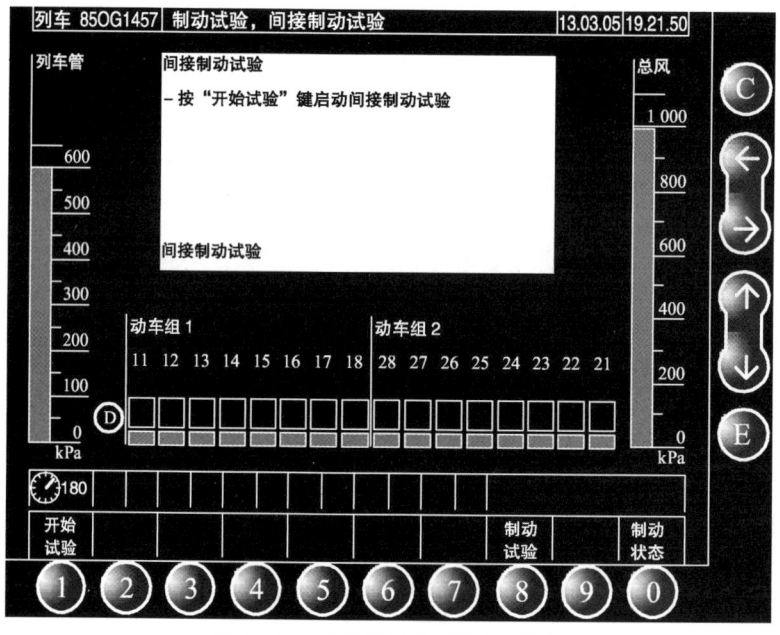

图 9.10 "间接制动试验"界面

b. 点击"开始试验",根据屏幕提示点击"BP 排风",待列车管排风结束后,再根据屏幕提示点击"停止排风",待列车管压力达到 550 kPa 以上,空气制动缓解后,根据屏幕提示点击"制动状态",完成制动试验。

⑦ 制动试验注意事项。

a. 做制动试验时，必须严格按照 HMI 屏提示进行操作，切忌不能抢屏操作。

b. 如果某项制动试验未通过，在此项试验结束后 HMI 将会显示"××试验失败……"，此时需根据 HMI 屏提示信息查看故障代码，根据故障代码排除故障，重做该项制动试验。试验通过后，可继续进行其他未完成的试验项目，无须重新进行全部制动试验。

c. 制动试验期间，不可进行其他影响制动试验的操作（例如，操作 ASC、ATP，切换 HMI，激活备用制动，意外触动制动手柄等）。如果某项制动试验中途因误操作终止或退出，需要重新进行该项制动试验，而无须重新进行全部制动试验。

d. 如遇紧急情况，试验时间不足以完成全部试验时，可先进行②、③、⑥制动试验（直接制动试验、紧急制动试验、间接制动试验）。

e. 在进行试验时需在右侧 HMI 屏（制动系统默认显示屏）进行制动试验，可将左侧 HMI 屏调至制动试验显示时间界面进行查看，若每项制动试验完成时不显示最新试验时间或试验时间显示后自动消失，需将两侧 HMI 屏进行复位操作，并再次进行制动试验。如果复位后制动试验时间仍然不能正常显示，但制动有效率正常，不影响动车组制动性能，动车组可以投入运营。

3. 简略制动试验办法

（1）运行中换端操作。

① 换端后，施加紧急制动，并保持 10 s 后，检查制动有效率为 100%，则制动简略试验完成。

② 若上述操作后，制动有效率不足 100%，则执行菜单指导制动试验中的"直接制动试验、紧急制动试验、间接制动试验"，完成后检查制动有效率为 100%，则制动简略试验完成。

（2）重联解编后操作。

解编后动车组司机在两端司机室的第一次占用均执行以下操作：

① 通过操作制动手柄施加紧急制动保持 10 s 后，缓解紧急制动，动车组司机目视检查制动、缓解功能正常。检查车辆制动有效率为 100%。

② 施加 3 级常用制动后，缓解。动车组司机目视检查制动、缓解功能正常。

③ 执行并完成制动试验中的"列车管泄漏试验"。

（三）CR400BF 型动车组制动试验办法

1. 适用范围

本办法用于指导 CR400BF 型动车组的制动试验。

2. 全部制动试验办法

（1）制动试验所需条件。

① 确认总风压力值为 800~950 kPa，司控器手柄置于"0"位。300T 型 ATP 上电后不做任何操作。

② 确认停放制动施加。

③ 在右侧 HMI 屏"安全环路"界面确认停放制动监控环路 PBML 与 UB、EB 紧急制动环路未显示"隔离"。

④ 制动试验时须在左侧 HMI 屏进行,在"制动界面"确认停放制动施加。

⑤ 司控器手柄"0"级。

⑥ 进入"制动试验"界面,根据制动试验提示要求进行车辆制动试验。

(2)制动试验内容。

制动试验包括直通制动试验、紧急制动试验、总风管(MRP)贯通性试验、列车管(BP)泄漏试验、间接制动试验。

(3)制动试验操作。

① 制动试验条件自检。

乘务员点击【制动界面】→【制动试验】,系统自检制动试验条件。

当系统某项设置不符合制动试验条件时,文本框内进行提示,此时需检查对应设置。

当系统所有设置都符合制动试验条件时,文本框显示"试验条件满足,可以进行制动试验"。

② 直通制动试验(见表 9.3)。

表 9.3 直通制动试验程序

序号	操作步骤
1	乘务员点击【直通制动试验】。系统进行"直通制动试验"条件自检
	直通制动试验自检中

续表

序号	操作步骤	
2	"直通制动试验"条件自检通过后,系统进行文字提示	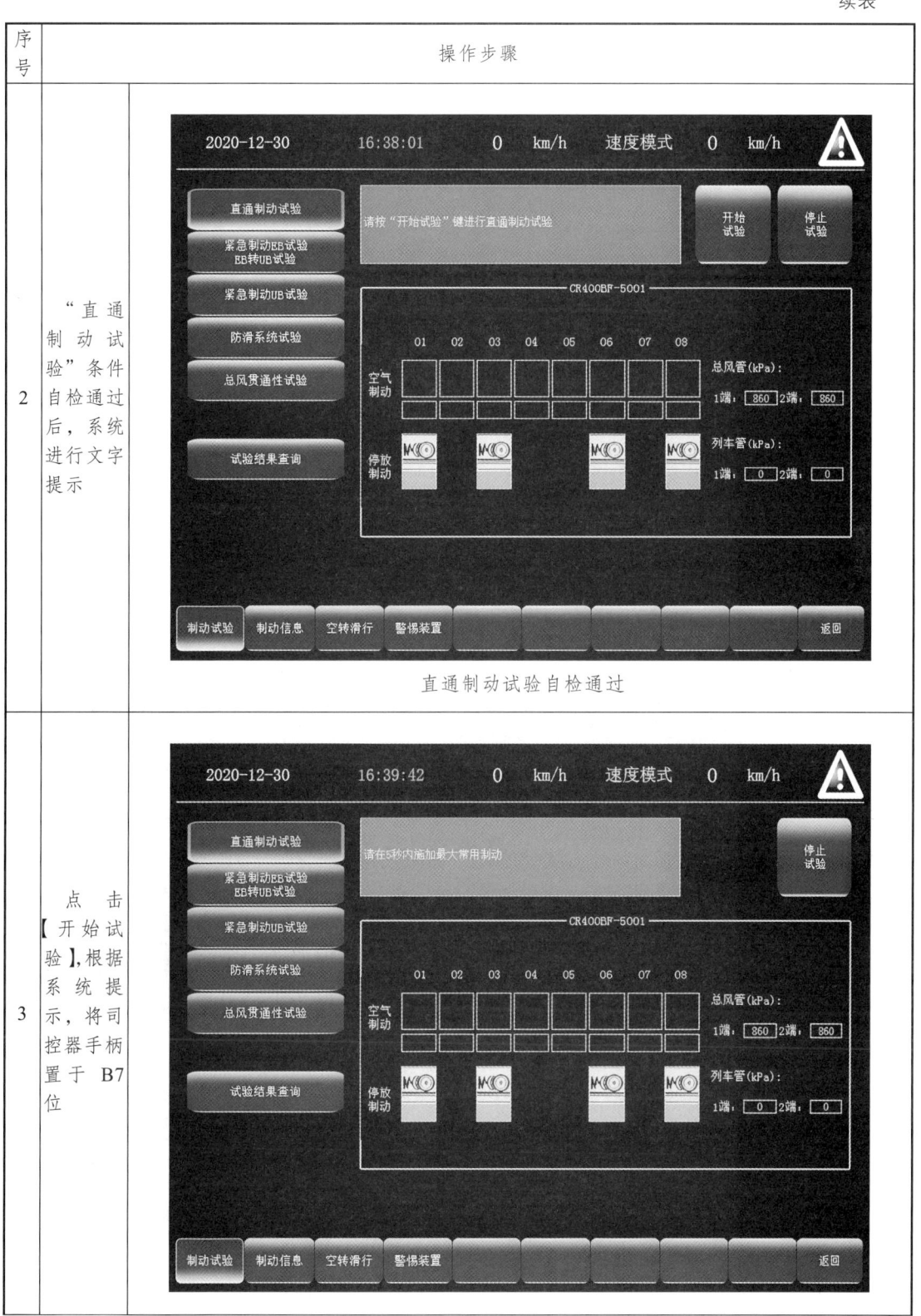直通制动试验自检通过
3	点击【开始试验】,根据系统提示,将司控器手柄置于B7位	

续表

序号	操作步骤
4	点击【开始试验】，根据系统提示，5 s内将司控器手柄置于B7位，系统判断制动施加状态 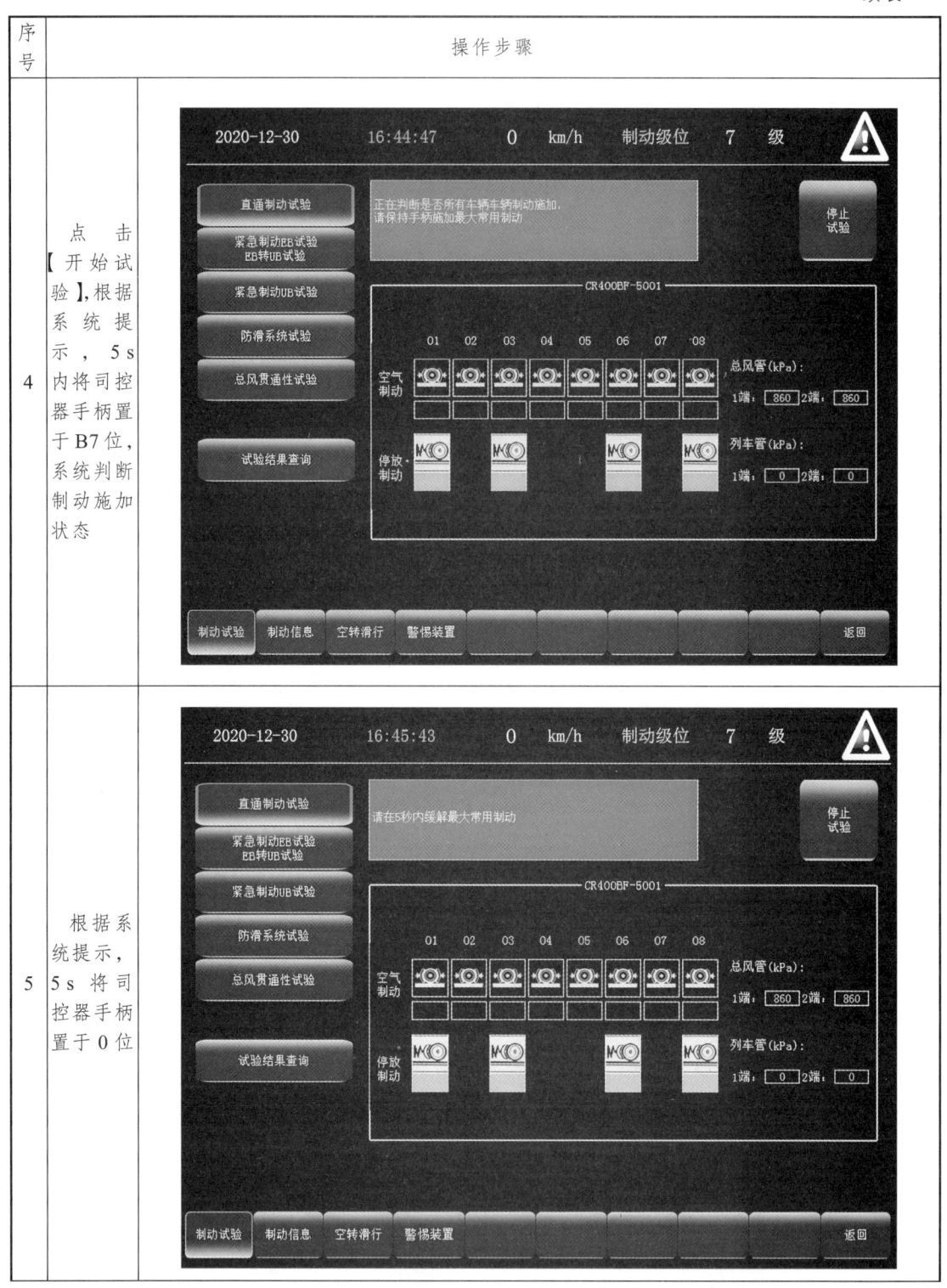
5	根据系统提示，5 s将司控器手柄置于0位

续表

序号	操作步骤	
6	缓解最大常用制动后，系统判断缓解状态	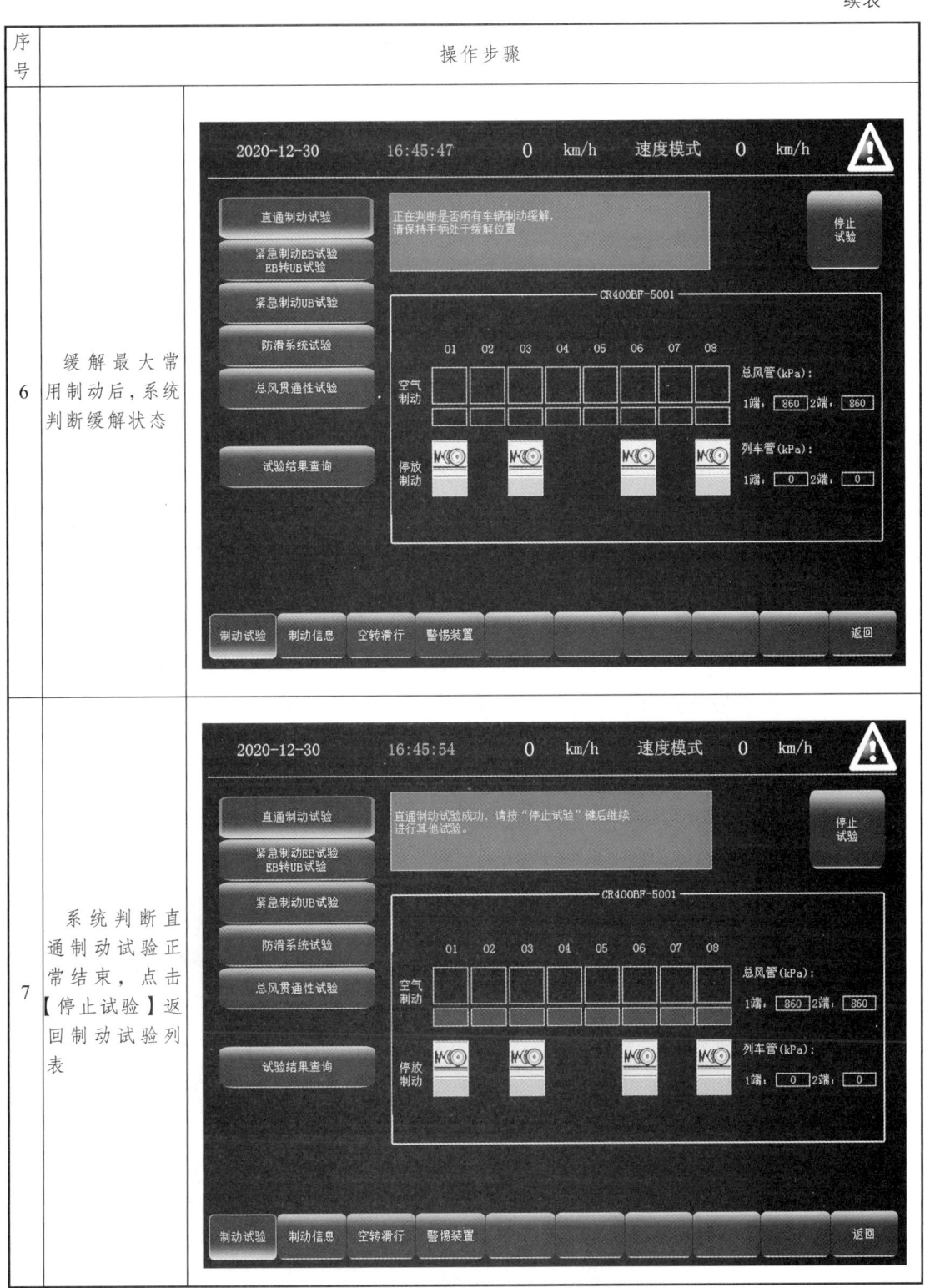
7	系统判断直通制动试验正常结束，点击【停止试验】返回制动试验列表	

③ 紧急制动 EB 试验，EB 转 UB 试验（见表 9.4）。

表 9.4　EB 试验，EB 转 UB 试验

序号	操作步骤	
1	乘务员点击【紧急制动 EB 试验，EB 转 UB 试验】，系统进行"紧急制动 EB 试验，EB 转 UB 试验"	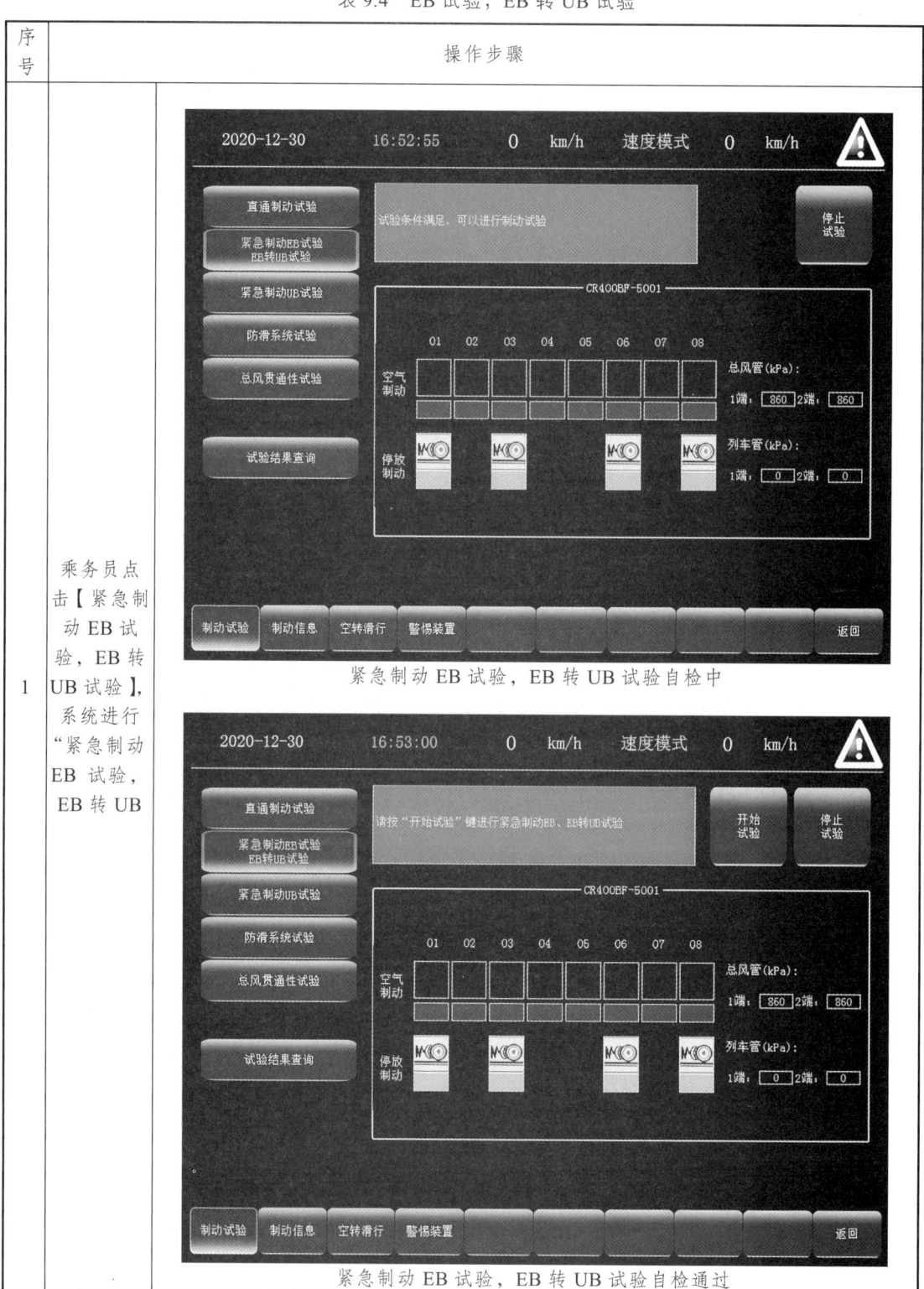 紧急制动 EB 试验，EB 转 UB 试验自检中 紧急制动 EB 试验，EB 转 UB 试验自检通过

续表

序号	操作步骤
2	点击【开始试验】,根据系统提示,5 s内把司控器置于EB位。紧急制动EB试验,EB转UB试验开始 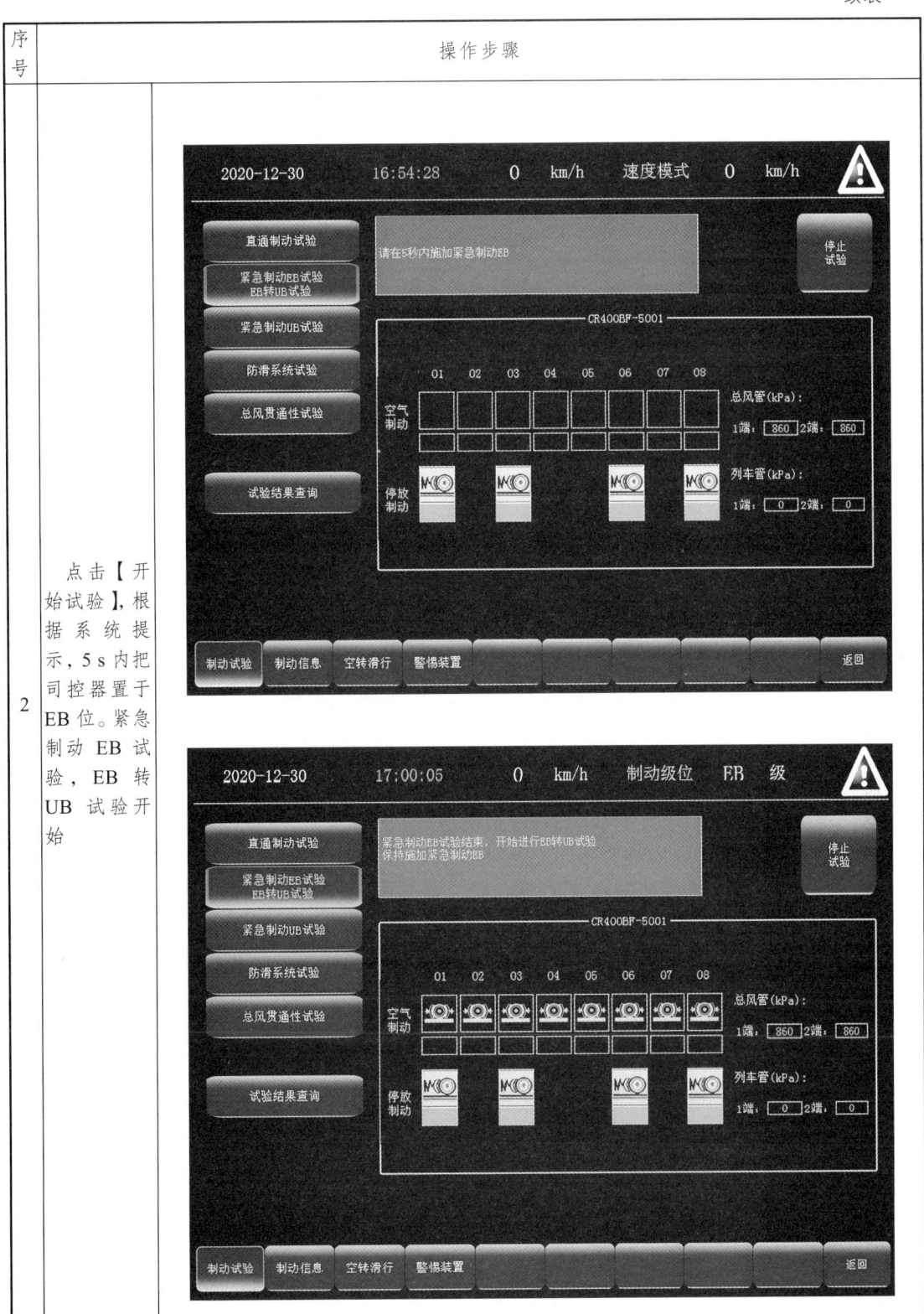

续表

序号	操作步骤	
3	试验正常结束	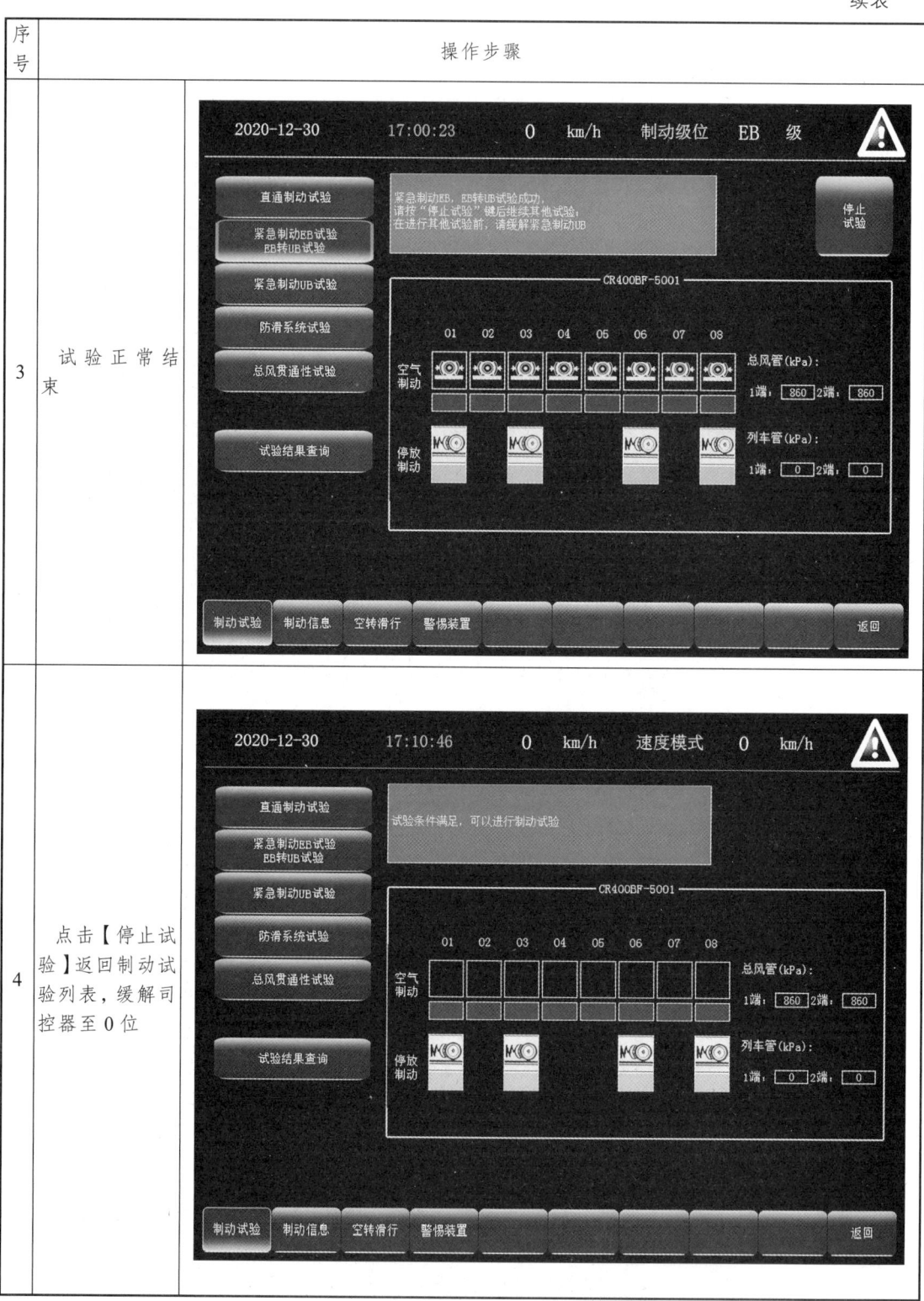
4	点击【停止试验】返回制动试验列表，缓解司控器至0位	

④ 紧急制动 UB 试验（见表 9.5）。

表 9.5 紧急制动 UB 试验

序号	操作步骤	
1	乘务员点击【紧急制动 UB 试验】，系统进行"紧急制动 UB	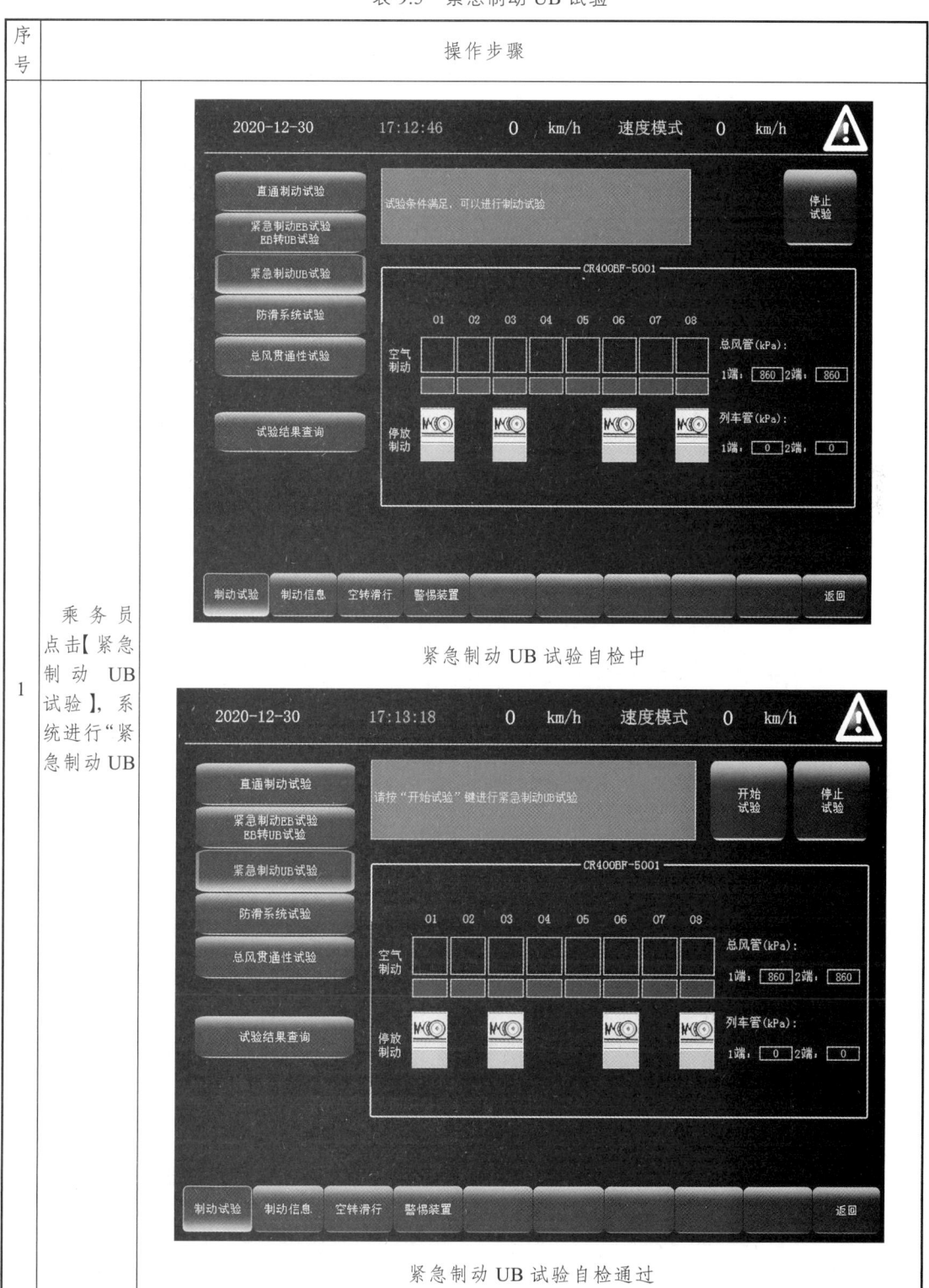 紧急制动 UB 试验自检中 紧急制动 UB 试验自检通过

269

续表

序号	操作步骤	
2	点击【开始试验】，根据系统提示，10 s 内按压紧急制动按钮。紧急制动UB试验开始	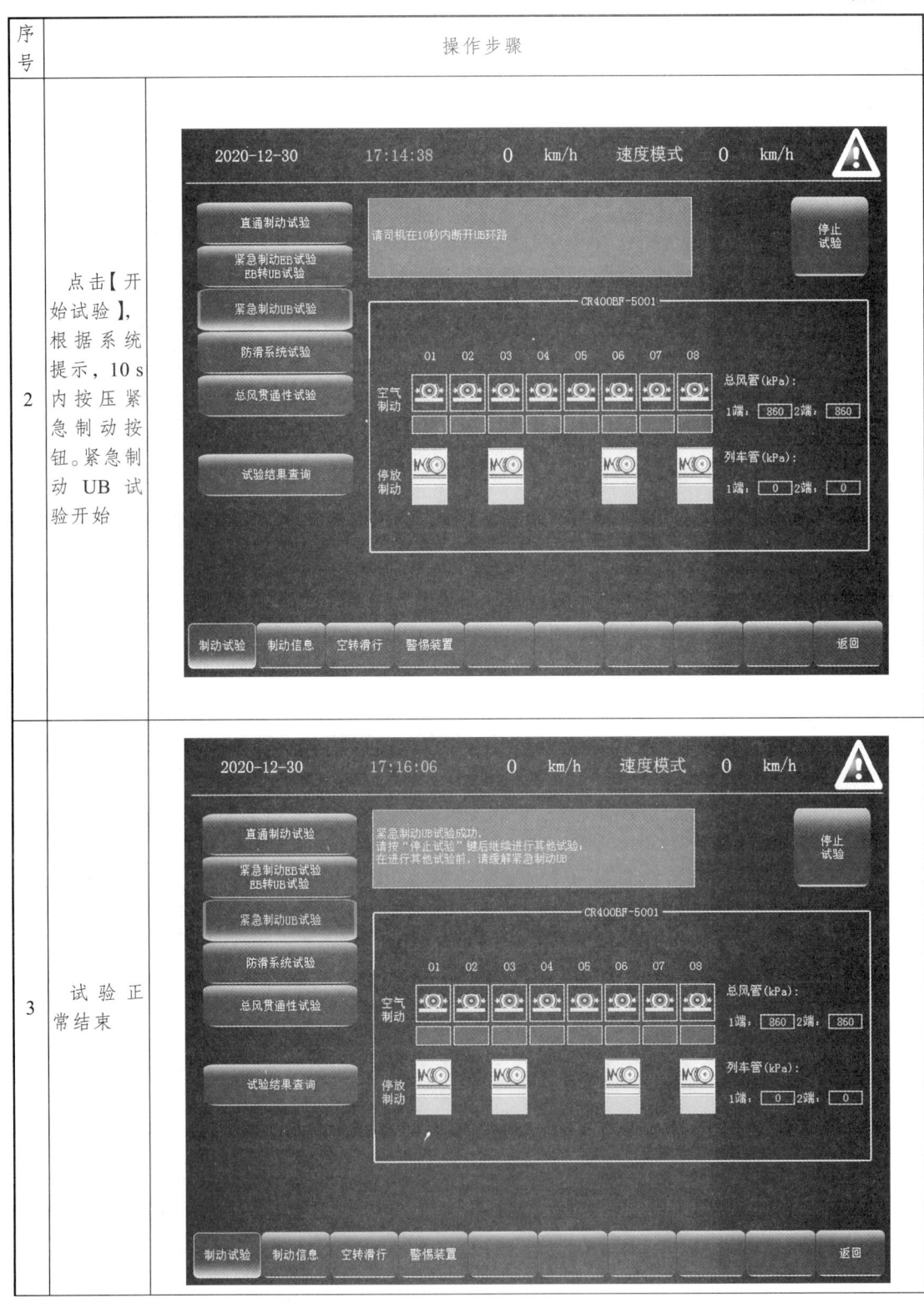
3	试验正常结束	

续表

序号	操作步骤
4	点击【停止试验】返回制动试验列表。旋开【紧急制动】按钮。将司控器置于B4位，按压【紧急复位】按钮，缓解紧急制动。再将司控器置于0位 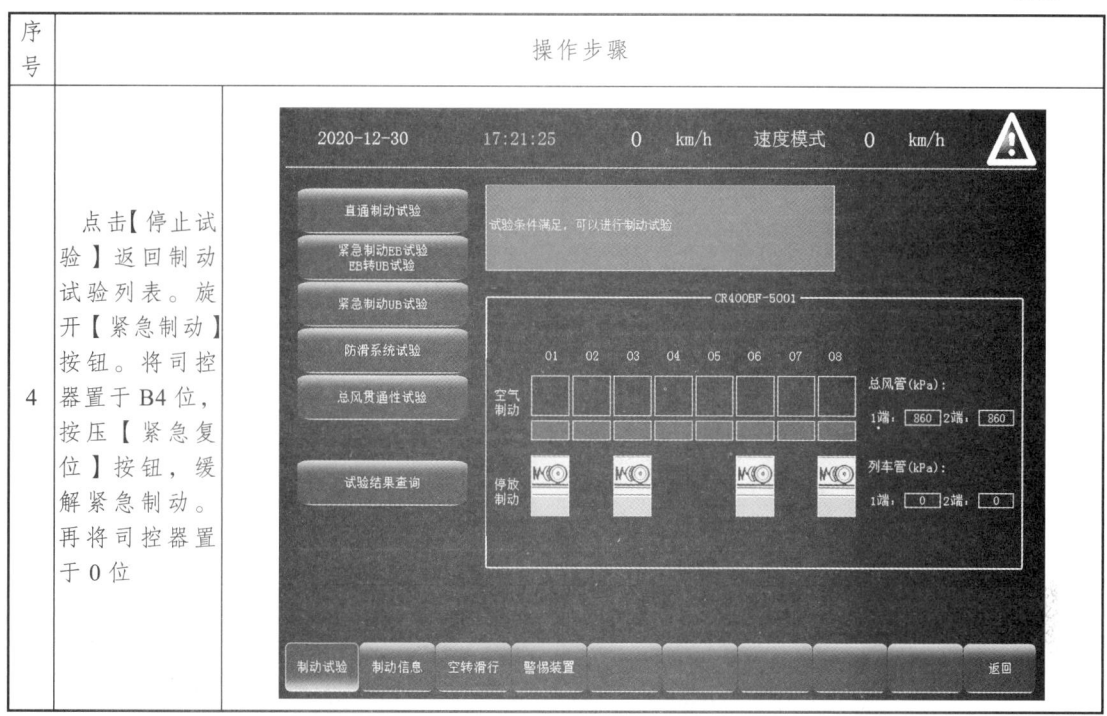

⑤ 防滑系统试验（见表9.6）。

表9.6 防滑系统试验

序号	操作步骤
1	乘务员点击【防滑系统试验】。系统进行"防滑系统试验"条件自检 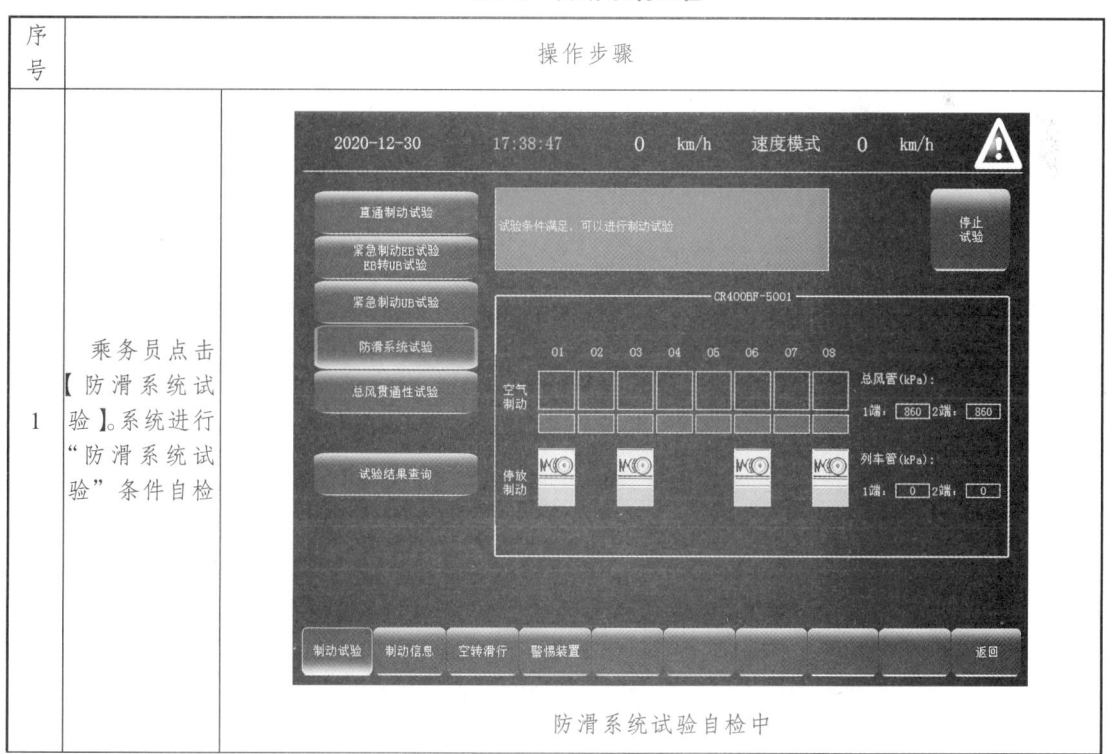 防滑系统试验自检中

续表

序号	操作步骤	
1	乘务员点击【防滑系统试验】。系统进行"防滑系统试验"条件自检	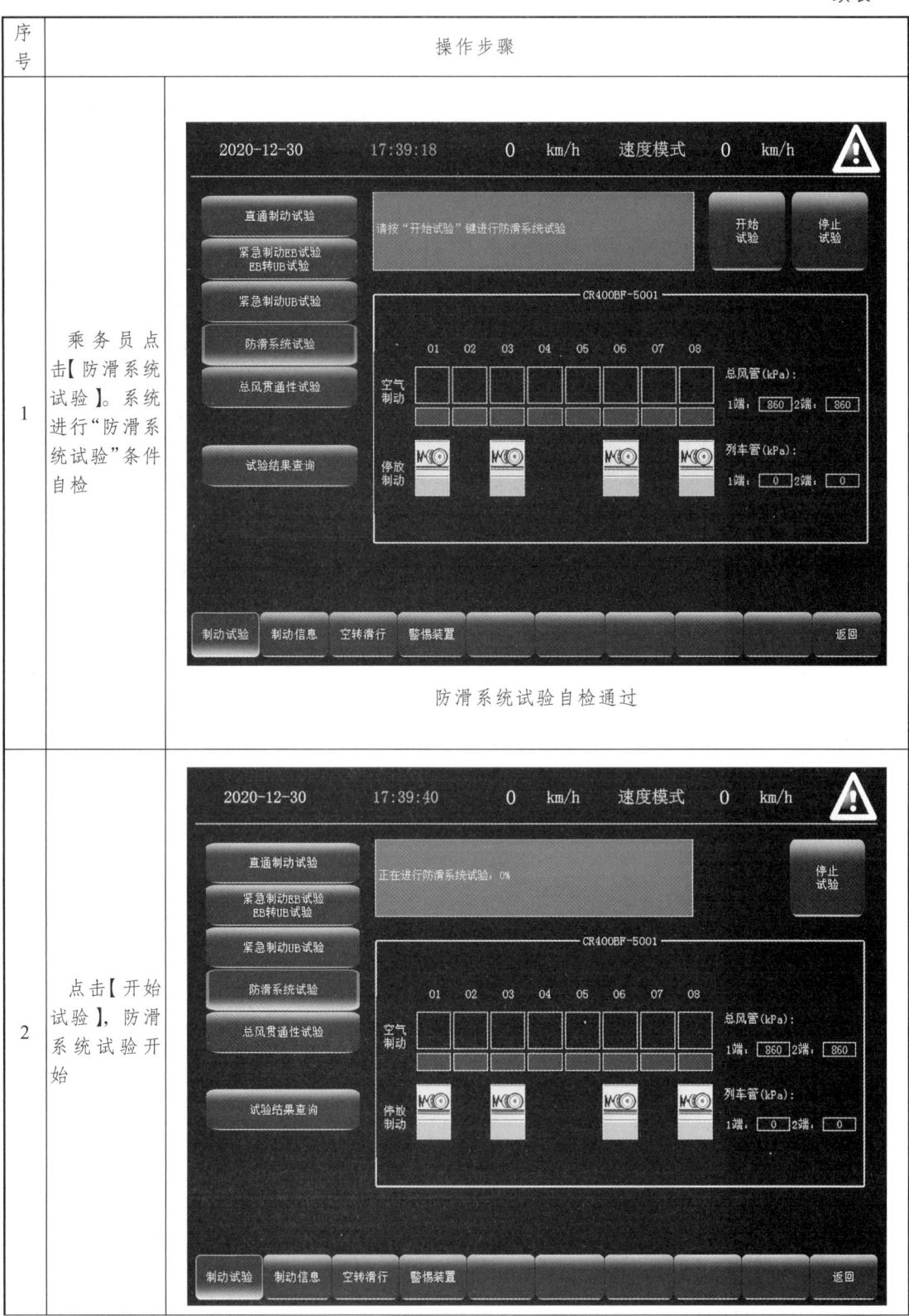防滑系统试验自检通过
2	点击【开始试验】,防滑系统试验开始	

续表

序号	操作步骤	
2	点击【开始试验】，防滑系统试验开始	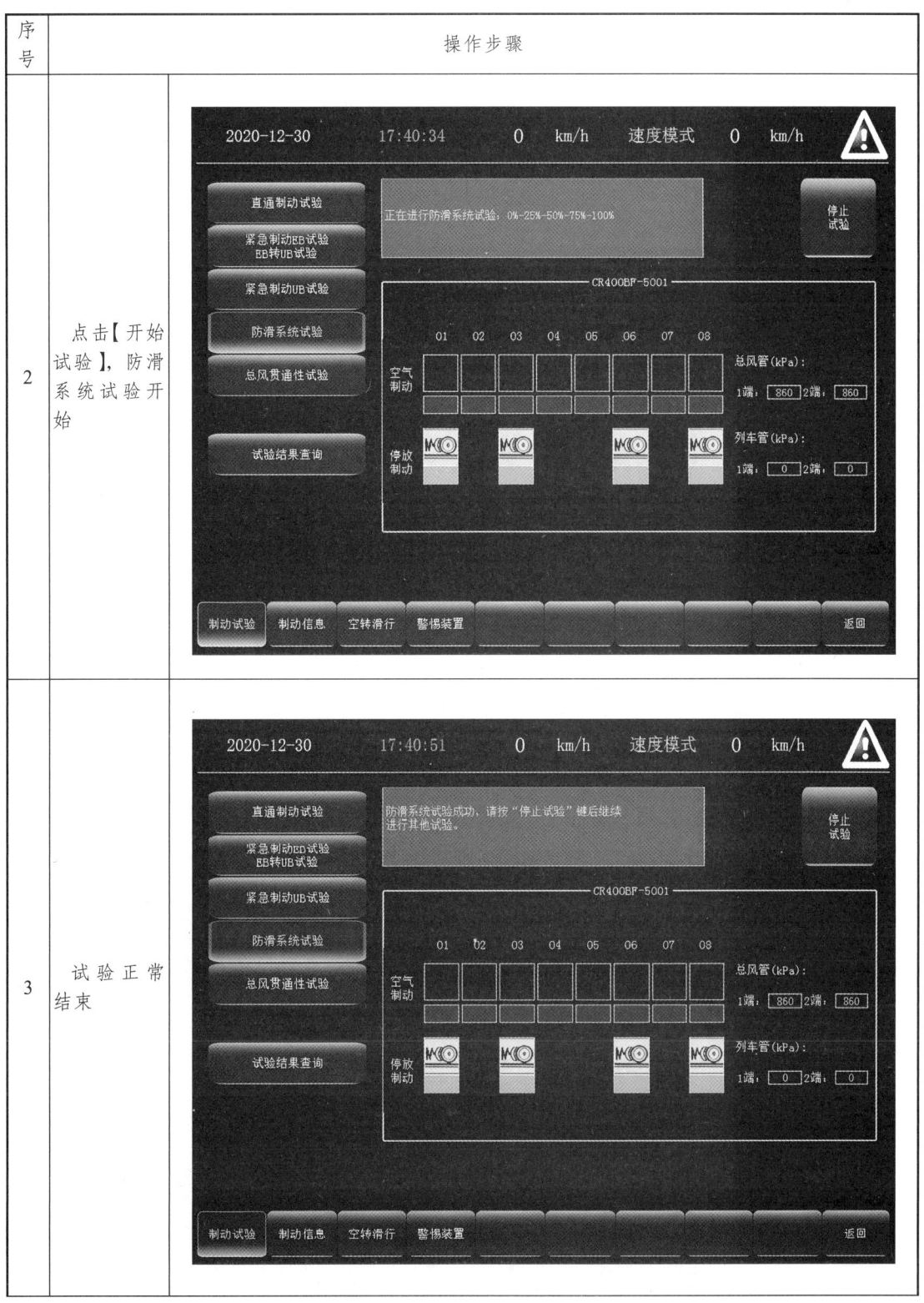
3	试验正常结束	

续表

序号	操作步骤
4	点击【停止试验】返回制动试验列表 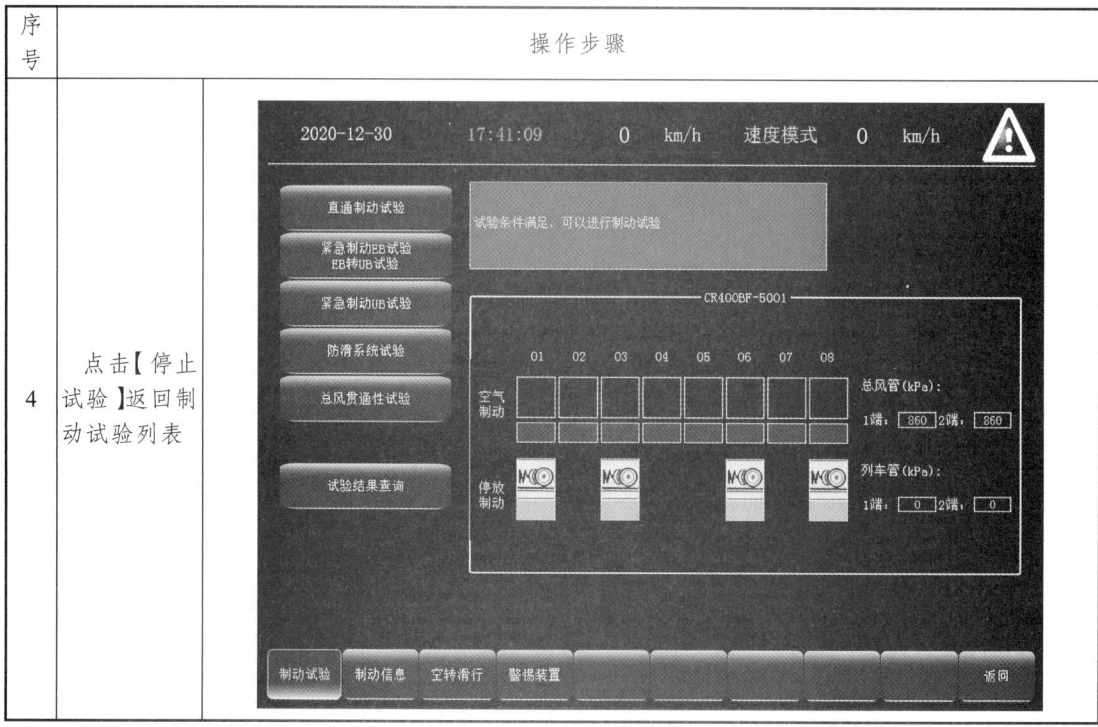

⑥ 总风贯通性试验（见表9.7）

表9.7 总风贯通性试验

序号	操作步骤
1	乘务员点击【总风贯通试验】，系统进行"总风贯通试验"条件自检 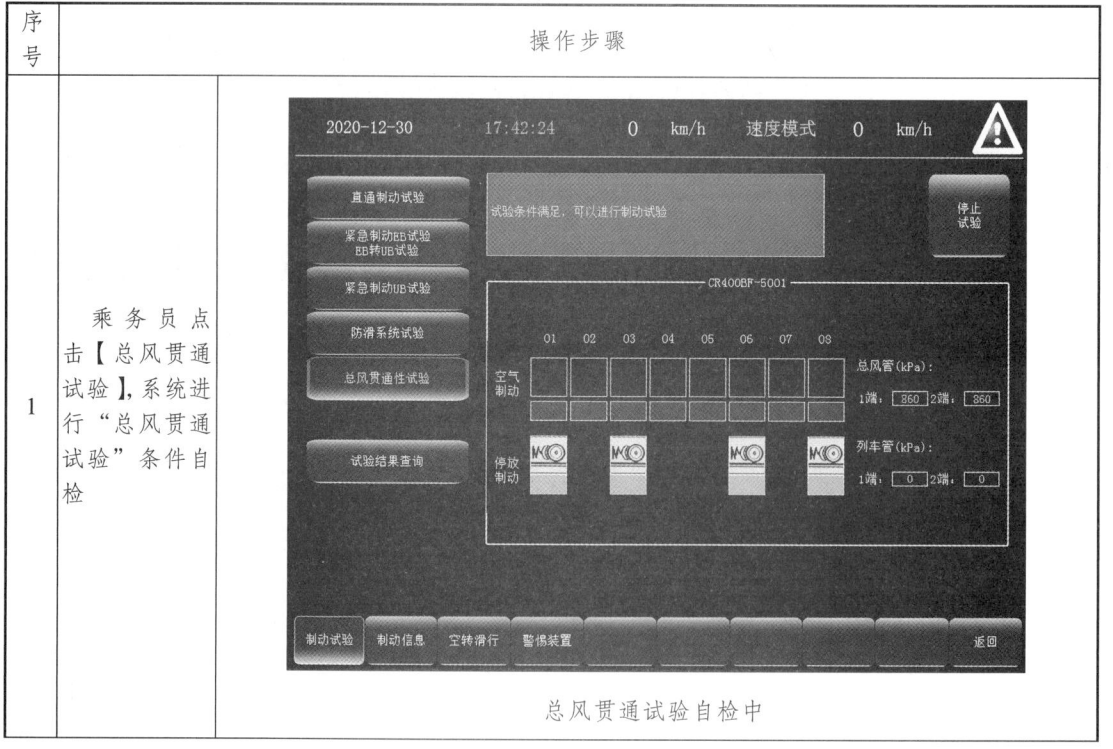总风贯通试验自检中

续表

序号	操作步骤	
1	乘务员点击【总风贯通试验】,系统进行"总风贯通试验"条件自检	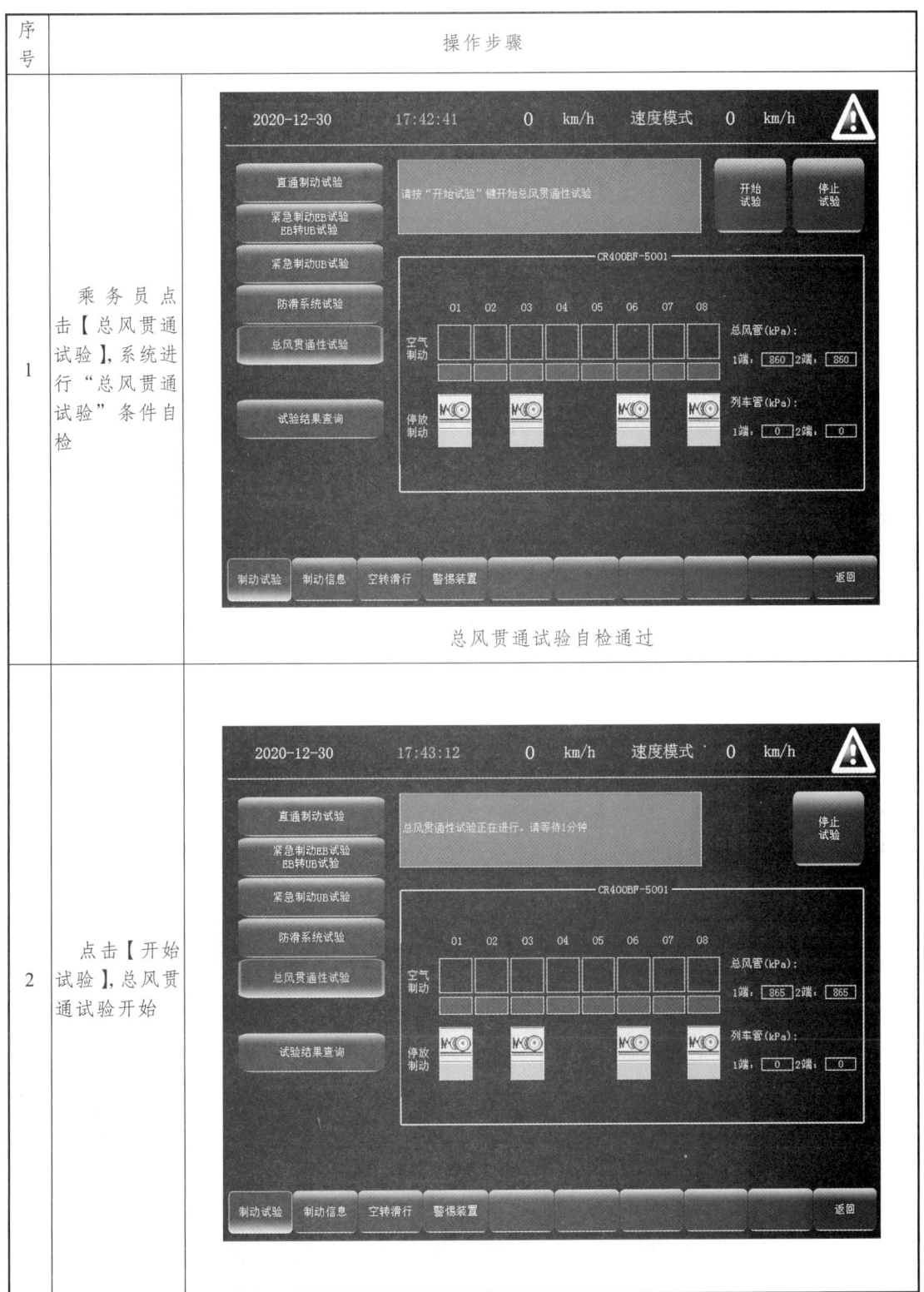 总风贯通试验自检通过
2	点击【开始试验】,总风贯通试验开始	

续表

序号	操作步骤	
2	点击【开始试验】,总风贯通试验开始	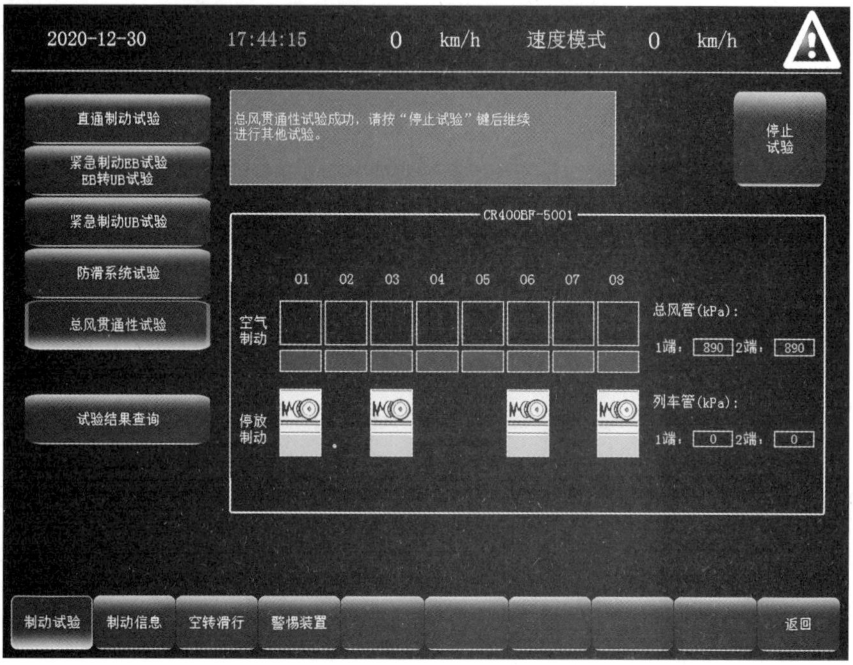 （画面：总风贯通性试验成功，请按"停止试验"键后继续进行其他试验。总风管(kPa)：1端 890 2端 890；列车管(kPa)：1端 0 2端 0）
3	试验正常结束	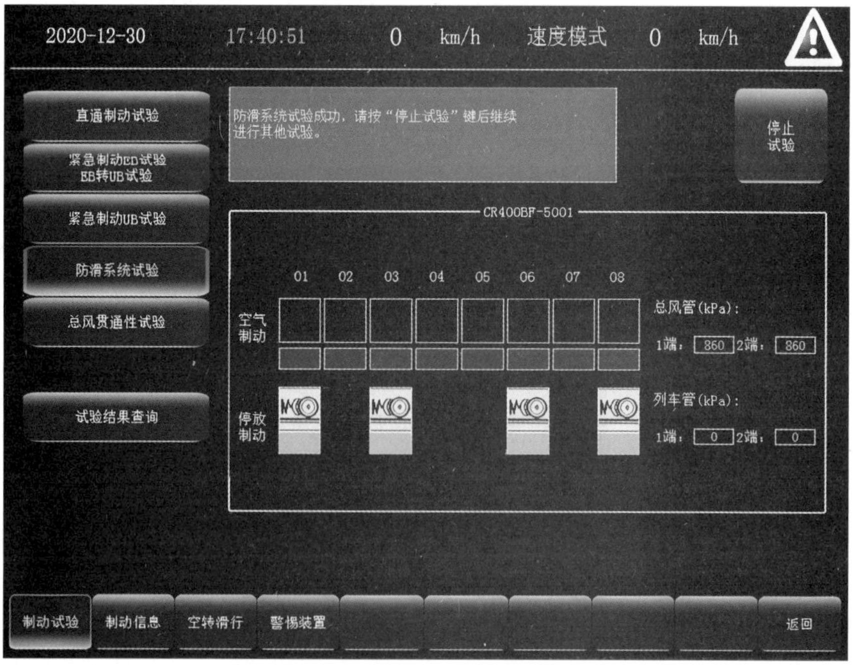 （画面：防滑系统试验成功，请按"停止试验"键后继续进行其他试验。总风管(kPa)：1端 860 2端 860；列车管(kPa)：1端 0 2端 0）

续表

序号	操作步骤
4	点击【停止试验】返回制动试验列表 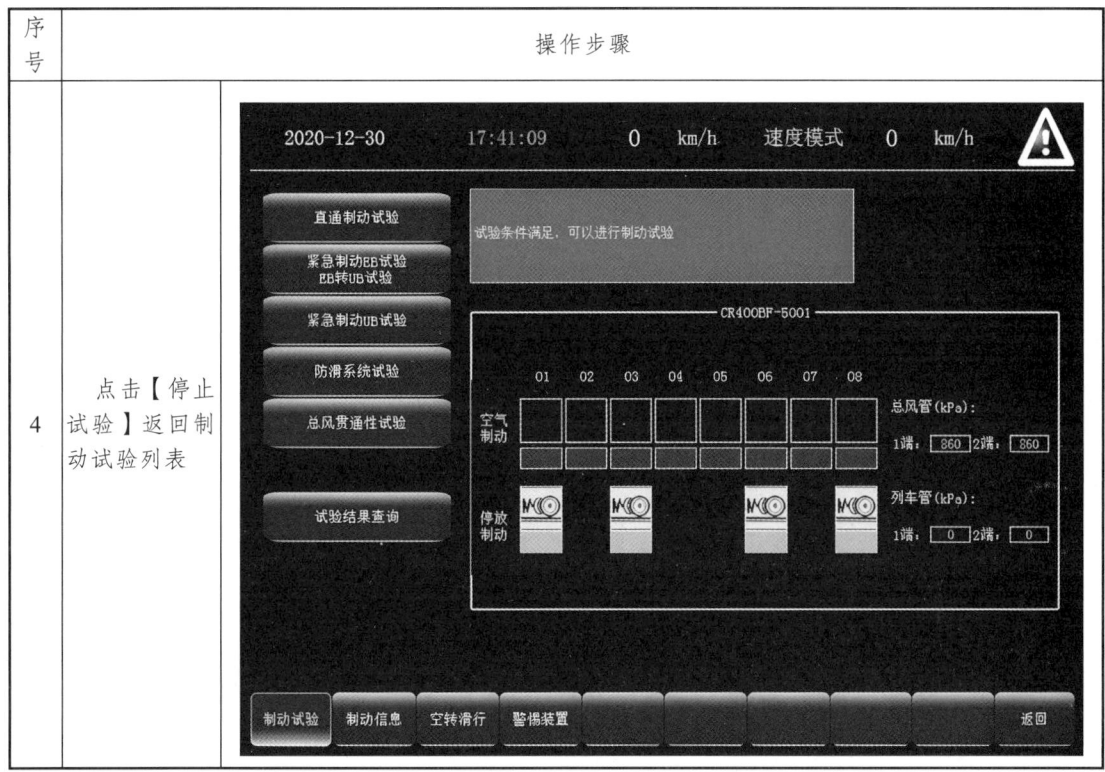

⑦ 制动试验完毕，将左侧 HMI 屏调至"制动试验"界面，点击"试验结果查询"，确认所有试验项目状态显示"通过"。

⑧ 制动界面查看全列 BCU 空气制动可用。

任务三 出段（所）作业

一、所内作业

动车组动车前使用车内广播设备预告，和随车机械师联系确认。与动车段（所）或车站联控，了解出段（所）经路。确认地面信号已开放，关门灯点亮，鸣笛（限鸣区段除外，以下同）动车，按规定的时刻出段（所）或车站出发。并严格执行确认呼唤（应答）制度（见附录一）。

二、出段（所）作业

（1）按调车方式出段（所）时（装备 LKJ 的动车组，将 LKJ 转为规定工作状态；未装备

LKJ 的动车组将 ATP 转为相应级别的调车模式），严格执行先联控后动车，由近及远确认信号，严守速度。按列车方式出段（所）时，确认行车凭证正确，按规定执行车机联控。

（2）动车组调车作业时，司机应在运行方向的前端操作。在不得已情况下必须在后端操作时，应指派随车机械师或其他胜任人员站在动车组运行方向的前端指挥，发现危及行车或人身安全时，应立即使用紧急停车按钮（紧急制动装置）或通知司机停车。

（3）在动车段（所）内运行遇 ATP 输出制动停车时，司机须与车站（段、所）联控确认后，方可继续运行。

（4）遇雨雪冰霜等不良天气，动车组段（所）内出库时，应选择适当地点施加制动，观察制动效果，确认制动状态。出段（所）后不得进行换弓作业，特殊情况下根据随车机械师要求进行换弓操作。

三、进站停车作业

（1）进站停车时，按列车编组一次稳、准对标停车，停妥后使列车保持制动状态。司机根据列车长的开门通知，集控开启站台侧车门（开门按钮不在司机操纵台上的除外，下同）。

（2）由地勤司机担当动车组出段（所），交接班司机按照在站交接与继乘标准办理交接（详见本项目任务六）。

（3）站、所走行，逐一确认呼唤调车信号，须进入尽头线时，应加强瞭望、确认，不得进入距尽头线或接触网终点标 10 m 内，遇特殊情况必须进入时，应严格控制速度。

任务四　发车准备与发车

一、设置列控车载设备参数

（1）对 CIR、GSM-R 手持终端注册列车车次。选定 CIR 设备运行区段（线路）和工作模式。装备 LKJ 的动车组，将 IC 卡数据载入 LKJ，正确输入 LKJ 参数。

启动 ATP 并设定列车初始参数

（2）在 CTCS-0/1 级区段的车站始发开车，按 LKJ 方式行车。在 CTCS-2/3 级区段的车站始发开车，选择 C2 级"部分监控"模式开车。

（3）确认操纵台各仪表、显示屏显示正常，各开关、手柄位置正确，司机室各门窗处于锁闭状态。

二、发车作业

（1）确认行车凭证和开车时间，车门关闭后，准确呼唤，按规定车机联控，鸣笛起动列车。

（2）始发站提前进行发车准备，确认操纵台各仪表、显示屏显示正常，各开关、手柄位置正确，复核 CIR、LKJ 参数和 ATP 等级、模式设置正确，缓解停放制动，司机室各门窗处于锁闭状态；CRH3C 型、CRH380B/BL/BG 型、CRH380BJ 型、CRH380CL 型、CRH5 型动车组开车前按出站限制速度提前设定恒速值。

（3）起车时，主控（牵引）手柄在"1"位（最小牵引位，下同）稍做停留，再根据目标速度选择适当级位，做到起车稳、加速快。上坡道起车时，不具备保持制动功能的动车组，可先将牵引手柄置适当级位后，再缓解制动。

（4）装备 LKJ 的动车组，在规定的地点进行 LKJ 数据对标（按压"开车"键）。按列控车载设备方式行车，确认模式转换。

三、按规定对登乘动车组司机室人员进行登记

司机按登乘动车组司机室管理办法，将登乘人员姓名、职务、单位、登乘区段在司机手账上登记，并向机务段调度室汇报。动车组司机室必须严格控制登乘人数，除特殊情况外登乘人数不得超过 2 人。

任务五　途中作业

一、操纵示意图、操纵提示卡

情感与行车安全

（1）铁路局集团有限公司应根据担当牵引区段、动车组类型、区间运行时分等组织编制列车操纵示意图，机务段负责编制作业指导书和操纵提示卡。

（2）列车操纵示意图应包括以下内容（见图 9.11）：

① 列车运行速度曲线。

② 运行时分曲线。

③ 线路纵断面和信号机（区间信号标志牌）位置。

④ 站场平面示意图。

⑤ 主控（牵引、制动）手柄级位变化、恒速功能使用地点。

⑥ 区间限制速度及区段内各站道岔的限制速度。

⑦ 接触网分相区地点。

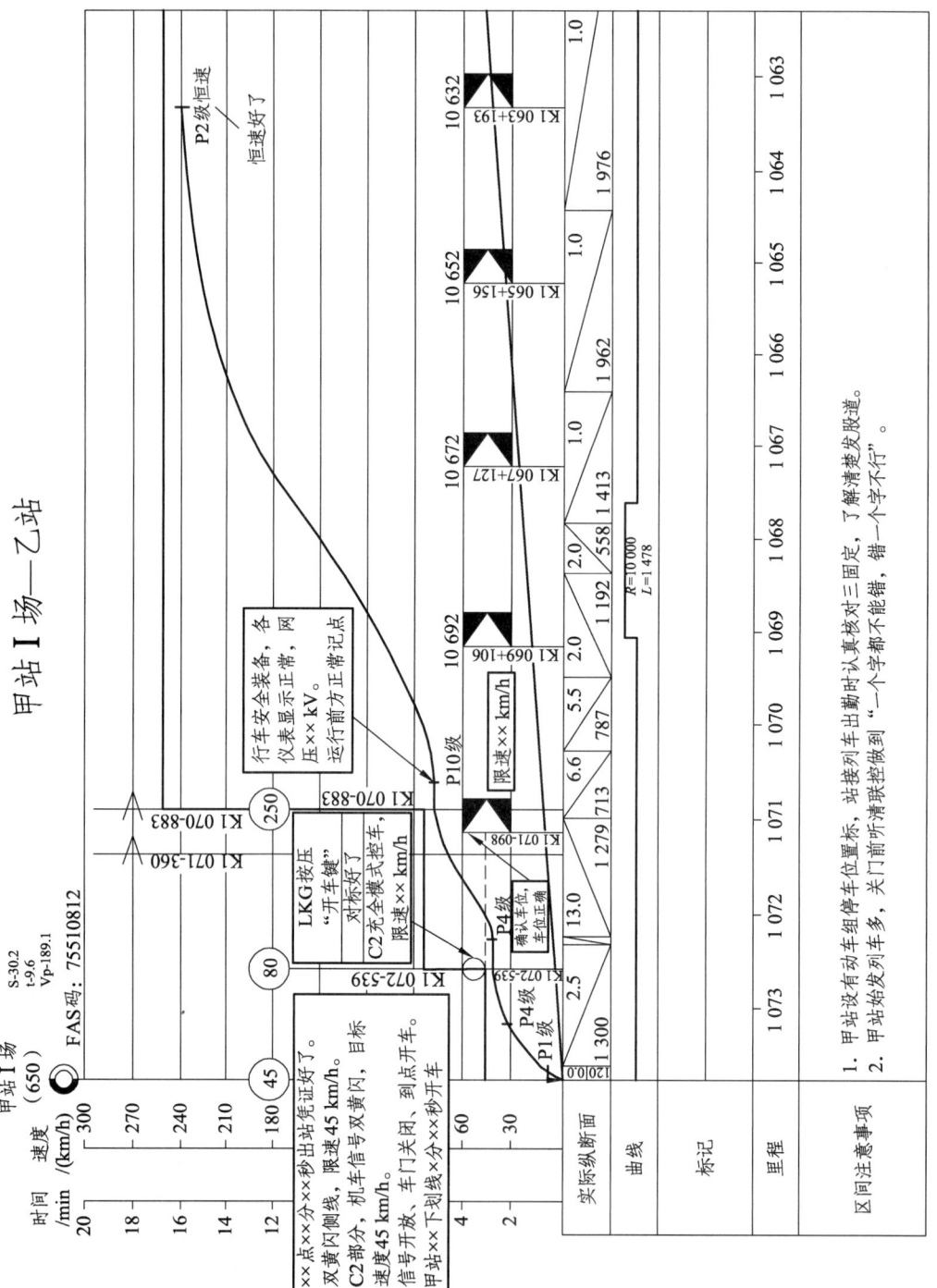

图 9.11 列车操纵示意图样例

⑧ 区间中继站地点。
⑨ RBC 管辖范围。
⑩ 级间切换点。
⑪ 线路里程长短链地点。
⑫ 通信模式转换及线路切换地点。
⑬ 停车位置标地点。
（3）列车操纵提示卡应包括以下内容：
① 区间里程。
② 运行时分。
③ 平均速度。
④ 站场示意图，含到发线有效长度、停车位置标设置、道岔限速、站中心里程、股道有无接触网等内容。
⑤ 主控（牵引、制动）手柄级位变化、恒速功能使用地点。
⑥ 动车组过分相操作。
⑦ 特殊困难区段操作（含通过困难分相最低速度要求）。
⑧ 安全注意事项。

二、操纵注意事项

（1）运行中应参照列车操纵示意图、提示卡操纵列车，严格执行确认呼唤和联控制度，做到"彻底瞭望、确认信号、准确呼唤、手比眼看"。

（2）服从命令，听从指挥，牢固树立安全、正点意识。遵守列车运行图规定的运行时刻和各项允许及限制速度。

（3）正常情况下，动车组司机在运行中必须在运行方向前端司机室操纵，行车安全装备必须全程运转，严禁擅自关机。非操纵端司机室门、窗及各操纵开关、手柄均应置于断开或锁闭位，关闭非操纵端司机室 CIR 等设备电源。

（4）动车组在始发前、更换动车组司机（同向换乘除外）、更换操纵端后、使用紧急制动停车后、途中解编或重联后开车前需进行简略制动试验。

（5）不得违规擅自切除动车组安全保护功能。安装司机警惕装置的动车组，按规定操作。

三、运行中操纵要求

经济合理操纵动车组列车，做到安全正点、运行平稳、停车准确、节能环保。

（1）列车起动后应根据目标速度及时加速，适时使用恒速功能，保持列车匀速运行。遇恒速功能作用不良时，调整主控（牵引）手柄级位，控制动车组按规定速度运行。

（2）正常情况下，增加或减少牵引力、制动力时，主控（牵引或制动）手柄应逐步进行。牵引、制动工况转换时应在"0"位（"切"位，下同）稍作停留。牵引"1"位（最小牵引位，下同)、制动"1"位(最小制动位,下同)与"0"位转换时,应在牵引"1"位、制动"1"位稍作停留。

(3)实施常用制动时,应结合列车速度、线路情况、目标速度、目标距离等条件,准确掌握制动时机和制动级位,在列车产生初步制动力后再逐步增加制动力,避免频繁往复操作制动手柄,保持列车均匀减速。

(4)列车运行中或未停稳前,严禁换向操作。中间站停车时,换向手柄不得置"0"位(CRH1型不得按压"倒车"按钮)。

四、列车进站停车作业

列车进站停车时,应遵守下列规定:
(1)列车进站前,按规定进行车机联控或确认 CIR 进路预告信息,确认进站凭证、ATP 显示的允许运行速度值,控制列车运行速度。
(2)列车进站后,根据列车编组确认停车位置。
(3)正常情况下,应稳定使用中级挡位以下的制动,随着速度的降低,逐级回到制动"1"位停车。
(4)一次稳准对标停车,停车后保持制动状态,确认站台方向,按规定执行开门操作。
(5)列车停留时,司机必须坚守岗位,不得擅自离开司机室。
(6)始发站、停车站、终到站在列车越过车站最外方道岔或停妥后,在司机手账上记录列车到、开时分。

五、动车组运行中自动过分相的操作

(1)动车组运行中应使用自动过分相功能。在经过乘务区段第一个分相区时,需验证自动过分相功能,并报告列车调度员(车站值班员)。列车通过分相区后,确认操纵台各显示屏和仪表显示状态。

(2)司机发现不能自动过分相或车载自动过分相装置故障时,立即报告列车调度员(车站值班员),通知随车机械师,并及时采用手动过分相。运行至过接触网电分相前,要集中精力,加强瞭望,及时切除牵引力,在"断电"标前及时断电,越过接触网电分相后,装有网压互感器的动车组确认网压上升并稳定再合电。重联动车组采用手动过分相时,必须确认全列受电弓通过接触网电分相区后,方可合电。接到列车调度员自动过分相系统停用、故障的调度命令或通知时,应认真核对故障分相处所,按照调度命令或通知要求及时采取手动过分相。

六、动车组重联、解编时应遵守的规定

(1)单组动车组运用状态下不得解编,两组短编组同型动车组可重联运行。救援等特殊情况下,两组不同型号的动车组可重联运行。

动车组重联与解编

（2）两列动车组重联或解编时，由动车组机械师负责引导，司机确认。动车组重联时，被控动车组应退出占用，主控动车组使用调车模式与被控动车组连接。解编操作时，主控动车组转换为调车模式后，必须一次移动 5 m 以上方可停车。

（3）连挂端开闭机构的开启、关闭及车钩伸出、收回操作由司机在司机室内完成，动车组机械师在车下确认。对不能由司机自动完成上述操作时，由动车组机械师在车下手动操作完成，司机在车上配合。

（4）重联动车组在区间因故需解编分部运行时，司机将停留线路坡度等现场情况向列车调度员汇报，在得到列车调度员指示后进行摘解操作。解编后司机将停留线路坡度情况通知随车机械师，随车机械师分别按规定采取防溜措施。无故障动车组根据列车调度员指示，可采取单组继续运行的办法。

七、途中非正常情况的处理

（1）遇临时限速，应提前确认，控制列车运行，防止超速。

（2）运行中遇非正常停车后，司机必须立即向列车调度员（车站值班员）报告停车原因、停车地点，并通知随车机械师、列车长。

（3）遇雨雪冰霜等不良天气，动车组段（所）内出库时，应选择适当地点施加制动，观察制动效果，确认制动状态。

（4）冰雪天气线路积雪，有耐雪制动功能的应适时使用。

（5）运行途中，司机遇突发难以抵抗的身体急症时，要立即报告列车调度员（车站值班员），不能维持驾驶操纵时要立即采取停车措施。

（6）动车组运行中发现或接到接触网故障、接触网停电、轴承超过温度报警、齿轮箱故障、牵引电机故障、受电弓自动降弓、停放制动施加、不能判明原因的走行部异响等情况或信息时，应立即采取停车措施，报告列车调度员（车站值班员）停车原因、停车地点，并通知随车机械师、列车长。

（7）动车组列车按 LKJ 方式运行进站停车时，提前确认（校核）LKJ 显示的信号机位置、距离与实际一致，并按规定输入相应股道号。

（8）动车组列车级间自动转换失败时，应立即报告列车调度员（车站值班员），并按下列规定办理：

① 由 CTCS-3 级区段向 CTCS-2 级区段运行时，停车后手动转换。

② 由 CTCS-2 级区段向 CTCS-3 级区段运行时，维持 CTCS-2 级方式继续运行。

③ 由 CTCS-2 级区段向 CTCS-0/1 级区段运行时，停车后根据调度命令手动转换。

④ 由 CTCS-0/1 级区段向 CTCS-2 级区段运行时，可维持按 LKJ 方式继续运行。

（9）动车组列车运行中在列车车次变化地点，应检查确认 CIR 操作显示终端（MMI）显示的车次号是否正确，自动注册不成功时，采用手动注册（含 GSM-R 手持终端），并报告列车调度员（车站值班员）。

任务六　在站交接与继乘

一、交接站换班

（1）同向继乘时，按继乘列车开车时间，提前 10 min 到达接车地点立岗接车。换端继乘时，按继乘列车开车时间，提前 20 min 在开车端立岗接车。

（2）列车在继乘站停车后，保持列车制动状态，与接班司机交接确认调度命令、动车组技术状态、动车组钥匙、电务车载设备检测合格证，填写"动车组运用技术状态交接簿（单）"，具体按继乘站换端（乘）作业程序执行。

（3）接班司机与随车机械师交接司机室驾驶操纵设备技术状态并在"动车组故障交接记录单"上签认，按规定进行制动机简略试验（同向继乘除外），具体按继乘站换端（乘）作业程序执行。

二、同向继乘交接班作业程序

（一）交班司机

（1）保持列车制动状态。
（2）装备 LKJ 的动车组转储 LKJ 运行数据。
（3）填写"动车组运用技术状态交接簿（单）"。
（4）向接班司机交接调度命令、动车组技术状态、动车组钥匙、电务车载设备检测合格证。
（5）注销 GSM-R 手持终端车次功能号。

（二）接班司机

（1）按规定与交班司机交接，对交接内容进行确认。与随车机械师交接司机室驾驶操纵设备技术状态并在"动车组故障交接记录单"上签认。
（2）修改列控车载设备司机代码等相关参数。
（3）装备 LKJ 的动车组，输入 LKJ 参数并载入 IC 卡数据。
（4）注册 GSM-R 手持终端车次功能号。
（5）确认司机室门窗锁闭，做好开车准备。

三、换端作业

（一）本班司机折返

（1）保持列车制动状态，装有停放制动装置的动车组施加停放制动。

（2）装备 LKJ 的动车组转储 LKJ 运行数据。
（3）注销 CIR、GSM-R 手持终端车次功能号，关闭 CIR 设备电源。
（4）退出司机室占用，确认操纵台各开关、手柄位置正确，锁闭司机室门窗。
（5）换端后投入主控钥匙激活司机室，按照规定程序进行制动试验。
（6）输入 CIR、列控车载设备数据参数。
（7）装备 LKJ 的动车组，输入 LKJ 参数并载入 IC 卡数据。
（8）确认司机室门窗锁闭，做好开车准备。

（二）换乘折返

1. 交班司机

（1）换端后保持列车制动状态，装有停放制动装置的动车组施加停放制动。
（2）装备 LKJ 的动车组转储 LKJ 运行数据。
（3）注销 CIR、GSM-R 手持终端车次功能号，关闭 CIR 设备电源。
（4）填写"动车组运用技术状态交接簿（单）"。
（5）退出司机室占用，确认操纵台各开关、手柄位置正确，锁闭司机室门窗。
（6）向接班司机交接调度命令、动车组技术状态、动车组钥匙、电务车载设备检测合格证。

2. 接班司机

（1）按规定与交班司机交接，对交接内容进行确认。与随车机械师交接司机室驾驶操纵设备技术状态并在"动车组故障交接记录单"上签认。
（2）投入主控钥匙激活司机室，根据不同列控车载设备型号，按照规定程序进行制动试验。
（3）输入 CIR、列控车载设备数据参数。
（4）装备 LKJ 的动车组，输入 LKJ 参数并载入 IC 卡数据。
（5）注册 GSM-R 手持终端车次功能号。
（6）确认司机室门窗锁闭，做好开车准备。

任务七　终到、入段（所）及退勤作业

一、终到、入段（所）

（1）动车组列车终到站停车后，保持列车制动状态，按规定开启车门，与随车机械师交接司机室驾驶操纵设备技术状态并在"动车组故障交接记录单"上签认。接到列车长关门通知后，关闭车门，确认行车凭证，按规定执行车机联控，鸣笛入段（所）。
（2）按调车方式入段（所）时，装备 LKJ 的动车组将 LKJ 转为规定工作状态，未装备 LKJ 的动车组选择 C2 级"调车"模式。按列车方式入段（所）时，在 CTCS-2/3 级区段，选择 C2 级"部分监控"模式发车。

（3）遇动车组通过检修、检测、清洗等设备时，应按相关规定，执行一度停车、联控、换弓、限速等要求。

（4）动车组入段（所）后应停放在指定地点，按规定办理防溜、交接手续。

二、退勤作业

（1）正确填写司机报单，按规定转储相关数据。

（2）退勤时，接受酒精含量测试，向机车调度员汇报本次值乘的安全及运行情况，对运行中发生的非正常情况按规定填写"机车运转关系事故概况报告"（机调-10），交回司机报单、司机手账、添乘指导簿、列车时刻表、运行揭示等行车资料和备品，办理退勤手续。

【复习思考题】

1. 动车组司机严格执行一次乘务作业过程标准化程序对铁路行车安全有什么重要意义？
2. 动车组司机在出勤作业中应确认哪些内容？
3. 出勤时携带哪些规章及有效证件？到何处报到？领取哪些行车资料和备品？
4. 接车时，动车组司机持司机报单领取哪些工具备品？对机车哪些行车安全装备进行检查和交接？行车安全装备合格证有效期为多长时间？
5. 简述动车组检查作业要求。
6. 简述动车组制动试验程序及要求。
7. 简述在出段（出所）过程中，司机作业标准及要求。
8. 动车组司机在车站起动列车前有哪些注意事项？
9. 列车起动时，操纵机车的注意事项有哪些？
10. 司机乘务组以外人员登乘机车有什么规定？
11. 列车运行中，司机应遵守哪些安全注意事项？
12. 挂车后司机应该做哪些？
13. 列车操纵及安全注意事项有哪些？
14. 总结在站交接与继乘作业乘务员交接班作业程序。
15. 总结终点站作业内容及要点。
16. 入段作业的内容有哪些？
17. 退勤机班到达派班室后，怎么开好退勤小组会？
18. 退勤时应填写哪些报表？检查哪些资料？
19. 技能训练：

（1）在动车组驾驶装置上进行列车起动、调速、制动、坡道、隧道等操作练习，并按规定进行确认信号呼唤应答。

（2）进行列控装置及其他行车安全装备的基本操作的练习。

（3）练习"司机报单"的正确填写及检查。

附 录

附录一 名词术语

附录一 名词术语

附录二 动力分散型动车组司机、副司机配班确认呼唤（应答）标准

一、确认呼唤（应答）基本要求

（1）一次乘务作业全过程必须认真执行确认呼唤（应答）制度。

（2）确认呼唤（应答）必须执行"彻底瞭望、确认信号、准确呼唤、手比眼看"，并掌握"清晰短促、提示确认、全呼全比、手势正确"的作业要领。

（3）列车运行中必须对所有地面主体信号（通过信号机除外）显示全部进行确认呼唤（应答）。

（4）遇有显示须经侧向径路运行的信号时，在呼唤信号显示的同时，必须呼唤侧向限速值。

二、地面信号、机车信号及列控车载设备（LKJ）确认呼唤时机和手比姿势

1. 地面信号确认呼唤时机

应遵循"信号好了不早呼、信号未好提前呼"的原则。瞭望条件良好时，进站（进路）信号、线路所通过信号不少于 800 m；出站信号为列车头部进入接车线警冲标内方；接近、预告信号机不少于 600 m；信号表示器不少于 100 m。

2. 机车信号确认呼唤时机

（1）列车开车前正确确认机车信号；机车信号按发码区段顺序降级变化时，及时确认呼唤（机车信号绿黄灯及以下显示，未变化仍需确认呼唤）。

（2）因天气恶劣、曲线等瞭望困难时，进站（进路）信号、线路所通过信号、出站信号确认距离不符合规定要求时，应及时呼唤机车信号。

3. 列控车载设备（LKJ）确认呼唤时机

（1）列车运行中，列控车载设备（LKJ）提示列车前方运行限制速度有变化时（线路限速可不进行呼唤），司机必须在临时限速变速点前，对降速变化的速度值及时进行确认呼唤。

（2）列车开车前确认出站信号（机车信号）后，确认列控车载设备的 DMI 显示的目标距离模式曲线或允许运行的速度值。始发列车还需确认列控车载设备等级、模式。

4. 手比规范

（1）信号显示要求通过（显示绿灯、绿黄灯）时，右手伸出食指和中指并拢，拳心向左，

指向确认对象。

（2）信号显示要求正向径路准备停车（显示黄灯）时，右手平伸，拢拳伸拇指直立，拳心向左。

（3）信号显示要求侧向径路运行（显示双黄灯、黄闪黄）时，右手平伸，拢拳伸拇指和小指，拳心向左。

（4）信号显示要求停车（显示红灯，包括固定和临时）时，右臂拢拳，举拳与眉齐，拳心向左，小臂上下摇动3次。

（5）注意警惕运行时：右臂拢拳，大小臂成90°，举拳与眉齐，拳心向左。

（6）确认显示屏、仪表显示时：右手五指并拢直伸，从左至右依次指向相关确认设备。

（7）确认手信号、防护信号（脱轨器）时：右手伸出食指和中指并拢，拳心向左，指向确认的手信号、防护信号（脱轨器）。

（8）列车运行中，列控车载设备（LKJ）提示列车前方运行限制速度有变化时，司机必须在起模点前，对降速变化的速度值进行确认呼唤。确认呼唤时，右手伸出食指和中指并拢，拳心向左，指向列控车载设备（LKJ）显示部位。

（9）手比以注意警惕姿势开始和收回，手比动作稍作停顿。

三、动车组双司机值乘、司机、副司机配班值乘确认呼唤标准用语

（一）出段（所）至发车（见附表1）

附表1　出段（所）至发车确认呼唤标准用语

序号	呼唤时机	呼唤项目	副司机呼唤用语	司机确认呼唤标准用语	副司机复诵用语
1	升弓前	风压（可确认时）		具备升弓条件	具备升弓条件
2	具备升弓条件后	升弓作业		升弓注意，升弓好了	升弓注意，升弓好了
3	升弓后	受电弓升起位置、网压	弓位、网压确认	后（前）弓升起好了，网压正常	后（前）弓升起好了，网压正常
4	防溜确认	防溜措施确认	注意防溜设置	防溜设置好了	防溜设置好了
5	防溜撤除	防溜措施撤除确认	注意防溜撤除	防溜撤除好了	防溜撤除好了
6	出段（所）前	还道信号及出段（所）手信号显示	手信号注意	××道，出段（所）手信号好了	××道，出段（所）手信号好了
		出段（所）信号显示	出段（所）信号	出段（所）信号，白（绿）灯；出段（所）信号，蓝（红）灯停车	出段（所）信号，白（绿）灯；出段（所）信号，蓝（红）灯停车

续附表

序号	呼唤时机	呼唤项目	副司机呼唤用语	司机确认呼唤标准用语	副司机复诵用语
7	经过要道还道地点前	还道信号及道岔开通手信号显示	手信号注意	一度停车；××道，手信号好了	一度停车；××道，手信号好了
8	首架调车信号机前	首架调车信号机一度停车	一度停车	一度停车	
9	调车信号前（调车方式运行）	调车信号显示	调车信号	调车信号，白灯；调车信号，蓝（红）灯停车	调车信号，白灯；调车信号，蓝（红）灯停车
10	调车复示信号前（调车方式运行）	调车复示信号	复示信号	复示信号，白灯；复示信号，注意	复示信号，白灯；复示信号，注意
11	尽头线走行	距尽头线车挡距离	尽头线注意	十辆、五辆、三辆、停车	十辆、五辆、三辆、停车
12	行车安全装备数据输入	行车安全装备、通信装置设置	参数设置	列控车载设备（LKJ）设置［逐项选择（输入）、逐项确认呼唤］，设置好了、机车信号××灯；CIR（或通信装置）设置，车次、区段正确，GSM手持终端注册	列控车载设备（LKJ）设置［逐项选择（输入）、逐项确认呼唤］，设置好了、机车信号××灯；CIR（或通信装置）设置，车次、区段正确，GSM手持终端注册
13		确认司机室门窗状态	门窗状态	司机室门窗锁闭好了	司机室门窗锁闭好了
14		操纵台各仪表、指示灯、车载信息显示屏显示	确认仪表	各仪表显示正常	各仪表显示正常
15	发车前	出站（进路）信号显示	出站（进路）信号	绿灯，出站（进路）好了；双绿灯，××线方向出站好了；绿黄灯，出站（进路）好了；黄灯，出站（进路）好了	绿灯，出站（进路）好了；双绿灯，××线方向出站好了；绿黄灯，出站（进路）好了；黄灯，出站（进路）好了

续附表

序号	呼唤时机	呼唤项目	副司机呼唤用语	司机确认呼唤标准用语	副司机复诵用语
16		非正常行车确认行车凭证时	确认行车凭证	确认行车凭证,路票正确；确认行车凭证,绿色许可证正确；确认行车凭证,调度命令正确	确认行车凭证,路票正确；确认行车凭证,绿色许可证正确；确认行车凭证,调度命令正确
17		进路表示器显示	进路表示器	进路表示器,××线（上、下行）方向；进路表示器,××线（上、下行），反方向运行	进路表示器,××线（上、下行）方向；进路表示器,××线（上、下行），反方向运行
18	发车前	机车信号显示	机车信号	机车信号××灯	机车信号××灯
19		列控车载设备控车区段始发列车确认列控车载设备等级、模式,DMI显示的目标距离模式曲线或允许的速度值	DMI确认	C×(等级),××模式,机车信号××灯；目标速度××km/h	C×(等级),××模式,机车信号××灯；目标速度××km/h
20		发车条件具备	开车确认	车机联控(不进行时除外)、信号开放（凭证正确）、车门关闭、到点开车	信号开放（凭证正确）、车门关闭、到点开车
21	列车起动后	确认开车时刻		正点（或晚点××分）开车	明白
22		LKJ对标点及道岔限速	注意对标	对标好了,道岔限速××公里	对标好了
23		记录发车时刻	记点		
24	列车出站越过最外方道岔后	行车安全装备、操纵台各仪表、指示灯、车载信息显示屏显示	仪表注意	行车安全装备、各仪表（网压）显示正常	显示正常

（二）途中运行

1. 地面信号机常态点灯区段确认呼唤（见附表2）

附表2　地面信号机常态点灯区段确认呼唤标准用语

序号	呼唤时机	呼唤项目	副司机呼唤用语	司机确认呼唤标准用语	副司机复诵用语
1	遮断信号	遮断信号显示	遮断信号	遮断信号，红灯停车；遮断信号，无显示	遮断信号，红灯停车；遮断信号，无显示
2	按压"开车"键开车后，地面第一架信号机（半自动闭塞区段为第一架主体信号机）处	监控距离与地面信号机实际距离核对	确认车位	确认车位，车位正确；确认车位，校正好了	确认车位，车位正确；确认车位，校正好了
3	进站、接车进路复示信号	复示信号显示	复示信号	复示信号，直向、侧向；复示信号，注意信号	复示信号，直向、侧向；复示信号，注意信号
4	出站、发车进路复示信号	复示信号显示	复示信号	复示信号，好了；复示信号，注意信号	复示信号，好了；复示信号，注意信号
5	通过手信号	通过手信号显示	手信号注意	通过手信号，好了	通过手信号，好了
6	防护信号前（红灯、红旗、火炬）	防护信号	防护信号	防护信号，停车；防护信号、撤除好了	防护信号，停车；防护信号、撤除好了
7	预告信号前	预告信号显示	预告信号	预告信号，好了（注意信号）	预告信号，好了（注意信号）
8	接近信号前	接近信号显示	接近信号	接近信号：绿灯；绿黄灯，控制速度；黄灯，控制速度	接近信号：绿灯；绿黄灯，控制速度；黄灯，控制速度
9	进站（进路）信号前	进站（进路）信号机显示	进站（进路）信号	进站（进路）信号：绿灯；绿黄灯，控制速度；黄灯，正线停车，控制速度；双黄灯，侧线，限速××km/h；黄闪黄，侧线，限速××km/h；红灯，机外停车	进站（进路）信号：绿灯；绿黄灯，控制速度；黄灯，正线停车，控制速度；双黄灯，侧线，限速××km/h；黄闪黄，侧线，限速××km/h；红灯，机外停车

续附表

序号	呼唤时机	呼唤项目	副司机呼唤用语	司机确认呼唤标准用语	副司机复诵用语
10	进站（进路）信号前	非正常行车确认行车凭证时	确认行车凭证	引导信号好了，控制速度黄旗（黄灯），引导手信号好了，控制速度；绿旗（绿灯），特定引导手信号好了，控制速度，机外停车	引导信号好了,控制速度黄旗（黄灯），引导手信号好了，控制速度；绿旗（绿灯），特定引导手信号好了，控制速度，机外停车
11	出站（进路）信号前	出站（进路）信号机显示	出站（进路）信号	绿灯，出站（进路）好了双绿灯，××线方向出站好了；绿黄灯，出站（进路）好了；黄灯，出站（进路）好了红灯，站内停车	绿灯，出站（进路）好了；双绿灯，××线方向出站好了；绿黄灯，出站（进路）好了；黄灯，出站（进路）好了红灯，站内停车
12		非正常行车确认行车凭证时	确认行车凭证	确认行车凭证，路票正确确认行车凭证，绿色许可证正确；确认行车凭证，调度命令正确	确认行车凭证，路票正确确认行车凭证，绿色许可证正确；确认行车凭证，调度命令正确
13	进路表示器前	进路表示器显示	进路表示器	进路表示器，××线（上、下行）方向；进路表示器，××线（上、下行），反方向运行	进路表示器，××线（上、下行）方向；进路表示器，××线（上、下行），反方向运行
14	自动闭塞区段闭塞分区通过信号前	闭塞分区通过信号机显示	通信号	绿黄灯，控制速度；黄灯，控制速度；红灯，停车	绿黄灯，控制速度；黄灯，控制速度；红灯，停车
15	线路所通过信号机前	线路所通过信号机显示	通过信号	通过信号：绿灯，××线（上、下行）方向；绿黄灯，××线（上、下行）方向；黄灯减速，××线（上、下行）方向侧线限速××km/h，××（线、站）方向；红灯，机外停车	通过信号：绿灯，××线（上、下行）方向；绿黄灯，××线（上、下行）方向；黄灯减速，××线（上、下行)方向侧线限速××km/h，××（线、站）方向；红灯，机外停车
16		非正常行车确认行车凭证	确认行车凭证	确认行车凭证，凭证正确	凭证正确

续附表

序号	呼唤时机	呼唤项目	副司机呼唤用语	司机确认呼唤标准用语	副司机复诵用语
17	机车信号顺序降级变化时	机车信号的显示	机车信号	绿4灯； 绿3灯； 绿2灯； 绿灯； 绿黄灯，控制速度； 黄2灯（黄2闪）； 双黄灯（双黄闪），侧线，限速××km/h； 黄灯，减速； 红黄灯，停车	绿4灯； 绿3灯； 绿2灯； 绿灯； 绿黄灯，控制速度； 黄2灯（黄2闪）； 双黄灯（双黄闪），侧线，限速××km/h； 黄灯，减速； 红黄灯，停车

2. 地面信号机常态灭灯区段确认呼唤（见附表3）

附表3　地面信号机常态灭灯区段确认呼唤标准用语

序号	呼唤时机	呼唤项目	副司机呼唤用语	司机确认呼唤标准用语	副司机复诵用语
1	按LKJ通常工作状态控车的，按压"开车"键开车后，地面第一个区间信号标志牌	监控距离与地面区间信号标志牌实际距离核对	确认车位	确认车位，车位正确； 确认车位，校正好了	确认车位，车位正确； 确认车位，校正好了
2	进站（进路）信号、线路所通过信号机前	机车信号显示、列控车载设备的DMI显示的目标速度（距离）模式曲线	进站（进路）信号	绿4灯，进站（进路）凭证好了； 绿3灯，进站（进路）凭证好了； 绿2灯，进站（进路）凭证好了； 绿灯，进站（进路）凭证好了； 绿黄灯，控制速度； 黄2闪，控制速度； 黄2灯，控制速度； 黄灯，正线停车； 双黄闪，侧线，限速××km/h； 双黄灯，侧线，限速××km/h； 红黄闪，引导信号好了，准备停车； 红黄灯，机外停车	绿4灯，进站（进路）凭证好了； 绿3灯，进站（进路）凭证好了； 绿2灯，进站（进路）凭证好了； 绿灯，进站（进路）凭证好了； 绿黄灯，控制速度； 黄2闪，控制速度； 黄2灯，控制速度； 黄灯，正线停车； 双黄闪，侧线，限速××km/h； 双黄灯，侧线，限速××km/h； 红黄闪，引导信号好了，准备停车； 红黄灯，机外停车

续附表

序号	呼唤时机	呼唤项目	副司机呼唤用语	司机确认呼唤标准用语	副司机复诵用语
3	进站（进路）信号、线路所通过信号机前	非正常行车确认行车凭证时	确认行车凭证	确认调度命令，调度命令正确	调度命令正确
4	出站（进路）信号前	机车信号显示、列控车载设备的DMI显示的目标距离模式曲线	出站（进路）信号	绿×灯，出站凭证（进路）好了； 绿灯，出站凭证（进路）好了； 出站凭证，好了，绿黄灯，控制速度； 出站凭证，好了，黄2闪，控制速度； 出站凭证，好了，黄2灯，控制速度； 出站凭证，好了，黄灯，控制速度； 出站凭证，好了，双黄闪，侧线，限速××km/h； 出站凭证，好了，双黄灯，侧线，限速××km/h； 红黄灯，站内停车； 红黄闪，引导发车，控制速度	绿×灯，出站凭证（进路）好了； 绿灯，出站凭证（进路）好了； 出站凭证，好了，绿黄灯，控制速度； 出站凭证，好了，黄2闪，控制速度； 出站凭证，好了，黄2灯，控制速度； 出站凭证，好了，黄灯，控制速度； 出站凭证，好了，双黄闪，侧线，限速××km/h； 出站凭证，好了，双黄灯，侧线，限速××km/h； 红黄灯，站内停车； 红黄闪，引导发车，控制速度
5	出站（进路）信号前	非正常行车确认行车凭证时	确认行车凭证	确认调度命令，调度命令正确	调度命令正确
6	机车信号顺序降级变化时	机车信号的显示	机车信号	绿4灯； 绿3灯； 绿2灯； 绿灯； 绿黄灯，控制速度； 黄2灯（黄2闪）； 双黄灯（双黄闪），侧线，限速××公里； 黄灯减速； 红黄灯停车	绿4灯； 绿3灯； 绿2灯； 绿灯； 绿黄灯，控制速度； 黄2灯（黄2闪）； 双黄灯（双黄闪），侧线，限速××公里； 黄灯减速； 红黄灯停车

3. 线路、信号标志及列车信息确认呼唤（见附表4）

附表4 线路、信号标志及列车信息确认呼唤标准用语

序号	呼唤时机	呼唤项目	副司机呼唤用语	司机确认呼唤标准用语	副司机复诵用语
1	关系站前第二个车站出站后（停站列车为站停时）	前方限速地点及限速值	注意限速	前方××站至××站k××+×××m至k××+×××m，限速××km/h	前方××站至××站k××+×××m至k××+×××m，限速××km/h
2	列控车载设备控车，临时限速6 km前	列控车载设备显示的目标速度	目标速度	前方限速××km/h	前方限速××km/h
3	LKJ控车，临时限速2 km前	LKJ显示的限速地段目标速度	临时限速	前方限速××km/h	前方限速××km/h
4	接近慢行地段限速标	慢行标识及限速值	慢行注意	慢行注意，限速××km/h	慢行注意，限速××km/h
5	慢行减速地点（始端）标	慢行减速地点（始端）标位置	始点标	始点标	
6	慢行减速地点（终端）标	慢行减速地点（终端）标位置	终止标	终止标	
7	越过减速防护地段终端信号标	减速防护地段终端信号标位置	慢行结束	慢行结束	
8	设备提示过分相信息	分相区位置	过分相注意	过分相注意	
9	断电标前	断电标（T断标）		断电好了	断电好了
10	越过合电标后	合电标		闭合好了	闭合好了
11	通过分相主断闭合后	行车安全装备、操纵台各仪表、指示灯、车载信息显示屏显示	仪表注意	各仪表显示正常	
12	准备降弓标	准备降弓标	注意降弓	准备降弓	
13	降弓标前	降弓标		降弓好了	降弓好了
14	越过升弓标后	升弓标	注意升弓	升弓好了	升弓好了

续附表

序号	呼唤时机	呼唤项目	副司机呼唤用语	司机确认呼唤标准用语	副司机复诵用语
15	降弓手信号前	降弓手信号	注意降弓	降弓好了	降弓好了
16	升弓手信号前	升弓手信号	注意升弓	升弓好了	升弓好了
17	CIR接收接车进路预告信息时	进路预告信息内容	进路预告	××站（线路所）××道通过（停车），签收	
18	接收临时调度命令时	调度命令号及内容	确认命令	确认调度命令，（阅读调度命令内容），签收（确认）好了	复诵调度命令内容
19	通信模式转换时	模式转换	通信转换	通信转换注意，转换好了	转换好了
20	机车信号转换时	机车信号转换	载频转换	机车信号转换，转换好了	转换好了
21	接收到列车防护报警信息时	防护报警内容	防护报警	确认内容，确认好了	复诵内容
22	控车模式切换时	控车模式切换确认	确认模式	C×级××模式控车，限速××km/h	C×级××模式控车，限速××km/h
23	级间切换时	语音提示后	级间切换	级间切换注意	
24	级间切换时	级间切换后，确认切换状态	等级确认	C×级切换好了	C×级切换好了
25	列车运行限制速度变速点前（由高速变低速）	变速点低速值	目标速度	目标速度××km/h，注意控速	目标速度××km/h，注意控速
26	操作恒速按钮后	恒速按钮灯亮		恒速好了	
27	输入侧线股道号	侧线股道号	侧线输入	××道输入好了	××道输入好了
28	停车站接车股道站台头部	列车编组辆数	注意对标	8（16）辆停车，注意对标	
29	集控打开车门前	对标停车后确认站台位置	站台确认	左（右）侧站台，开左（右）门	左（右）侧站台，开左（右）门
30	接近防洪地点标前	防洪地点	防护地点注意	防洪地点，注意运行	
31	接近道口前	道口位置	道口注意	道口注意	
32	列车通过站中心	正晚点情况		正点（晚点或早点××分）通过	
33	列车营业站、终到站停、发车	报点		正点（晚点或早点××分）到达、开车	
34	对口交接	临时调度命令、钥匙、行车安全装备合格证、动车组技术状态		动车组状态××，钥匙×把，合格证×张，临时调度命令无(临时调度命令××号，内容××)	

续附表

序号	呼唤时机	呼唤项目	副司机呼唤用语	司机确认呼唤标准用语	副司机复诵用语
35	换端前	列控车载设备等级状态，CIR（GSM-R手持终端）车次功能号注销，各手柄、开关位置,有停放制动装置的确认停放制动	换端确认	停放制动施加(有停放制动装置的动车组)；C×级，列控车载设备断电,各手柄、开关位置正确	停放制动施加(有停放制动装置的动车组)；C×级，列控车载设备断电,各手柄、开关位置正确
36	离开司机室前	动车组钥匙、门窗状态		钥匙×把，门窗锁闭	钥匙×把，门窗锁闭

（三）到达至入段（所）（见附表5）

附表5 到达至入段（所）确认呼唤标准用语

序号	呼唤时机	呼唤项目	副司机呼唤用语	确认呼唤标准用语	副司机复诵用语
1	列车终到后	行车安全装备设置	参数设置	列控车载设备（LKJ）设置（根据提示逐项输入、逐项确认呼唤），设置好了；CIR（或通信装置）设置，车次、区段正确；机车信号××灯	列控车载设备（LKJ）设置（根据提示逐项输入、逐项确认呼唤），设置好了；CIR（或通信装置）设置，车次、区段正确；机车信号××灯
2	调车信号前（调车方式运行）	调车信号显示	调车信号	调车信号，白灯；调车信号，蓝（红）灯停车	调车信号，白灯；调车信号，蓝（红）灯停车
3	调车复示信号前（调车方式运行）	调车复示信号	复示信号	复示信号，白灯；复示信号，注意	复示信号，白灯；复示信号，注意
4	入段（所）前	入段（所）信号显示	入段（所）信号	入段（所）信号，白（绿）灯；入段（所）信号，蓝（红）灯停车	入段（所）信号，白（绿）灯；入段（所）信号，蓝（红）灯停车
5	经过要道还道地点前	还道信号及道岔开通手信号	手信号注意	一度停车；××道，手信号好了	一度停车；××道，手信号好了
6	进入段（所）内尽头线或有车线	确认停车距离	尽头线注意	十辆、五辆、三辆、停车	十辆、五辆、三辆、停车

续附表

序号	呼唤时机	呼唤项目	副司机呼唤用语	确认呼唤标准用语	副司机复诵用语
7	防护信号前	防护信号显示	防护信号	防护信号，撤除好了；防护信号，（红灯、蓝灯、红旗、红牌）停车	防护信号，撤除好了；防护信号，（红灯、蓝灯、红旗、红牌）停车
8	防溜设置	入段需设置防溜时	防溜设置	防溜设置	
9		确认防溜设置后		防溜设置好了	防溜设置好了

四、说　明

（1）设有出站信号机的线路所，线路所通过信号比照进站信号机呼唤内容进行呼唤。

（2）双线自动闭塞区段1灯位进路表示器显示，反方向行车着灯时确认呼唤"××线（上下行）反方向运行"。除上述之外的进路表示器，根据灯位显示确认呼唤"××线（站），上（下）行方向"。

（3）防洪地点标仅在防洪期间进行呼唤。

（4）司机途中操纵牵引、制动手柄及操作行车安全装备遇有需要进行呼唤和手比的项目时，可只呼唤不手比。

附录三 书面通知

书 面 通 知

第_____次司机：
  监督器上不能确认第一个闭塞分区空闲，以在瞭望距离内能随时停车的速度，最高不超过 20 km/h，运行至第一架通过信号机，按其显示的要求执行。

站（站名印）车站值班员（签名）
年　　月　　日填发

注：白色纸（规格 90 mm×130 mm），复写一式两份，司机一份，存根一份。

附录四　CTC 控制模式转换登记簿

顺号	分散自律转为非常站控的原因	转入非常站控				转回分散自律				备注
		月日	时分	列车调度员	车站值班员	月日	时分	列车调度员	车站值班员	

（规格 190 mm×265 mm）

附录五　运行揭示（范例）

运行揭示（范例一）

命令号	24685	起止日期	自 2014 年 7 月 01 日 07 时 00 分起至 2014 年 07 月 01 日 09 时 00 分止
出示日期：2014 年 06 月 30 日 16 时 00 分		撤除日期：　年　月　日　时　分	
内容	2014 年 07 月 01 日 07 时 00 分至 07 月 01 日 09 时 00 分，因宣杭线梅峰站施工，施工期间执行施工特定行车办法。(1) 梅峰站下行进站信号停用，固定直股，引导接车时，列车司机凭特定引导手信号的显示，以不超过 60 km/h 速度进站。(2) 妙西站至梅峰站间下行线停用基本闭塞法，改用电话闭塞法。妙西站使用列车无线调度通信设备（其通信记录装置须作用良好）将路票电话记录号码和调度命令号码通知司机，列车凭通过手信号通过车站（发车信号开车）。(3) 梅峰站下行出站信号停用，车站使用列车无线调度通信设备（其通信记录装置须作用良好）将绿色许可证编号和调度命令号码通知司机，列车凭通过手信号通过车站（发车信号开车）。		
抄录人：	复核人：		撤除人：

运行揭示（范例二）

命令号	22439	起止日期	自 2014 年 07 月 01 日 00 时 00 分起至另有命令时止
出示日期：2014 年 06 月 30 日 11 时 00 分		撤除日期：　年　月　日　时　分	
内容	2014 年 07 月 01 日 00 时 00 分至另有命令时，宁芜线芜湖站 3、4 道限速 30 km/h。		
抄录人：	复核人：		撤除人：

运行揭示调度命令

610035 号：2008 年 12 月 1 日 2：30 至 4：30，滨洲线喇嘛甸 12 号道岔施工。(1) 信号设备停用范围：① 满侧反方向进站信号停用；满侧进站信号对 I 道接车停用。② I 道下行出站信号停用，Ⅱ、4 道下行出站信号对满侧下行线发车停用。Ⅱ、4 道对下行线禁止发车。(2) 喇嘛甸下行直股通过列车执行施工特定行车办法，车站使用列车无线调度通信设备（其通信记录装置须作用良好）将绿色许可证编号和调度命令号码通知司机，列车凭通过手信号通过车站。(3) 喇嘛甸 I 道接上行列车时，列车凭引导手信号的显示，以不超过 20 km/h 速度进站。

调度员：（签章）　　　　　　　　　　　　　　　司机：（签章）

附录六 司机报单格式及填写样例

1. 司机报单格式

××铁路局　　××机务段　　　　**司机报单**　　　　（机统-3甲）

统计编号：　　　　　　　　　　　　　　　　　顺序号：

年　月　日			二、机车乘务员					
型　　号机车			职名	代号	姓名	出勤时分	候车时分	交车时分
一、机车出入段时间								
出本段时分		出外段时分	司机					
			副司机					
入本段时分		入外段时分						
			退乘					
三、机车电力消耗								
段内耗电			往（复）路					
用途	数量	签字	交接地点		交接电字		再生电字	

往（复）路　　　　　　车长：

车次	站名	运行							编组							计长
		到达	出发	站停	调车	机外停车	早点	晚点	晚点原因	总重	载重	加挂	客车			辆合计	
													担当局	合计	重车	空车	其他	辆合计	

| 记事 | | | | | 计算人 | 复核人 | 吨分量 | |

出勤值班员：　　　　　　退勤值班员：

2. 司机报单填写样例

××铁路局 ××机务段　　**司机报单**　　（机统-3甲）

统计编号：　　　　　　　　　　　　　　　　　顺序号：0053778

2017年 12月 11日			二、机车乘务员					
CRH380B 型 5644 号机车			职名	代号	姓名	出勤时分	候车时分	交车时分
一、机车出入段时间								
出本段时分	出外段时分	站接	司机	360×××	×××	9:25	10:11	12:25
			副司机					
入本段时分	入外段时分	站交						
								12:50
			退乘					

三、机车电力消耗

段内耗电			往（复）路		
用途	数量	签字	交接地点	交接电字	再生电字

往（复）路　　　　　　　　　　　　车长：

车次	站名	运行							编组						
		到达	出发	站停	调车	机外停车	早点	晚点	晚点原因	总重	载重	客车		辆合计	
												加挂	担当局	合计	重车	空车	其他	辆合计	计长
G1823	郑州东		10:17							495								8	18.5
	郑州西																		
	巩义南																		
	洛阳龙门	55	58																
	渑池南																		
	三门峡南																		
	灵宝西																		
	华山北																		
	渭南北																		
	临潼东	12:03	06																
	西安北	24																	

记事		计算人	复核人	吨分量

出勤值班员：　　　　　　　　退勤值班员：

附录七 添乘指导簿和添乘信息单

添 乘 指 导 簿

机车（动车组）型号		司　机		司　机		学习司机	
车　　次		辆　数		总　重		计　长	
添乘者姓名		职　务		区　段		时　间	
指 导 意 见							

指导组改进工作措施	领导检查批示

添 乘 指 导 信 息 单

机车（动车组）型号		司　机		司　机		学习司机	
车　　次		辆　数		总　重		计　长	
添乘者姓名		职　务		区　段		时　间	

添乘目的：

发现的主要问题：

指导意见：

司机签认：

附录八 CR400BF 型动车组常见故障处理流程

1. 受电弓压力传感器异常

程序	技术要求	作业标准
故障发生	弹出故障页面，报警声，受电弓无法升起或者运行中自动降下（受电弓断开，VCB 断开）	
处理流程	1. 减速至 200 km/h 以下； 2. 通知随车机械师（随车机械师确认故障信息及故障代码，通知司机进行换弓操作）； 3. 收到随车机械师通知，司机在 HMI 屏上切除故障单元受电弓，换升另一受电弓	呼唤操作

2. 受电弓 ADD 紧急降弓

程序	技术要求	作业标准
故障发生	弹出故障页面，报警声，受电弓无法升起或者运行中自动降下（受电弓断开，VCB 断开）	
处理流程	1. 司机施加制动停车，并通知随车机械师（随车机械师在受电弓视频监控显示器上检查故障车受电弓的外观状态，外观可见部分无明显异常或不超限、无脱落风险时，通知司机换弓正常运行）； 2. 收到通知后，换弓运行	呼唤操作

3. 主断路器闭合故障

程序	技术要求	作业标准
故障发生	弹出故障页面，报警声，VCB 无法闭合或者运行中自动断开	
处理流程	1. 通知随车机械师（随车机械师确认故障信息为 3360，检查所在车辆电气柜内主断路器控制环路供电开关 21-F12、21-F04 状态，空开状态正常，通知司机换弓操作）； 2. 接到通知，司机减速至 200 km/h，在 HMI 屏上切除故障单元受电弓，换升另一受电弓	呼唤操作

4. 网压超出范围，主断路器闭合失败

程序	技术要求	作业标准
故障发生	弹出故障页面，报警声，故障单元无牵引和再生制动，VCB断开，网压过高	
处理流程	1. 通知随车机械师； 2. 随车机械师确认诊断代码后，通知司机通过HMI屏确认网压状态是否正常，若网压恢复正常，通知司机重新闭合主断路器	呼唤操作

5. 因冷却水温感故障封锁牵引变流器

程序	技术要求	作业标准
故障发生	弹出故障页面，报警声，故障单元无牵引和再生制动，VCB断开	
处理流程	1. 通知随车机械师，随车机械师确认故障车辆； 2. 随车机械师在HMI屏上确认故障车辆的牵引变流器状态，若已被切除直接闭合主断路器，若未被切除通知司机手动切除故障车辆牵引变流器，闭合主断路器； 3. 如果主断路器仍无法闭合，切除故障单元受电弓、高压隔离开关、主断路器、牵引变流器，升非故障单元受电弓维持运行	呼唤操作

6. 四象限输入电流超过限制值

程序	技术要求	作业标准
故障发生	弹出故障页面，报警声，故障单元无牵引和再生制动，VCB断开	
处理流程	1. 通知随车机械师，随车机械师确认故障车辆； 2. 随车机械师在HMI屏上确认故障车辆的牵引变流器状态，若已被切除直接闭合主断路器，若未被切除通知司机手动切除故障车辆牵引变流器，闭合主断路器 3. 如果主断路器仍无法闭合，切除故障单元受电弓、高压隔离开关、主断路器、牵引变流器，升非故障单元受电弓维持运行	呼唤操作

7. 输入电压传感器故障或输入电压超出容许范围

程序	技术要求	作业标准
故障发生	弹出故障页面，报警声，辅助变流器故障	
处理流程	1. 司机发现牵引主界面辅助变流器图标变黄或红色时，通知随车机械师； 2. 随车机械师通过当前故障界面查看诊断代码，确认辅助变流器故障数量，仅一台不工作通知司机维持运行，两台故障时通知司机进行复位操作	呼唤操作

8. 警惕装置触发紧急制动请求

程序	技术要求	作业标准
故障发生	弹出故障页面，报警声，施加 EB 制动	
处理流程	1. 停车后司机通过 HMI 屏"安全环路"界面确认 EB 紧急制动环路断开，司机将手柄置 B7 位，通知随车机械师； 2. 司机确认 HMI 报出诊断代码 50C4，进行"紧急复位"（按下停放施加按钮，制动界面确认全列车停放制动施加，将司控器置 B7 位，按紧急复位 3 s，确认紧急制动缓解）； 3. 紧急制动缓解继续行车	呼唤操作

9. 停放制动监控环路断开

程序	技术要求	作业标准
故障发生	HMI 屏报警，弹出停放制动监控环路断开（50C7）故障，"环路状态"画面显示环路断开，自动触发紧急制动 EB	
处理流程	1. 确认故障车辆重新施加、缓解停放制动； 2. 若停放制动正常施加、缓解，进行"紧急复位"（按下停放施加按钮，制动界面确认全列车停放制动施加，将司控器置 B7 位，按紧急复位 3 s，确认紧急制动缓解）； 3. 故障消除，继续行车	呼唤操作

10. ATPCU 故障

程序	技术要求	作业标准
故障发生	行车过程中，DMI 显示文本"ATPCU 故障"，此时 ATP 输出紧急制动，列车无法继续运行	
处理流程	1. 立即报告列车调度员，通知随车机械师； 2. 停车后，断电重启 ATP 系统，重启时间间隔不得少于 30 s； 3. 重启后，故障消除； 4. 具备开车条件，汇报列车调度员并询问前方分区占用情况，得到列车调度员准许开车的命令，以目视模式行车	呼唤操作

11. BTM 故障

程序	技术要求	作业标准
故障发生	行车过程中，DMI 显示文本"BTM 故障"，此时 ATP 输出紧急制动，列车无法继续运行	
处理流程	1. 立即报告列车调度员，通知随车机械师； 2. 停车后，断电重启 ATP 系统，重启时间间隔不得少于 30 s； 3. 重启后，故障消除； 4. 具备开车条件，汇报列车调度员并询问前方分区占用情况，得到列车调度员准许开车的命令，以目视模式行车	呼唤操作

12. CTCS-2 故障

1）C3 控车时 C2 故障

程序	技术要求	作业标准
故障发生	适用于 C3 级区段；DMI 显示文本"CTCS-2 故障"，DMI 不显示机车信号及公里标	
处理流程	按确认键确认故障信息，继续运行，并报告列车调度员	呼唤操作

2）C2 控车时 C2 故障

程序	技术要求	作业标准
故障发生	适用于 C2 级、C3 级区段；DMI 显示文本"CTCS-2 故障"，车载设备触发、制动	
处理流程	1. 停车后，重启或切换到备用车载设备，C3 级区段优先选择 C3 运行（按照 DMI 提示输入 RBC ID 及电话号码），并报告列车调度员； 2. 重启后，故障消除； 3. 具备开车条件，汇报列车调度员并询问前方分区占用情况，得到列车调度员准许开车的命令，以目视模式行车	呼唤操作

13. DMI 故障（不触发紧急制动）

程序	技术要求	作业标准
故障发生	行车过程中，DMI 主显示器无显示，此时 ATP 没有输出紧急制动，列车继续运行	
处理流程	1. 立即报告列车调度员，通知随车机械师； 2. 停车后，断电重启 ATP 系统，重启时间间隔不得少于 30 s； 3. 重启后，故障消除； 4. 具备开车条件，汇报列车调度员并询问前方分区占用情况，得到列车调度员准许开车的命令，以目视模式行车	呼唤操作

14. DMI 故障（触发紧急制动）

程序	技术要求	作业标准
故障发生	行车过程中，DMI 主显示器无显示，此时 ATP 输出紧急制动，列车无法继续运行	
处理流程	1. 立即报告列车调度员，通知随车机械师； 2. 停车后，断电重启 ATP 系统，重启时间间隔不得少于 30 s； 3. 重启后，故障消除； 4. 具备开车条件，汇报列车调度员并询问前方分区占用情况，得到列车调度员准许开车的命令，以目视模式行车	呼唤操作

15. DX 故障

程序	技术要求	作业标准
故障发生	行车过程中,DMI 显示文本"DX 故障",此时 ATP 输出紧急制动,列车无法继续运行	
处理流程	1. 立即报告列车调度员,通知随车机械师; 2. 停车后,断电重启 ATP 系统,重启时间间隔不得少于 30 s; 3. 重启后,故障消除; 4. 具备开车条件,汇报列车调度员并询问前方分区占用情况	呼唤操作

16. MVB 故障

程序	技术要求	作业标准
故障发生	行车过程中,DMI 显示文本"MVB 故障",此时 ATP 输出紧急制动,列车无法继续运行	
处理流程	1. 立即报告列车调度员,通知随车机械师; 2. 停车后,断电重启 ATP 系统,重启时间间隔不得少于 30 s; 3. 重启后,故障消除; 4. 具备开车条件,汇报列车调度员并询问前方分区占用情况,得到列车调度员准许开车的命令,以目视模式行车	呼唤操作

17. NVMEM 故障

程序	技术要求	作业标准
故障发生	行车过程中,DMI 显示文本"NVMEM 故障",此时 ATP 输出紧急制动,列车无法继续运行	
处理流程	1. 立即报告列车调度员,通知随车机械师; 2. 停车后,断电重启 ATP 系统,重启时间间隔不得少于 30 s; 3. 重启后,故障消除; 4. 具备开车条件,汇报列车调度员并询问前方分区占用情况,得到列车调度员准许开车的命令,以目视模式行车	呼唤操作

18. Profibus 总线故障

程序	技术要求	作业标准
故障发生	行车过程中,DMI 显示文本"Profibus 总线故障",此时 ATP 输出紧急制动,列车无法继续运行	
处理流程	1. 立即报告列车调度员,通知随车机械师; 2. 停车后,断电重启 ATP 系统,重启时间间隔不得少于 30 s; 3. 重启后,故障消除; 4. 具备开车条件,汇报列车调度员并询问前方分区占用情况,得到列车调度员准许开车的命令,以目视模式行车	呼唤操作

19. TSG 故障

程序	技术要求	作业标准
故障发生	行车过程中，DMI 显示文本"TSG 故障"，此时 ATP 输出紧急制动，列车无法继续运行	
处理流程	1. 立即报告列车调度员，通知随车机械师； 2. 停车后，断电重启 ATP 系统，重启时间间隔不得少于 30 s； 3. 重启后，故障消除； 4. 具备开车条件，汇报列车调度员并询问前方分区占用情况，得到列车调度员准许开车的命令，以目视模式行车	呼唤操作

20. VDX 故障

程序	技术要求	作业标准
故障发生	行车过程中，DMI 显示文本"VDX 故障"，此时 ATP 输出紧急制动，列车无法继续运行	
处理流程	1. 立即报告列车调度员，通知随车机械师； 2. 停车后，断电重启 ATP 系统，重启时间间隔不得少于 30 s； 3. 重启后，故障消除； 4. 具备开车条件，汇报列车调度员并询问前方分区占用情况，得到列车调度员准许开车的命令，以目视模式行车	呼唤操作

21. 车载设备制动不缓解（触发常用制动）

程序	技术要求	作业标准
故障发生	行车过程中，ATP 输出常用制动，列车无法继续运行，停车后制动不缓解	
处理流程	1. 立即报告列车调度员，通知随车机械师； 2. 停车后，断电重启 ATP 系统，重启时间间隔不得少于 30 s； 3. 重启后，故障消除； 4. 具备开车条件，汇报列车调度员并询问前方分区占用情况，得到列车调度员准许开车的命令，以目视模式行车	呼唤操作

22. 车载设备制动不缓解（触发紧急制动）

程序	技术要求	作业标准
故障发生	行车过程中，ATP 输出紧急制动，列车无法继续运行，停车后制动不缓解	
处理流程	1. 立即报告列车调度员，通知随车机械师； 2. 停车后，断电重启 ATP 系统，重启时间间隔不得少于 30 s； 3. 重启后，故障消除； 4. 具备开车条件，汇报列车调度员并询问前方分区占用情况，得到列车调度员准许开车的命令，以目视模式行车	呼唤操作

23. 出站绝对停车

程序	技术要求	作业标准
故障发生	出站时，DMI 显示"绝对停车"，此时 ATP 输出紧急制动，列车无法继续运行	
处理流程	1. 立即报告列车调度员、通知随车机械师； 2. 停车后，断电重启 ATP 系统，重启时间间隔不得少于 30 s； 3. 重启后，故障消除； 4. 具备开车条件，汇报列车调度员并询问前方分区占用情况，得到列车调度员准许开车的命令，以目视模式行车	呼唤操作

24. 级间转换失败

程序	技术要求	作业标准
故障发生	行车过程中，动车组列车在 C3 区段与 C2 区段级间自动转换失败	
处理流程	1. 立即报告列车调度员； 2. 由 C3 区段向 C2 区段运行时，停车后手动转换； 3. 由 C2 区段向 C3 区段运行时，手动转换（可能会冒进，此时应重启 ATP）	呼唤操作

25. 紧急制动切除故障

程序	技术要求	作业标准
故障发生	行车过程中，DMI 显示文本"紧急制动切除故障"，此时 ATP 输出紧急制动，列车无法继续运行	
处理流程	1. 立即报告列车调度员，通知随车机械师； 2. 停车后，断电重启 ATP 系统，重启时间间隔不得少于 30 s； 3. 重启后，故障消除； 4. 具备开车条件，汇报列车调度员并询问前方分区占用情况，得到列车调度员准许开车的命令，以目视模式行车	呼唤操作

26. 制动旁路故障

程序	技术要求	作业标准
故障发生	行车过程中，DMI 显示文本"制动旁路故障"，此时 ATP 输出紧急制动，列车无法继续运行	
处理流程	1. 立即报告列车调度员，通知随车机械师； 2. 停车后，断电重启 ATP 系统，重启时间间隔不得少于 30 s； 3. 重启后，故障消除； 4. 具备开车条件，汇报列车调度员并询问前方分区占用情况，得到列车调度员准许开车的命令，以目视模式行车	呼唤操作

附录九 动车组非正常行车应急处置流程

1. 区间红光带

程序	技术要求	作业标准
现象	区间运行时机车信号突然变红灯	
处理流程	1. 司机在行车许可终止前适当地点停车（建议 200m 以内，看清楚编号）； 2. 施加停放制动； 3. 汇报调度员，通知机械师和车长； 4. 在得到调度员同意越过故障闭塞分区的通知后，确认前方闭塞分区空闲（需停车等候 2 min）； 5. 具备发车条件，使用目视模式，以遇到障碍能随时停车的速度，最高不超过 40 km/h，越过该闭塞分区（注意确定键的使用）； 6. 运行至次一闭塞分区，按列控车载设备显示运行； 7. 进入完全模式后，汇报调度员	呼唤操作

2. 区间信号机不开放

程序	技术要求	作业标准
现象	区间运行时机车信号红黄灯	
处理流程	1. 列车停车，施加停放制动； 2. 通知随车机械师，并向列车调度员汇报； 3. 列车调度员确认前方闭塞分区无车占用后以调度命令的形式通知司机，司机将列控车载设备转入目视模式； 4. 在进入下一闭塞分区前未收到允许运行的信号时应停车再次确认； 5. 当列控车载设备收到允许运行的信号，按列控车载设备显示运行	呼唤操作

3. 出站不开放信号

程序	技术要求	作业标准
现象	出站信号机一直红黄灯，未按规定时间开放信号	
处理流程	1. 通过列车司机按 ATP 显示站内停车，并与调度员及时联系前方运行情况； 2. 距行车许可终点前 150m 左右停车（注意有源应答器的位置），停车后施加停放制动； 3. 报告调度员、机械师、车长； 4. 得到调度员使用隔离模式的调度命令，确认调度命令内容正确，通知机械师、车长； 5. 司机使用隔离模式，确认 HMI 屏 40 km/h； 6. 若区间有困难分相，向调度员申请 80 km/h 的调度命令，在 HMI 屏选择 80 km/h； 7. 得到调度员准许开车的通知后，与调度员确认区间空闲； 8. 缓解停放制动； 9. 司机执行发车程序	呼唤操作

4. 出站开放引导信号

程序	技术要求	作业标准
现象	出站信号机红白灯，机车信号显示红黄闪	
处理流程	司机确认引导信号开放（常态灭灯区段，信号不点灯），ATP 机车信号红黄闪，司机按压确认键，进入引导模式，按 ATP 显示运行，注意警惕键的使用	呼唤操作

5. 进站不开放信号

程序	技术要求	作业标准
现象	进站信号机红黄灯	
处理流程	1. 司机按 ATP 显示机外停车并与调度员进行联系（及时与调度员联系，运行前方情况）； 2. 距行车许可终点前 150 m 左右停车（注意有源应答器的位置），停车后施加停放制动； 3. 报告调度员停车时间、地点，通知机械师、车长； 4. 得到调度员使用隔离模式的调度命令，确认调度命令内容正确，通知机械师、车长； 5. 司机使用隔离模式，确认 HMI 屏 40 km/h； 6. 司机确认进站信号机显示状态（常态灭灯区段，进站信号机应点灯）； 7. 得到调度员准许开车的通知后，与调度员确认区间空闲； 8. 缓解停放制动； 9. 司机执行发车程序	呼唤操作

6. 进站开放引导信号

程序	技术要求	作业标准
现象	进站信号机红白灯，机车信号显示红黄闪	
处理流程	司机确认引导信号开放（常态灭灯区段，信号不点灯），ATP 机车信号红黄闪，司机按压确认键，进入引导模式，按 ATP 显示运行，注意警惕键的使用	呼唤操作

7. 雨天行车

程序	技术要求	作业标准
现象	雨天	
处理流程	1. 报告调度员； 2. 降速到 200 km/h，维持运行； 3. 待雨停止，汇报调度员	呼唤操作

8. 雾天行车

程序	技术要求	作业标准
现象	雾天	
处理流程	1. 报告调度员； 2. 降速到 200 km/h，维持运行； 3. 待雾消失，汇报调度员	呼唤操作

附录十　实训活页

本实训是专业核心课程的技能实训课,是本专业学生的核心技能训练的课程模块,对接动车组司机、副司机的岗位技术标准,担负着驾驶动车组、维护列车安全正点的责任,任务完成的质量好坏,与动车组司机技术水平的高低、乘务作业过程的规范化关系很大。因此,必须认真学习并严格执行作业标准,树立良好的职业道德,才能做到遵章守纪、按标作业、规范操作、安全正点。

一、实训目标

1. 知识目标

(1)能够说出动车组司机待乘、出勤、接车的作业内容与标准;
(2)能够说出动车组司机出所作业、发车准备及发车的标准与规范;
(3)能够说出动车组司机途中作业内容与标准;
(4)能够说出动车组司机在站交接、继乘作业内容与标准;
(5)能够说出动车组司机终到、入段(所)及退勤作业内容与标准;

2. 能力目标

(1)熟练运用《铁路技术管理规程》高铁部分相关内容;
(2)独立操作动车组司机一次作业过程标准和操作要点;
(3)能够进行动车组常见故障处置流程;
(4)能够应急处理动车组运行中各种非正常行车。
(5)能够正确填写司机手账和司机报单。

3. 素质目标

(1)具备学生遵章守纪、爱岗敬业、爱护动车组、规范操作、按标作业、安全正点的安全意识和职业精神,内化劳动精神和工匠精神。
(2)具备学生学习新技术、勇于创新和开拓的意识。
(3)具备学生严谨认真的科学态度,提高应变与沟通能力。

二、实训内容

项目名称	任务序号	任务名称及内容		
安全及职业劳动素养教育	1	安全教育		
	2	劳动职业素养教育		
动车组模拟驾驶专业能力训练	1	任务一 技术设备认识 1. 出/退勤乘务一体机 2. CR400BF"复兴号"动车组司机模拟实训台		
	2	任务二 出勤		
	3	任务三 所(段)内作业及出段(所)作业	子任务一 动车组整备检查	
			子任务二 设备上电作业	
			子任务三 车辆制动试验	
			子任务四 ATP与CIR参数输入	
			子任务五 ATP操作	
			子任务六 动车组基本操作	
			子任务七 常用复位隔离操作	
			子任务八 出所作业	
	4	任务四 发车作业		
	5	任务五 途中作业(含动车组常见故障处置、非正常行车应急处置)		
	6	任务六 同向继乘		
	7	任务七 终点站及退勤作业		
	8	任务八 司机手帐及司机报单填写		

三、实训成绩评定

序号	项目名称内容			分值
1	考勤、安全教育及劳动素养			10
2	动车组模拟驾驶专业能力训练	任务一 技术设备认识 1. 出/退勤乘务一体机 2. CR400BF "复兴号" 动车组司机模拟实训台		8
		任务二 出勤		8
		任务三 所（段）内作业及出段（所）作业	子任务一 动车组整备检查	22
			子任务二 设备上电作业	
			子任务三 车辆制动试验	
			子任务四 ATP与CIR参数输入	
			子任务五 ATP操作	
			子任务六 动车组基本操作	
			子任务七 常用复位隔离操作	
			子任务八 出所作业	
		任务四 发车作业		8
		任务五 途中作业（含动车组常见故障处置、非正常行车应急处置）		10
		任务六 同向继乘		8
		任务七 终点站及退勤作业		8
		任务八 司机手帐及司机报单填写		8
3	实训报告	知识和技能整体掌握程度 对实训的总结与反思		10
合 计				100

项目一　安全及劳动职业素养教育

一、实训安全教育

实训室安全规定	
动车组司机 岗位安全预想	

二、职业素养教育

案例一　某动车组列车越标停车事故

案例概况	原因分析
（二维码）	（二维码）

谈谈案例对你的启发和思考，有哪些心得。

案例二　身边的榜样---敬业奉献王小卫，高铁时代的领军人

"火车司机"的梦想与初心	笃学勤思精心操纵的"西部动车第一人"
(二维码)	(二维码)
高铁司机"变身"职工教师	"劳模工作室"成立助力榜样示范传播
(二维码)	(二维码)

谈谈案例对你的启发和思考，有哪些心得。

项目二 动车组模拟驾驶专业能力训练

任务一 技术设备认识

一、出/退勤乘务一体机

1. 出/退勤乘务一体认识

乘务员出/退勤乘务一体机集成 LKJ 运行记录文件转储装置、动车组数据转储装置、饮酒检测仪、指纹仪等设备，实训学员通过该设备自助进行出勤、退勤作业办理，系统自动对作业的标准化进行评判，考查学员出退勤作业是否规范

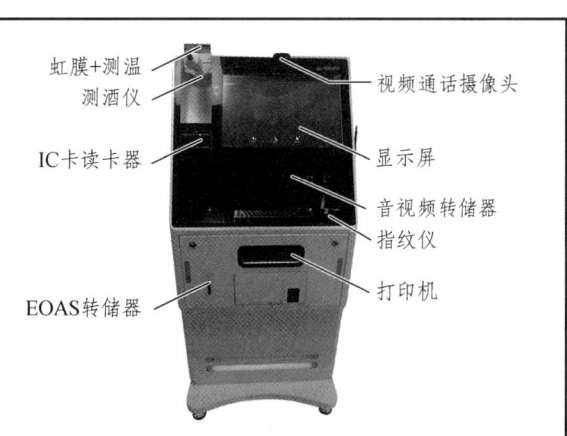

2. 设备开关机及进入主程序

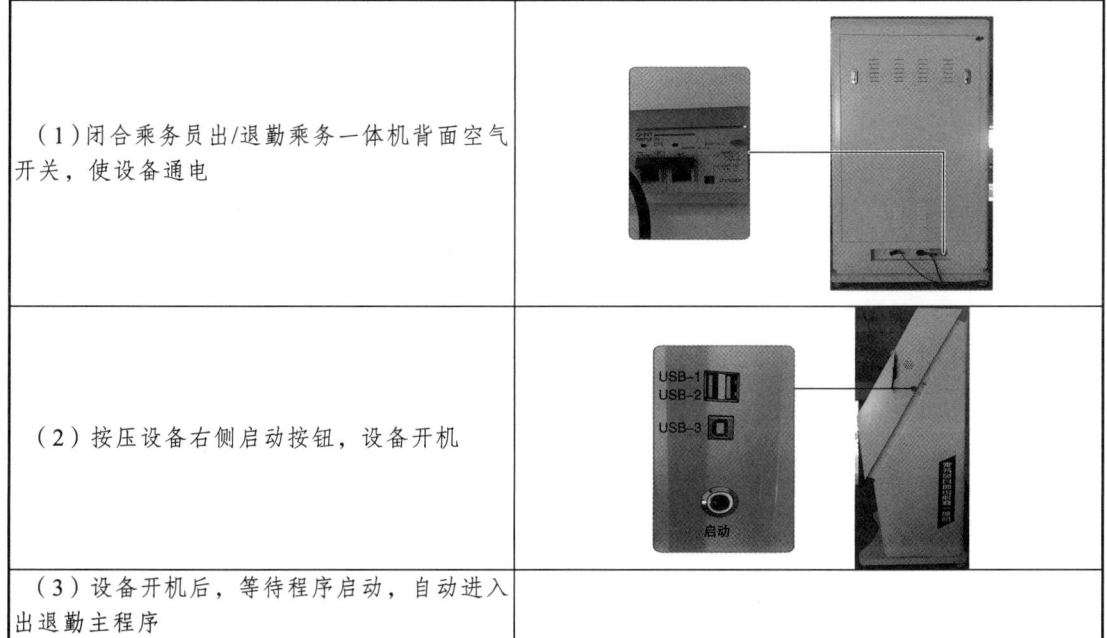

（1）闭合乘务员出/退勤乘务一体机背面空气开关，使设备通电

（2）按压设备右侧启动按钮，设备开机

（3）设备开机后，等待程序启动，自动进入出退勤主程序

二、CR400BF"复兴号"动车组司机模拟实训台

1. CR400BF型动车组模拟驾驶实训台

CR400BF 型动车组模拟驾驶实训台	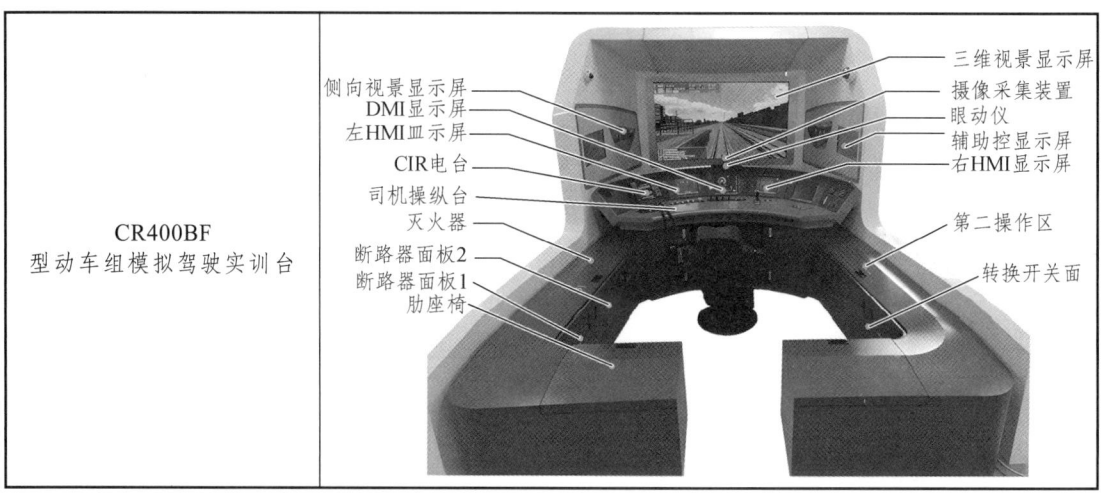 三维视景显示屏、摄像采集装置、眼动仪、辅助控显示屏、右HMI显示屏、第二操作区、转换开关面 侧向视景显示屏、DMI显示屏、左HMI显示屏、CIR电台、司机操纵台、灭火器、断路器面板2、断路器面板1、肋座椅

（1）动车组模拟驾驶实训台基本操作。

模驾台通电，等待各程序正常完全启动	各程序正常完全启动
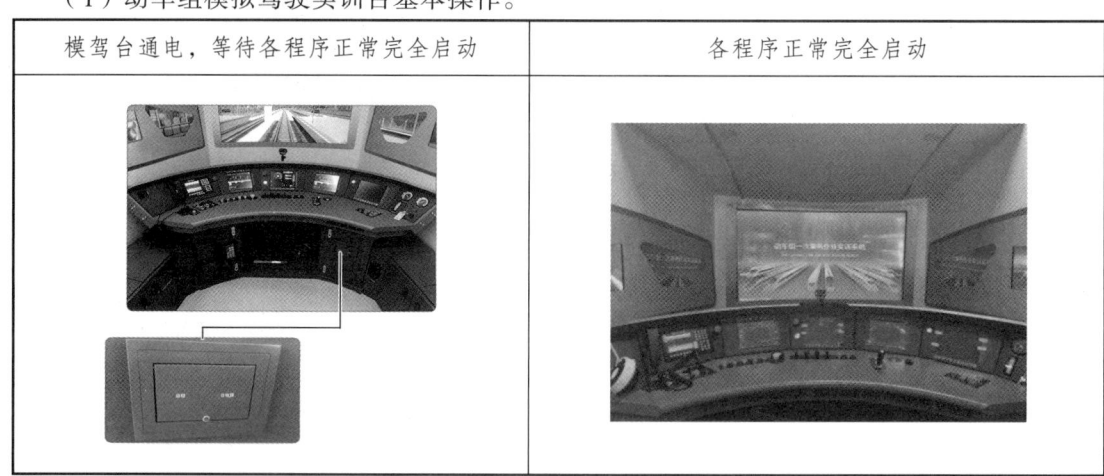	

（2）实训系统。

序号	内容	操作步骤
1	登录实训系统	点击模驾台右侧辅助屏右下角，登录按钮，通过身份验证，登录实训系统
2	模拟练习	点击主界面【模拟练习】，进入模拟练习模块，选择线路及出发站，点击【开始】选择股道； 股道选择成功后，进入试题开始练习，界面中间显示线路图信息和机车当前位置、实时速度，下方分别是行车示意、机车信号、行车事件等
3	专项实训	专项实训包含基本操作、故障演练及非正常操作等专项操作实训试题，学员可以根据自己不同的学习阶段和实操训练情况，针对性地选择试题进行练习
4	综合实训	点击主界面【综合实训】，进入综合实训模块。综合实训模块试题为一次乘务作业标准化试题，适用于综合训练阶段

2. EOAS 数据转储卡模块

序号	操作步骤	图片
1	在出勤调度台办理出勤时，可领取 EOAS 数据转储卡	
2	动车组检查前，需将 EOAS 转储卡插入模拟驾台右侧数据转储装置插口，确认司机室 EOAS 摄像头无遮盖，封条、设备可见部位无破损	
3	办理退勤时，需根据提示，将 EOAS 卡插入出退勤乘务一体机	
4	确认插入 EOAS 卡之后，点击【转储】按钮，将 EOAS 卡中转储的运行记录文件上传至 服务器	

三、任务实施及考核

任务一技术装备认识考核表

组号：_____   姓名1：_____   姓名2：_____

	序号	类别	考核内容	扣分标准	成绩
技术装备认识	1	出/退勤乘务一体机	设备通电	15	
	2	出/退勤乘务一体机	设备开机	15	
	3	出/退勤乘务一体机	进入出退勤主程序	15	
	4	模拟实训台	模拟台通电，各程序启动	15	
	5	EOAS 数据转储卡	领取 EOAS 数据转储卡	10	
	6	EOAS 数据转储卡	将 EOAS 转储卡插入模驾台右侧数据转储装置插口	10	
	7	EOAS 数据转储卡	办理退勤时，需根据提示，将 EOAS 卡插入出退勤乘务一体机	10	
	8	EOAS 数据转储卡	【转储】按钮，将 EOAS 卡中转储的运行记录文件上传至 服务器	10	
		任 务 评 价 成 绩			

学生自评：（总结与反思）

教师评价：（专业素质、劳动精神、安全意识、团结协作）

任务二　出　勤

一、作业要求

序号	操作步骤	
1	依照出勤计划，按规定着装，提前 20min 报到。在出退勤调度台处领取 EOAS 卡、司机手帐、列车时刻表	
2	按规定出勤计划时间在乘务一体机上办理出勤。点击【出勤登记】按钮，人脸识别摄像头自动识别，完成登记。指纹（人脸）无法识别时，系统允许乘务员手工录入工号出勤	
3	选择模驾台。身份识别成功后，选择模驾台，点击【下一步】按钮	
4	酒精检测：系统语音提示"请测酒"，听到语音提示后开始吹气完成测酒。吹气过程系统实时监测人脸，应避免移动或扭头引起测酒失败	
5	在乘务一体机上选择需要携带的证件和规章	

续表

序号	操作步骤
6	有多个乘务员办理出勤,需要点击【继续登记】按钮进行第二个人的出勤登记,等机组所有乘务员完成后,点击【下一步】按钮
7	打印交付揭示。点击打印按钮,对交付揭示进行打印
8	公布揭示与交付揭示核对。进入交付揭示核对窗口,机班两人根据担当的车次,进行区段选择,进入交付揭示核对界面,通过触摸屏在限速、时间、公里标、线路、车站、设备变化等关键要素上进行点击勾画
9	出乘预想。结合担当列车种类、天气、人员等情况,组织机班开好出勤小组会,做好出勤预想,完成出乘预想答题,并将出乘预想内容记录于司机手册
10	出勤传达。机班人员打印并认真阅读传达内容
11	机班将司机手册、运行揭示等资料交出勤调度员审核签认,出勤调度员审核完司机手册并在手册上盖章、签点,认真核对运行揭示,传达本次列车运行中注意事项及上级有关指示、电报精神后,将相关资料交出勤乘务员,出勤完成

二、作业标准及用语

序号	执行项目	执行标准
1	出勤人员在出勤调度台报到	司机呼唤:"司机××,司机××出勤报到"。领取 EOAS 卡、司机手账、列车时刻表等
2	出勤报到	乘务员打指纹,选择实训设备,进行饮酒检测,出勤业务办理。
3	出示证件和规章	乘务员应携带工作证、动车组司机驾驶证、岗位培训合格证、电气化作业安全合格证、《铁路技术管理规程》(以下简称《技规》高铁部分)、《铁路局行车组织规则》(以下简称《行规》)、《动车组非正常情况下行车作业指导书》,以及所使用车型的应急故障处理等相关行车资料
4	交付揭示核对	(1)乘务员与乘务一体机上公布揭示界面的运行揭示,进行核对。 (2)在"限速""公里标""时间"等内容上进行勾画。 (3)两名学员进行交付揭示复诵
5	司机手册填写	学员在《司机手册》中填写"运行注意事项"和"运行揭示内容",开小组会
6	出勤调度员审核	在《司机手册》《交付揭示》出勤调度员审核完司机手册并在手册上盖章、签点

三、任务考核表

任务二　出勤实施考核表

组号：_____　　　　　　　姓名1：_____　　　姓名2：_____

	序号	类别	考核内容	扣分标准	成绩
出勤作业	1	出勤作业	出勤报到时，未主动出示司机驾驶证、工作证、岗位培训合格证，每项	10	
	2	出勤作业	未按要求打印值乘车次运行揭示	10	
	3	出勤作业	未对运行揭示勾画确认	10	
	4	出勤作业	未按规定制定本班安全预想及措施	5	
	5	呼唤应答	未进行出勤报到呼唤	10	
	6	呼唤应答	未进行交付揭示核对呼唤	10	
	7	单据填写	未进行出勤预想	5	
	8	单据填写	未按要求核对勾画运行揭示	5	
	9	单据填写	未领取司机手册、司机报单、时刻表	10	
	10	单据填写	《司机手册》上"运行揭示"内容漏填、填写不正确	10	
	11	单据填写	《司机手册》上"运行注意事项"各项内容漏填或填写不正确	5	
	12	单据填写	未将司机手册、交付揭示交由出勤调度员进行审核	10	
			任　务　评　价　成　绩		
学生自评：（总结与反思）					
教师评价：（专业素质、劳动精神、安全意识、团结协作）					

任务三　所内作业

一、动车组整备检查（子任务一）

1. 设备检查与确认（静态检查）作业标准

序号	项目	执行标准
1	动车组型号确认	××点××分，××次司机××，动车所××道接车，动车组型号××××，值乘作业开始
2	摄像头确认	摄像头位置正确、无遮挡
3	左侧司机柜检查	断路器面板1检查，各开关均在闭合位。 断路器面板2检查，各开关均在闭合位
4	操纵台检查	MMI(CIR)、DMI、HMI显示屏、仪表外观良好，刮雨器开关"停止"位，司控器手柄0位，方向开关0位，紧急断电按位置正确，紧急制动按钮位置正确
5	右侧司机柜检查	第二操作区面板检查，蓄电池旋钮开关"0"位、ATP隔离开关"运行"位、ATP显示器切换开关"1/2 开"、ATP冗余开关在"ATP1/2"位、列车无线控制开关"自动"位、司机警惕装置旁路开关"开"位、ATP电源开关"关"位。 转换开关面板柜检查，A钥匙"开"位，其余各开关位置均在直立位

2. 任务考核表

子任务一 设备检查与确认（静态检查）考核表

组号：＿＿＿＿＿＿　　姓名1：＿＿＿＿＿＿　　姓名2：＿＿＿＿＿＿

	序号	类别	考核内容	扣分标准	成绩
设备检查与确认	1	动车组检查	未确认动车组型号正确	6	
	2	动车组检查	未检查司机室左侧边柜断路器面板1所有开关在闭合位	8	
	3	动车组检查	未检查司机室左侧边柜断路器面板2	8	
	4	动车组检查	未确认刮雨器开关"停止"位	6	
	5	动车组检查	未确认司控器主手柄"0"位、方向开关"0"位	6	
	6	动车组检查	未确认紧急制动按钮（ATP显示屏左上方）位置正确（左旋）	6	
	7	动车组检查	未确认紧急断电按钮（CIR显示器右侧）位置正确（左旋）	6	
	8	动车组检查	未检查EOAS车载设备外观良好、未插入EOAS转储卡	6	
	9	动车组检查	未检查司机室右侧第二操作区各开关位置	8	
	10	动车组检查	未检查司机室右侧转换开关面板各开关位置	8	
	11	手比眼看	各按钮、开关、手柄状态检查时(改变时)，未进行眼看手比	6	
	12	手比眼看	比行车安全装备、操作台各仪表、指示灯、车载信息显示屏状态检查时（改变时），未进行眼看手比	8	
	13	呼唤应答	未对动车组型号进行确认呼唤	4	
	14	呼唤应答	各按钮、开关、手柄状态检查时(改变时)，未进行确认呼唤	6	
	15	呼唤应答	行车安全装备、操作台各仪表、指示灯、车载信息显示屏状态检查时（改变时），未进行确认呼唤	8	
			任务评价成绩		
学生自评：（总结与反思）					
教师评价：（专业素质、劳动精神、安全意识、团结协作）					

二、设备上电（子任务二）

子任务二　设备上电考核表

组号：_____　　　　　　　　　　　　姓名1：_____　姓名2：_____

项目	序号	类别	考核内容	扣分标准	成绩
设备上电	1	接车检查	未升弓、合主断将ATP电源置于开位	6	
	2	接车检查	接车时，未在规定的信息界面查询、确认动车组故障信息	6	
	3	接车检查	升弓操作前，未将显示器转换至规定的界面	6	
	4	接车检查	激活操纵台后，手柄未置制动区、未施加(或)确认停放制动、车组防溜状态，进行检查作业	6	
	5	接车检查	按列车方式出段（所）时，未按规定执行车机联控	6	
	6	动车组检查	未确认高压设备状态操作升弓	6	
	7	动车组检查	未确认主断闭合条件，操作主断路器开关置开位	6	
	8	动车组检查	未升弓、合主断将ATP电源置于开位	6	
	9	手比眼看	未对EOAS转储设备工作状态进行眼看手	6	
	10	手比眼看	升弓前，未对故障信息、高压设备状态、风压值进行眼看手比	8	
	11	手比眼看	升弓后，未对受电弓升起位置、网压值进行眼看手比	6	
	12	呼唤应答	未对EOAS转储设备工作状态进行确认呼唤	6	
	13	呼唤应答	升弓前，未对故障信息、高压设备状态、风压值进行确认呼唤	8	
	14	呼唤应答	升弓前，未进行升弓条件（风压确认）确认呼唤	6	
	15	呼唤应答	具备升弓条件后，未进行升弓作业确认呼唤	6	
	16	呼唤应答	升弓后，未进行受电弓升起位置、网压值确认呼唤	6	
			任务评价成绩		

学生自评：（总结与反思）

教师评价：（专业素质、劳动精神、安全意识、团结协作）

三、车辆制动试验（子任务三）

1. 作业要求

（1）确认总风压力值 800~950 kPa，司控器手柄置于"0"位。300T 型 ATP 上电后不做任何操作。

（2）确认停放制动施加。

（3）在右侧 HMI 屏"安全环路"界面确认停放制动监控环路 PBML 与 UB、EB 紧急制动环路未显示"隔离"。

（4）制动试验时须在左侧 HMI 屏进行，在"制动界面"确认停放制动施加。

（5）司控器手柄"0"级。

（6）进入"制动试验"界面，根据制动试验提示要求进行车辆制动试验。

2. 作业标准及用语

序号	执行项目	执行标准
1	确认试验条件	确认总风压力值 800~950kPa；确认停放制动施加；在右侧 HMI 屏"安全环路"界面确认停放制动监控环路 PBML 与 UB、EB 紧急制动环路未显示"隔离"
2	全部制动试验	按左侧 HMI 屏提示步骤进行，边进行边呼唤

3. 考核内容

子任务三　车辆制动试验考核表

组号：_____　　　　　　　　姓名1：_____　姓名2：_____

项目	序号	类别	执行标准	扣分标准	成绩
制动试验	1	试验前的准备工作	（1）未确认总风压力值和司控器手柄置于"0"位。 （2）未确认停放制动施加。 （3）未确认停放制动监控环路 PBML 与 UB、EB 紧急制动环路，未显示"隔离"。 （4）未在"制动界面"确认停放制动施加。 （5）司控器手柄没在"0"级。 （6）进入"制动试验"界面，未根据制动试验提示要求进行车辆制动试验	10	
	2	制动试验条件自检	未能正确完成菜单引导的制动试验（试验失败或不具备试验条件	15	
	3	直通制动试验	未能正确完成菜单引导的制动试验（试验失败或不具备试验条件	15	
	4	紧急制动EB试验、EB转UB试验	未能正确完成菜单引导的制动试验（试验失败或不具备试验条件	15	
	5	紧急制动UB试验	未能正确完成菜单引导的制动试验（试验失败或不具备试验条件	15	
	6	防滑系统试验	未能正确完成菜单引导的制动试验（试验失败或不具备试验条件	15	
	7	总风贯通试验	未能正确完成菜单引导的制动试验（试验失败或不具备试验条件	15	
			任务成绩评定		

学生自评：（总结与反思）

教师评价：（专业素质、劳动精神、安全意识、团结协作）

四、ATP 与 CIR 参数输入（子任务四）

1. 作业标准及用语

ATP 与 CIR 参数输入作业标准及用语

序号	执行项目	执行标准
1	ATP 参数输入	ATP 型号确认，司机呼唤："使用 300T 型 ATP"； 副司机呼唤："参数设置"； 司机边执行边呼唤："司机号×××，车次号×××，确定； 执行制动测试；确认：手柄 0 位，总风压力 850kPa 以上，停放制动红灯，停放制动施加好了，确定； X 时 X 分 X 秒，制动测试成功； 确认列控等级 C2 级，确认； 输入编组，8 辆，确定；确认 8 辆，确定； 输入载频，X 道上/下行载频，确定；确认上/下行载频，确定；确认启动，确定；启动，确定； ××灯，C2，××模式，机/人控，车次号××。 副司机复诵
2	注册 CIR	CIR 车次号注册，车次号×××；车次号注册好了

2. 考核内容

子任务四 ATP 与 CIR 参数输入作业标准及用语考核表

组号：_____ 姓名1：_____ 姓名2：_____

项目	序号	类别	考核内容	扣分标准	成绩
参数输入	1	CIR 注册、模式选定	未能按要求注册、选定 CIR 设备运行区段（线路）、工作模式	20	
	2	ATP 参数输入	未能按要求，正确输入 ATP 行车安全装备参数	20	
	3	ATP 启动	ATP 未具备试验条件，启动 ATP 制动试验	20	
	4	眼看手比	ATP 参数设定前，未对 ATP 型号进行眼	10	
	5	眼看手比	眼看手比行车安全装备参数、CIR 参数设定时，未进行眼看手比	10	
	6	呼唤应答	ATP 参数设定前，未对 ATP 型号进行确认呼唤	10	
	7	呼呼应答	行车安全装备参数、CIR 参数设定时，未进行确认呼唤	10	
任务成绩评定					

学生自评：（总结与反思）

教师评价：（专业素质、劳动精神、安全意识、团结协作）

五、ATP 操作（子任务五）

1. 作业标准

（1）部分监控模式。

用于 CTCS-2 级。部分监控模式可由待机模式、完全监控模式、目视监控模式和引导模式进入。

部分监控模式

序号	操作方法	图示
1	ATP 启动完成，进入待机模式（确保列车在停车状态；施加停放制动）司机按"启动"键，进入启动确认界面	
2	DMI 显示启动确认菜单，司机按"确认"键进行确认，按"取消"键取消该操作	
3	CTCS-2 级进入部分监控模式	

（2）目视行车模式。

在 CTCS-3 级，由待机模式、完全监控模式、引导模式和冒后模式进入；司机需要在 60 秒内对"目视确认"文本进行确认，否则列车制动停车。

在 CTCS-2 级，由待机模式、完全监控模式、部分监控模式和引导模式进入。司机需要在 60 秒内按"警惕"键进行确认，否则列车制动停车。

目视行车模式

名称	操作方法	图示
目视行车模式	司机按【模式】键（F2），进入"模式选择"菜单，按【目视】（F2）进入模式确认界面	
	（或按下固定功能键【2\目视】直接进入模式确认界面）	
	在CTCCS-3等级下，司机选择"目视"模式后，DMI提示"越行确认"，司机要在5秒内确认，否则应重新选择目视行车模式按【确认】键进入目视模式	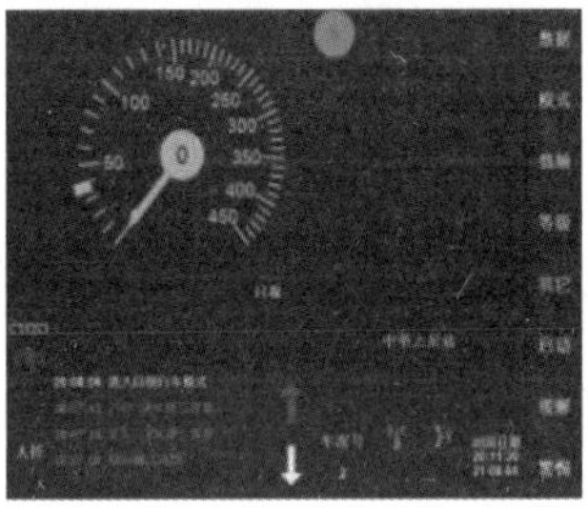

（3）完全监控模式。

在CTCS-3级，由待机模式、目视模式、引导模式和冒后模式进入；

在CTCS-2级，由部分监控模式、引导模式、目视行车模式进入。

完全监控模式表

名称	操作方法	图示
完全监控模式	在CTCS-3级，从RBC接收到完全监控信息后进入完全监控模式； 在CTCS-2级，从应答器接收到完整的线路信息且DMI显示的机车信号为允许码时进入完全监控模式	

（4）引导模式。

在 CTCS-3 级，由待机模式、完全监控模式、目视行车模式和冒后模式进入；

在 CTCS-2 级，由部分监控模式和完全监控模式进入。

引导模式表

名称	操作方法	图示
引导模式	在 CTCS-2 级，车载设备接收到引导模式转换信息（收到 HB 码且当前速度低于 40 km/h），如果当前运行模式为完全监控模式，DMI 上显示带闪烁框的"引导确认"文本，如果司机不进行模式转换确认，车载设备维持原模式运行，如果为其它模式，车载设备自动进入引导模式	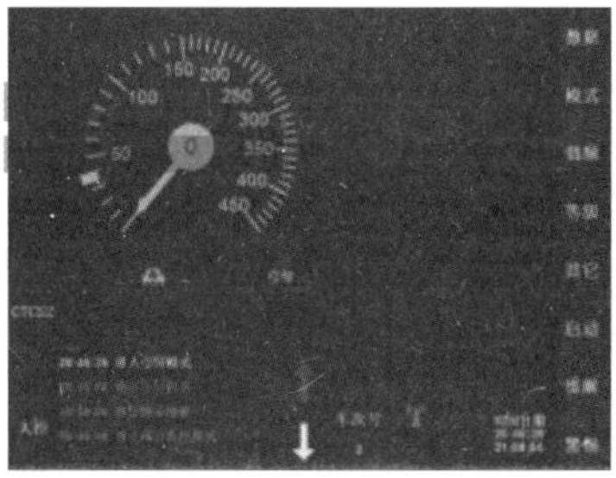
	在 CTCS-3 级，车载设备接收 RBC 引导模式转换信息，DMI 上显示运行等级、带有闪烁框的"确认引导模式"文本。如果司机不进行模式转换确认，车载设备在列车进入引导模式并施加制动直到确认。进入引导模式后 DMI 每 50 秒进行一次"引导确认"语音提示	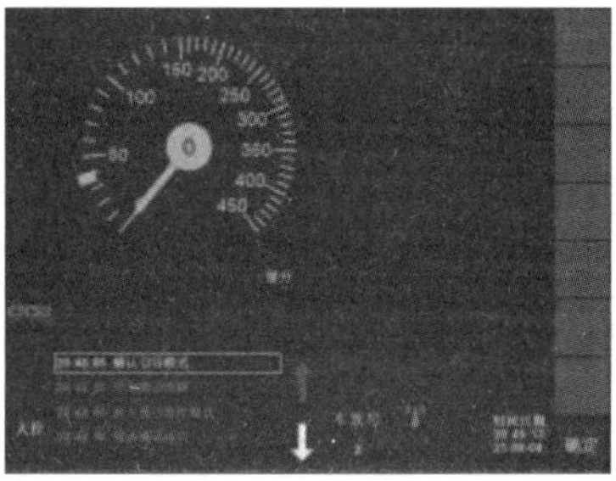

（5）调车模式。

在 CTCS-3 级，由待机模式、完全监控模式、引导模式、目视行车模式和冒后模式进入。

在 CTCS-2 级，由待机模式、引导模式、目视行车模式、部分监控模式和完全监控模式进入。

调车模式表

名称	操作方法	图示
调车模式	司机按【模式】键（F2），进入"模式选择"菜单，按【调车】（F1）进入模式确认界面（或按下固定功能键【1\调车】直接进入模式确认界面）	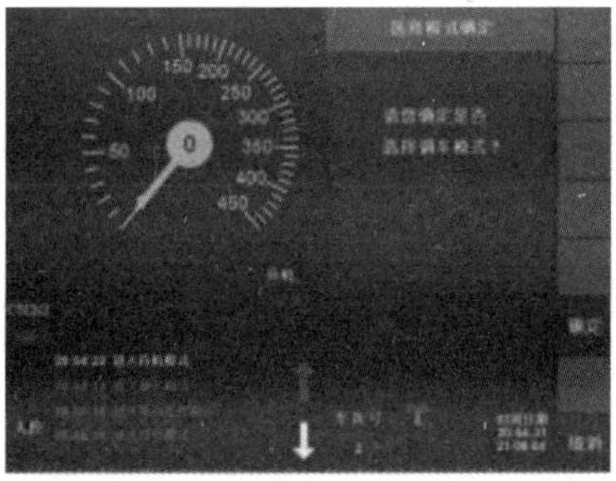

续表

名称	操作方法	图示
调车模式	CTCS-2 级，在列车静止时，车载设备总是接受模式转换请求	
	在 CTCS-3 级，RBC 允许调车请求后，才能进入调车模式，司机需要对模式转换进行确认	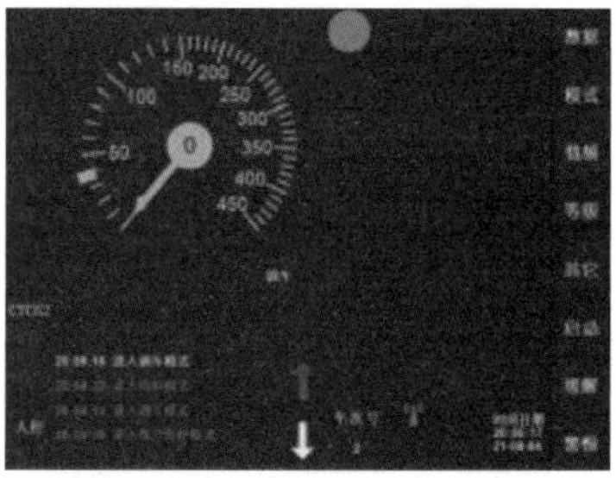
	调车作业完成后，等列车停稳后，按"模式"键，按"退出"调车键退出调车。在 CTCS-3 级，退出调车后转入待机，系统自动重新进行启动过程。在 CTCS-2 级，退出调车后转入待机，司机根据菜单或文本提示重新输入驾驶数据	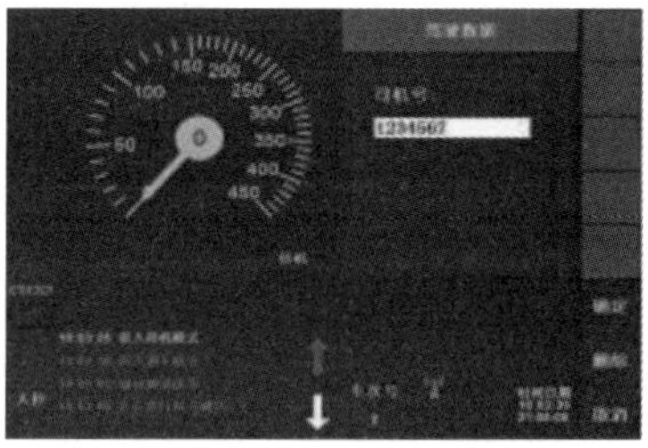

（6）冒进模式。

	应用	进入原因	操作步骤
冒进模式	应用于 CTCS-3 级。可由待机模式、调车模式、完全监控模式、引导模式和目视模式进入	1. 越过关闭的信号机或 EOV； 2. 收到紧急停车消息； 3. 地面设备发生故障时； 4. 完成启动后，手动 CTCS-2	当列车越过停车信号点或 EOA 后，进入冒进模式，施加紧急制动。等列车停稳后，DMI 显示带闪烁边框的文本"冒进"。按"确定"键确认冒进模式，车载设备进入冒后模式，紧急制动缓解

（7）冒后模式。

	应用	操作步骤
冒后模式	CTCS-3 级，冒后模式可由冒进模式进入	进入冒后模式后，经过调度许可，可选择目视行车模式运行。（按压"启动"键，如果可以转至完全监控模式，以完全监控模式运行；如果未能转至完全监控模式，可手动选择目视行车模式运行）

（8）机车信号模式。

	应用	操作步骤
机车信号模式	为 CTCS-2 等级下的运行模式	用于 CTCS-0/CTCS-1 级线路上运行，地面信号显示为行车凭证，车载设备仅进行最高顶棚速度 80km/h 的超速防护，低于 80km/h 的临时限速须按调度命令执行，线路静态速度低于 80km/h 的区段由司机负责控制列车运行速度

2. 考核内容

未能按要求，完成 ATP 目视、调车、待机、部分监控控制模式切换，每项扣分；超时扣分。

子任务五　ATP 操作作业标准及用语考核表

组号：＿＿＿＿＿＿＿＿　　　　　　　　　　姓名1：＿＿＿＿＿＿＿　姓名2：＿＿＿＿＿＿＿

项目	序号	类别	考核内容	扣分标准	成绩
ATP 操作	1	部分监控模式	未能完成模式切换	10	
	2	目视模式		10	
	3	完全监控模式		10	
	4	引导模式		10	
	5	调车模式		10	
	6	冒进模式		10	
	7	冒后模式		10	
	8	机车信号模式		10	
	9	超时	时间超时	10	
	10	呼唤应答	未进行确认呼唤	10	
任务成绩评定					
学生自评：（总结与反思）					
教师评价：（专业素质、劳动精神、安全意识、团结协作）					

六、动车组基本操作（子任务六）

1. 作业标准

序号	名称	使用说明及操作方法及图示
1	当前故障查询	方法1：手动点击HMI屏右上角的 方法2：点击下方"故障信息" 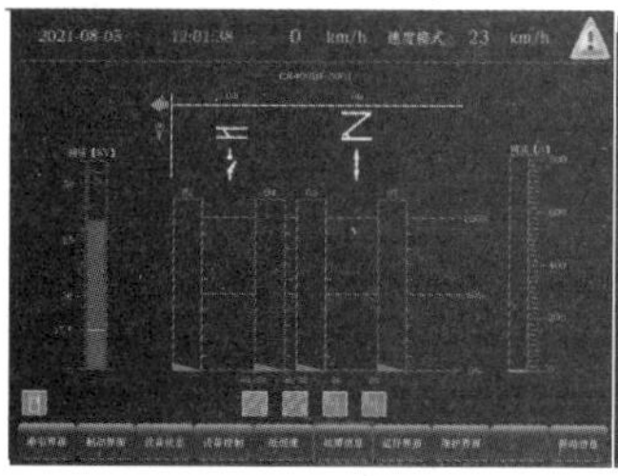 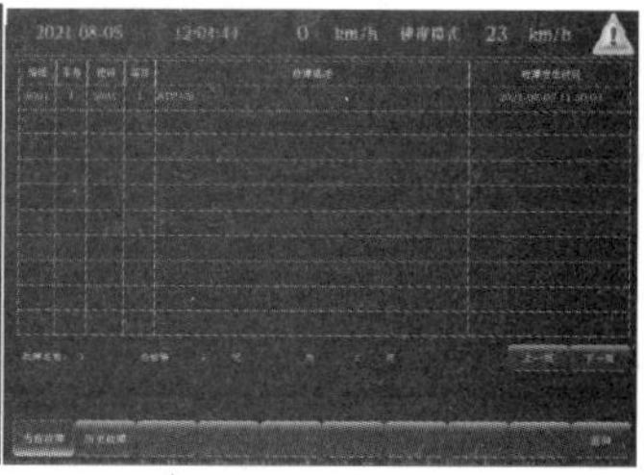
2	历史故障查询	进入当前故障信息界面后，点击下方"历史故障" 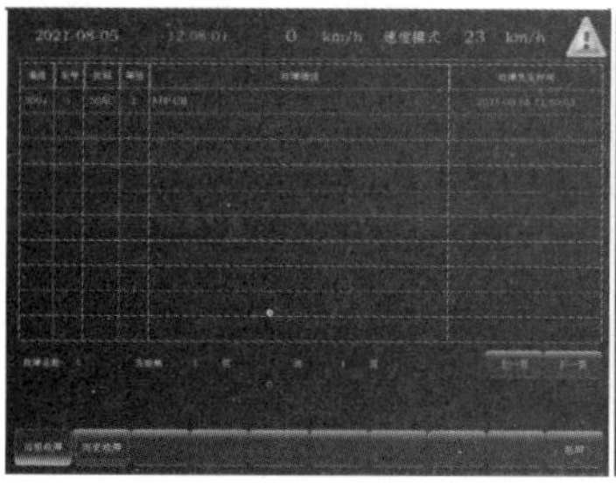 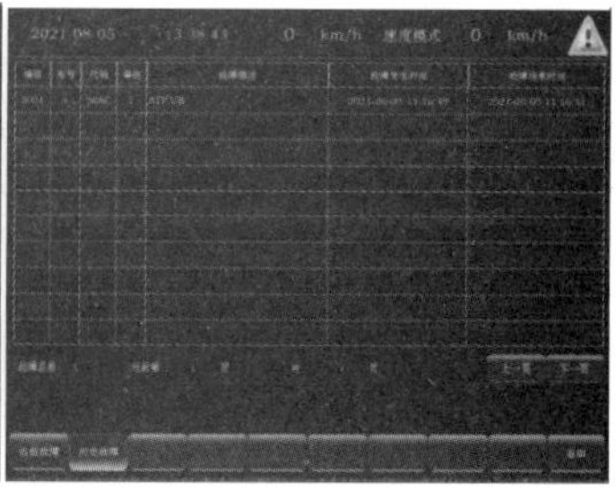
3	车门状态查看	点击HMI屏上【设备状态】进入【车门状态】界面 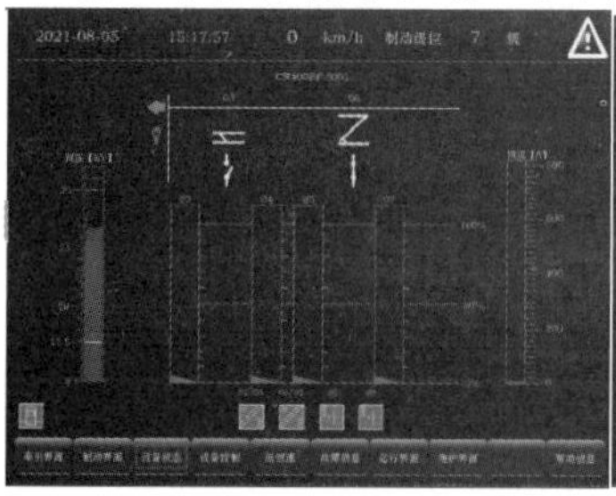 

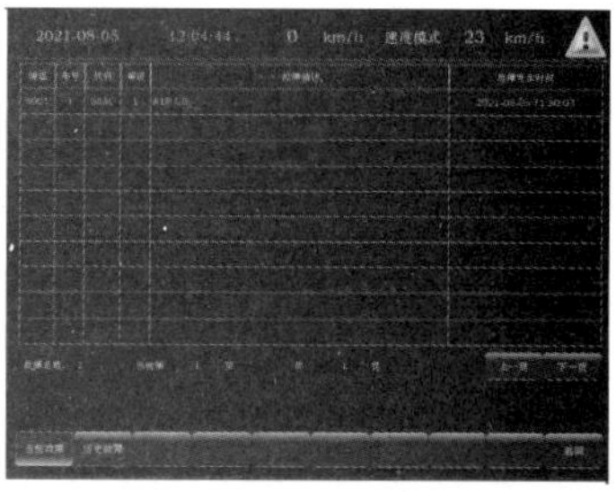

续表

序号	名称	使用说明及操作方法及图示	
4	高压设备状态查看	点击HMI屏上【设备控制】进入【设备切除】界面 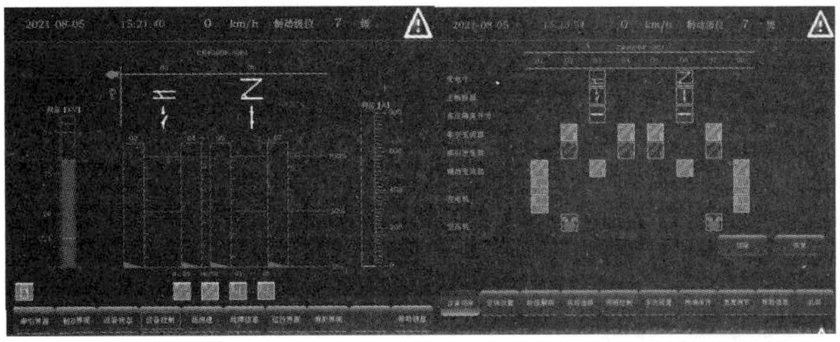	
5	牵引测试	司控器主手柄放置常用制动"B7"级,方向开关至"前"位,在司机显示屏"牵引界面"操作"测试开始"按键 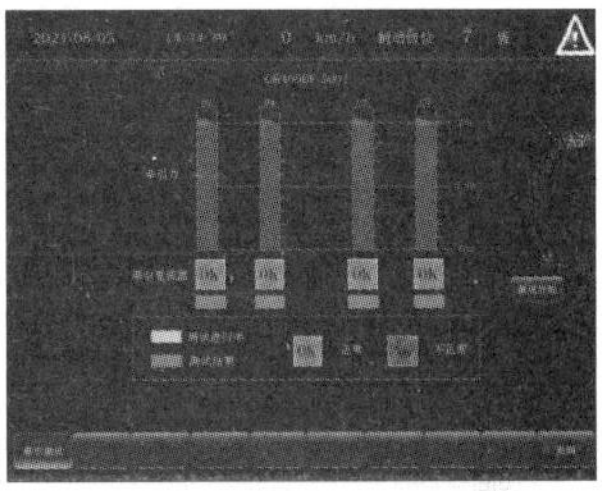	
6	雨刮器开关	（1）"洗车"位置：雨刮器停在挡风玻璃中间。 （2）"停止"位置：雨刮器保持在停止位置（从司机室内,间隔4~8 s。 （3）"慢速"位置：雨刷器臂持续慢速刮水。 （4）"快速"位置：雨刷器臂持续快速刮水。 （5）按下刮雨器控制开关,刮雨器喷嘴喷射雨刷液至前挡风玻璃上 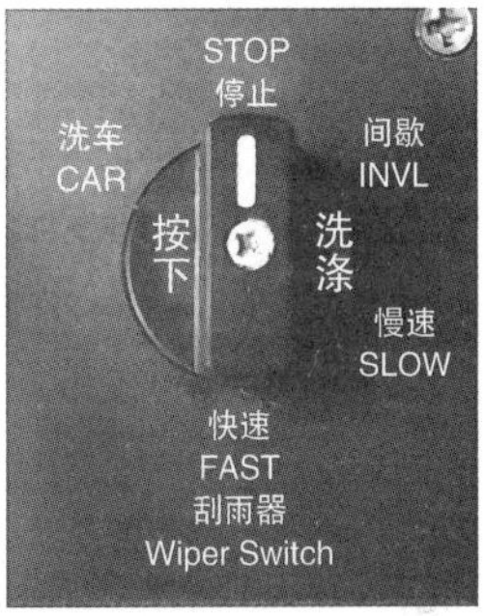	
7	前照灯	远光：中央前照灯亮,左右前照灯、远光亮。 近光：中央前照灯灭、左右前照灯、近光亮。 关闭：中央前照灯灭、左右前照灯灭光 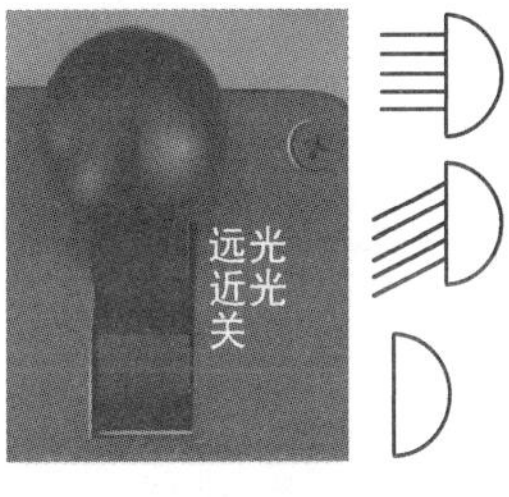	
8	开门操作	（1）按下"车门释放"按钮"释放左门"或"释放右门"释放站台一侧的车门。 （2）按下"集控开门"按钮"开左门"或"开右门"打开站台一侧的列车车门 	

续表

序号	名称	使用说明及操作方法及图示	
9	关门操作	按下"关门"按钮:"关左门"或"关右门"关闭站台一侧列车车门	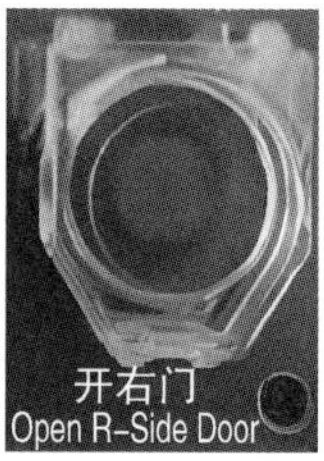
10	ATP 显示屏切换	切换 ATP 显示屏,位于第二操作区	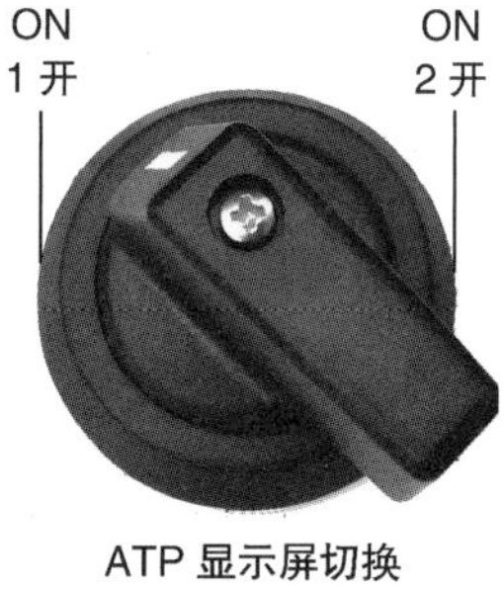
11	遮阳帘开关	控制司机室遮阳帘,位于司机室操纵台左侧	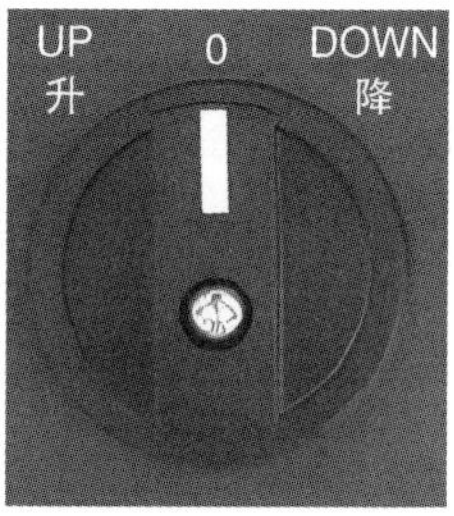
12	操纵模式选择	控制 HMI 屏上操纵模式显示,在列车静止状态司控器手柄 0 位时,按下"操纵模式选择"按钮可切换操纵模式	

2. 考核内容

子任务六　动车组基本操作作业标准及用语考核表

组号：_____　　　　　　　　　　姓名1：_____　姓名2：_____

项目	序号	类别	考核内容	扣分标准	成绩
ATP 操作	1	当前故障查询	未能按要求，进入HMI屏相应子菜单界面检查信息、未能完成其他动车组常用操作	8	
	2	历史故障查询		8	
	3	车门状态查看		8	
	4	高压设备状态查看		8	
	5	牵引测试		8	
	6	雨刮器开关		8	
	7	前照灯		8	
	8	开门操作		8	
	9	关门操作		8	
	10	ATP 显示屏切换		8	
	11	遮阳帘开关		8	
	12	操纵模式选择		8	
	13	超时	未进行确认呼唤	4	
任务成绩评定					

学生自评：（总结与反思）

教师评价：（专业素质、劳动精神、安全意识、团结协作）

七、常用复位隔离操作（子任务七）

1. 作业标准

序号	名称	操作方法	图示
1	隔离车载设备	确保列车在停车状态，并确保车辆制动施加，将"ATP电源"开关置于关位，"ATP隔离"开关置于隔离位	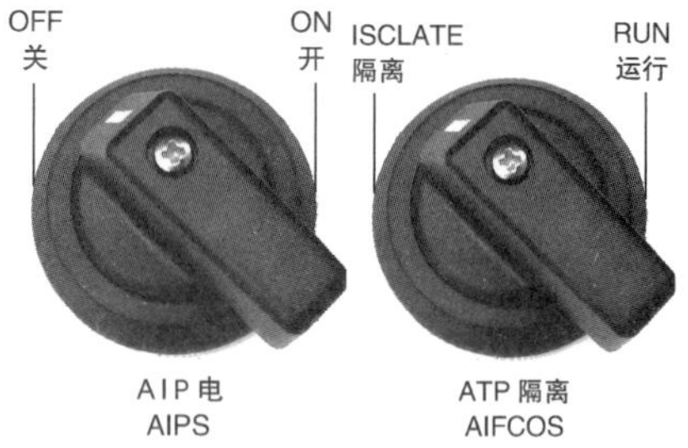
2	大复位	（1）断开主断路器并降弓，司控器置于"B7"位，方向手柄置于0位，操作关门按钮确认全列塞拉门关闭。 （2）将【蓄电池开关】打到"关"位，待HMI屏断电后，重新开启蓄电池。 （3）重新占用司机室，将司控器置紧急制动EB位，确认制动可用性	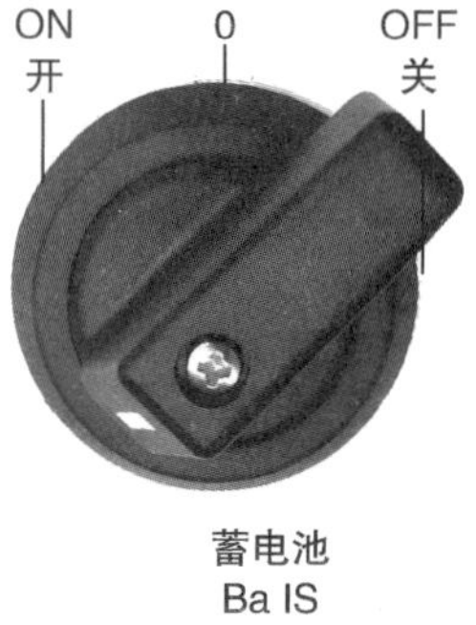
3	小复位	（1）断主断路器、降弓，然后操作断主断路器保持10秒。 （2）复位完成后在HMI主界面观察出现"小复位"图标，表明小复位操作已完成	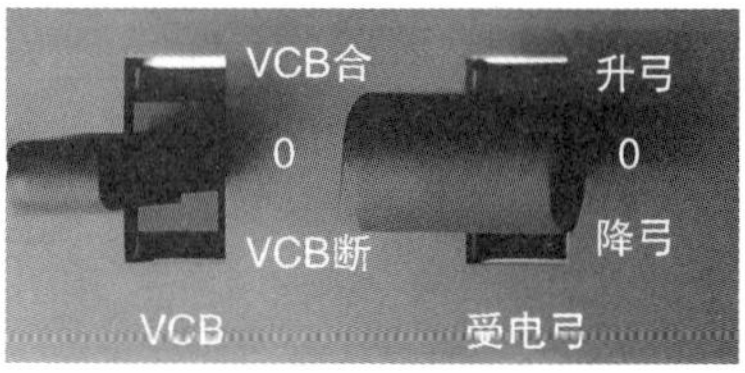 
4	牵引辅助复位	（1）在主控端司机室断开主断路器，维持车辆惰行或停车状态。 （2）按压操作台上的【复位】按钮并保持3秒	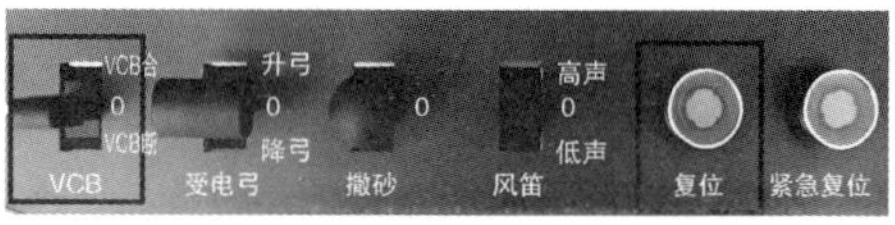

续表

序号	名称	操作方法	图示
5	紧急复位	（1）施加停放制动：按下【停放施加】按钮，HMI屏【制动界面】确认全列车停放制动施加。 （2）操作手柄：将司控器手柄置"B7"位。 （3）紧急复位：按压主控端司机室操纵台上的【紧急复位】按钮3秒，确认紧急制动缓解	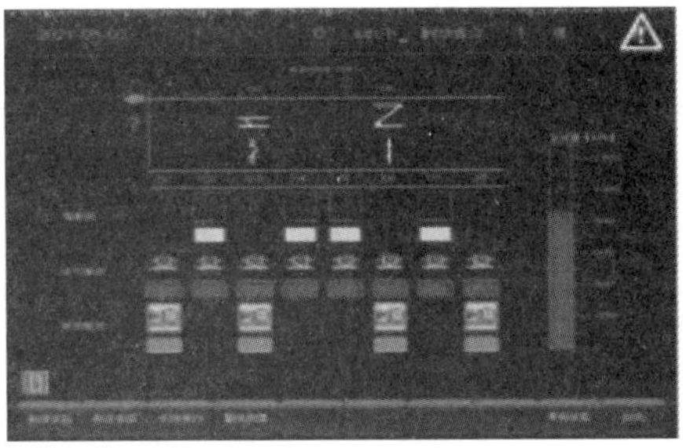 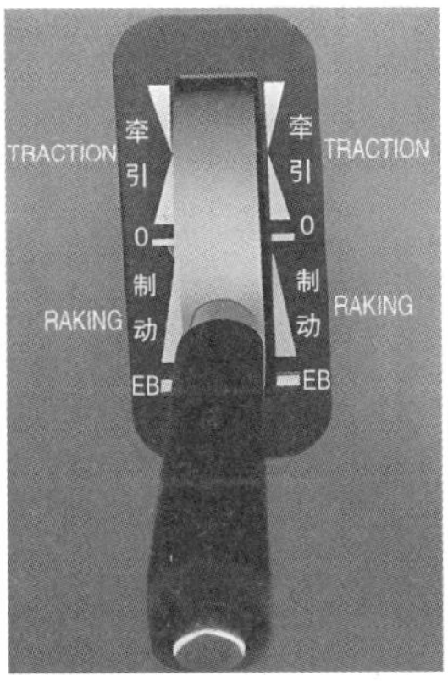 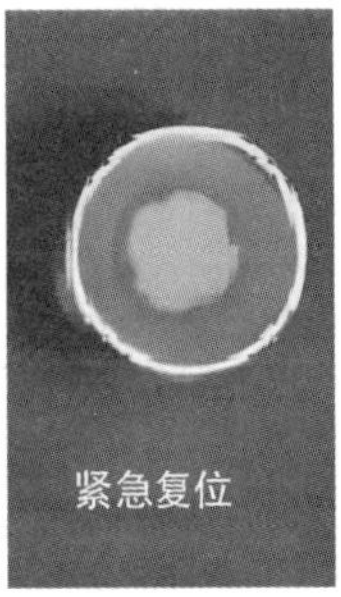
6	设备远程切除/复位操作	（1）点击【设备控制】按键，进入设备切除界面。 （2）选择要切除/复位的设备。 （3）按下【切除/复位】键。 （4）在HMI屏【设备控制】中，确认相应设备的切除/复位状态	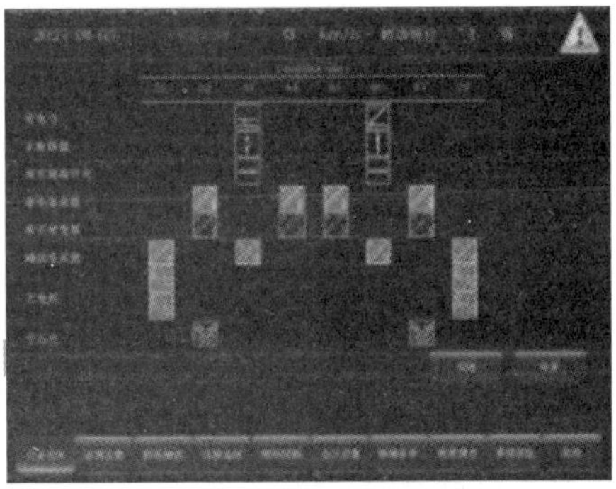

345

2. 考核内容

子任务七　常用复位隔离操作考核表

组号：_____　　　　　　　　　　　姓名1：_____　姓名2：_____

项目	序号	类别	考核内容	扣分标准	成绩
常用复位隔离操作	1	隔离车载设备	未能按要求完成车载设备隔离	15	
	2	大复位	未能按要求完成大复位	15	
	3	小复位	未能按要求完成大复位	15	
	4	牵引辅助复位	未能按要求完成牵引辅助复位	15	
	5	紧急复位	未能按要求完成紧急复位	15	
	6	设备远程切除/复位操作	未能按要求完成设备远程切除/复位操作	15	
	7	超时	未能在规定时间完成操作	10	
任务成绩评定					

学生自评：（总结与反思）

教师评价：（专业素质、劳动精神、安全意识、团结协作）

八、出所作业（子任务八）

1. 出所作业标准及用语

序号	执行项目	执行标准
1	出所（库）	（1）确认动车组具备出所条件后，点击右侧辅屏呼叫随车机械师使用电台呼叫与随车机械师联控："××次随车机械师是否具备出库条件。"得到回复后"××次司机明白"
		（2）与动车所值班员联系："××次具备出库条件"；得到回复以列车方式出所，回复："××次司机明白"
		（3）副司机呼唤"确认仪表"，司机确认各仪表、显示屏、手柄位置正确，边确认边呼唤，副司机复诵。
		（4）副司机呼唤"门窗状态"，司机呼唤："司机室门锁闭好了，行车安全装备设置好了，各仪表显示正常"，副司机复诵
		（5）信号开放后，确认地面信号，副司机呼唤："出站信号"，司机确认呼唤："制动手柄BX级，出站凭证好了，××灯，限速××千米每小时，C2级部分监控模式"，副司机复诵
		（6）确认行车凭证显示正确后开车，副司机呼唤"开车确认"，司机呼唤："信号开放（凭证正确）、车门关闭、到点开车、注意警惕"，副司机复诵
		（7）启动后报点："××站正点（晚点）××分开车"
		（8）出所后，ATP正常接收信号后，呼唤用语："××灯"
		（9）列车越过侧向道岔ATP限速提升后，呼唤"限速××千米每小时"，副司机手比呼唤"前方正常、记点"，司机记点
		（10）记录开车时间后，确认各仪表、显示屏状态，副司机呼唤："仪表注意"，司机确认呼唤"行车安全装备、各仪表显示正常，限速××千米每小时"，副司机复诵
2	车站停车	操控动车组按照动车组停车位置标停妥。副司机呼唤："注意对标"，司机呼唤："××侧站台，注意对标"。 准确对标停车后，司机呼唤："××站正点（晚点或早点××分）"，手比停车标呼唤："CX对标，停车位置正确"，副司机复诵。 副司机呼唤"开门确认"，司机通过侧窗手比站台盲道，呼唤："左（右）侧站台"。 手比对应站台侧"左（右）侧门释放按钮"、"开门按钮"呼唤并操作。确认车门指示灯熄灭，呼唤"左（右）侧车门开启正常"。副司机复诵

2. 考核内容

子任务八 出所作业考核表

组号：_____ 姓名1：_____ 姓名2：_____

序号	类别	考核内容	扣分标准	成绩
1	出所作业	未将司控器手柄置于最大常用制动位，未缓解停放制动，未确认停放制动缓解	5	
2	出所作业	未将左侧HMI置"牵引"主界面，右侧HMI置"制动"主界面	5	
3	出所作业	未与机械师联系，是否具备出段（所）条件	5	
4	出所作业	具备出段（所）条件时，未与所属动车所值班员联系	5	
5	出所作业	听到语音提示"允许缓解"后，按压"缓解"键	5	
6	出所作业	未确认司机室门锁闭好了，各仪表显示正常	5	
7	出所作业	未确认行车凭证	5	
8	出所作业	未确认行车凭证开车	5	
9	出所作业	启动列车未鸣笛	5	
10	出所作业	开车前，确认行车安全装备、操作台各仪表、指示灯、车载信息显示屏状态时	5	
11	出所作业	列车出站越过最外方道岔后，记点并进行仪表确认	5	
12	始发站停车	进入车站，未按停车位置标志，未做到一次稳准停妥	5	
13	始发站停车	收到列车长开门通知后，司机通过侧窗手比站台盲道，呼唤	5	
14	始发站停车	未操作站台侧"左（右）侧门释放按钮"、"开门按钮"	5	
14	呼唤应答	开关车门未呼唤应答	5	
15	呼唤应答	确认车门指示灯熄灭，未呼唤	5	
16	呼唤应答	出所后，ATP正常接收信号后未呼唤应答：	5	
17	眼看手比	司机室锁闭好了，各仪表显示正常未眼看手比	5	
18	眼看手比	未对出站（进路）信号显示进行眼看手比	5	
19	眼看手比	未对机车信号显示进行眼看手比	5	
20	眼看手比	开（关）门操作时未眼看手比	5	
任务成绩评定				

学生自评：（总结与反思）

教师评价：（专业素质、劳动精神、安全意识、团结协作）

任务四 发车作业

一、作业标准及用语

序号	执行项目	执行标准
1	参数修改	司机边执行边呼唤:"××年××月××日××点××分××秒,车次号修改为××,车次号修改好了",副司机复诵。 CIR车次号注册,司机边执行边呼唤:"××次车次号注册好了",副司机复诵
2	关门操作	(1)乘客上车完毕,等待列车长通知关门后,点击右侧辅屏呼叫列车长,询问:"××次车长是否可以关门",二次确认后:"××次关门司机明白"。 (2)副司机呼唤"关门确认",身体向站台侧微倾,使用左手指向站台,呼唤:"左侧关门",然后按关左门按钮。副司机复诵。 (3)车门确认,手比左HMI门页面,确认全列车门关闭正常后,呼唤:"全列车门关闭正常"。副司机复诵
3	确认行车凭证	(1)出站信号开放后,司机呼唤:"制动手柄BX级,出站凭证好了,××灯,侧线,限速××千米每小时,C2级完全监控模式"。副司机复诵 2)副司机呼唤:"开车确认",确认行车凭证后开车,司机确认呼唤:"信号开放、车门关闭、到点开车;注意警惕"。副司机复诵
4	启动列车	(1)鸣笛(限鸣区除外),启动后报点:"××站正点(晚点)××分开车"。副司机复诵:"明白"。 (2)出站后,ATP正常接收信号后,副司机呼唤"出站信号",司机确认呼唤:"××站出站好了"
5	始发站预设故障处置	具体处置流程可依照常见动车组故障处置

二、考核内容

任务四 发车作业考核表

组号:_____   姓名1:_____ 姓名2:_____

序号	类别	考核内容	扣分标准	成绩
1	发车准备	按列车方式出段(所)时,未按规定执行车机联控	4	
2	发车准备	错误输入行车安全装备参数开车或造成后果	4	
3	发车准备	未按规定程序输入ATP行车安全装备参数	4	
4	发车准备	未按规定注册车次号	4	
5	发车作业	未确认出站信号、行车凭证及发车条件开车	4	
6	发车作业	动车前,未按规定鸣笛(禁鸣区除外)	4	

7	发车作业	未能正确启动 ATP	4	
8	发车作业	未能正确缓解紧急制动	4	
9	发车作业	出站信号未开放,缓解动车组制动	4	
10	发车作业	出(入)段(所)未正确选择列控装置控车模式	4	
11	发车作业	列车起动时,未缓解停放制动	4	
12	发车作业	具备开车条件后,10秒内动车组未进行起动操作	4	
13	发车作业	在给定的时间内不能及时处置动车组故障	4	
14	眼看手比	开车前,确认行车安全装备、操作台各仪表、指示灯、车载信息显示屏状态时,未进行眼看手比	4	
15	眼看手比	未对出站(进路)信号显示进行眼看手比	4	
16	眼看手比	未对机车信号显示进行眼看手比	3	
17	眼看手比	发车前,未对列控车载设备等级、模式、DMI显示的目标距离模式曲线或允许的速度值,进行眼看手比	4	
18	眼看手比	行车安全装备参数修改时,未进行确认呼唤	3	
19	呼唤应答	开车前,未对行车安全装备、操作台各仪表、指示灯、车载信息显示屏状态,进行确认呼唤	3	
19	呼唤应答	未对出站(进路)信号显示进行确认呼唤	3	
20	呼唤应答	开车前,未对行车安全装备、操作台各仪表、指示灯、车载信息显示屏状态,进行确认呼唤	3	
21	呼唤应答	未对出站(进路)信号显示进行确认呼唤	3	
22	呼唤应答	未对机车信号显示进行确认呼唤	3	
23	呼唤应答	未进行关门操作确认呼唤	3	
24	呼唤应答	发车前,未对列控车载设备等级、模式、DMI显示的目标距离模式曲线或允许的速度值,进行确认呼唤	3	
25	呼唤应答	未进行发车条件具备(发车确认)确认呼唤	3	
26	呼唤应答	未进行起动列车后确认呼唤	3	
27	呼唤应答	列车启动后,未在规定时机,对行车安全装备、操作台各仪表、指示灯、车载信息显示屏状态,进行确认呼唤	3	
任务成绩评定				

学生自评:(总结与反思)

教师评价:(专业素质、劳动精神、安全意识、团结协作)

任务五 途中作业

一、作业标准及用语

序号	执行项目	执行标准
1	开车记点	（1）列车越过侧向道岔 ATP 限速提升后，呼唤"限速××千米每小时"，副司机手比呼唤"前方正常、记点"，司机记点。 （2）记录开车时间后，确认各仪表、显示屏状态，副司机呼唤："仪表注意"，司机确认呼唤"行车安全装备、各仪表显示正常，限速××千米每小时"，副司机复诵
2	进路预告	副司机呼唤："进路预告"，司机手比 MMI 阅读进路预告内容，按压确认键签收，确认呼唤："前方正常，××次××站××道通过（停车）"，核对股道正确后，呼唤"进路（走行径路）正确，签收"
3	级间切换	级间切换点前，副司机呼唤："级间切换"，司机确认呼唤："级间切换注意"。"CX级切换好了，限速限速××千米每小时，前方运行区段无临时限速（有××处临时限速）"
4	过分相	（1）接近分相 3 千米左右，副司机呼唤："过分相注意"，司机确认呼唤："过分相注意"。 （2）ATP 发出过分相语音提示时，将牵引手柄回到零位，司机呼唤："手柄零位、过分相注意"；运行至断电标（T 断标）前，右手置于断电按（扳）钮上，做好手动断电准备。手动过分相还需及时按压"手动过分相"按钮。 （3）VCB 自动断电后，右手收回，手比主断路器标识，司机呼唤："断电好了、注意警惕（无警惕装置除外）"，副司机复诵。 （4）越过（动车）合电标后，确认 VCB 闭合后，手比主断路器标识，司机呼唤："闭合好了，网压正常"，副司机复诵。 （5）从左至右，确认各仪表显示，司机呼唤："各仪表显示正常"，副司机复诵
5	站内停车 （继乘站）	（1）DMI 显示前方进站限速时，手比 DMI（点灯时为地面信号），司机呼唤："前方限速××千米每小时"，副司机复诵。 （2）机车信号发生变化后，手比机车信号，司机呼唤："绿 4 灯，绿 3 灯，绿 2 灯，绿灯，绿黄灯、控制速度，黄 2 灯（黄 2 闪）、控制速度"，副司机复诵。 （3）进站（进路）信号机 800m 前，手比 DMI（点灯时为地面信号），司机呼唤："双黄闪（双黄灯），侧线，限速××千米每小时"或"黄灯，正线停车"，副司机复诵。 （4）越过接车线警冲标内方后，手比 DMI（点灯时为地面信号），司机呼唤："红黄灯，站内停车"。手比站台侧呼唤"××侧站台，注意对标"，副司机复诵。 （5）准确对标停车后，将制动手柄置于最大制动位，司机报点："××站正点（晚点或早点××分）到达"，副司机复诵。 （6）手比站台"动车组停车位置标"，司机呼唤："对标位置正确"，副司机复诵："对标好了"
6	开门操作	（1）副司机呼唤："开门确认"，司机通过侧窗手比站台盲道，确认呼唤："左（右）侧站台"。 （2）手比对应站台侧"左（右）侧门释放按钮""开门按钮"呼唤并操作。 （3）确认车门指示灯熄灭，呼唤："左（右）侧车门开启正常"。副司机复诵
7	车站通过	（1）进站前不少于 800m，副司机呼唤："进站信号"，司机手比 DMI（点灯时为地面信号），呼唤："绿（4、3、2）灯，进站（进路）凭证好了""绿黄灯（黄 2 闪、黄 2 灯），控制速度"。副司机复诵。 （2）越过接车线警冲标内方后，副司机呼唤："出站信号"，司机呼唤："绿（4、3、2）灯，出站凭证（进路）好了""出站凭证好了，绿黄灯（黄 2 闪、黄 2 灯、黄灯），控制速度"。副司机复诵

二、考核内容

任务五　途中运行考核表

组号：_____　　　　　　　　　　姓名1：_____　姓名2：_____

序号	类别	考核内容（扣分项）	扣分标准	成绩
1	标准化操作	运行中，未按规定鸣笛（禁鸣区及特殊情况除外）（每项）	1	
2	标准化操作	无线传输系统传递行车凭证、调度命令、进路预告，未及时签认接收（每项）	1	
3	标准化操作	运行中，未按规定执行车机联控（每项）	1	
4	标准化操作	未能正确启动 ATP	1	
5	标准化操作	未能正确缓解紧急制动	1	
6	制动机操作	使用紧急制动停车后开车前未按规定进行简略制动试验	1	
7	制动机操作	由于操作错误，造成制动机试验未通过	1	
8	制动机操作	ATP 未具备试验条件，启动 ATP 制动试	1	
9	制动机操作	初制动时，制动手柄未在 1 级停留	1	
10	制动机操作	动车组缓解制动时，制动手柄未在 1 级停留	1	
11	制动机操作	进站停车初制动时，手柄定级后回低手柄又重新进级	1	
12	制动机操作	进站停车初制动时,手柄定级后回低手柄又重新进级超过初次确定级位	1	
13	制动机操作	进站停车制动手柄级位设定后,制动对标过程中频繁变换手柄位置,两个位置变换时间小于 1 秒	1	
14	制动机操作	进站停车制动时，手柄级位选择不当造成机控启动（列控启动 4 级常用制动）	1	
15	制动机操作	进站停车，初制动手柄超过 4 级(每级)	1	
16	制动机操作	进站制动对标停车，停车手柄超过 1 级或最低制动级位(每级)	1	
17	制动机操作	进站制动停车，采取最大常用制动级位停车	1	
18	制动机操作	进站停车制动时，造成设备动作（列控启动最大常用制动）	1	
19	制动机操作	进站制动停车，采取快速或紧急制动级位停车	1	
20	制动机操作	进站内停车制动操作不当，越位进、退制动手柄	1	
21	制动机操作	站内停车两段制动（C3、C2 区段停车标位置距出站信号机目标距离小于 70m 时除外）	1	

续表

序号	类别	考核内容（扣分项）	扣分标准	成绩
22	制动机操作	站内对标停车采用两段以上制动	1	
23	制动机操作	进站对标停车，车未停稳前按动保持制动按钮	1	
24	制动机操作	进站停车，停车标位置距目标距离小于 70 m 两段制动，第二段制动时，速度低于 5 km/h（目标距离小于 50 m 除外）	1	
25	制动机操作	C2、C3 区段进站停车，停车标位置距目标距离小于 70 m，两段制动第二段速度低于 5 km/h 对标制动超过 1 级或最低制动级位(每级)	1	
26	制动机操作	动车组进站停车，采用缓解制动方式停车	1	
27	制动机操作	低级位制动停车后，未按规定增加至最大常用制动级位	1	
28	制动机操作	进站停车，初制动未采用中级制动，采用由低级位至高级位控制列车对标停车	1	
29	动车组操纵	未确认主断闭合条件，操作主断路器闭合开关	1	
30	动车组操纵	出站信号未开放，缓解动车组制动	1	
31	动车组操纵	出（入）段（所）未正确选择列控装置控车模式	1	
32	动车组操纵	列车起动时，未缓解停放制动	1	
33	动车组操纵	具备开车条件后，10 s 内动车组未进行起动操作	1	
34	动车组操纵	动车组未停稳及运行途中错误操作造成换向	1	
35	动车组操纵	运行中，超过各种规定限制速度及临时限制速度	1	
36	动车组操纵	运行中操纵不当造成 ATP 紧急制	1	
37	动车组操纵	牵引及惰力运行中超过各种允许及规定的限制速度，设备报警（制动工况时除外）	1	
38	动车组操纵	运行中警惕装置操作不当，发生报警	1	
39	动车组操纵	值乘区段第一分相区前，主手柄未回"0"（切）位，未确认自动过分相装置性能	1	
40	动车组操纵	列车牵引时，未逐级设置目标速度	1	
41	动车组操纵	ATP 控车进站停车制动调速降至前方目标速度时，距前方目标速度值变更起点距离大于 150 m（每 10 m）	1	
42	动车组操纵	侧线进站制动调速，在目标速度起点速度低于允许速度值 2 km/h 以下（每低 1 km）	1	
43	动车组操纵	列车运行中，未正确选择显示器显示界面（左侧牵引、右侧制动）	1	
44	运行考核	列车运行中指定一个区间级位手动调速，按图定标尺点控制运行，早、晚点超过 10 s 后（每 2 s）	1	

续表

序号	类别	考核内容（扣分项）	扣分标准	成绩
45	停车对标	越过或未到 20 cm（含）以内不扣分越过或未到每超过 20cm 扣 1 分，最多扣 20 分	1	
46	单据填写	未按规定时机、地点进行报点、记点	1	
47	眼看手比	信号显示要求通过时未进行眼看手比	0.5	
48	眼看手比	信号显示要求侧向径路运行时未进行眼看手比	0.5	
49	眼看手比	信号显示要求停车时未进行眼看手比	0.5	
50	眼看手比	注意警惕运行时未进行眼看手比	0.5	
51	眼看手比	级间切换时，未进行	0.5	
52	眼看手比	通信模式转换时，未进行眼看手比	0.5	
53	眼看手比	签收进路预告时，未进行眼看手比	0.5	
54	眼看手比	确认行车安全装备、操作台各仪表、指示灯、车载信息显示屏状态时，未进行眼看手比	0.5	
55	眼看手比	列车运行中，列控车载设备或列车运行监控装置提示列车前方运行限制速度有变化时，未在起模点前，对降速变化的速度值进行眼看手比	0.5	
56	眼看手比	开（关）门操作时未眼看手比	0.5	
57	呼唤应答	列车运行中，主体信号未确认呼唤	0.5	
58	呼唤应答	列车运行中，机车信号未确认呼唤	0.5	
59	呼唤应答	错呼主体信号、机车信号后未及时纠正	0.5	
60	呼唤应答	未按规定地点、时机确认呼唤信号开（关）门操作时未确认呼唤	0.5	
61	呼唤应答	停车、减速、引导、通过手信号未确认呼唤	0.5	
62	呼唤应答	慢行限速地点关系站前第二个车站出站后，限速点、限制速度值未确认呼唤	0.5	
63	呼唤应答	慢行限速地点关系站停车时，开车前限速点、限制速度值未确认呼唤	0.5	
64	呼唤应答	慢行限速地点前限制速度值未确认呼唤	0.5	
65	呼唤应答	过分相时，未按规定地点（标识）及时机要求，进行确认呼唤	0.5	
66	呼唤应答	未按规定地点及时机进行行车安全装备、操作台各仪表、指示灯、车载信息显示屏状态确认呼唤	0.5	

续表

序号	类别	考核内容（扣分项）	扣分标准	成绩
67	呼唤应答	采用备用空气制动控制时，通过站出站后、区间调速、停车站进站前未确认呼唤管压	0.5	
68	呼唤应答	级间转换预告未确认呼唤，转换后未确认呼唤列控等级状态（每项）	0.5	
69	呼唤应答	签收进路预告未确认呼唤	0.5	
70	呼唤应答	接收临时调度命令时未确认呼唤	0.5	
71	呼唤应答	进站（接车进路）信号前未确认呼唤	0.5	
72	呼唤应答	出站（发车进路）信号前未确认呼唤	0.5	
73	呼唤应答	自动闭塞区段闭塞分区通过信号前未确认呼唤	0.5	
74	呼唤应答	列车运行限制速度变速点前（由高速变低速）未确认呼唤	0.5	
75	呼唤应答	开（关）门操作时未确认呼唤	0.5	
76	呼唤应答	非正常行车确认行车凭证时，未进行呼唤	0.5	
77	呼唤应答	列车通过站中心，未进行正晚点情况呼唤	0.5	
78	呼唤应答	停车站对标，未进行注意对标呼唤	0.5	
		任务成绩评定		

学生自评：（总结与反思）

教师评价：（专业素质、劳动精神、安全意识、团结协作）

任务六　同向继乘

一、作业标准及用语

序号	执行项目	执行标准
1	ATP 参数修改	司机边执行边呼唤："××年××月××日××点××分××秒,司机号修改时为××,司机号修改好了",副司机复诵
2	与机械师联控	点击右侧辅屏呼叫随车机械师,与随车机械师联控："××××次随车机械师,××机务段接班司机××"。 开车前,副司机呼唤："门窗状态",司机确认呼唤："司机室门锁闭好了,行车安全装备设置好了,各仪表显示正常",副司机复诵
3	关门操作	(1)乘客上车完毕,等待列车长通知关门后,点击右侧辅屏呼叫列车长,询问："××××次车长是否可以关门",二次确认后："××××次关门司机明白"。 (2)副司机呼唤"关门确认",身体向站台侧微倾,使用左/右手指向站台,呼唤："左/右侧关门",然后按关左/右门按钮。副司机复诵。 (3)车门确认,手比左 HMI 门页面,确认全列车门关闭正常后,呼唤："全列车门关闭正常"。副司机复诵
4	确认行车凭证	(1)出站信号开放后,司机与列车调度员车机联控："××××次,××站××道出发联控。""××××次,××站××道出站信号好了,司机明白"。 (2)地面信号常态灭灯,司机呼唤："制动手柄 B4 级,出站凭证好了,××灯,侧线,限速××千米每小时,C2 级完全监控模式"。副司机复诵 (3)副司机呼唤："开车确认",确认行车凭证后开车,司机确认呼唤："信号开放、车门关闭、到点开车;注意警惕"。副司机复诵
5	启动列车	(1)鸣笛(限鸣区除外),启动后报点："××站正点(晚点)××分开车"。副司机复诵："明白"。 (2)出站后,ATP 正常接收信号后,副司机呼唤"出站信号",司机确认呼唤："绿×灯",副司机复诵

二、考核内容

任务六　同向继乘考核表

组号：_____　　　　　　　　　　　姓名1：_____　姓名2：_____

序号	类别	考核内容（扣分项）	扣分标准	成绩
1	发车作业	未按规定程序输入 ATP 行车安全装备参数(每项)	1	
2	发车作业	按列车方式出段（所）时,未按规定执行车机联控	1	
3	发车作业	错误输入行车安全装备参数开车或造成后果	1	
4	标准化操作	未确认出站信号、行车凭证及发车条件开车	1	
5	标准化操作	动车前,未按规定鸣笛（禁鸣区除外）未能正确缓解紧急制动	1	
6	制动机操作	更换司机后未按规定进行简略制动试验	1	

7	动车组操纵	出站信号未开放,缓解动车组制动	1	
8	动车组操纵	出(入)段(所)未正确选择列控装置控车模式	1	
9	动车组操纵	列车起动时,未缓解停放制动	1	
10	动车组操纵	具备开车条件后,10 s内动车组未进行起动操作	1	
11	眼看手比	开车前,确认行车安全装备、操作台各仪表、指示灯、车载信息显示屏状态时,未进行眼看手比	0.5	
12	眼看手比	未对出站(进路)信号显示进行眼看手比	0.5	
13	眼看手比	未对机车信号显示进行眼看手比	0.5	
14	眼看手比	未对关门操作进行眼看手比	0.5	
15	眼看手比	发车前,未对列控车载设备等级、模式、DMI显示的目标距离模式曲线或允许的速度值,进行眼看手比	0.5	
16	呼唤应答	行车安全装备参数修改时,未进行确认呼唤	0.5	
17	呼唤应答	开车前,未对行车安全装备、操作台各仪表、指示灯、车载信息显示屏状态,进行确认呼唤	0.5	
18	呼唤应答	未对出站(进路)信号显示进行确认呼	0.5	
19	呼唤应答	未对机车信号显示进行确认呼唤	0.5	
20	呼唤应答	未进行关门操作确认呼唤	0.5	
21	呼唤应答	发车前,未对列控车载设备等级、模式、DMI显示的目标距离模式曲线或允许的速度值,进行确认呼唤	0.5	
22	呼唤应答	未进行发车条件具备(发车确认)确认呼唤	0.5	
23	呼唤应答	未进行起动列车后确认呼唤	0.5	
24	呼唤应答	列车启动后,未在规定时机,对行车安全装备、操作台各仪表、指示灯、车载信息显示屏状态,进行确认呼唤	0.5	
25	单据填写	未在《司机手册》中填写列车发车时分	1	
26	呼唤应答	继乘站换乘时,未进行对口交接	1	
27	单据填写	交班,未向接班司机介绍动车组运用状态及填写状态记录	1	
任务成绩评定				

学生自评:(总结与反思)

教师评价:(专业素质、劳动精神、安全意识、团结协作)

任务七 终点站及退勤作业

一、作业标准

序号	执行项目	执行标准
1	站内停车	（1）DMI显示前方进站限速时，手比DMI（点灯时为地面信号），司机呼唤："前方限速××千米每小时"，副司机复诵。 （2）机车信号发生变化后，手比机车信号，司机呼唤："绿4灯，绿3灯，绿2灯，绿灯，绿黄灯、控制速度，黄2灯（黄2闪）、控制速度"，副司机复诵。 （3）进站（进路）信号机800m前，手比DMI（点灯时为地面信号），司机呼唤："双黄闪（双黄灯），侧线，限速××千米每小时"或"黄灯，正线停车"，副司机复诵。 （4）越过接车线警冲标内方后，手比DMI（点灯时为地面信号），司机呼唤："红黄灯，站内停车"。手比站台侧呼唤"×侧站台，注意对标"，副司机复诵。 （5）准确对标停车后，将制动手柄置于最大制动位，司机报点："××站正点（晚点或早点××分）到达"，副司机复诵。 （6）手比站台"动车组停车位置标"，司机呼唤："对标位置正确"，副司机复诵："对标好了"
2	开门操作	（1）副司机呼唤："开门确认"，司机通过侧窗手比站台盲道，确认呼唤："左（右）侧站台"。 （2）手比对应站台侧"左（右）侧门释放按钮""开门按钮"呼唤并操作。 （3）确认车门指示灯熄灭，呼唤"左（右）侧车门开启正常"。副司机复诵
3	终到后	司机完成停车、断电操作，边操作边呼唤确认，副司机复诵
4	退勤登记	使用乘务一体机进行退勤登记
5	酒精检测	退勤项目确认无误后，进行退勤饮酒检测
6	退勤转储	完成酒精检测之后，提示插入EOAS卡，确认插入EOAS卡之后，点击【转储】按钮，将EOAS卡中转储的运行记录文件上传至服务器

二、考核内容

任务七　终点站击退勤考核表

组号：＿＿＿＿＿　　　　　　　　　　　姓名1：＿＿＿＿＿　　姓名2：＿＿＿＿＿

序号	类别	考核内容	扣分标准	成绩
1	制动机操作	初制动时，制动手柄未在1级停留	1	
2	制动机操作	动车组缓解制动时，制动手柄未在1级停留	1	
3	制动机操作	进站停车初制动时，手柄定级后回低手柄又重新进级	1	
4	制动机操作	进站停车初制动时，手柄定级后回低手柄又重新进级超过初次确定级位	1	
5	制动机操作	进站停车制动手柄级位设定后,制动对标过程中频繁变换手柄位置，两个位置变换时间小于1 s（每次）	1	
6	制动机操作	进站停车制动时，手柄级位选择不当造成机控启动（列控启动4级常用制动）	1	
7	制动机操作	进站停车，初制动手柄超过4级（每级）	1	
8	制动机操作	进站制动对标停车,停车手柄超过1级或最低制动级位(每级)	1	
9	制动机操作	进站制动停车，采取最大常用制动级位停车	1	
10	制动机操作	进站停车制动时，造成设备动作（列控启动最大常用制动）	1	
11	制动机操作	进站制动停车，采取快速或紧急制动级位停车	1	
12	制动机操作	站内停车制动操作不当，越位进、退制动手柄	1	
13	制动机操作	站内停车两段制动（C3、C2区段停车标位置距出站信号机目标距离小于70 m时除外）	1	
14	制动机操作	站内对标停车采用两段以上制动	1	
15	制动机操作	进站对标停车，车未停稳前按动保持制动按钮	1	
16	制动机操作	进站停车，停车标位置距目标距离小于70 m两段制动，第二段制动时，速度低于5 km/h（目标距离小50 m除外）	1	
17	制动机操作	C2、C3区段进站停车，停车标位置距目标距离小于70 m，两段制动第二段速度低于5 km/h对标制动超过1级或最低制动级位（每级）	1	
18	制动机操作	动车组进站停车，采用缓解制动方式停车	1	
19	制动机操作	低级位制动停车后，未按规定增加至最大常用制动级位	1	

续表

序号	类别	考核内容	扣分标准	成绩
20	制动机操作	进站停车,初制动未采用中级制动,采用由低级位至高级位控制列车对标停车	1	
21	停车对标	越过或未到 20 cm（含）以内不扣分越过或未到每超过 20 cm 扣 1 分,最多扣 20 分	1	
22	退勤作业	未进行动车组运行记录文件转储或转储不正确	3	
23	眼看手比	开（关）门操作时未眼看手比	0.5	
24	呼唤应答	列车运行中,主体信号未确认呼唤	0.5	
25	呼唤应答	列车运行中,机车信号未确认呼唤	0.5	
25	呼唤应答	未按规定地点、时机确认呼唤信号	0.5	
27	呼唤应答	错呼主体信号、机车信号后未及时纠正	0.5	
28	呼唤应答	进站（接车进路）信号前未确认呼唤	0.5	
29	呼唤应答	开（关）门操作时未确认呼唤	0.5	
30	呼唤应答	终到站停车,未进行正晚点情况呼唤	0.5	
31	单据填写	未按规定填写司机手册、司机报单或内容填写不正确	2	
		任务成绩评定		

学生自评：（总结与反思）

教师评价：（专业素质、劳动精神、安全意识、团结协作）

附 录

任务八　司机手帐及司机报单填写

一、按规定填写本次模拟驾驶的司机手账

司 机 手 账

动车组型号				出勤签章	退勤签章
车次		司机			
始发：//日时分		副司机			
天气		添乘人员			
揭示运行及注意事项					
出勤计划					
途中记事					
退勤总结					

二、按规定填写本次模拟驾驶的司机报单

××铁路局××机务段　　　　　　　　　　司机报单　（机统--3甲）
统计编号：　　　　　　　　　　　　　　　顺序号： 0053778

年 月 日				二、机车乘务员					
型 号 机车				职名	代号	姓名	出勤时分	接车时分	交车时分
一、机车出入段时间									
出本段时分		出外段时分		司机					
				副司机					
入外段时分		入本段时分							
				添乘					

三、机车电力消耗						
段内耗电			往(复)路			
用途	数量	签字	交接地点	交接电字		再生电字

往(复)路　　　　　　　　　　　　　　　　　车长：

车次	站名	运行						编组							计长
		到达	出发	站停	调车	机外停车	早点	晚点	晚点原因	总重	载重	客车		辆合计		
												加挂	担当局	合计	重车	空车	其他	辆合计	
记事						计算人	复核人	吨公里								

出勤值班员：　　　　　　　　　　　　　　　　　　　　　　退勤值班员：

三、司机手帐及司机报单填写考核

任务八　司机手帐及司机报单填写考核表

组号：_____　　　　　　　　　姓名1：_____　姓名2：_____

序号	类别	考核内容	扣分标准	成绩
1	司机手账填写	基本信息填写	10	
2		揭示运行及注意	10	
3		出勤计划	10	
4		途中记事	10	
5		退勤总结	10	
6	司机报单填写	机车出入段时间	10	
7		机车乘务员信息	10	
8		机车电力消耗	10	
9		列车运行	10	
10		列车编组	10	
		任务成绩评定		

学生自评：（总结与反思）

教师评价：（专业素质、劳动精神、安全意识、团结协作）

参考文献

[1] 中国铁路总公司. 铁路技术管理规程（普速铁路部分）[M]. 北京：中国铁道出版社，2017 修订版.

[2] 中国铁路总公司. 铁路技术管理规程（高速铁路部分）[M]. 北京：中国铁道出版社，2017 修订版.

[3] 中国铁路总公司. CRH 系列动车组操作规则[M]. 北京：中国铁道出版社，2015.

[4] 时蕾，凌静杰. 动车组运用与管理[M]. 成都：西南交通大学出版社，2014.

[5] 罗利锦，梁炜昭. 动车组运用与规章[M]. 北京：北京交通大学出版社，2016.

[6] 中国铁路总公司. 机务行车安全管理规则[M]. 北京：中国铁道出版社，2014.

[7] 中国铁路总公司. 铁路动车组运用维修规则[M]. 北京：中国铁道出版社，2017.

[8] 中华人民共和国铁道部. 铁路行车事故处理规则[M]. 北京：中国铁道出版社，2009.

[9] 吴严. 电力机车运用与规章[M]. 北京：中国铁道出版社，2002.

[10] 《CR400BF 型动车组司机》编委会. CR400BF 型动车组司机手册[M]. 北京：中国铁道出版社，2019.

[11] 中国国家铁路集团有限公司文件，《动力分散型动车的副司机管理暂行办法》2021 年 4 月.

[12] 中国铁路总公司文件，《动车的司机管理办法》2016 年 3 月.